U0716955

「小创造力」

发展型学习任务群36课

赵富良 周正梅◎主编

南京出版传媒集团
南京出版社

图书在版编目(CIP)数据

"小创造力"发展型学习任务群36课／赵富良，周
正梅主编. -- 南京：南京出版社，2025. 4. -- ISBN
978-7-5533-5378-4

Ⅰ. G633.303

中国国家版本馆 CIP 数据核字第 2025NM1056 号

书　　名	"小创造力"发展型学习任务群36课	
主　　编	赵富良　周正梅	
出版发行	南京出版传媒集团	
	南 京 出 版 社	
社　　址	南京市玄武区太平门街 53 号	
邮　　编	210016	
联系电话	025-83283873、83283864(营销)　025-83112257(编务)	
策划统筹	许小彦	
责任编辑	许小彦	
装帧设计	石　慧	
责任印制	杨福彬	
排　　版	南京新洲印刷有限公司	
印　　刷	南京新洲印刷有限公司	
开　　本	787 mm×1092 mm　1/16	
印　　张	19	
字　　数	450 千	
版　　次	2025 年 4 月第 1 版	
印　　次	2025 年 4 月第 1 次印刷	
书　　号	ISBN 978-7-5533-5378-4	
定　　价	58.00 元	

丛书顾问: 黄　伟　袁　源

本书主编: 赵富良　周正梅

本书副主编: 薛　城　王丽萍　董晓强　张　莉　付小明

徐　银　滕之先　潘丹婧　赵　晔

参加编写教师(按单元的先后顺序):

七年级上册:杨春艳　王丽红　张　莉　庄　妍　孔叶红

七年级下册:徐　银　孟祥伦　王新芳　邓　云　俞　畅　陈湾妮
　　　　　　周新蓉

八年级上册:王鹏珍　汪晓春　彭　帅　赵富良　蒋国银　朱　媛

八年级下册:刘景景　方丽佳　单　明　胡盼云　丁子健　高　雅
　　　　　　陈　卉　鞠　婷

九年级上册:朱晓敏　赵富良　陈彦艳　董晓强　谢　晶

九年级下册:梁　珊　金　菊　孟振群　王玉露　潘丹婧

参加点评的名师(按姓氏笔画):

王　芳　王跃平　付小明　朱　刚　张　莉　陈元芝　周正梅
赵富良　赵　晔　秦　峰　徐树忠　滕之先　薛　城

序　言

　　信息时代的洪流正重塑着教育生态,传统教学模式面临范式转换的挑战。当学习突破"信息存储器"的束缚,转化为知识迁移的思维实验场,教育迎来了创造力孵化的黄金时代。联合国教科文组织《未来教育报告》指出,认知重构能力已成为21世纪核心素养的底层逻辑。在此语境下,"小创造力"的开发便具有了重要的意义。这印证了杜威"做中学"教育哲学在智能时代的迭代——当知识获取的边际成本趋近于零时,教育价值的制高点已转向创造力的指数级生长。

　　江苏省特级教师赵富良、周正梅老师领衔的教研团队正在点燃学生的这团创意火焰。他们带领具有相同教育情怀的老师们,在初中语文教学中开发学生的"小创造力",聚焦创新导向,以能创造、会创造、有创造、爱创造为育人目标,针对问题提出解决办法,并通过积极的语文实践活动进行评价与改进,形成有效而有创意的解决方案,或者生成新颖的、独特的、有价值的言语产品。

　　《"小创造力"发展型学习任务群36课》是这个团队出版的第二本有关"小创造力"的江苏省前瞻性教学改革实验项目的研究成果。编著者在选篇上显然做了通盘考虑和精心安排,每个教学设计均包括"教学实录""教学创想""名师点评""言语小创"四个主体部分。其中,"教学创想"以"创"来统摄融通,包括"情境创设""任务创建""学法创优"三个小部分。36个教学设计虽然篇目不同、课型不同,但是"创"是教学设计的核心。围绕"创"字,本书选篇呈现了多维度、多层面的特点。

一、体现层级进阶

　　在初中语文教学中开发"小创造力"采用"层级进阶"的策略模型,是指在教学中依照"知识激活(输入)—思维跃迁(加工)—创新表达(输出)"的课堂螺旋循环架构,为语文核心素养的生长开创切实可行的路径。"层级进阶"是一种以学生为中心、注重思维进阶和能力发展的教学范式,它通过知识的内化与外化循环,帮助学生从被动接受走向主动建构,实现从"学知识"到"用知识"的跨越。"层级进阶"直接指向"思维能力"与"审美创造能力"的发展,强调"语言运用"的高阶表现,从而坚定"文化自信"。

二、搭设梯度支架

　　在课堂教学中,编著者及其团队将开发学生"小创造力"作为一节课的学习目标。学生自己无法达到这节课的目标时,教师通过构建多维度知识联结,搭设梯度化创作支架为学生提供积极的提示。这种提示巧妙地帮助学生进行自主学习,促进学生"小创造力"的发展:将内隐的思维显现化,使混沌的认知图式蜕变为清晰的思维地图。

三、创设适切情境

　　在教学设计中,创设情境与开发"小创造力"的关系,如同"土壤与萌芽"的共生关系——情境是创造力生长的载体,创造力是情境价值的显性化表达。二者的深度融合能让学生在真实的问题场域中实现思维的跃迁。本书教学设计的情境创设勾连学生的学习内容与方式,引导学生在参与学科实践的过程中使用学科知识,在"做中学"的实践模式下不断尝试,体会多种滋味,促进"小创造力"的发展。

优质的阅读教学设计是"戴着镣铐跳舞"的艺术:既要紧扣教学目标,又要预留让学生"舞出独特姿态"的空间。当学生在课后自然地说出"老师,我有个不一样的想法"时,便是"小创造力"的自然涌现。

让我们走进这本书,听到学生"小创造力"破土而出的声音!

是为序!

袁源

2025 年 4 月

目 录

·七年级上册·

第一单元

1　春

教学实录

师：同学们，欣赏篆书的"春"，你们能联想到什么？（板书：春）

（屏显：篆书"春"）

生：青青的幼苗，暖暖的阳光。

生：绿绿的原野。

师：看到"春"这个字，我们仿佛看到了阳光回归，种子破壳，野布新绿，春和景明。朱自清先生在《春》一文中，用笔为我们勾画了一组春到人间图。课前，同学们分组选取一个画面，制作书签，下面请各小组代表联系文章具体内容，从景物选择、细节搭配等方面来介绍小组设计的书签。

（屏显：书签）

扫描上方二维码，获取书签

生：我们组制作的书签是"风吟细语"，对应文章的第五小节。这里的春风柔和、温暖。朱自清先生用触觉"像母亲的手抚摸着你"，用嗅觉"风里带来些新翻的泥土的气息，混着青草味儿，还有各种花的香",用听觉"呼朋引伴地卖弄清脆的喉咙,唱出宛转的曲子,与轻风流水应和着。牛背上牧童的短笛,这时候也成天在嘹亮地响",把无形、无味、无色的春风写得有声有色,有情有感。朱自清笔下的春风是色香味俱全的,是多情的。所以我们的书签以青色为主色调,以杨柳和风铃为主意象。书签上画有嫩绿的枝芽、粼粼的波光、清脆的风铃,仿佛和远山深处的鸟鸣、短笛相应和。

(板书:风吟细语　感官交错)

师: 有没有小组来点评?

生: 画面很诗意,但是需要欣赏者有丰富的想象力。

生: 我觉得刚刚这位同学点评得对。如果在画面上添上小鸟和牧童就不需要想象了,一看就明白。

生: 我们组制作的书签是"桃李争春",对应文章的第四小节。作者笔下的春花鲜艳而缤纷,芬芳且闪耀。作者不仅看到了五颜六色的花朵,还想象到了"桃儿、杏儿、梨儿"。由上而下、由实到虚,给人以美丽和希望!所以请看我们小组的书签:那桃花盎然绽放,花蕊金黄,花瓣粉里透红,仿佛蕴含着春日暖阳。花瓣一点一点,一片一片,从枝头飘落,像是粉红色的精灵,在空中旋转、伸展,用最美的姿态迎接春天的到来。

(板书:桃李争春　虚实结合)

师: 有同学举手了。

生: 我觉得还可以在花间添上或飞舞或停歇的蜜蜂、蝴蝶,它们扇动的翅膀和眯缝的双眼,让你能想象到花儿的甜蜜。

生: 我们组制作的书签是"春草新绿",对应文章的第三小节。作者笔下的春草"嫩嫩的,绿绿的",用叠词有生机;"偷偷地从土里钻出来",用拟人有动感;"软绵绵的",侧面烘托有质感。作者由点到面,由近及远,从正面到侧面,写出生命蓬勃的喜悦!所以我们小组的书签以满屏的绿来渲染春草的活力。这里的绿层次分明,有浅绿、嫩绿、墨绿,勾勒出春草的层次美。同时,草坪上,还有踢完球后躺下的孩子、翻滚的球,以及时隐时现的甲虫,再次渲染草的生机,也突出春带给生命的活力。

(板书:春草新绿　拟人衬托)

师: 那上面的蓝天和镂窗是何意?

生: 增加书签的韵味。现在看来不要最好。

师: 或者镂窗不要?即使是再好的镂窗,也需要和情景相匹配。

生: 我们组制作的书签是"春雨绵绵",对应文章的第六小节。春雨是怎样的呢?它"像牛毛,像花针,像细丝",用比喻的手法写出春雨多、细、密和闪亮的特点。雨中,有青得逼眼的小草,有黄晕的光,有静默的草屋,还有撑着伞的人。色彩的搭配,让我们觉得岁月静好。所以我们的书签选择以水墨来渲染一片安静而和平的夜。自上而下,色彩由浓而淡,再转浓,浓的凸显夜,淡的象征人家。配上淅淅沥沥的雨滴和打着圈的水花,更让人觉得雨夜静谧。

(板书:春雨绵绵　色彩搭配)

师: 举手的同学不少,看来大家都有话要说。

生: 朱自清在"春雨图"中主要是表现人们雨中生活的"和平",就是你们小组说的"岁月静好"。主角是人,是生活的静好。我觉得这幅图没有把这种情感表现出来,色彩的选择让人觉得压抑。

生:"春雨图"不应该是细雨绿树村庄,小桥流水灯光,行人驻足回望吗?这个太抽象了!

师:其实老师觉得远处的山、近处的田野、洒落空中的雨滴,整体构图还是很不错的,观之静心。

生:我们组制作的书签是"人勤春早",对应文章的第七小节。作者用天上的风筝引出地上的孩子,再引出"城里乡下,家家户户,老老小小",写出春早人勤的生活情景。所以我们的书签以风筝和孩子为主意象。上方飘飞的风筝是春的活力;正中间孩子的头发也如风筝一般在风中四散开来,这是青春的活力;下方是笑着的人,他们虽然年龄不同,但快乐是一样的。

(板书:人勤春早 叠词运用)

师:同学们的设计让我眼前一亮。绘画是静态的,我们要通过画来感受生命的美,确实有难度。这种遗憾我们可以用文字来弥补。

接下来,请大家在课文中选择你喜欢的句子,改写成小诗,写在对应的书签背面。老师来做个示范。

(屏显)

> 如果你要写春
> 就不能只写春
> 要写那草色遥看近却葱茏
> 微醺的阳光浣洗苍穹
> 枝上新绿
> 流水桃红

(生思考,改写)

生:你要写风/就不能只写风/你要写轻抚在风中的杨柳/温和中流露着温柔/你要写酝酿在风里的花香/香甜中交织着朦胧/你要写回荡在风里的鸟鸣/悦耳中隐匿着快乐。

生:你要写草/就不能只写草/你要写草尖顶破寒冬/铺展嫩绿/你要写孩童脚下的足球/奔动童心。

生:你要写雨/就不能只写雨/你要写银针闪亮/你要写牛毛千万/你要写细丝绵长/重要的/你不能忘记那黄晕的灯光/和田地里的农人在话家常。

师:叶嘉莹先生说过:"凡是最好的诗人,都不是用文字写诗。"我读了同学们的小诗,感受到了文字的优美,但总觉得少了一点味道。

生:少了朱自清对春的独特体验。

生:前面同学的回答太笼统了。我觉得作者通过描写春天的花、草、风、雨、人,表达对春的独特感受——爱春天。这种感受在我们改写的诗歌里没有体现出来。

师:那么文章中有这样的感受吗?

生:有,在文章的最后三小节。春天像刚落地的娃娃,像小姑娘,像健壮的青年。

师:那么这些句子蕴含着作者怎样的情感呢?你能抽丝剥茧地写出来吗?

生:都是比喻句,娃娃是新,小姑娘是美,青年是有力。所以作者爱春天的新、美和有力。

生:春天是新、美、有力的。"一切景语皆情语",作者的心情肯定也如春天一般充满活力。

师:大家分析得太好了,把老师想说的都说了。老师再给大家补充一个材料,看看读完材料之后大家还有没有新的感想。

（屏显）

朱自清的《春》写于 1933 年 7 月。此时,他刚刚结束漫游欧洲的行程回国,与陈竹隐女士缔结美满姻缘,喜得贵子,同时出任清华大学中国文学系主任。1927 年之后,朱自清一直在寻找和营造一个灵魂深处的理想世界——梦的世界,用以安放他内心深处"颇不宁静"的情感,使他能够在纷扰的外界环境中独善其身。他在这个理想世界中,寻找着生活的欢乐和新鲜感。

生:所以,作者描绘充满生机的春天,歌颂春的新、美而有力,其实也是在表达对未来生活的满满的信心。

师:那么,我们能不能把大家的小诗组合在一起,再加一个结尾来升华这样的情感体验呢?

（生写作）

（屏显）

你要写春/就不能只写春/你要写草尖顶破寒冬/铺展生机/你要写足球奔动脚下/舒展童心/你要写百芳斗艳/绽放花千树/你要写野花争奇/点亮星万点/你要写春风温柔/扬起了香甜/拨动了鸟鸣/唱起了春天/你要写银针闪亮/你要写牛毛千万/你要写细丝绵长/重要的/你不能忘记那黄晕的灯光/和田地里的农人在话家常/你看,你是不是少了/田野里　园子里　小桥边……/翱翔的风筝/如花的笑颜/所以　你要写春/就不能只写春天/你要用蓬勃生机　无尽春意/蔓延美好　滋长希望/只有这样/春天才不只是春天/还是生命的起点

生:我觉得这位同学创作的小诗可以写在我们书签的后面。

师:可不可以把这首诗朗读一下呢?

生:老师,您不要为难我了,我读不好啊!

师:朗读其实不难,我们以课文的句子为例,来听听老师读的这句。盼望着,盼望着,东风︵来了,春天的脚步︵近了。再来听一遍:盼望着,盼望着,东风来了,春天的脚步近了。这两遍有什么不一样吗?

生:第一遍"盼望"重读了。

师:为什么要重读呢?

生:重读"盼望"是为了让读者感受到作者对春天来临的期盼。

师:大家还有哪些发现呢?

生:重读"来"和"近"是为了表现当春天真的来临时,作者内心的激动、惊喜。

生:在"来了""近了"前面停顿,是想引起大家的注意。

师:这也是为了让读者感受到春天来临是有一个过程的。大家看一看,这就是我们所说的朗读技巧。

（屏显）

重音是在朗读时,为适应传情达意的需要,对语句中的某些词语以重读的形式加以强调。停连是指朗读语流中声音的中断和延续。声音的中断即停顿,声音的延续即连接。无论是停还是连,都要与文章思想感情发展变化的要求相适应,不是任意的。

师:根据刚刚学习的朗读技巧,请你尝试朗读一下这首小诗。

（生朗读）

师:请同学点评一下。

生:为了表现春带来的生机和希望,他重读了"顶破""斗艳""争奇""星万点""香甜"等词语,词语的重读能让我们感受到春天的生命在蓬勃生长。他的语调整体偏轻快,我们能感受到朗读者内心的愉悦,与作者内心的情感产生共鸣。

生:同时他也注意了停顿,比如他在"滋长"后面停顿了,更好地强调了"希望"。

师:老师给点建议。朗读时情感饱满了,表情和肢体动作就会自然而然表现出来。不妨忘掉自己,把自己带入文字中去,尽情享受朗读的魅力。

师:请同学们回去后录制朗读视频,并制作成二维码印在书签上。这样大家只要扫码就可以欣赏同学们的朗诵啦!

本课板书:

	风吟细语	感官交错
	桃李争春	虚实结合
春	春草新绿	拟人衬托
	春雨绵绵	色彩搭配
	人勤春早	叠词运用

教学创想

◆ **情境创设**

这堂课以篆书"春"字为文化切口,将汉字的意象美与文学作品的意境美相融合,为学生搭建了沉浸式的学习情境。通过"制作书签"这一任务驱动,将静态的文本转化为动态的创作实践,既呼应了《春》中"五幅春景图"的视觉化特点,又让学生在动手、动脑、动口的多元互动中实现对文本的深度解读。改写诗句与朗读环节的设计,试图将文字转化为有声的画面,让学生在"画中补诗""诗中融情"的过程中,逐步触摸到朱自清笔下春之"新、美、有力"的精神内核。

◆ **任务创建**

任务一:书签设计与介绍

意图:通过艺术创作和口头表达,整体理解课文内容,理清文章创作思路,深化学生对春天不同面貌的理解,同时培养他们的审美情趣。

任务二:小诗改写与创作

意图:学生根据课文内容改写或创作小诗,表达对春天的感受。通过文学创作,让学生更深入地体会春天的生机活力和作者积极昂扬的情感,同时锻炼他们的语言表达能力。

任务三:朗读技巧的学习与实践

意图:通过朗读,让学生感受语言的韵律美,增强对文本情感的理解。

任务四:录制朗读视频

意图:通过现代技术手段,将学生的创作和朗诵成果数字化,便于分享和保存,同时也增加了活动的趣味性和互动性。

◆ **学法创优**

本课教学设计旨在"以写促读,以读拓写",突破传统散文教学重分析、轻体验的窠臼。以"书签设计"为支点,撬动学生对文本的细读与重构。例如,"人勤春早"以风筝、孩童、笑颜的意象叠加,将散文"形散神聚"的特点转化为视觉符号。从文字到图像,这一转化过程的价值不仅在于艺术表现,更在于思维可视化。在诗歌改写环节,通过"不能只写春"的范式引导,推动学生从单纯摹景转向情思凝练,培养学生对散文"情语"的提炼能力。将朗读技巧训练嵌入诗歌创作,通过重音、停连的指导,使文字从平面走向立体。最终的二维码朗读视频设计,更是将现代技术与文学鉴赏相嫁接,让静态的书签成为连通经典文本与当代生活的媒介。

名师点评

《春》是一篇经典散文,朱自清先生以细腻的笔触,丰富的修辞,饱含对春的热爱,绘就多彩的春景图,读来诗意盎然,令人沉醉。作为初中语文教科书中的第一篇文学作品,《春》对学生的文学阅读具有奠基性的作用。但是当下不少课堂教学仍然延续传统的设计,将文本分解成春花图、春草图等进行细碎研磨,损害了文本的整体性,也销蚀了学生的学习兴趣。杨老师巧用书签设计制作的方式,将读、写、思、创相融合,让学生在创作的过程中品读经典,绽放"小创造力"。

图画美是《春》的一大特点,杨老师利用书签的形式,请学生将文中各部分的画面定格下来。这看似与文本阅读无关,实则需要学生细读文本,挑选景物,并进行整体布局和细节完善,力争以片纸展全貌,以画笔传诗情。学生阅读遇到春风图、春雨图时,还需仔细揣摩文本,借助想象,结合晕染烘托、虚实结合等手法来表现无边春景。学生在教师的引导下,相互点评并完善画面设计,一步步深入文本阅读,感受文字背后的图画之美。

朱自清先生的《春》语言优美,读起来富有童趣且有诗情之美。杨老师在教学过程中设计了为书签配诗的活动,巧妙地引导学生揣摩语言,品味诗情。杨老师现身示范,以一首小诗点燃学生的创作热情,接着指导学生调动各种感官,借助具体的景物,结合文章的词句,用诗一般的语言进行创作。整个过程中,学生再读文本,积极发挥创造力,表达了个体独特的阅读感受。整个课堂在静中爆发,学生跃出文本,历经遣词造句的思路历程,充分感受诗意语言的美好。

音韵美也是《春》一文的亮点。作为初中语文教科书的首篇,重音、停连等朗读技巧是本课学习的重点之一。一般来说,朗读往往会作为深入阅读探究的基础和方法,放在课堂的前半部分。杨老师却另辟蹊径,将朗读置于课堂后半部分,不仅朗读指导恰逢其时,而且体现了任务的层进性。杨老师巧妙设计了有声书签的朗读活动,既对教材学习任务做出回应,也将整个书签设计任务推向更高的层次。

回顾本节课,我们不难看出,以书签设计作为提升"小创造力"的活动任务是恰当而灵巧的。书签是阅读的常备物品。设计精巧的书签,既是文学阅读的延伸,也是文化熏陶和浸润的应然,不仅可以寄托文心,还可以展现创意。在杨老师具有创意的设计中,学生的文本阅读读出了深度和新意,"小创造力"得以施展。希望有更多这样的语文课,让我们一起相互学习和启迪。

（赵晔　南京市学科带头人）

创意表达

扫描下方二维码,获取朗诵视频。

（南京市科利华中学棠城分校　杨春艳）

第二单元

8　咏雪

教学实录

师：南京六朝博物馆围绕魏晋风流主题布置展厅，班级受邀将《世说新语》中的《咏雪》放进展览中。我们接到以下任务：录故事音频、写一段导语、探魏晋风流、配一幅插图。我相信同学们定会完成得非常出色。下面开启我们的布展之旅，首先请同学们大声朗读课文。（板书：咏雪）

（生自由朗读课文）

师：声音洪亮，字音准确。我来检测一下个别读的情况，选出节奏划分正确的选项，说出依据，并示范朗读。

（屏显语句）

生：第一句："谢太傅/寒雪日/内集"。"谢太傅"是官职名，不能拆开，后面可停顿。"寒雪日"指天寒下雪的日子，这三个字共同表达了一个相对完整的意思，所以中间不能断开。参照课下注释，"内集"指把家里人聚集在一起。这两个字共同表达了相对完整的意思，所以中间不能断开。选项一的划分是正确的。

师：预习得很充分！谢安死后被追赠为太傅，"太傅"是专有名词。

生：第二句："左将军/王凝之/妻也。"根据注释，"左将军"是官职，"王凝之"是人名，所以选项一的划分是正确的。

师：大家把刚才两位同学的断句依据做个总结，找找有什么规律。

生：首先，人名、地名、官职等专有名词后可停顿，表示时间的词语后可停顿。其次，句中相对完整的表意成分不能拆开，不停顿。

生：还要参考课下注释或结合上下文语境，理解字、词、句意后划分停顿。

师：录音频不仅要读准节奏，还要把文言韵味、情感读出来。假如我是谢公，同学们，你们能听出此时我是什么心情吗？

（师示范朗读："公欣然曰：'白雪纷纷何所似？'"）

生：是开心的。

师：语速稍微放慢，那种大雪纷飞的场景就呈现出来了。"白雪纷纷"读出重读轻音拉长，语调上扬，谢太傅对白雪纷纷充满着诗意的欢愉，人物内在精神和情感就表达出来了。下面请同学们合作设计朗读，演读出胡儿、兄女的神韵吧！

（生朗读）

生:"撒盐空中"读得快一点,雪像盐一样快速降落,也体现出谢朗急于表现自己的心情。

师:嗯!语速快还可以体现他才思敏捷,反应迅速。那"差可拟"怎么读?

生:嗯,不太确定。

生:我觉得应该有变化,"差",有"大体"的意思。他有点不太自信了。

师:很好。你是如何读谢道韫这句话的?

生:我觉得谢道韫经过思考,是自信的,所以语速平缓,重读"未若""柳絮因风起",读出自信与才情,还有低调。

师:你真是个会读书的孩子!那我们三个人来模拟一下《咏雪》吧!

(师生分角色演读《咏雪》句)

师:如果给这篇文章诵读配乐,你觉得配什么样的音乐会更好?

生:跟感情基调有关。我觉得家人聚在一起讲论文义、咏雪,场面是其乐融融的,所以温馨的画面要配舒缓的音乐。

生:古琴、高雅的音乐。谢太傅一家人情趣高雅,用这样的音乐更合适。

师:我这里准备了大家需要的音乐,我们一起来配乐读一读。

(生配乐朗诵)

师:在抑扬顿挫的文言韵味里,我们把故事温馨的一面读出来了。现在,我们完成了第一项任务。接下来,我们要引导参观者了解这个故事,应该用一段什么样的引导语来激发大家游览的兴趣呢?

生:故事背景、故事内容、作者……

生:踏入这方展厅,魏晋风华扑面而来。彼时,战乱未掩才情,雅士相聚,清谈成风。今日,我们将了解《世说新语》中的风土人情。《世说新语·咏雪》篇中,一家人其乐融融地聚在一起讲论文义,这一场面多么温馨啊!

师:引导语有没有值得商榷的地方?

生:我觉得导语中出现两个《世说新语》,过于啰唆,可以用代词"其"代指。

师:能活学活用文言代词来使文章语言更加精练,真好!你来试试优化。

生:踏入这方展厅,魏晋风华扑面而来。彼时,战乱未掩才情,雅士相聚,清谈成风。《世说新语》记载的雅集,至今仍在岁月深处回响。今日就让我们一起领略其《咏雪》篇中的这段佳话。

师:语言直接指向文章的精髓。有同学对我们把这则故事放入魏晋风流展厅提出疑问。我们来探讨一下,应该怎么理解魏晋风流?

生:我不太理解"风流"的意思,应该是魏晋人的精神追求吧。

师:我们先来感受一下"谢太傅寒雪日内集,与儿女讲论文义"一句的内蕴。这句能否改为"良辰吉日内集""与儿女围炉茶话"?

生:我认为,谢太傅在"寒雪日内集",体现他情趣高雅;他给儿女"讲论文义",体现他关心家里小辈的学习。

生:我家下雪天最多喝茶聊天,而谢太傅却讲论文义,说明他很注重孩子的家庭教育。

师:联系生活比读,是很好的方法。晴耕雨读,"寒雪日内集"是即兴的,不是有意择日,不仅体现他的文学雅趣,还体现他注重家庭文学氛围的熏陶。我们再来看看,两个孩子的咏雪句是否也体现这个特点？这两句都是比喻句,你喜欢哪一句？

生:我更喜欢谢道韫的,因为她将雪花飘舞的样子比喻成春天柳絮飞舞,让人感觉到春意即将来临,有生机勃勃的一面。

师:你是会学习的孩子,你懂得好的比喻不仅要形似、神似,还要能够让人产生意境的联想。有不同的看法吗？

生:我觉得"撒盐空中"更好,雪是落下来的,不是飘下来的,还有一种雪的晶莹。

师:那我如果说它恰当的话,它和文章中哪一个字是照应的？

生:"骤",有急的意思,说明落雪快,且雪大。

师:这么说他俩不分伯仲,那谢太傅的态度是什么呢？

生:"公大笑乐"。

师:让我们依托课本,辩太傅之笑。请用"我认为太傅的笑,表示的是自己对____的____的态度,因为____"的句式,说说你的理解。

生:我认为太傅的笑,表示的是自己对谢道韫的赞赏认可的态度,因为他并没有在谢朗说完"撒盐空中"之后笑,而是在谢道韫说完"未若柳絮因风起"后才笑。这说明他一开始就觉得谢朗的回答还需要斟酌。

师:你从叙事逻辑上看出他更倾向于谢道韫。

生:我觉得谢太傅对两个孩子都是赞赏和喜爱的。他们的反应都很快,从不同角度比喻雪的白、晶莹、量大。所以谢太傅的赞赏是对他俩的。

师:作为长辈,看到晚辈如此思维敏捷,他心里一定想:"我的孩子们真是太棒了!"

生:我认为太傅的笑,表示的是对谢道韫的喜爱,因为我们不仅可以看到"公大笑"的反应,还可以看到后面的"即公大兄无奕女,左将军王凝之妻也"。文章表明了谢道韫的身份,所以我认为他应该更偏向谢道韫。

师:假如你是谢朗,谢安评价说"还是我侄女厉害",你作何感想？谢安为何不作评价？

生:那我一定会很失落。他不作评价,说明他情商高。

师:情商高具体表现在哪里？

生:没有厚此薄彼,说明他公平、包容。

生:尊重孩子。

师:对呀,这就是情商高。我们来读读这段文字,从谢安的文学追求来判断你的观点是否正确。

(屏显)

谢公因子弟集聚,问《毛诗》何句最佳,遏称曰:"昔我往矣,杨柳依依。今我来思,雨雪霏霏。"公曰:"吁(xū)谟(mó)定命,远猷(yóu)辰告。"谓此句偏有雅人深致。　　——《世说新语》

叔父安尝问:"《毛诗》何句最佳?"道韫称:"吉甫作颂,穆如清风。仲山甫永怀,以慰其心。"安谓有雅人深致。

——《晋书·列女》

【注释】雅人深致:指高雅之士的深远意趣。

生:当他们讨论《毛诗》的时候,谢安追求文学有"雅人"的深远意境,所以他心中更喜欢兄女的比喻。兄女的比喻给人无限的诗意联想,有意境,但是他没说,可以看出他有修养。

师:精妙的语言把人物的内在修养和精神追求都表现出来了。(板书:语言精妙)

师:这个故事就是成语"咏絮之才"的典出之处。(板书:咏絮之才)你能不能通过这个故事推断出"咏絮之才"的意思?

生:谢道韫富有文采,被人欣赏。

师:是的。我们再从个别具体表现概括,"咏絮之才"指的是非常有才情的女子。谢公的高雅,两个孩子的机敏、才情,都体现了魏晋风流。(板书:情趣高雅)

师:接下来,我们将进行利用 AI 软件生成插图的任务。要生成恰当的插图,需要写好提示词。好的提示词,应包括提示风格、画面场景、重要内容、人物细节等。比如,我选了这个场景:"谢太傅寒雪日内集,与儿女讲论文义。"大家一起来看看我写的提示词。

(屏显)

根据《世说新语·咏雪》生成一幅工笔画:画面中,雪花纷飞,谢太傅(中年男子)坐于堂前,面容含笑,小侄儿、小侄女围坐四周,有的凝眉思索,有的欲言又止,阶前积雪洁白。

师:同学们,方法学会了吗? 那么,你觉得哪一个场景最能代表这一篇文章呢? 请就相应的场景写出提示词。我们请一位同学上台,现场尝试一下。

生:你好! 帮我生成如下画面:谢道韫,年轻女子站在窗前,用手指着窗外纷纷白雪。谢太傅,中年男子坐在炉旁,眼含欣赏,嘴角微微上扬。谢朗,年轻男子若有所思,眺望窗外。

师:软件给我们生成了 3 幅图画,你觉得哪一幅更符合你的预期?

(屏显)

图一 　　　　　　　　　　图二 　　　　　　　　　　图三

生:图二更符合。

师:为何选择这个场景?

生:这个场景中几个人的神态、动作最能反映这个故事的重点,表现人物的精神面貌。

师:好,感谢你的理解和展示。《咏雪》这个故事在《晋书》里也有记载。大家来看屏幕,你觉得这两篇文章和上面的图一、图二,怎么匹配,理由是?

(屏显)

王凝之妻谢氏,字道韫,安西将军奕之女也。聪识有才辩。……(谢安)尝内集,俄而雪骤下,安曰:"何所似也?"安兄子朗曰:"散盐空中差可拟。"道韫曰:"未若柳絮因风起。"安大悦。

——《晋书·列女》

生:《晋书》节选匹配图一。理由是《晋书》节选开头交代谢道韫的身份、地位,表明这篇文章主要写的是谢道韫的才情;《咏雪》不单单描写谢道韫一人,而是通过咏雪这件事,表现出两个孩子精妙的语言,所以应该匹配图二。

生:图二不仅表现了孩子的文学修养和才情,更表现出家庭教育对孩子的重视和影响。

师:很有见地!《晋书》只是为了表现谢道韫的"聪识有才辩",而课文最后补充交代了谢道韫的身份,表明她出身诗礼之家,又嫁于诗礼豪门,从而突出好的家庭教育培养出来的孩子是很有才情的。(板书:诗礼家风)

师:学到这里,你能不能用一两个词来描述一下你认为的魏晋风流呢?

生:情趣高雅,是魏晋风流。

生:温馨和谐,是魏晋风流。

生:还有散淡闲适的氛围。

生:还有讲究雅趣和注重文化熏陶的家庭教育。

师:确实如此,这就是魏晋风流。(板书:魏晋风流)一个咏雪的故事不仅传达出当时士大夫阶层的生活现状,更呈现出他们的精神个性。课后,请小组合作,结合自己小组完成的几项任务作品,完成展板。对《世说新语》的探寻仍在继续,你还可以根据自己的兴趣做一个专题。阅读就像挖掘宝藏,可以读出自己的兴趣、思想和见解。这就是文学留给我们的财富。

本课板书:

咏雪

语言精妙　咏絮之才

情趣高雅　诗礼家风

魏晋风流

教学创想

◆ 情境创设

任务驱动情境:教师在"情境导入"环节,将学生置于"南京六朝博物馆展厅"的场景中,要求学生完成录音频、写导语、探风流、配插图等任务。通过模拟博物馆展厅的场景,将学生带入一个充满文化氛围的学习环境中。这不仅激发了学生的学习兴趣,增强了他们的代入感,还促进了多维度学习,提升了文化理解。学生参与其中,在具体的情境中习得文言文学习方法,感悟魏晋风流。教师与学生分角色演读,还原故事场景,增强学生的参与感和体验感,帮助他们更好地理解人物性格,感悟人物情感。

语言比较情境:教师多次运用比较情境,比如通过比喻句、语气词、古今词义和句式等对比,帮助学生深入理解文本内容,体会语言的精妙之处;教师引入学生生活情境比读感悟,感受谢太傅注重"雅人深致"的文学意蕴追求,注重营造家庭教育的包容、平等的和谐氛围;教师展示"雅人深致"的拓展阅读与 AI 软件生成图片的匹配比读,感受魏晋时期的文化背景、士大夫的清谈文化等,帮助学生从文化层面深入文本阅读,感受"魏晋风流",提升学生的文化素养。这种情境创设策略不仅增强了教学的趣味性和互动性,还培养了学生的文言阅读能力和语言分析能力,引导学生深入思考,提高其解决问题的能力,提升教学效果。

◆ 任务创建

任务一:读故事,配音频

活动1:检测朗读节奏,总结方法。

意图:了解学生自学情况,总结方法,提升学生的文言文学习技巧。

活动2:小组合作,设计朗读,派代表分角色演读。

意图:增强学生对人物性格、情感的理解,提升其朗读技巧,体会文言韵味。

活动3:简要讨论配乐,读出文言韵味。

意图:感受文章感情基调、节奏和韵律,进一步体会文言文的语言美感。

任务二:知故事,写导语

活动:撰写一段故事导语,引导观众了解故事背景和文化内涵。

意图:培养学生的写作和概括能力,帮助学生理解故事的文化价值。

任务三:研故事,数风流

活动1:辩比喻之妙,谁的比喻更胜一筹?

意图:培养学生的语言鉴赏能力和批判性思维,使学生能够深入理解魏晋风流。

活动2:探讨谢太傅为何“寒雪日内集”。

意图:分析谢太傅的行为动机,理解魏晋时期的文化氛围。

活动3:探讨“公大笑乐”背后的深意。

意图:分析谢太傅之“笑”所蕴含的情感态度,培养学生对文言文细节的敏感度和理解能力。

活动4:说风流。结合故事,说说你对魏晋风流的理解。

意图:从故事中提炼魏晋风流内涵,培养文化理解能力和审美情趣。

任务四:写描述,配插图

活动:拟写一段描述性提示词,学生使用 AI 软件输入提示语,生成插图并评价。

意图:进一步理解文本旨趣、创作意图,提升审美和评价能力。

◆ 学法创优

通过“南京六朝博物馆展厅”情境创设,引导学生在角色扮演和任务驱动中增强代入感,激发学习兴趣。结合问题驱动法,设置“辩比喻之妙”“探究谢太傅行为动机”等任务,培养学生的批判性思维和问题解决能力。同时,运用语言比较法,通过比喻句、古今词义对比以及 AI 生成图片比读,帮助学生深入理解文言作品的语言精妙和文化内涵,提升鉴赏能力。通过小组合作完成“读故事、写导语、研故事、配插图”等任务,促进自主学习和团队协作能力的发展。

借助 AI 生成插图,将文本内容转化为视觉形象,提升学生的审美和评价能力,促进知识内化。课后布置拓展阅读《世说新语》并设计专题展区,鼓励学生自主探究,培养创新意识和文化理解能力。

名师点评

《咏雪》是《世说新语》中的名篇,也是学生在初中阶段所学的第一篇文言短文。教师在指导学生学习本篇时,一方面应注意依据学情循序渐进,与小学语文学习平稳衔接;另一方面也要紧扣文言特点进行设计,为初中文言学习奠基。王老师在教授本课时,不仅很好地做到了以上两点,还发展了学生的核心素养,在推动文言创新教学上有不少亮点。

　　文言教学以读为始,这是由文言本色决定的。王老师在课堂上围绕"读"开展了三次活动:首先是读准节奏,然后是读出情感,最后是配乐朗读。三次朗读由易到难,符合学习的一般规律。不仅如此,三次朗读活动还顺带解决了文言学习中无法回避的问题,如专有名词的辨析、重难点词句的理解、全文感情基调的把握等。学生在朗读中既把握文章整体,发现并研讨细节问题,又通过朗读来解决问题,避免了传统文言教学中翻译费时多且枯燥无味的情况。尤其是配乐的活动设计,充分调动了学生的思维,将乐感和语感相交融,实现了跨学科学习。

　　学文言不仅要知其意,还要领其韵。《咏雪》含义隽永,韵味深长,值得细细咀嚼。王老师围绕本文韵味,以南京六朝博物馆魏晋风流主题展览为情境,巧妙设计了一组任务,让学生品读经典,在做中学。从讲学的场所活动、环境氛围,到子侄辈的言语机智,再到太傅及作者的褒奖评价,最终感受人物的精神追求,体会"魏晋风流"。情境创设信手拈来,无刻意之感,整个任务设计也是轻巧灵动,自然顺畅。学生在"辨"与"辩"中积极探究,沉浸式地品味比喻之精妙,感受谢家子弟之风采,领略文化之气韵。整个课堂很好地展现了文言的独特韵味。

　　师古而不泥古,是文言学习的重要准则。王老师充分发掘文言与现实的联系,在文言朗读及细数风流后,分别设置了撰写引导语、设计画面两大活动。这两个活动不仅顺理成章地对相应板块做了小结,而且启发学生深入思考探究,有效地提升了学生的"小创造力"。尤其在画面设计活动中,学生在教师的点拨和指导下,结合 AI 软件生成图片并点评,大大拓宽了眼界和思路,而且对文本有更深层的反思。

　　作为"小创造力"的言语产品,本课导览海报设计也是教师匠心的体现。依文配图,视听结合,是当下博物馆展览的重要方式。专业化的任务设计不仅能激发学生深入阅读的兴趣,而且能步骤清晰地引导学生发挥"小创造力"。只要我们教师多关注生活,古为今用,文言教学也能焕发出别样的精彩。

(赵晔　南京市学科带头人)

言语·小创

　　把握文章感情基调,读准节奏,读出韵律,配音朗诵,生成朗诵音频;根据对课文的理解,拟写博物馆参观导语;借助 AI 软件,生成本课的配图;最终完成博物馆导览海报。

　　扫描下方二维码,获取海报。

(南京市浦口区实验学校　王丽红)

第四单元

14　回忆我的母亲

教学实录

前置作业：

1. 课后"读读写写"抄一遍。（字音、字形）
2. 请用三个关键词来概括课文中母亲的形象。
3. 写出文中最打动你的一处文字。
4. 针对这篇课文，提出 1~2 个有价值的问题。

师：大家请看照片，这是一份中央档案馆收藏的《解放日报》（1944 年发行），今天将要学习的课文就发表在上面。原先的题目和我们课本上的并不一样，《母亲的回忆》和《回忆我的母亲》哪一个题目更适合课文的内容？

生："母亲的回忆"说的是一个母亲回忆自己的过往，而"回忆我的母亲"说的是作者回忆自己跟母亲的经历。选择"回忆我的母亲"更合适一些。（板书：回忆我的母亲　朱德）

师：这篇文章主要写的是母亲的一生。母亲的形象究竟是怎样的？还记得我们在前些天做了一个线上的预习作业吗，题目就是"请用三个关键词概括课文中母亲的形象"。

（屏显：线上词云图）

师：这是一个词云图，在中间、字号也最大的词是"勤劳"，看来多数同学认为母亲是勤劳的。（板书：勤劳）

生：文中的第 4 段说过，"母亲是个好劳动"。

生："从我能记忆时起"，母亲"总是天不亮就起床。全家二十多口人，妇女们轮班煮饭，轮到就煮一年"。

师：那么大家还赞同词云图中哪些概括形象的词语或短语？

生：宽厚。

生：仁慈。（板书：仁慈）

师：对，这些词在文章中都能找到。请大家齐读第七自然段的最后一句。

生：（齐读）"母亲那种宽厚仁慈的态度，至今还在我心中留有深刻的印象。"

师：在那样的社会中去挣扎着生活，是不是还需要一种品质？

生：顽强。（板书：顽强）

师：我们在概括人物的时候要找关键词，重点要看哪里？

生： 找关键句，通常会出现在段落的开头或结尾，有助于我们掌握课文的内容。

师： 那是不是每一段都有这样的关键句，能够引领整个小节的主要内容或主旨呢？

生： 第 3 段没有，第 10 段也没有。

师： 接下来，我们一起试着为第 10 段写一句关键句，引领它的主旨或主要内容。

（生写作并屏显）

师： 你写的是"朱德回来上学，然后参军得到母亲的鼓励"。大家是否赞同？

生： 他回来更重要的是"办学"。在概括时要准确，首先是"办学"，然后是"得到母亲的鼓励去参加革命"。

师： 这位同学写的是"以科学民主的思想准备为家乡做点事，但遭到反对，母亲给了我很多鼓励"。这里的反对来自谁？具体是什么得到了母亲的鼓励呢？

生： 来自守旧的豪绅们。"办学"和"搞革命"这两件事，都得到了母亲的鼓励。

师： 所以，我们可以再增加一些具体内容，请大家在本子上做适当的标注。

师： 我想问一下大家，第 10 段结尾，"我母亲对我这一举动不但不反对，还给我许多慰勉"中的"慰勉"有几层意思？

生： 一是安慰，二是勉励。

师： 朱德家中有八个孩子，但只有他一个人识字。家里是借钱供他读书，借了 200 块钱，这笔钱直到他当了旅长之后才还上。从这个细节中，我们可以看出家人对他抱有很大的期望和偏爱。他学成归来，却选择参加革命。这是一条可能流血牺牲的道路，但母亲仍然给了他最大的支持和鼓励。

师： 如果你们是朱德，面对家庭，你们内心会涌起怎样的情感？

生： 不舍。

生： 愧疚。

师： 是啊。因此，在这种情境下，母亲一定会用她特有的方式，比如"慰勉"这样的词汇，来叮咛我。

师： 我们来模拟这样一个场景：母亲和朱德并肩站立，朱德即将离家投身革命，这一去，或许就是与家人的永别。在这样的时刻，母亲会对朱德说些什么呢？请大家在课本上写下你们的想法。

（屏显：学生课堂作业）

生： 孩子，你放心去，这是为国家和人民做好事，努力让中国变成公正和平的国家。

师： 朱德的家庭中，只有他一个人识字，母亲并不识字。在这样的背景下，她能否说出这样一番话呢？

生： 我认为太文绉绉了，应该用口语突出母亲的思念和担忧，叮嘱他好好活着，不要受伤。

生： 前一句"孩子，你放心去"可以保留，后面的部分再改。

生： 你放心参军，家中有我，只要你好好活着就好，我会永远支持你的。

师： 大家觉得这句如何？建议全班深情朗读。

（生齐读）

师： 大家真的将母亲的关爱与不舍，完美地展现了出来。这篇文章之所以动人，很大程度上归功于它的语言——深情，真挚。（板书：真挚）

师： 这篇文章的语言还有其他特点吗？

（屏显：学生预习作业）

师：黄同学，你认为书中第4段关于母亲勤劳的描述让你很感动，请你读一下。

生："母亲是个好劳动。……因为她身体高大结实，还能挑水挑粪。"这段文字描述了母亲的勤劳，让我感受到了她的伟大和无私。虽然文字简短，但生动地展现了母亲的辛劳。

（屏显：学生预习作业）

师：预习作业中有同学问："这篇文章没有华丽辞藻，是否算好文章？"我尝试用 AI 写作工具添加修辞。现在，请大家比较原文和改文，说说哪个更好，并简述理由。

（屏显）

课文：母亲是个好劳动。从我能记忆时起，总是天不亮就起床。全家二十多口人，妇女们轮班煮饭，轮到就煮一年。母亲把饭煮了，还要种田，种菜，喂猪，养蚕，纺棉花。因为她身体高大结实，还能挑水挑粪。

AI 改文：母亲是个极其勤劳的人。从我能记忆时起，她就宛如一只不知疲倦的鸟儿，总是在天还未亮、星辰仍在苍穹闪烁时就悄然起床。全家二十多口人，妇女们如同接力赛一般轮班煮饭，轮到谁，谁就要煮整整一年。母亲在完成煮饭这一重任后，一刻也不停歇，又投身到广阔的田间，辛勤地种田；在那一方菜圃里，精心地种菜；在猪圈中，耐心地喂猪；在蚕房里，细致地养蚕；在昏暗的角落里，专注地纺棉花。因为她身体高大结实，仿佛一座巍峨的山峰，蕴含着无尽的力量，所以还能挑起那沉重的水桶，挑起那散发异味的粪肥，毫无怨言地为家庭默默付出。

生：原文好。（生笑）

生：因为它使用了朴素的语言，最能体现母亲的质朴与真挚。（板书：质朴）

师：关于语言，我们已经分析了两个特点。为什么要用朴素语言陈述真挚情感呢？

（屏显）

我们的艺术作品不是给少数人看的，而是给中国广大民众和军队看的。我们必须认清对象，面向群众，面向士兵。

——《朱德军事文选》

生：当时的群众和士兵文化层次较低，很多都不识字，朴素的语言更易于理解，更能触动他们。

（屏显：学生预习作业）

写出文中最打动你的一段文字：

我亲眼见到，六七百穿得破破烂烂的农民和他们的妻子儿女被所谓官兵一阵凶杀毒打，血溅四五十里，哭声动天。

师：即使是朴素的语言，也有打动我们的地方。田同学选择了关于战争残酷性的描述，请大家思考这段话的意义。

生：这段话体现了时代背景，让我们更深刻地认识到战争的残酷性。官军的强势、残酷与无情，更体现出了老百姓的凄惨。

师：我们一起来读这一段。

（生齐读）

师：我们仿佛看见，六七百名衣着褴褛的农民及其家人，遭受所谓官兵的残酷迫害，雪夜中的哀嚎声回荡数十里。

师：也有同学提出了问题，我们来看看。

（屏显：学生预习作业）

母亲为何要溺死自己的孩子,她难道不心痛吗?

生:母亲一共生了13个孩子,因家境贫寒,只能留下8个,其余被迫溺死。我能深刻体会到母亲的无助与现实的严酷。

生:是的,母亲必定心痛,那是她的骨肉,但生活太难了,让她别无选择。

师:的确,若非如此,恐怕连这8个孩子也难以保全。那么,关于作者家境贫寒的原因,大家能解答吗?

生:我觉得是因为当时社会黑暗,加之母亲家庭本就贫困,子女众多,难以维持生计。

师:关键词"社会黑暗",正如我们之前所见的悲惨场景。

(屏显:学生预习作业)

为什么母亲这么热爱劳动,这么勤劳?

生:这应该是母亲的天性。

生:在那样一个残酷、黑暗、贫穷的时代,母亲只能依靠自己的勤劳和智慧,亲手纺线织布,衣物代代相传,硬如铜钱。生产前一分钟,她还在灶上忙碌。

师:大家还记得毛主席为朱德母亲写的挽联吗?一起来读一读。

(生读挽联)

师:毛主席称朱德的母亲为"完人",你们觉得她"完"在何处?

生:她勤劳一生,任劳任怨,对子女宽厚仁慈,用坚韧不屈的精神支撑起家庭,对抗残酷的社会。

师:她不仅勤劳、任劳任怨,还宽厚仁慈、坚韧不屈。但朱德又说她是平凡人,这是为何?

生:因为她是千百万劳动人民中的一员,中国有许多像她这样的母亲。

师:是的,她们用勤劳、仁慈、坚强扛起家庭,推动中国前进。这是一段历史,也是一个时代的缩影。母亲用她的精神和品质抗争黑暗的年代,赢得了尊敬。

师:在母亲去世之际,朱德写了这篇悼念文章,其中第16段尤为深情。现在,我们一起朗读这一段。请女生和男生齐读,准备好了吗?预备,开始。

(生齐读)

女生:(悲痛)"母亲现在离我而去了,我将永不能再见她一面了,这个哀痛是无法补救的。"

男生:(自豪)"母亲是一个平凡的人,她只是中国千百万劳动人民中的一员,但是,正是这千百万人创造了和创造着中国的历史。"

齐读:(感激)"我用什么方法来报答母亲的深恩呢?"

男生:(坚定)"我将继续尽忠于我们的民族和人民,尽忠于我们的民族和人民的希望——中国共产党,使和母亲同样生活着的人能够过快乐的生活。这是我能做到的,一定能做到的。"

师:很好,女生们表达出了悲痛之情,男生们也读出了自豪感。

(屏显:学生预习作业)

作者为什么在"能做到的"后面加一个"一定能做到的"?

生:表示强调,表达自己兑现承诺的决心。

师:的确,在这篇文章发表一年后,中国人民打败了日寇;五年后,全国解放,人民当家作主。朱德化悲痛为力量,兑现了对母亲的承诺。请男生们把最后一句再坚定地读一遍,好吗?

(男生齐读)

师:朱德写了个人的母亲,也代表了全国的母亲。他用个人的经历书写了家国历史,这也是全文非常值得我们推敲的亮点。

师:遗憾的是,老师查阅了不少资料,一直没有找到朱德母亲的照片。现在,我想借助 AI 绘画软件,生成朱德母亲 80 岁的照片。请大家准备输入你们的指令词。

生:生活在中国四川农村的老母亲形象。

生:勤劳、聪明、能干。

生:和蔼、慈祥、满脸皱纹……

生:衣着简朴,打着补丁,但干净。

生:抗日战争时期……

(师使用 AI 绘画软件尝试生成画像)

师:看,这就是我们根据大家的描述生成的画像,是否符合你心目中朱德母亲的形象?

(生点头)

师:这不仅是朱德的母亲,更是当时千千万万将士们的母亲的形象。

本课板书:

回忆我的母亲

朱德

勤劳		质朴
	仁慈	
顽强		真挚

教学创想

◆ **情境创设**

模拟对话情境:教师设定"朱德即将离家投身革命,母亲与朱德并肩站立,这一去或许就是与家人的永别"这样的场景,让学生设想母亲会对朱德说些什么,之后对学生所写内容进行分析讨论,引导学生结合当时朱德的家庭背景,使对话内容更能体现母亲的关爱与不舍。通过创设这种极具情感张力的模拟对话情境,让学生设身处地地站在文中人物的角度去体会情感、表达情感,深刻理解朱德离家投身革命时母亲复杂的心情以及母子间深厚的感情,同时也有助于学生感受文章语言真挚的特点,锻炼了学生的语言表达和情感体悟能力。

语言比较情境:教师展示预习作业中提出的关于文章语言方面的疑问,即"这篇文章没有华丽辞藻,是否算好文章",并呈现课文原文和用 AI 写作工具添加修辞后的改文,让学生比较两者并阐述理由。创设这种对比的情境,让学生直观地感受不同语言风格的差异,引导学生主动思考文章朴素语言背后的价值和意义,进而理解在当时面向群众和士兵的背景下朴素语言更能触动读者、表达真挚情感的作用,提升学生对文章语言特色的鉴赏能力。

◆ **任务创建**

任务一:理解课文中母亲的形象

活动1:借助预习作业中线上生成的词云图,概括课文中母亲的形象特点。

意图:了解学生自学课文后对概括人物形象这一知识点的掌握情况。

活动 2：找关键句，并能为指定的段落拟写关键句。

意图：引导学生掌握通过关键句概括内容的阅读方法，提升阅读理解能力。

活动 3：借学生的预习作业中的提问，分析母亲溺死孩子、热爱劳动的深层原因。

意图：分析母亲形象，从而理解母亲是千万母亲的代表。

活动 4：列出 AI 提示词，生成朱德母亲的画像。

意图：提升概括能力，让母亲的形象具象化。

任务二：掌握课文的语言特色

活动 1：利用 AI 改写原文，并对比原文和改文的优劣。

意图：明确课文语言朴实的特点。

活动 2：设计朱德参加革命前和母亲的对话内容，并深情朗读。

意图：明确课文语言真挚的特点。

任务三：感受以个人史书写家国史的写作方式

活动 1：比较毛泽东和朱德对母亲"完人"与"平凡人"的评价。

意图：明确母亲完美的一面和平凡的一面。

活动 2：有感情地朗读文章结尾段。

意图：明确朱德和全体将士都在用实际行动表达对母亲们的爱。

◆ **学法创优**

借助预习作业，引导学生自主归纳总结。一方面可以更高效地收集学生的预习反馈，另一方面促使学生自主阅读课文，主动去提炼关键信息、归纳总结人物特点，有助于学生从整体角度去把握课文核心内容，培养了学生自主学习和概括总结的能力。

对比原文与 AI 改文，培养鉴赏能力。教师利用 AI 写作工具生成课文的改文，引导学生比较原文和改文，探讨哪个更好并阐述理由。这一做法巧妙地借助 AI 技术，为学生提供了不同风格的文本范例，让学生在对比分析中直观地感受不同语言表达的特点和效果，进而培养学生对文章语言的鉴赏能力，帮助学生理解朴素语言在特定情境下传递真挚情感的独特魅力，引导学生从多元角度去思考和评判文章的语言运用。

名师点评

这节课的设计充分体现了以"学"为中心的教学理念，注重培养学生的自主学习能力、合作探究能力和实践应用能力。通过创设多种情境，引导学生主动参与课堂活动，激发学生的学习兴趣。同时，结合 AI 技术等现代信息技术手段，创新教学方法，提升教学效果。具体来说，这节课有以下三个特点：

其一，情境创设丰富多样。情境创设是一种有效的教学策略，它能够激发学生的学习兴趣，提高学生的参与度，增强学习效果。本节课创设了人物形象概括、模拟对话、语言比较和历史背景探究等多个情境，为学生提供了进入文本的多个角度，激发了学生的学习兴趣和探究欲望。如模拟对话，设定具体场景让学生设想对话内容，这体现出了杜威的"做中学"理念，通过角色扮演和情境模拟，使学生在实践中学习和体验。AI 绘画情境的引入，更是将现代技术与语文教学相结合,创新了教学手段,提高了课堂的趣味性和互动性。

其二,任务设计层级进阶。任务一是理解课文中母亲的形象,通过预习作业中的词云图和关键句拟写,培养学生的文本分析能力和综合能力。任务二是掌握课文的语言特色,对比原文与 AI 改文,设计对话内容并朗读,不仅锻炼了学生的语言鉴赏力,也提高了他们的情感表达能力。任务三是感受以个人史书写家国史的写作方式,通过细读文章语句,帮助学生理解文章深层含义。这三个任务的设计,从理解形象到品味语言,再到感受文本特质,层层深入。每个任务下的活动设计具体且明确,既有学生自主完成的预习作业,也有课堂上的合作探讨,形式多样,有利于培养学生的自主学习能力和合作精神。

其三,学法指导贯穿始终。模拟情景写作和有感情地朗读等活动,让学生在实践中体会情感表达,提升了学生的书面表达能力和语言感染力。结合图像生成软件加深形象认知,则是利用现代技术手段辅助教学,帮助学生更好地理解和记忆课文内容。线上预习作业促进了学生的自主学习和在线协作,与建构主义学习理论相符,强调学习者主动构建知识的意义。对比原文与 AI 改文并加以分析,有助于学生认识到不同语言风格的效果,提升了学生的文学鉴赏能力,培养了学生的批判性思维。将文字转化为视觉图像,不仅增强了学生的空间认知能力,也使得抽象的概念更加具体化,易于理解和记忆。

综上所述,这节课是一堂成功的语文课,不仅完成了知识传授的任务,更重要的是通过多样化的教学手段和丰富的教学活动,激发了学生的学习兴趣,培养了学生的语文素养。

(赵富良　江苏省特级教师、正高级教师)

言语小·创

借助 AI 绘画软件,生成朱德母亲 80 岁的照片。

AI 指令词:这是一位抗日战争时期生活在中国四川农村的老母亲,80 岁左右,她满脸皱纹,衣着简朴,上面还打着补丁,但干净整洁。老母亲看上去勤劳、聪明、能干、慈祥……

生成图片:

(南京市第三中学　张莉)

第五单元

15　梅岭三章

教学实录

师：今天我们要学习《梅岭三章》。（板书：梅岭三章　陈毅）课后的"阅读提示"里说："《梅岭三章》正是一名革命者在生死关头的告白。"老师想问问大家，你觉得什么是告白？

生：是一个人的真心话。

师：发自肺腑的话，那为什么这篇文章是在生死关头的告白呢？能结合查阅的历史背景说说吗？

生：陈毅在敌人的重兵包围下，率部在江西、广东两省交界的梅山开展游击战，坚持了将近3个年头。1936年冬天，他在梅山被敌人包围，带着伤兵潜伏在丛莽间二十多天，觉得难以脱险，便写下这组诗。

（屏显：梅岭斋坑图）

师：你说的这些信息在诗前的小序里可以得到验证。陈毅伤得非常重，伤口里的骨头渣和脓血只能徒手挤出，20多天里要面对警犬搜山、探灯照明、放火烧山等种种困难，而所谓的"丛莽间"不过就是宽4、5米，净深1米多的小坑，可见形势非常严峻。这种形势下，告白藏在哪里了？

生：小序中说"留衣底"，就是衣服最里面。

师：衣底心头的肺腑之言，陈毅没说"写"，他认为诗是怎么来的？

生："得"诗，就是感觉自己在危急关头，突然想到了什么，即兴写下了这组诗。

师：见字如人，如何看待这样的陈毅？

生：能看出他很从容，并不紧张。

师：很潇洒，不是普通的革命者。我们刚才一直都称陈毅，有没有同学可以加一个后缀？

生：元帅。

师：没错，陈毅是开国十大元帅之一，郭沫若先生曾用一句诗赞美陈毅。（板书：一柱南天百战身）

师："一柱南天"指的是海南的巨石"南天一柱"，这里有什么用意？

生：是说陈毅像巨石一样直指苍穹，是国家的栋梁。

师：聚焦告白者的身份，让我们来读读将军的告白。

（屏显：将军的告白）

师:先来听听这位同学的,做做点评。

(播放学生朗读的视频)

师:读得怎么样?

生:挺好的,战场的激烈、情况的严峻都读出来了。

师:能用一个词形容他的状态吗?

生:从容。

师:除了从容,这组诗,尤其是最后几句,还可以怎样读?

生:更热烈激情一点。

师:自由之花开满世界,那么灿烂。请你试着读得更激昂些。

(生朗读)

师:很有激情。陈毅的这组诗是告白诗,想问问大家,他在对谁告白?

(屏显)

> 此去泉台招旧部,旌旗十万斩阎罗。
>
> 后死诸君多努力,捷报飞来当纸钱。
>
> 取义成仁今日事,人间遍种自由花。

生:第一句是对反动派。

师:说给反动派听的,语气可以激昂坚定点,一定要消灭你们!大家试着读读第一句。

生:(齐读)"此去泉台招旧部,旌旗十万斩阎罗。"

师:还说给谁听?

生:第二句,从"捷报"和"诸君"可以看出是说给战友听的。

师:目的是什么?

生:激励大家战斗。

师:我们学过陆游的"王师北定中原日,家祭无忘告乃翁",也是激励战斗,和陈毅的一样吗?

生:不一样。陆游有点悲观,认为胜利的希望不大;而陈毅是非常坚定的,"捷报飞来"说明胜利的消息来得很多、很快,可以看出他对胜利持乐观态度。

师:你对"飞"的解读很准确,让我们一起读出这种坚定乐观的感情!

生:(齐读)"后死诸君多努力,捷报飞来当纸钱。"

师:最后一句可以看作是对自己的告白,其前景更让人觉得有希望了,对不对?漫山遍野都是自由花,看到未来一片美好。有人能试着读出这种激昂吗?

生:(朗读)"取义成仁今日事,人间遍种自由花。"

师:我们全班一起读一读这三句告白,读出坚定,读出乐观,读出豪迈激昂。

(生齐读)

师:同学们已经能读出气势了,那能不能读得更好些呢?我们以第一首为例,怎样才能读出血战到底的坚定?

生:我觉得"斩阎罗"这个拼杀的动作要重读强调,可以把手抬起来,有力度地从上向下砍。

师:动作设计得很好,有居高临下要把一切反动派给劈斩掉的气势。我们试一试。

生:(齐读,加动作)"此去泉台招旧部,旌旗十万斩阎罗。"

师:除了加动作,还可以用什么办法?

生:一个同学领读每句话,其他人重复最后的三个字,可以更有气势。

师:好建议,请你领读,其他同学一起来重复最后三个字。

(生朗诵第一首诗)

师:我建议加上动作,同学们可以更投入一点。

(生再读第一首诗)

师:同学们通过增加动作,改变朗读人数,单人和集体配合读出了告白的慷慨坚定。那后面两首诗,我们还可以怎样读呢?同学们提方案,我们一起来实施。

(生思考讨论)

生:我觉得"捷报飞来当纸钱",可以高兴些,把手扬出去好像撒纸钱、扔捷报,要面带微笑,眼睛看向远方表现乐观。

师:除了动作,还注意了神态,诗歌读得很细致,我们试一试你的好设计。

生:(齐读,加动作神态)"捷报飞来当纸钱。"

师:还有吗?

生:我觉得"人间遍种自由花",我们可以把手从身边划过,有一种遍地开花的感觉。

师:除了动作,人员上可以有点变化吗?

生:可以重复多读几遍。第一遍请一个男生读,第二遍全体男生读,第三遍全班读,可以越来越强烈地读出作者的无畏、乐观。

师:像合唱一样,有分工有合作,我们一起来。

生:(配合朗诵)"取义成仁今日事,人间遍种自由花。"

师:同学们读得慷慨激昂,读得坚定不移,也读出了乐观豪迈。特别棒!(板书:慷慨激昂 坚定不移 乐观豪迈)

师:老师也有个朗读建议,组诗开头"断头今日意如何"是一个问句,我来提问,你们来回答,咱们一问一答再读读组诗的三句告白。

师:(朗读)"断头今日意如何?"

生:(齐读)"此去泉台招旧部,旌旗十万斩阎罗。"(坚定)

师:(朗读)"断头今日意如何?"

生:(齐读)"后死诸君多努力,捷报飞来当纸钱。"(乐观)

师:(朗读)"断头今日意如何?"

师、生:(齐读)"取义成仁今日事,人间遍种自由花。"(昂扬豪迈)

师:大家的朗读已经有种"一柱南天百战身"的激越之感。这句诗还有后半句,叫"将军本色是诗人"。(板书:将军本色是诗人)

师:刚才我们读出了将军的告白,下面我们要来品品诗人的告白。

(屏显:诗人的告白)

师:同学们应该听过这首革命诗:"砍头不要紧,只要主义真。杀了夏明翰,还有后来人。"这首诗写出了一个革命者牺牲前大义凛然、充满正气的形象。它的语言风格是怎样的?

生：我觉得是豪放、简洁。

师：简洁直白是不是？革命烈士诗抄里很多诗歌都是这样直白的风格。如果陈毅的诗也是这样的风格，会如何呢？我们一起看看网友改编过的第一首诗歌。

（屏显）

牺牲又如何，创业太艰难。阴间干革命，将士斩阎王。

师：好像也很霸气。你觉得好不好呢？

生：我觉得这个改编不好，改变了诗的基调。"阴间干革命"有一种小家子气的感觉。

师：原句哪里可以看出大气、凛然之感？

生："招旧部"有将军发号施令、一呼百应的气概，把一个很恐怖阴森的地方，变成了一个很热血、可以革命的地方。

师：意境上更开阔了，非常好。其他方面呢？

生：我觉得"创业太艰难"里面的"太"字不好，有种唉声叹气的感觉，而陈毅更多的是乐观，而不是畏难。

生：把表示夸张的"十万"去掉后不够有气概。

师：你注意到了数字，特别好，但数字前的"将士"好像也不好。"旌旗"十万和"将士"十万的区别在哪里？

生：旌旗能让人想到战场上将士们英勇冲锋的场面。

师："泉台"替代"阴间"，"旌旗"借代"将士"。原诗中的这两个意象，读来就能让人感受到胜利的旗帜高高飘扬，人人都热血激情革命战斗。整首诗歌激昂向上，让人热血澎湃。下面两首诗有没有像这样用意象去取代直白用词的做法？找一找。

生：用丑陋的"阎罗"代替了国民党反动派，表示憎恨。

生："南国烽烟正十年"中的"烽烟"，指的是 1927 年以后的国内革命战争。"烽烟"的画面感特别强，让人感觉到整个南国战火肆意。

生："血雨腥风"指的是反动派残暴的统治。

生："人间遍种自由花"中的"自由花"是把解放后的生活比喻成花，让人感觉很美妙。

师：你说得有道理，陈毅没有说革命花、胜利花，而说自由花，其实是把幸福的生活和自由花相联系。和夏明翰直白的风格不同，陈毅的诗歌用了大量意象，还用了比喻和借代的手法，这样写有什么效果？

生：更有情调。

师：我觉得你的意思可能是更优雅一点，更诗意一些。如果是这样，我有个疑问，诗歌开头为什么叫"断头今日意如何"，好像不够雅啊，"牺牲"不好些吗？

生："断头"有大义凛然的感觉，更惨烈。补充资料里提到，陈毅当时被国民党反动派悬赏 5 万大洋。

师：你看得很仔细，还关注到陈毅的现实境遇。

生："断头"可以让我们联想到《山海经》中的人物刑天。刑天是没有头的，他的头因与天帝争夺神位被砍掉了，但是他并没有放弃，而是把乳头当作眼睛，把肚脐当作嘴巴，表现出他宁死不屈、豪迈的精神。

师：诗歌用到了神话故事，那么大家有没有注意到别处也写到了"断头"。

生："此头须向国门悬"。

师：这里说的是伍子胥的故事。伍子胥劝谏吴王要小心越王，但是吴王不听，甚至猜忌伍子胥从中作梗，于是伍子胥自尽之前挖下双目，悬在城墙之上。他想干什么？

生：想要看到吴国灭亡。

师：死都要看到吴国的灭亡，大家揣摩一下伍子胥死时的情绪。

生：悲愤，充满了怨气。

师：陈毅的诗虽然用到了这个故事，但境界完全不同，充满了革命的乐观精神。事实上，陈毅诗中的典故和诗句的化用，境界更高、化用更新、语言更雅。（板书：化用"新" 境界"高" 语言"雅"）

师：他的革命诗不那么直白，因此我们这位将军也被人称为"儒将"。

师：请大家再次朗读诗歌，注意诗中的意象、用词和手法。

（屏显：标注过记号的组诗）

（生齐读《梅岭三章》）

师：我们刚刚都在读、品陈毅的告白。作为将军的告白，慷慨；作为诗人的告白，典雅。那面对陈毅的告白，同学们有什么话想对他说呢？请写几句小诗来回应陈毅的告白，能用到诗中的意象更好。

（生思考、创作）

师：请同学们有感情地说出你的告白。

生：我为陈毅写了一首诗："梅岭留遗底，传颂并百年。何为断头义，原是取义仁。泉台招旧部，旌旗斩阎罗。诸君已努力，望君喜乐闻。"

师：你的小诗很有对话感，用到了不少原作的字词，向陈毅元帅致敬。想问问你的"诸君已努力"指的是谁？

生：指战友，也包括我们。

师：陈毅元帅不仅想知道当时的人在努力，更想知道我们现在的同学也在努力。"诸君已努力，愿君喜乐闻。"他一定喜闻乐见，谢谢你。

生：我写了两句："愿君可以安心眠，遍地已开自由花。"我希望用原诗中"自由花"来告诉他，祖国现在很美好。

师：山河无恙，国泰民安。陈毅将军希望开出自由花，而我们现在就遍地盛开自由花。

生：断头洒血为国家，誓死播种自由花。旌旗百万战天涯，造筑吾国今日华。

师：你不仅写得正气，告白说得更激昂！

生：我想对陈毅将军说："往今二十日，名流千百年。"

师：你回应了小序，写出了这被围困的二十天的意义。梅岭风骨永远在，对不对？同学们的告白非常动人，我们再把这组诗朗读一遍，再次向陈毅将军告白！

（生齐读）

师:"一柱南天百战身,将军本色是诗人",我们读到了陈毅胸中的万丈正气,也读到了他笔下的万钧之力,还读到了同学们最真实宝贵的告白。梅岭风骨不会亡,相信同学们在日后的学习和生活中会发出更多有力的告白!

本课板书:

梅岭三章

陈毅

	一	将	
	柱	军	
慷慨激昂	南	本	化用"新"
坚定不移	天	色	境界"高"
乐观豪迈	百	是	语言"雅"
	战	诗	
	身	人	

教学创想

◆ 情境创设

本节课创设的情境源自课后阅读提示中的"告白"一词。教师借此开展了一系列与"告白"相关的学生活动,让学生在聊告白背景、读将军告白、比诗人告白、写自我告白的环节中深入理解组诗。

创意朗读情境:教师请学生自主合作设计诗歌朗读形式,借由不同形式的朗读呈现学生对诗歌内容的理解、对诗作情感的传达以及对诗人生平的理解。针对诗作关键词句,添加符合作者情志的动作、神态,学生个人和集体配合进行有层次变化的合诵,师生之间一问一答朗诵名句……多轮创意朗读,不仅帮助学生理解陈毅革命的坚定激昂、乐观豪迈,也有助于他们发挥自己的"小创造力"去呈现自己对诗歌的理解,进而提高他们的情感体悟能力。

语言比较情境:革命诗歌风格大多比较直白,而陈毅的《梅岭三章》在意象选择和典故诗句的化用上,境界更开阔,格调更高远,很有特点。因此,创设网友改诗的情境,比较改诗和原诗的区别,思考辨析优劣,引导学生发现并理解诗作在用词、手法、风格上的特点——化用先人有新意,心胸境界更高远,语言表达更典雅。既培养了学生初步阅读现代诗歌的能力,也提升了学生对语言特色的鉴赏能力。

模拟对话情境:在朗读、品析完陈毅作为将军和诗人的告白后,教师引导学生用自己的真情告白去回应告白,引导学生与作者对话,借用诗作意象,真实表达学习感受。炽热情感、豪壮情怀、典雅风格……都可以在学生的言语创作中找到,既培养了学生的创意表达能力,也提升了学生的语文素养。

◆ **任务创建**

任务一:感受作者的炽热情感和豪壮情怀

活动1:聊聊告白因由——结合预习查找的背景资料,谈谈对"生死关头的告白"的理解。

意图:了解学生自学组诗后对写作背景和作者特殊身份的理解情况。

活动2:读读将军告白——观看学生课前自主提交的朗读视频,并点评。

意图:引导学生初步感知组诗的整体内容和情感。

活动3:再读将军告白——学生讨论设计,进行多轮创意朗读。

意图:通过多形式创意诵读,深入理解诗歌中传达的慷慨坚定、乐观豪迈之情。

任务二:掌握组诗的语言特色

活动1:比比诗人告白——比较网友仿夏明翰风格修改后的诗作,思考组诗改成直白风格是否合适。

意图:引导学生关注作者在运用典故、化用诗句、选择意象上"高""雅""新"的特点。

活动2:读读"儒将"告白——关注作者将军和诗人的双重身份,深情朗读。

意图:明确组诗感情激昂、语言典雅的特点。

任务三:尝试借用诗中意象、手法,表达真情实感

活动:写写自我告白——借用诗中意象、手法,写简单诗句,表达真情,回应作者。

意图:在真实表达中加深对诗人诗作的理解,初步学习小诗创作。

◆ **学法创优**

创设情境能够激发学生兴趣,唤起学生共情。本单元侧重感受崇高精神,而诗歌更是传情言志的代表。因此,有目的的情境设置不仅有助于加深理解,还有助于情感体验的提升。

多轮次创意朗读既可以加深学生对诗作内涵的理解,还可以锻炼学生的"小创造力",是培养学生创造性思维和审美能力的有效途径。

呈现网友直白风格的改诗让学生比较辨析,可以培养学生的鉴赏思辨能力。明确呈现不同语言风格的范例,学生可以更直观地感受作者创作风格的个性化特征,也可以借由文本深入理解作者本人创作的不可替代性。

模拟对话进行诗歌创作,让学生学习文本特色,真实表达学习感受,将理论知识应用到实际的语言创作中,有效促进知识的内化和个性化的创意表达。

名师点评

庄老师这节课紧扣文学阅读与创意表达任务群的核心要义,通过层级化的任务设计和多元化的活动形式,实现了文学素养与表达能力的深度融合。

首先,任务一以情感体认为轴心,通过背景探究与多形式诵读,搭建沉浸式阅读场域。从"生死关头的告白"还原历史语境,到学生自主朗读视频的生成与互评,再到创意诵读的设计演绎,形成从知人论世到艺术转化的进阶链条,使革命诗歌的炽热情感不再停留于概念认知,而是借助声音媒介转化为可触可感的生命律动。这种设计既彰显了文学阅读中历史语境还原的必

要性,又通过跨媒介创意表达拓展了审美体验的维度。

任务二聚焦语言,展现出对诗歌特质的精准把握。通过对比网友仿写与原作的差异,引导学生发现作者运用典故的深刻性、化用诗句的独创性以及意象选择的新颖性。在反复比较的思辨过程中,学生不仅习得了欣赏诗歌语言的专业视角,更深刻理解了"儒将"身份对诗歌典雅激昂风格的内在塑造。这种将文本细读与身份探究相结合的思路,既落实了语言品味的深度学习,又架起了文学形式与创作主体之间的阐释桥梁,使语言分析超越技术层面而具有人文纵深感。

任务三的创意表达设计独具匠心,通过"写写自我告白"实现阅读成果向写作能力的创造性转化。要求学生借用原诗意象与手法书写真情实感,实则是设置了"限制中的自由"创作情境——既须遵循特定诗学规范,又要关注个性化情感体验。这种"文本互涉"的写作策略,避免了脱离文本的随意表达,通过意象迁移、手法化用等具体路径,引导学生在模仿与创新的过程中深化对原作的理解,真正达成"以读促写、以写悟读"的双向循环。

庄老师的这一教学设计充分体现了任务群"以主题为引领、以任务为驱动、以活动为载体"的实践框架,在审美创造的深度整合中实现素养进阶。任务群以"革命者的告白"为核心主题,串联起三个层级递进的学习任务,形成"情感体悟—语言解码—创意迁移"的完整学习闭环。三个任务紧扣"文学阅读"与"创意表达"的双向互动,通过多样化实践活动实现深度学习。课堂里既有阅读与体验的多模态融合,也有鉴赏与思辨的批判性进阶,更有表达与创新的结构化支撑。

回顾这节课,庄老师紧扣任务群"通过文学阅读培育审美能力,通过创意表达提升语言运用"的核心目标,以主题为锚点,以任务为路径,以活动为支架,在革命文化的浸润中实现了文学素养与立德树人的双向共生。

(赵富良　江苏省特级教师、正高级教师)

言语·小·创

1. 致陈毅将军

梅岭绝笔筑铁魂,旌旗漫卷震乾坤。
自由花绽千秋业,浩然气正万古存。
绝笔犹书家国志,断头要换山河春。
青松挺直华夏新,毅魄长随日月恒。

2. 梅岭告白
——致陈毅元帅

梅岭的风撕开了夜幕
被俘的诗句在枪口开花

捷报如雪片穿过封锁线
旌旗在记忆里永不褪色
昼夜的围剿与等待
草根在齿间开出倔强的花
自由的种子在骨缝里发芽
你说人间会开出自由花
血液会浇灌出春天
而如今
山河早已换了模样
五星红旗在东方高高飘扬
和平鸽在空中自由飞翔
我采下南海的浪花作酒
敬你衣底未冷的火焰

（南京理工大学附属中学　庄妍）

第六单元

22　皇帝的新装

教学实录

前置作业：

1. 欣赏连环画，讨论后确定连环画的主体要素：封面、内容提要、情节、插画等。

2. 小组合作，制作一本名为《皇帝的新装》的连环画。

3. 分发空白的优秀连环画评价表，请学生思考评价的标准。

师：前几天，同学们欣赏了一些经典的连环画，了解了连环画的特点。它是通过多幅画面来叙述一个故事或者事件发展始末的艺术门类，以图文结合的连续画作为主要表现形式。构成连环画的要素有封面、内容提要、情节、插画等。同学们此前尝试将《皇帝的新装》编成一本连环画，今天我们再进一步探究这篇童话，并对连环画进行完善。（板书：皇帝的新装——创编连环画）

师：首先我们聊一聊连环画的情节设定。请各组组长进行汇报，在制作连环画的时候一共用了几页？每页的内容分别是什么？

生：我们小组设计了7页。第1页讲皇帝爱在镜子前欣赏自己的衣服，展现出他虚伪的形象。第2页讲骗子行骗，他们给皇帝展示神奇的衣服。第3页讲骗子工作到深夜，织机上却空无一物。第4页讲大臣向皇帝描述新衣服。第5页讲骗子给皇帝试穿新衣服。第6页讲皇帝自信满满地游行。第7页讲小男孩指出皇帝没有穿衣服，皇帝略显尴尬，但仍强装镇定地走完全程。这样的设计既遵照了原文，也让读者有了更深的思考。情节以原文的发展过程为主，因为篇幅受限，我们就省略了一些内容，比如皇帝派大臣两次前去看衣服，我们觉得略显重复，就删除了。

师：能不能简练提取一下，设计情节的时候，你们的依据是什么？

生：根据我们小组的叙述视角——大臣，观察皇帝和骗子的活动，省略掉一些重复的、叙述视角无法展现的情节。

师：这组同学是用大臣视角来设计情节的。我们再请其他组分享。

生：我们组也设计了7页。和上一组相比，我们把故事发展的阶段分为三个层次：骗子自称能织出神奇的布，皇帝赐骗子许多金子织布，皇帝穿新衣游行。

师：你们划分情节的依据是什么？

生：我们划分情节的主要依据是文中的关键词。比如时间，"许多年以前""有一天搞到深夜""第二天早上"，这些关键词可以使文章条理更加清晰。

生：我们还有一个创意。我们可以从骗子视角进行情节梳理，先梳理出原文的脉络，然后再转换成骗子视角，通过联想和想象，加入原文没有的细节，最后形成以骗子为叙述者的故事。这样可以更深入地揣摩人物的心理，塑造人物的形象。

师：有没有遵从原文视角进行情节设计，但是又有巧思的？

生：我们组设计了5页。第1页是皇帝爱新装，第2页是骗子说新衣，第3页是大臣和皇帝看新衣，第4页是皇帝参加游行大典展示新衣，第5页是小孩揭穿骗局。我们是按原文的视角，将骗子假装织新衣的部分给省略掉了。另外，为了展现出大臣的虚伪与奉承，我们加入了一些想象的动作细节，但是没有增加情节。

师：好的。其实刚刚第二组汇报的时候，我注意到他们是增加了一些情节的。比如补充了皇帝向天下征选漂亮衣服，骗子们看到后开始谋划骗局的情节；还有骗子商量如何欺骗皇帝并进行敛财的情节；等等。这些情节既丰富了原文的内容，但又合情合理，还进一步塑造了人物形象。

师：刚刚有两组同学都提到了要省略原文的一些情节。省略的部分集中在两处，第一处是骗子织新衣，第二处是两位大臣和皇帝三次去看新衣。大家思考一下，究竟能不能删？

生：不能，这三次看新衣的人物身份不同，级别越来越高，但是他们都撒谎说看到了美丽的新衣，足以证明整个宫廷都非常虚伪愚蠢、自欺欺人、表里不一。这样写强化了对他们的讽刺。

师：我们在读《西游记》的时候，其实也经常看到类似的情节，比如三打白骨精。从情节上来说，有什么作用呢？

生：我觉得这样写可以不断推进故事的进展。正是因为每一次回复皇帝新衣很美丽，才有下一次去看新衣的情节驱动，最后推动了试新衣以及参加游行大典的情节发生。

师：在一次次看似重复的情节中，其实既有内在的逻辑，又有情感的推进，将安徒生对整个官场的讽刺表现得淋漓尽致。

师：那第二个争议就是，骗子织新衣的部分要删去吗？

生：不能删除。骗子装模作样织布，行为夸张，却没有一个人揭穿，大家还配合表演，真的很荒唐。删去就不能体现骗子的狡猾和统治阶级的愚蠢了。

生：我们小组在以骗子视角来设计情节的时候，在织新衣部分扩写了骗子的对话和心理。骗子本以为皇帝会起疑心，但是皇帝却一点都没有怀疑，进一步体现皇帝的愚蠢。

师：的确，正常人都不会相信的事情，他们却深信不疑。

生：织新衣也是骗子行骗过程中很重要的一环，否则整个骗局就不顺利了。

师：所以织新衣使故事既有趣又完整。综上所述，安徒生这篇童话虽然浅显易懂，但是却滴水不漏，暗藏玄机啊。在情节中刻画了人物的虚伪与昏庸，也表现了当时宫廷的黑暗。

（板书：设计情节——聚焦、转换、扩写）

师：以上是我们对情节方面进行的探究。善于刻画人物是连环画的一个优良传统。现在我们请各小组展示精彩配画，描述画中人物的动作、神情等，并请说说依据。

生：我们小组要分享两幅画。第一幅配图是两个骗子用他们华丽的辞藻和虚假的承诺骗取了皇帝的信任。配图的时候我们想着重展现大臣的内心活动，他虽然内心对骗子织布、夸耀布料的行为感到奇怪，但是并不愿意说出来，这幅配图可以刻画出大臣的虚伪。第二幅图的内容是两个骗子在织衣服，但是织布机上空空如也，他们背后的箱子里却摆满了金丝。画面中的他们点起了许多蜡烛,一看就是在赶夜工。图中有两个骗子的对话:"我们这样造假就不会被发现吗?""管他呢!骗钱最重要!"这一组对话表现出两个骗子的虚伪、贪婪和狡猾。

师:你们组是加入了语言和心理。

生:我们组关注到了皇帝游行的最后一个画面。真相被一个天真的小男孩揭穿之后,皇帝的脸上有了汗珠。为了掩饰尴尬,他故作高傲地继续游行,体现了皇帝虚伪的一面。周围的人们从原来的阿谀奉承变成了捂着嘴偷笑,有的人甚至笑出眼泪来了,正在偷偷地抹去。

师:为什么要偷偷地笑呢?

生:因为他们怕被皇帝知道了会惹来杀身之祸,老百姓应该是畏惧权威的。

师:你们加入了原文中没有但又合理的细节。

生:我们配的是骗子初次见到国王时的插画,我们给骗子同时配了语言和心理。他们是表里不一的人,嘴上说的是"我们可以做出世界上最好看的衣服",但暗地里想的是"这次可以大捞一笔"。这样可以形成反差,充分表现骗子的狡猾。

师:你们组不仅还原了人物的语言和心理,而且还有反差。安徒生的童话给了我们丰富的想象空间呢!

生:我们组关注到了人物的神态和动作。比如皇帝给骗子钱织布的时候,骗子在不断搓手,眉开眼笑但是嘴角又带着一丝狡黠,这就表现出了骗子的心理。此外,文章里有个细节说皇帝每一刻钟就要换一套衣服,所以我们给服侍皇帝穿新衣服的人手上放了一块表。这个侍从一直保持着严肃的神情,认真地盯着表,手紧紧握着,这样皇帝换衣服的频率之高就具象化了。画里的皇帝穿了新衣服后神态喜悦,充分体现出皇帝爱穿新衣服的癖好。

师:这个创意真的很棒,同学们的想象都十分有趣。

生:我觉得还有一处可以放大神态。在大臣、官员、皇帝看新衣的时候,我们把他们的眼睛画得又大又圆,几乎从脸上凸出来,而且是几乎差不多的神态。这样反复强化,可以进一步表现整个官场自欺欺人的滑稽场面。

生:我们也是。在最后结尾的地方,我们画了皇帝的腿在微微抖动,但是神态依旧保持骄傲。

生:我们组用夸张的手法凸显了皇帝的愚蠢。在童话的结尾,我们有意把皇帝放大,占了一大半画面。画面中,小男孩揭露真相以后,人们都开始捂嘴偷笑。皇帝虽然竭尽全力,故作骄傲,但在人们面前还是显得十分可笑,达到了很强的讽刺效果。

师:所以配画的时候要充分发挥想象和运用夸张的手法,表现人物的细节特征,还可以用其他人物进行衬托。

(板书:设计配画——想象、细节、衬托、夸张)

师:大家的配画都十分精彩,甚至比原文还要传神。那是不是可以认为安徒生的语言水平不行呢?

生:配画的时候要遵循原文,不然可能没法表达出安徒生想表达的主题。童话是写给儿童看的,语言朴实的同时又可以让儿童去想象。这篇作品给了我们很多想象和创作的空间,这恰恰是安徒生高明的地方。

师:我刚刚看到很多插画只有图,没有配文,那如果要配文,该注意什么?

生：可以引用原文，也可以加入旁白，还可以发挥想象扩写一些语言和心理描写的句子。这样既丰富了文字的类型，又符合情节和人物塑造的要求。

师：大家可以根据需要进行修改和完善。配画也包括封面，大家是如何设计的？

生：我们觉得封面设计应该突出皇帝对新衣服的痴迷，让读者第一眼就能抓到这个故事的重点。

生：我们就选用高潮部分的画面——皇帝进行游行大典的部分，这里最能反映故事的中心，最具有讽刺意味。

师：封面可以选择最能代表故事主要内容的画面，也可以选择最能凸显主题的画面，有时还可以用故事的结尾作为封面。很多同学觉得原文没有结尾，于是就续写了结尾，我们来探讨一下合不合适。

（屏显）

两种结尾：

1. 皇帝游行结束后，大发雷霆，处决了两个骗子。

2. 皇帝回去以后痛改前非，从此国富民强。

师：你们喜欢原文的结尾，还是同学续写的结尾？

生：我认为皇帝不可能大发雷霆，因为他要维护自己的尊严，一旦发火就承认自己被骗了，那就容易失去民心，会被认为是愚蠢的。而且骗子也不会束手就擒，等着被抓，早就逃之夭夭了。

师：所以续写结尾也要符合生活常识，符合人物形象。

生：联系当时的社会背景，我们可以知道这个国家自上而下都是愚昧、专制的。所以要痛改前非不大可能，每个官员都不会再提这件事。

师：续写结尾还要注意联系当时的社会背景。这个童话是基于西班牙的一个民间故事创作的。在那个故事中，真相是由一个黑人揭露的，但是在这篇童话里，真相是由一个小孩子揭露的。大家说这样的结尾好吗？

生：孩子是单纯、善良、诚实的，寄托了安徒生对诚信社会的向往。

师：我们可以再看看原文的结尾部分。真实的声音发出后，被人们私下里传播开来，最后全部百姓都知道了。这就是安徒生的写作目的——企盼一个真善美的世界。所以续写结尾一定要符合生活常识、人物形象、社会背景，还要符合原文写作意图。

（板书：设计结尾——合常理，显主题）

师：安徒生说最奇异的童话是从真实的生活里产生出来的。它虽然是幻想，但一定是基于现实的。它引发我们对现实的思考，让我们获得智慧的启迪和勇气的力量。

（屏显）

最奇异的童话是从真实的生活里产生出来的。

——安徒生

师：最后请大家回顾一下整节课的内容，将评分表里情节、插画、创意三个指标的评价标准加以完善，并对今天各个小组的作品进行评选，评出"综合全胜奖""优秀情节奖""优秀插画奖""优秀创意奖"等奖项。

（屏显：连环画评分表）

师：最后布置一下作业。请大家将修改完善的连环画做成电子书，并写一段推荐语。本节课到此结束,希望大家以后都能带着想象读懂每一篇童话。

本课板书:

皇帝的新装

——创编连环画

设计情节——聚集、转换、扩写

设计配画——想象、细节、衬托、夸张

设计结尾——合常理、显主题

教学创想

◆ **情境创设**

本课以《皇帝的新装》这一经典童话为蓝本,开展了真实的语文学习活动——创编连环画。

整个学习以创编连环画为起点,以小组合作的形式开展实践创作,学生在真实的情境和活动中展开对文本的学习。在探讨连环画页数的活动中,引导学生多视角梳理文章的情节;在为连环画配画和设计封面的活动中,让学生积极表达对童话情节、人物形象、语言的感受。

因为是真实的语文学习情境,所以学生能够全身心投入课文的学习。因为是全身心的学习,所以对不同层次的学生都有启发和引领作用,每个人都能有所得。

◆ **任务创建**

任务一:连环画情节设计分享

活动1:制作这本连环画,情节内容需要几页?

意图:抓住"新装"这个线索,完整概括故事情节。从不同角度复述,感受原文叙事的层次。

活动2:两个关键问题讨论

(1)编排情节,将骗子说新装这个情节放在后面或者删去,这样处理可以吗?

(2)原文中有君、臣三次去看新装的情节,只笼统概述可以吗?

意图:引导同学对文学作品中三叠式结构进行理解与欣赏,从而感受情节的荒诞离奇但又逻辑严密。

任务二:连环画配画设计分享

活动1:各小组展示精彩配画,描述画中人物的动作、神情等,说依据。

意图:根据书中描写揣摩人物的表情、动作和心理,深入品读人物形象。

活动2:为每幅图中的人物配文。

意图:感受童话的语言特点,即既夸张又不失真实合理,通俗易懂。

活动3:封面配图分享。

意图:揭示最让学生印象深刻的画面、最有讽刺代表性的画面,感受经典作品的魅力。

任务三:连环画结尾比较

活动1:思考学生续写的两种结尾能否作为连环画的结尾。

意图:明白续写结尾要符合原文的主旨、人物形象特点以及时代背景。

活动2:原文结尾品读。

意图:感受童话结尾反映黑暗现实、追求美好愿景的主旨。

任务四:连环画评分表制作

活动1:各组完成优秀连环画创编评分表各项指标要求,择优选用。

意图:明确本次语文学习任务的评价标准。

活动2:进行打分,评选出"综合全胜奖""优秀情节奖""优秀插画奖""优秀创意奖"等奖项。

意图:评价每个小组的活动成果。

◆ **学法创优**

　　基于真实情境,点燃学习热情。以编一本属于自己的连环画为任务主线,极大地调动了学生的积极性。学生面对文本,反复揣摩,大胆设计,达成用全知视角、大臣视角、骗子视角三种视角复述故事情节这一教学目标。对于一些看似重复的情节的处理,学生能够产生争议和思考,让教学走向了深入。整个学习过程是学生主动参与、积极投入的过程。

　　基于童话文体,激发学生想象。情节安排、人物配画、封面设计等活动都指向了对文本的深入理解。学生的连环画也充满童心、童语,充分体现了这一年龄段孩子丰富的想象力。学生对"童话"这一文体在情节、语言、主题等多方面有了更深入的认识。

　　基于语言表达,呈现个性思维。小组合作创作的阶段,每个学生都要积极表达自己的看法;课堂进行汇报的阶段,每个学生都要出谋划策,争取让组长表达出大家的创意和思考。整本连环画,是学生对这篇童话的个性理解,是学生逻辑思维的呈现,也是学生语言表达力的提升。

名师点评

　　《皇帝的新装》是一篇经典的童话,其故事情节、人物形象以及童话寓意几乎所有学生都耳熟能详。如何上得精彩,这非常考验教师的教学能力。孔老师采用设计连环画的方式指导学生阅读童话,富有创意,寓教于乐,取得了很好的效果。

　　《义务教育语文课程标准(2022年版)》要求从学生生活实际出发,创设丰富多样的学习情境,设计富有挑战性的学习任务。这既是促进学习方式变革的要求,也是当下不少课堂的难点和痛点。七年级学生偏重感性,对童话一类极富想象力的作品尤其感兴趣,但是也往往会因囫囵吞枣而忽略了细节之妙,以及童话作者深层次的理性思考。连环画是学生喜闻乐见的阅读材料,与童话有着通俗易懂的共性,并能以绘画形式表现其局部细节特点,是童话作品默契的搭档。不少学生课下也有连环画的设计经验或设想。布置设计连环画的任务,既在学生能力范围之内,也具有一定的挑战性。

　　教师充分利用连环画"简中蕴丰"的特点设计教学。其"简"体现在课堂的开始,孔老师请学生思考《皇帝的新装》连环画需要多少页,每页的内容如何安排。这两个问题看似简单却很精妙,学生需要梳理整合童话的内容,找到最简洁的页数设定,这是对学生提炼概括能力的锻炼。其"丰"体现在为连环画配图。孔老师要求所配的图能通过人物外在的表情、动作等细节,表现人物内在的思想情感。这些不仅与美术设计相关，更重要的是需要学生揣摩人物形象，关注文本细节，发挥想象进行创造。这两个活动紧扣童话内容，不仅充分调动学生的思维，而且充分发挥连环画的特点，展现了教师情境任务创设的匠心。

除此以外，教师还结合童话的开放性特点求新求变。童话常以第三人称视角叙述故事，而叙述视角的转变往往需要对故事内容进行取舍重组，并对中心进行调整变化，给读者带来新奇的体验。孔老师及时捕捉到学生复述故事时的视角变化并巧妙利用，让熟悉的故事陌生化，给学生新颖的感受。在童话结尾部分，孔老师还让学生发挥想象进行续写，展现创意，既满足了学生的创作欲望，又在评点中指导学生关注生活常识、人物形象、社会背景及写作意图，在深度教学上也有突破。

从学生生成的"小创造力"作品来看，连环画完成度很高，图文并茂且评价标准完备。从制作的过程来看，师生共同参与，集思广益，步步深入，体现了自主、合作、探究学习的课程要求。孔老师在阅读引导、培养读书兴趣、提高读书品位，以及发挥信息技术支持作用等方面，也进行了有益的探索，是优秀的学习示范。

（赵晔　南京市学科带头人）

言语小·创

推荐语：《皇帝的新装》是一个脍炙人口的童话故事。整个故事中，骗子根据皇帝的虚荣之心，与大臣、百姓一起织就了无形之衣；但最终诚实的力量打破了谎言和虚荣，给我们以深刻的警示。我们是通过大臣的视角来叙述这个故事的，这样既揭示了大臣们的虚伪与奉承，达到讽刺效果，也反映了当时的社会压力和老百姓的无奈。在整个故事中，大臣既要维护皇权，又要面对百姓的期待，承受了多重心理压力。这样的叙述视角可以更好地塑造大臣形象，给读者不一样的感受。读者在欣赏故事的同时，也可以深刻体会到真话的力量，获得摒弃虚荣的警示。

扫描下方二维码，获取连环画。

（南师附中高淳学校　孔叶红）

七年级上册

第二单元

6　老山界

教学实录

师:今天,让我们一起跟随老红军陆定一的文字,翻越长征途中遇到的第一个难关——老山界。(板书:老山界　陆定一)

师:课前同学们依据文章内容画出了红军翻山的路线图,有简约派,也有生动派。我们先请简约派的代表陶同学讲一讲完成思路。

(屏显)

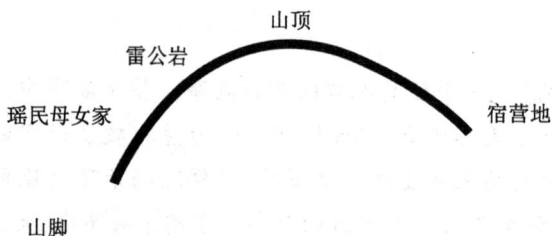

生:第一天下午,红军战士们从山脚出发,到达瑶民母女家,了解了她们的情况,并在她们家吃了晚饭。第二天,红军战士们攀爬到了雷公岩,从雷公岩再往上走二十多里,下午两点多钟到达山顶。红军战士们从山顶跑下来,到达了最终目的地——宿营地。

师:再请生动派代表吴同学讲一讲她的思路。

(屏显)

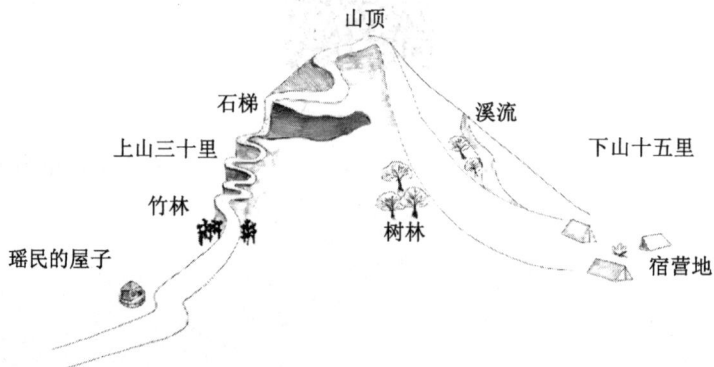

生:下午,红军战士们出发,在一个拐角处到达了瑶民的屋子。从瑶民的屋子往前走一段路程,天黑时分到达竹林。从竹林再往上走,红军战士们半夜在山腰露宿。第二天凌晨,红军战士们继续往上走,到达了石梯,最终在下午两点多钟到达山顶。从山顶一直往下走,路过溪流和郁郁葱葱的树林,抵达宿营地。

师:感谢以上两位同学的介绍。大家觉得哪一位同学画得更贴合文意呢?

生:两位同学都是按照课文的写作顺序画的。

生:陶同学有一处画得不贴合文意。结合文章第2~10段的内容,红军战士们是先到了瑶民母女家,然后再来到山脚下的。所以"山脚"和"瑶民母女家"这两个位置要换一下。

生:吴同学有一处位置标注得不太精准。她标注的"石梯"比较笼统,改成"雷公岩"更精准。

生:吴同学画得更贴合文意,比如文章里提到有"之"字形的弯道,吴同学就把"之"字形画出来了。

生:我也觉得吴同学画得更贴合文意——细节更丰富。比如,文中提到了九十度的垂直石梯,吴同学就生动地画出来了。

师:几位同学都是扣住文章里的细节来评价的,讲得都不错。陶同学和吴同学有一个地方处理得不太一样——陶同学下山路线画得比较短,吴同学画得比较长。大家觉得哪一种才是贴合文意的?

生:我认为下山路线画短一点才是精准的,因为文中说上山"三十里",下山"十五里"。

师:画出关键句。陶同学和吴同学还有一个地方处理得不太一样。陶同学画的雷公岩的位置比较接近山顶;吴同学所画的雷公岩,从山脚向上看,大概在中间位置。大家觉得谁画得更精准一点?

生:我觉得吴同学画得相对精准一些。因为结合课文第10段和第27段可知,从山脚到雷公岩大概是十里,从雷公岩到山顶还有二十多里呢。

师:画出关键句。雷公岩的位置应该在靠近山脚的1/3处,其实两位同学所画的位置都要再往下调整。

师:陶同学画得更加清晰,吴同学画得更加完整、生动,各有优劣。一言以蔽之,长征途中,红军翻越了老山界。

(屏显)

长征途中,_____的红军翻越了_____的老山界。

师:课前同学们还完成了这样一个任务——给红军和老山界分别加上一个形容词。超过一半的同学使用"陡峭"或者"险峻"这样的词语来形容老山界,我是认同的。(板书:陡峭)

师:大家觉得哪一段路是最陡峭、最险峻的?

生:(齐答)雷公岩。

(生齐读第25段)

师:我觉得这一段话太长了,所以我删去了其中的两个语句。

(屏显,生朗读)

走了不多远,看见昨晚所说的峭壁上的路,也就是所谓的雷公岩,果然陡极了;旁边就是悬崖,虽然不很深,但也够怕人的。崖下已经聚集了很多马匹,都是昨晚不能过去、要等今天全纵队过完了再过去的。

师:删减后似乎并不影响整段话表达的意思。能删吗?

生:不能删。如果删掉的话,就不能全面展现老山界的陡峭和险峻,也就不能从侧面体现红军不畏艰难险阻的精神了。

师:试着结合具体语句再来分析。

生:如果石梯非常宽的话,就算很陡峭,也不会让人觉得那么恐怖。"只有一尺多宽""旁边就是悬崖",通过数据和周围环境的呈现,直接写出了翻山的危险程度。

生:我们都知道牙齿和骨头是人身上坚硬的部分,马也一样。"脚骨都断了",说明从崖上跌下来是非常危险的。从侧面体现出老山界的高、陡以及翻山的艰难。

师:这两处分别从正面和侧面展现了雷公岩的陡峭与险峻。既然我们都认同的话,朗读时,就要重读那些能够体现雷公岩陡峭特点的词语。

(生再次齐读第25段)

师:但是我们班有一部分同学并没有用"陡峭"或者"险峻"这样的词语,他们使用的词语是"难翻"或"难走"。我们来采访一下这些同学,说说为什么会扣住"难"来写。

生:纵观全文,老山界确实有很多段难走的路。

生:我觉得选用原文的词语更好,作者在第30段使用的词语是"难翻"。

师:作者为什么选用"难翻"这个词呢?红军在翻山过程中所遇到的困难仅仅是雄奇的大自然的力量所带来的挑战吗?

生:从第29段可以看到,所面临的挑战还有国民党部队的追击。

(屏显)

长征途中,红军在湘江两岸同敌人浴血奋战,渡过湘江,进至广西西延地区(老山界所在地)。至此,中央红军锐减为3万余人。湘江战役后,蒋介石重新调整部署,企图围歼红军。

生:从第29段还能看到,队伍里有伤员,医务工作者还要照顾伤员。

师:除此以外,红军刚开始长征的时候,还带着几千副担子,各种各样的用来制造的机械设备,甚至连那种七八个人才能抬得动的大炮底盘也带着。如作者所说,这是一支"笨重"的队伍。

生:还面临着粮食紧缺的困难。文中反复提到这一点,比如前文写到肚子饿了,在瑶民家吃粥,后文写到大家"抢"饭吃。

生:物资匮乏,不仅仅缺粮食,也缺别的,比如火把。从第9段可知,红军战士们是在竹林里砍竹子做火把的。

生:天气严寒。红军战士们半夜露宿时,寒气刺入肌骨,浑身打寒战。

师:现在大家觉得"陡峭"更好,还是"难翻"更好?

生:(齐答)难翻。(板书:难翻)

师:那长征途中什么样的红军翻越了难翻的老山界呢?这一次大家没有什么分歧,所使用的词语比较统一——意志坚定、坚持不懈、不畏艰险、英勇顽强等。我也非常认同。(板书:英勇)

师:红军的英勇有哪些具体的表现?

生:从第 21、22 段来看,半夜露宿山腰,红军战士们只能裹着一条毯子躺在那陡峭的山路上,饥寒交迫,但是坚持下去了,义无反顾。

生:从第 28 段来看,红军战士们"昨天的晚饭""今天的早饭"都没吃饱,但是他们仍然勇往直前,意志坚定。

生:从第 29 段来看,医护人员中的女同志们十分英勇,翻山艰难,但还在忘我地工作,无所畏惧。

师:结合同学们所选择的词语以及刚才的种种描述,红军翻越老山界似乎是一个特别悲壮的故事。有没有这种感觉?

生:我觉得整篇文章并没有笼罩着悲壮主义的色彩。比如第 14～17 段,这里充满了欢快愉悦的气息。

(师朗读第 13、17 段,生朗读第 14～16 段)

师:用"呀""啦"这样的语气助词,好像和翻山这种又艰难又严肃的事情不相匹配,所以我删掉了这些词,我们再来读一读。

(屏显,生朗读)

不要掉队!

不要落后做乌龟!

我们顶着天!

师:可否删去?

生:少了语气助词,感觉这三句话像是在下命令,多了一些严肃感,反而不能激励战士们前进了。加上语气助词,才能体现出当时的红军战士们有说有笑,氛围融洽。

生:我觉得保留语气助词能突出口语化的特点。在那种浑身紧张的情况下,用"呀""啦"这样的语气词既能给自己一些暗示,也能鼓励别的战士一起努力,减少压力和负面情绪。

生:正因为有这些语气词,才能凸显红军积极的心态——苦中作乐、自强不息,具有革命乐观主义精神。

师:如果请大家再用一个词来形容红军的话,会写什么?

生:乐观。(板书:乐观)

师:红军战士是英勇的,红军战士也是乐观积极的。让我们乐观豪迈地再来读一读这三句话。

(师生齐读第 14～16 段)

师:这些句子是当时的红军战士们喊出来的口号。写口号是宣传员的工作,作者陆定一当年就是红军队伍里的一名宣传员。我们也来试一试,如果你也是其中的一名宣传员,请你选择一段路,在这段路对应的文字旁边写一两句口号。

(生独立创作,小组讨论、修改)

生:我选择雷公岩那段路。我写的口号是——垂直石梯又何妨,我们照样越过它。

师:如果当时你是这样读出来的,能不能帮助红军战士提高士气?请你呼喊出来。

生:垂直石梯又何妨,我们照样越过它!

生:我也选择了雷公岩这段路。我写的口号是——不畏艰苦,坚持不懈;奋勇拼搏,终将胜利!

生:我选择的是半夜露宿那段路。我写的口号是——险峻山路,难以入眠;扛过今夜,前行数里;人民安定,子孙幸福!

师:感谢以上同学的分享。除了语言描写外,文中还有哪一类描写,也能充分展现红军战士乐观向上的精神?

生:我觉得是环境描写。比如第 12 段,火把亮光和星光相接这样壮观的景象,分明能让我们感受到红军战士内心的豪迈。

师:课前,孙同学问这里为什么要用"奇观"这个词语,"奇"在哪里;郭同学问"奇观"一词蕴含了作者怎样的情感。同学们对这段话很感兴趣,有一些朦胧的阅读感受,但不知道如何评价,我们一起来读一读,讨论一下。

(师生齐读第 12 段)

(屏显)

[奇观]雄伟美丽而又罕见的景象或出奇少见的事情。   ——《现代汉语词典》

师:结合语境,借助注释,看看能否解答孙同学和郭同学的问题。

生:对于作者来说,火把一直连到天上的景象,是很明亮、很壮观、很罕见的,只有长征时见到过。

生:"奇观"的诞生是因为老山界山路狭窄。如果老山界的路很宽的话,火把可能会一团一团地团在一起,"之"字形的奇观就不会出现了。

生:"奇观"暗含作者对红军的高度赞扬以及自豪感。没有见到过这样的景象,甚至没有见到过哪一支队伍能像红军这样,如此坚定,凝聚力如此之强。

生:我有一种看法,"奇观"的诞生和作者自己的想象力也有关。丰盈的想象为雄伟、美丽、罕见的"奇观"锦上添花。

师:当时的情况岌岌可危,红军战士不仅没有退缩,还能静下心来看到美,感受美,欣赏眼前的美,这同样是乐观精神的展现。

师:既然环境描写可以表现出人物的精神,我想回到第 25 段加一句话。雷公岩虽险峻难走,但是风景还是很好的。

(屏显)

站在这里,我看到明媚的阳光从云缝中透出,云层呈现出美丽的玫瑰色和金黄色,而那些探出云层的林峰,恰似那大海上涌起的波涛。

师:可以加吗?

(小组讨论)

生:我来表达一下我们小组内部的不同意见。一方认为是可以的,因为句中的"阳光"可以象征红军为国为民的精神,"云层"则可以象征千千万万的老百姓;另一方认为不可以,因为这段话本来集中描写的是山路的陡峭,宕开一笔描写景色就显得突兀了。

生:我们小组认为可以。因为我们也认为这句话具有象征意义,从这一缕明媚的阳光中可以看到希望的曙光,暗示对长征胜利的坚定信念。

师：这一组也有一些个性化的解读，解读得对不对呢？回归语境，结合上下文，也许我们会有新的发现。

生：我们组认为不可以。如果加上这句话，这段话的表达意图就变成体现雷公岩景色的优美了，那么就无法突出雷公岩的险峻以及红军不畏艰险的品质。

生：从后文"很小心地过了这个石梯"这句话也可以看出，红军翻越雷公岩是一件非常凶险的事情，事实上，老山界也是红军长征时走过的第一座难走的山。在如此危急的情况下，红军战士不太可能停下来欣赏美景。作者回忆时依然着力刻画雷公岩的险峻，说明作者是有些后怕的。

生：如果一定要加上这句话，我认为可以加在第26段。这时的红军已经"过了这个石梯"，回望这段路时，可以通过描写环境抒发翻越雷公岩之后的畅快、喜悦之情。

师：环境描写的感染力很强，有时也会有一些象征意味，但并不是写得越多越好。我们要根据表达的意图和上下文的语境来确定是否需要环境描写。

师：经过老山界的，可不仅仅有红军，还有一路追击红军的国民党部队。

（屏显）

十多天后，广东刘建绪的部队也从这里过了，他们拆我们的篱笆，烧我们的稻草取暖，捉我们的鸡，牵我们的羊，说是追赶前面的红军的。

——一位瑶族老人的回忆

师：结合课文第3~10段，想一想国民党军和红军的表现有什么不同。

生：表现完全相反。红军战士知道瑶民的房子和篱笆都是枯竹编成的，就用米汤将标语粘贴在最显眼的地方，禁止拆篱笆；而国民党的部队问也没问，就直接拆篱笆上的竹子，烧百姓的东西，只为给自己取暖。

生：红军战士虽然知道粮食紧缺，但还是送了一袋米给瑶民母女；而国民党部队却不管百姓死活，捉他们的鸡，牵他们的羊。

生：第3段中"照着习惯""躲起来"这两处短语体现出瑶民长期遭受军阀欺压；第4段"大嫂""借"这两处则体现出红军对百姓的态度十分友好，和补充材料里的国民党军态度截然不同。

生：从补充材料来看，百姓对国民党的部队是害怕、憎恨的，和文中对红军的态度也截然不同。

生：共产党是为人民的利益而战，而国民党是为自己的利益而战。

师：长征告诉所有老百姓，红军队伍既有革命性也有人民性，长征是为了人民。如毛主席所说，长征是宣言书，长征是宣传队，长征是播种机，长征为的是人民。（板书：长征　为人民）

师：翻越了老山界之后，后来又发生了什么？

（生齐读最后一段）

师：后来啊，遇到了更多的困难，更大的困难，但是都被我们的红军战士一一战胜了。因为，长征是正义的事业。最后，我们一起来读一读毛主席所写的《七律·长征》。

（师生齐读诗歌）

师：课后请同学们继续修改、完善翻山口号，并配图，制作长征纪念卡片；阅读王树增的《长征》，加深对这一段历史的了解。

本课板书：

老山界
陆定一

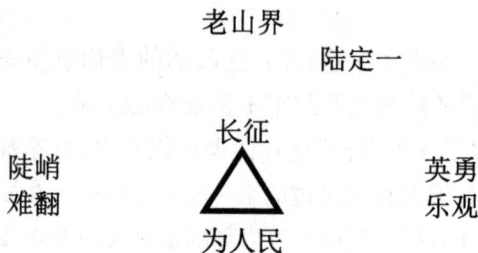

陡峭
难翻

长征
△
为人民

英勇
乐观

![教学创想]

教学创想

◆ **情境创设**

《义务教育语文课程标准(2022 年版)》强调,文学体验是真实的语言文字运用情境类型之一。本节课紧扣文本中的"老山界"和"红军"创设文学体验情境,引导学生涵泳品味,深度体验文本的内容、语言、写法与情感。以这样贴合文本、符合学生认知规律、基于语言文字运用的情境,设计核心学习任务,引导学生"浸泡"在作品的氛围之中。

其一,体验内容。课前要求学生依据文章内容画出红军翻山的路线图,课上借助反馈引导学生"进"入翻山情境,初步修正对文本内容的认知。其二,体验文字。涵泳品味"这是_____的老山界"和"这是_____的红军",引导学生"浸"入情境,在语言里"走无数个来回",深度理解翻山的艰难以及红军英勇乐观的品质。其三,体验写法。通过语言"增删调换"的多个情境,引导学生体会作者用词、写段的妙处以及方法使用的适切性。其四,体验情感。补充背景资料,引导学生借助学习支架,比较红军与国民党部队的不同,深度理解长征"为人民"的本质。

◆ **任务创建**

任务一:预习反馈

活动:学生代表展示红军翻山路线图。

意图:梳理已知,亲近红色经典。

任务二:涵泳品味

活动 1:涵泳品味——这是_____的老山界。

意图:通过语言的删减对比,感受雷公岩的陡峭与险峻;结合语境比较"陡峭"与"难翻"的不同,体会长征的艰难以及红军战士不畏艰险的品质。

活动 2:涵泳品味——这是_____的红军。

意图:通过品味语气助词的表达效果,感受红军战士的乐观情怀;化身红军宣传员,设计口号,进一步感受红军战士大义凛然的形象以及豪迈的心境;品味精彩的环境描写,分析环境描写的作用与必要性,理解作者的写法。

活动 3:涵泳品味——比较红军与国民党部队的不同。

意图:对照补充资料,比较红军与国民党部队的不同,更深层次地体会红军队伍的革命性与人民性。

◆ **学法创优**

《老山界》的经典之处在于有很多富有抒情气息的描写,生动细腻,能让读者仿佛置身于山路之中,目睹红军翻山的全过程,令人振奋。学习的关键在于涵泳品味,调动自身体验感受洋溢在字里行间的英雄气息和革命情怀,领略崇高的情感之美,学习表达的方法。为达成学习目标,本节课在学法上做了如下设计:

其一,以"增删调换"的方式,开展语言实践学习。例如,引导学生讨论课文第25段能否加入描写优美环境的语句,思考、明确环境描写要依据语段传情达意的需要来确定。

其二,以化身文中人物的方式,消除与红色经典之间的时代隔膜。引导学生化身红军宣传员,在亲近历史与文本的过程中学会拟写口号,并进一步体会红军战士的英雄情怀与豪迈心境。

其三,提供必要的学习支架,鼓励学生专注于学习的过程,提高学习效率。学生参照教师提供的路径建议,借助学习工具开展文学阅读活动,往往事半功倍。本节课为学生提供了丰富的支架——学习知识支架(如提供"奇观"的释义)、学习内容支架(如补充历史背景资料)、学习方法支架(如提供口号拟写方法小贴士)、学习策略支架(如设计语言的"增删调换")等。

名师点评

《老山界》是统编教材七年级下册的革命传统教育名篇。本节课以学生为主体,以任务为驱动,以情境为载体,通过多元互动与深度对话,构建了一堂兼具语文味与思想性的好课,充分体现了新课标"素养导向、综合育人"的理念。

教学设计巧妙。本节课围绕"红军翻越老山界"的核心事件,设计了"绘图还原路线—品析环境险峻—探究红军精神—感悟人民情怀"四大环节,层层递进,逻辑清晰。教师以"长征途中,_____的红军翻越了_____的老山界"这一主问题贯穿课堂,巧妙串联起文本细读、历史背景、革命精神等多维度内容。从学生课前绘制的路线图入手,通过对比分析、细节推敲,既锻炼了学生的信息提取与整合能力,又自然引出了对老山界"陡峭"与"难翻"的辩证思考。这一设计贴合七年级学生的认知特点,兼顾语言训练与思维进阶。

教学方法灵活。教师灵活运用任务驱动、对比阅读、情境代入等策略,构建了开放而富有张力的学习场域。例如,在分析雷公岩险峻时,教师故意删减原文语句,引导学生通过"能否删去"的思辨,自主发现环境描写中"数据呈现""侧面烘托"等手法的作用;在探讨红军乐观精神时,通过删改语气助词、补充环境描写等"矛盾点"创设认知冲突,让学生在"还原—比较—论证"中深入体会革命乐观主义的内涵。尤为亮眼的是,"宣传员写口号"的创意活动将文本理解与表达运用有机融合,学生既需紧扣文本细节提炼精神内核,又需以凝练有力的语言传递革命豪情,实现了从"学语文"到"用语文"的跨越。

师生活动有效。课堂中,教师始终以"平等中的首席"身份介入,通过"追问—点拨—提升"的对话链推动学习走向深入。例如,在讨论"陡峭"与"难翻"的用词差异时,教师并未直接给出答案,而是通过补充历史资料、关联文本细节(如担架、粮食、敌军追击等),引导学生自主发现"难翻"背后自然与人文双重困境的深意。学生则展现出活跃的思维与个性化的解读:从"火把奇观"中读出红军的凝聚力,从"语气助词"里品出革命乐观主义,从国共两军对比中悟出"人民性"主题。这种基于真实思考的师生对话、生生对话,让课堂成为思想碰撞的磁场,充分体现了"以生为本"的教学理念。

教师以"长征精神"为情感主线,通过多形式朗读、沉浸式体验,营造出庄重而不失灵动的课堂氛围。例如,师生共读《七律·长征》时,诗歌的磅礴气势与课文的细节描写形成互文,历史厚度与文学感染力交织;补充瑶族老人回忆国民党行径的史料,通过对比阅读强化红军"为人民"的价值认同。课堂结尾处的"制作长征纪念卡片""阅读《长征》"等任务,更将学习从课内延伸至课外,从历史照进现实,让红色基因的传承真正落地生根。

(朱 刚 南京市学科带头人)

言语·小·创

扫描下方二维码,获取长征纪念卡片。

(南京市文枢初级中学 徐 银)

9　木兰诗

教学实录

师：我在课前做了一点功课，听说咱们班的同学很热情。今天这节课请大家帮我个忙，来看屏幕。

（屏显）

3月27日到29日，有一个新加坡学生访问团来访。为了让他们感受中国的文化，学校安排他们进班上一节语文课。我们班接下了这一任务，打算和新加坡的同学一起学习《木兰诗》。

师：帮什么忙？

生：和新加坡的同学一起学习《木兰诗》。

师：这是表面上的任务，目的是什么？

生：目的是让新加坡的同学感受中华文化。

师：非常好，能快速捕捉到关键信息。那应该怎么做？我有三个小的设想，也就是三个小的任务，先看第一个任务。

（屏显）

任务一：感受汉语之美

课堂上，打算通过朗读来让新加坡同学感受汉语之美。关于朗读，你有什么建议？

师：请把课本打开，我们齐读一遍。有一些字音，大家一定要特别留意。

（生齐读）

师：刚刚齐读的时候，有一个字音大家有不同的读法，哪个字音？

生：我听出来了。是燕山胡骑（qí）鸣啾啾。"骑"有些同学读qí，有些同学读jì。

师：那是燕山胡骑（qí）还是胡骑（jì）呢？

生：都可以。

师：都可以？为了确定这个字音，我找到了央视的一个视频，视频中对"骑"的字音进行了规范，统一读qí。我又查了《古汉语字典》，字典上读qí，意思是"马"。"但闻燕山胡骑鸣啾啾"这句话中是指马在鸣叫。确定了字音，齐读这句话，加深印象。

（生齐读）

师：新加坡同学来了，这么读能不能打动他们？

生：不能。

师：那怎么读才能打动他们？

生：读出气势。

师：你认为哪一段可以读出气势？

生：第四段。

师：那你给大家读一读。

（生低头朗读第四段）

师：我有一个小建议，你把课本端得高一点，背挺得直一点，再来读一遍。大家看看气势怎么样。

（生按照提示再次朗读第四段）

师：他读得有没有气势？

生：不多。

师：那你读一读。

（生尝试读第四段）

师：两人对比如何？

生：两个人朗读的气势区别很大。

师：你认为哪个同学气势足？

生：第二位气势足，第一位弱。

师：你觉得你能超越第二位同学吗？

生：（自信）能！

师：来！

（生大声朗读）

师：接下来，男生齐读这一段，然后我来读。请女生评一评谁的气势足，谁的情感棒。

（男生齐读第四段）

（师情感充沛地朗读第四段。师读过后，全体同学情不自禁地鼓掌）

师：我和男生谁好？

生：（笑着说）你好。

师：那你来说说我好在哪里？

生：加入了一些情感。比如说读了两遍"将军百战死，壮士十年归"，第二遍情感会更加强烈。

师：通过反复朗读，增强了情感。还有前四句话"万里赴戎机，关山度若飞。朔气传金柝，寒光照铁衣"，我的语速怎么样？

生：快。

师：为什么？

生：因为"关山度若飞"的意思是穿过关塞山岭的速度很快，所以语速加快。

师：哪个字能体现速度快？

生："飞"。

师：把"飞"字圈出来。它的意思是快，我们在语速上就快一些；最后两句话我读了两遍，情感就浓烈了；整体朗读注意了抑扬顿挫。请大家再练一练。

（生自由练习朗读）

师：我看到你自信的眼神，你来给大家示范一下。

（生尝试朗读第四段）

师：读前四句话能不能再快一点？

（生再次尝试）

师:我们语速快的时候会不会有拖音?不会。有拖音语速就快不了,去掉拖音,再来试一试。

(生第三次朗读第四段)

师:好,有进步。拖音成了你的一种朗读习惯,快速改掉不容易。你平时读书的时候,可以刻意提高语速,多练习,就会有改变。

师:除了朗读技巧,有没有外部的助力可以让我们朗读更有感染力?

生:音乐。

师:音乐,我准备好了。配乐,大家先试读,然后我来配乐读。我们再来比一比。

(生配乐朗读第四段;音乐未结束,朗读便已停止)

师:我们就让这激昂的音乐白白流淌掉吗?(生笑)各位,在朗读气势足,音乐激昂,但已经读完诗歌的情况下,该怎么处理?我们可以把最后两句诗再读一遍,语速再慢一点,感染力不就出来了吗?同学们,这是一件大事啊,中新友谊靠大家啊!(生笑)

(生配乐再次朗读第四段,跟着音乐反复朗读"将军百战死,壮士十年归",效果很好)

师:大家知道配合第四段的音乐的曲目名吗?

生:《兰陵王入阵曲》。

师:听名字就知道是我国的古乐,我为什么要用古乐来配《木兰诗》?

生:因为《木兰诗》是一首古诗。

师:你们就是这么聪明!《木兰诗》是一首乐府民歌,流传了上千年,是经典中的经典,所以我们用中国的古乐来配它。新加坡的同学们如果听到我们这种朗诵,肯定很震撼。还有几首古乐,课下大家尝试配着音乐来读其他段落。

师:感谢大家的帮助,我们接着来看第二个任务。

(屏显)

任务二:讲好木兰故事

如果新加坡的同学来了,你打算怎么讲好这个故事?

师:为什么要讲好木兰故事呢?大家来看,这是我们学校侯老师和新加坡的冯老师的沟通截图,我来读一读。"冯老师您好。我校语文孟老师想向您了解一下,贵校的学生是否了解《木兰诗》?知道《木兰诗》讲的是什么故事吗?表达的主旨是什么?对《木兰诗》有什么疑问?"最后两句我认为很重要,"打扰了,谢谢。"冯老师的回答是:"在我们的语文课中,《木兰诗》不在课纲范围内,在高年级的文学课中也没有被纳入课纲。但我询问了学生,有些老师会和学生谈及此诗。故事是木兰女扮男装,代父从军。主旨是木兰勤劳、有智慧、勇敢。新加坡的同学其实很少有机会接触这些优秀的文学作品,这是有些可惜的。"

师:聊天截图告诉了我们讲好木兰故事的必要性。我们该怎么做?

生:《木兰诗》是一首古代的乐府民歌,我们可以把它唱出来。

师:乐府民歌,我们以什么样的曲调去唱?不好把握。同学们,不要忘记我们的使命是什么?

生:让新加坡同学感受到中华优秀传统文化的魅力。

师:是啊。我特别喜欢"魅力"这两个字。中华优秀传统文化的魅力在哪里?

生:可以给新加坡同学们讲一讲《木兰诗》所表达的情感,还有木兰身上值得学习的精神。

师:可以学习木兰的精神。木兰的精神是不是我们中华优秀传统文化的体现? 你们读诗歌时了解到木兰有什么精神?

生:孝敬父母。

师:孝敬父母在哪里有体现?

生:"愿为市鞍马,从此替爷征。"

师:"愿为市鞍马,从此替爷征。"哪个字最能体现她孝敬父母?

生:"愿"。

师:愿意为此去买鞍马,替父亲出征。这里能体现她孝顺。我有个疑问,木兰在家里排行第几?

生:排行第二,上面还有个姐姐。

师:你从哪里读出来的?

生:倒数第二自然段的"阿姊闻妹来"这句话中,"阿姊"是姐姐的意思。

师:木兰还有个姐姐,她姐姐为什么不替父出征?

生:因为弟弟还小,木兰走了,那就只有姐姐帮忙打理家里的事,照顾弟弟。

师:木兰都可以上战场打仗,照顾弟弟和家庭还是难事吗?

生:我觉得姐姐没有木兰这样的智慧和勇气。

师:你有依据吗? 我们回答问题的时候,一定要紧扣文本。

生:我觉得木兰有男子的气概,但是她的姐姐没有。

师:哪里读出来的?

生:在倒数第二自然段,"当户理红妆"可以看出来她的姐姐比较女性化。(全班大笑)

师:姐姐爱美。"当窗理云鬓,对镜帖花黄。"不也能看出木兰是一位爱美的女性吗?

生:这么做只是为了让她的伙伴知道,她是一个女儿身。

师:大家来看,我们从文本中能不能知道木兰姐姐为什么不替父从军? 好像很难。按道理来讲,木兰担心父亲,要替父从军,她应该要和自己的姐姐去商量。但木兰没有,她直接就代父从军了,我们能感受到木兰身上有什么品质?

生:男子气概。(全班笑)

师:不和姐姐商量,木兰认为这件事情对家人有利,就去做了。这是什么精神?

生:这是担当。(板书:担当)

师:为谁担当啊?

生:为父亲,为姐姐。

师:为这个家,她是有担当的。不仅有担当,她去战场可能面临什么?

生:死亡。

师:你怎么知道?

生:"将军百战死,壮士十年归。"

师:九死一生,能回来是侥幸。木兰知道面临生命危险,但是她仍然敢去,我认为木兰有比勇气更深一层的精神。她做这件事情是为了成全谁?

生:成全她的父亲,成全她的姐姐。

师:成全这个家。做这件事情可以让全家人都好,这是什么精神?

生:奉献。(板书:奉献)

师:我们再看,在木兰从军的路上,"不闻爷娘唤女声"出现了两次。这两次怎么读?

(师呈现两种朗读方式:一种低沉朗读,一种声音逐渐高亢)

生:"不闻爷娘唤女声"说明她已经走了很远了。

师:走了很远了,会有一种什么情感?

生:思乡。

师:思念自己的亲人,思念自己的亲人不应该低沉吗? 我为什么要高亢?

生:她是代父从军,虽然有着对亲人的思念,但她有代父从军的骄傲。

师:有这么点意思,还能怎么理解?

生:我觉得添加了重音是强调木兰的思乡。

师:回答得多好啊! 你是我的知音。两句一样的语言,逐渐高亢,情感更加浓烈。木兰从军,她的父母思念她吗?

生:思念。倒数第二段"出郭相扶将","郭"是外城的意思。父母年龄大了,要相互扶持着到外城去等木兰。

师:到外城,父母多走两步,等待女儿的时间就会缩短。大家肯定也有这种生活体验,你外出了,父母好久没有见到你了,等你回来,父母要到小区门外去等。多走两步,彼此等待的时间就短暂一些。(板书:思念 牵挂)

师:木兰回到家高兴,哪里能体现她的高兴?

生:"开我东阁门,坐我西阁床。脱我战时袍,著我旧时裳。当窗理云鬓,对镜帖花黄。"

师:木兰替父从军时,她的父亲就年事已高,在外很多年,回家看到父母还康健,她的姐姐和弟弟都欢迎她。读到此处,我们能够激发共鸣,这个共鸣是我们中国人对家终极的追求,这种追求可以用四个字来概括。

生:幸福美满。(生鼓掌)(板书:幸福 美满)

师:同学们,在中华民族的 "家"文化中,担当和奉献是家的基石,彼此的思念和牵挂是家的真谛,幸福美满是中华儿女对家的终极追求。

师:木兰的家庭幸福美满是怎么得来的?

生:是木兰打仗赢来的。

师:木兰是主角,但是我们应该能读出,因为很多人的付出,才能赢得战争胜利。很多人像木兰一样九死一生,还有很多人献出了生命,最终获得了国家的安宁、小家的幸福。我们常讲"家国",此时此刻,大家对"家国"的认识是不是更深刻了一点?(板书:家 国)给新加坡同学讲《木兰诗》中的"家国情怀",他们会不会印象特别深刻? 让我们带着理解,齐读倒数第二段。

(生齐读倒数第二段)

师:这一段的朗读要欢快。大家抬头,再齐读一遍。

(生感情充沛地齐读)

师:不错。请完成最后一项任务。

(屏显)

任务三:绘书签传真情

请大家设计书签,写上一段话,赠给新加坡的同学,作为文化交流的见证。结合《木兰诗》这篇文章,写出你的设计和赠语。

师:大家认真思考,提炼出关键词,借助 AI,生成书签。

(生根据要求开始设计书签、写赠语)

生:白色战马、银色盔甲、手持长矛、木兰。

师:我们来看,是不是你心目中木兰的形象?

(屏显:AI 生成的图片)

师:各位同学,通过今天的学习,我特别有自信去接待新加坡的同学们。这种自信是你们给予我的,感谢大家!下课!

本课板书:

木兰诗

国 ⟷ 家 { 担当　奉献
　　　　 思念　牵挂
　　　　 幸福　美满

教学创想

◆ **情境创设**

这节课以具体活动(接待任务)为载体,通过"小切口"激发学生文化传播的创新意识。

真实情境驱动:以"接待新加坡访问团"为任务背景,将《木兰诗》学习嵌入文化交流的真实场景,赋予学生"文化使者"的身份,增强学习的目的性与使命感。

跨文化互动设计:通过朗读、故事讲解、书签赠礼等环节,引导学生思考如何向外国同学传递中华文化,如讨论"新加坡同学对《木兰诗》的认知空白",激发学生主动阐释文化内涵的意愿。

情感共鸣强化:在朗读环节配以《兰陵王入阵曲》等传统乐曲,结合"家国团圆"的文本分析,营造沉浸式文化体验,唤醒学生对"家国情怀"的情感认同。

◆ **任务创建**

通过分步任务(朗读技巧、主旨提炼、设计输出),以"小阶梯"引导学生逐步实现创新表达。

任务一(感受汉语之美):从"读准字音"到"配乐朗读",逐层提升语言表现力。

任务二(讲好木兰故事):聚焦文本多角度主旨(孝道、家国、女性赞美),引导学生提炼文化符号。

任务三(绘书签传真情):通过设计书签并撰写赠语,实现文化输出的创造性转化。

问题链引导:教师以追问(如"木兰姐姐为何不去打仗?""如何读出思乡情感?")推动学生深度思考,突破"家国关系"等难点。

实践性整合:任务三结合 AI 生成书签,将传统文化与现代技术结合,如学生用"战马""盔甲"等关键词生成木兰形象,体现守正创新。

◆ **学法创优**

以"小工具"(音乐、AI)和"小方法"(关键词分析、比喻表达)激活学生个性化学习路径。

朗读教学创新:通过"音乐+情感"双驱动,如用《兰陵王入阵曲》配乐强化战争段落的紧张感;教师示范朗读后,对比学生表现,引导其反思"拖音""语速"等技巧,提升语言表现力。

文本解读策略:紧扣关键词(如"愿""飞"),结合生活经验(如"父母出城迎接")解读"家国文化",深化审美体验。

技术赋能学习:利用 AI 生成书签,将抽象文化符号转化为可视化成果,如在课堂最后生成"戎装木兰"的形象,激发学生的创作热情。

本课以"文化传播"为核心,通过真实情境、结构化任务与创新学法,将《木兰诗》的文本学习转化为学生主动探究、创造性表达的实践过程,既落实"新课标"中的核心素养要求,又通过"小创造力"策略(如分步任务、技术融合)实现"大文化"传承。

名师点评

《木兰诗》是教材经典篇目。本节课跳出传统教法,以"文化传播"为情境主线,以"任务驱动"为教学路径,巧妙融合朗读实践、文本解读与跨文化交流,带领学生感受中华民族忠孝节义的精神内核。这节课展现了孟老师围绕学科育人目标,对教学创新的探索。同时,他在课堂上表现出的幽默、睿智,保持一颗与学生同频共振的少年心,也给人留下深刻印象。

从教学设计来看,贴合新课标要求。他以"迎接新加坡访问团"为情境,将教学目标转化为三个富有挑战性的任务:"感受汉语之美""讲好木兰故事""绘书签传真情"。这一安排巧妙突破传统单篇教学的局限,赋予课堂真实的社会意义,激发学生的责任感和参与热情。任务一聚焦语言建构,任务二深化文化理解,任务三驱动创意表达,三个任务层层递进,既遵循认知规律,又紧扣"文化传承与交流"的核心目标。例如,在朗读环节,教师不仅关注字音纠正,更通过配乐、示范、对比朗读等方式，引导学生在"关山度若飞"的铿锵节奏中感受古诗的韵律美，在"壮士十年归"的反复吟咏中体悟家国情怀。再如，在引导学生理解木兰形象与精神时，通过对诗句"愿为市鞍马，从此替爷征"中"愿"字的分析，让学生体会木兰的孝敬父母；紧接着，追问木兰在家的排行，进而深入探讨木兰的担当、奉献等精神。

教学方法上，课堂呈现出"教师为主导，学生为主体"的鲜明特征。教师以幽默风趣的语言拉近师生距离，通过"朗读擂台赛""音乐配读""AI 生成书签"等创新形式激活课堂。尤其在朗读指导中，教师化身"陪练者"而非"评判者"，通过三次朗读对比——"男生齐读—教师示范—配乐提升"，将朗读教学演绎为动态生成的过程。当学生提出"用音乐增强感染力"时，教师敏锐捕捉教育契机，引入《兰陵王入阵曲》，使文言诵读与古典音乐相得益彰。在文本解读环节，教师以"木兰为何不与姐姐商量"的追问，引导学生从"阿姊闻妹来""当户理红妆"等细节中挖掘中华民族"家"文化的内涵，将思维训练扎根于文本细读，展现出"用教材教"而非"教教材"的深层理念。

课堂氛围轻松活跃，学生热情高涨。孟老师语言亲切自然，拉近了与学生的距离，营造了愉悦的学习氛围。在讲解木兰凯旋的情节时，通过生动描述与引导学生想象，让学生身临其境，积极参与互动，充分激发了学生的学习兴趣，提高了学习效率，符合新课标中"营造积极课堂氛围"的要求。

总体而言，这堂课教学设计的创新性、教学方法的多样性、师生活动的有效性以及课堂氛围的活跃性，都为我们提供了学习与借鉴的教学范例。

（朱　刚　南京市学科带头人）

言语·小·创

书签示例 1：

赠语:"家"文化是中华优秀传统文化的重要组成部分,家庭的幸福和睦是我们一直以来的追求。木兰归家,是《木兰诗》这个故事的完美结局;木兰的笑,是家给予她的温暖。希望您通过《木兰诗》能够了解中华优秀传统文化中的"家"文化,也希望您的家庭和睦幸福。

书签示例2:

赠语:木兰作为"巾帼不让须眉"的代表,在我国家喻户晓。在"将军百战死,壮士十年归"的战场上,她英勇无畏,是因为她要保护她的国,保护她的家。"家国情怀"是人类共有的一种朴素情感,赠此书签,希望我们作为两国的小使者,能够继续加强了解,彼此尊重。

(南京师范大学附属中学实验初级中学　孟祥伦)

第三单元

13　卖油翁

教学实录

前置作业：

1. 重温古风说唱《匹夫》，揣摩其歌词特点，思考"如何才能创作一首以人物为主的古风说唱歌词"。（至少写出两点）

2. 放声朗读《卖油翁》，借助注释初步了解文章大意，写出你认为卖油翁和陈康肃公分别是怎样的人。

3. 根据阅读体验，提出一个疑问。

师：听同学说，最近大家对古风说唱很感兴趣，也想创作一首古风说唱歌词。那今天我们以《卖油翁》为蓝本试一试。（板书：卖油翁　欧阳修）课前大家交流了"如何才能创作一首以人物为主的古风说唱歌词"。

（屏显：学生预习作业）

师：同学们都提出了自己的意见，老师综合了一下，请大家朗读。

（屏显）

创作古风说唱歌词，需要：

1. 知晓故事内容；

2. 深谙人物性情，最好有矛盾对撞之处；

3. 把握文章内涵且能有新意、有余味等。

（生齐读）

师：要知晓文章内容，我们首先以自己最快的速度朗读课文三遍。这里有一个要求，大家了解一下。

（屏显）

第一遍，关注朗读卡顿处；第二遍，正音后再次朗读熟悉文本；第三遍，小组内展示，互相纠正。

师：大家明白要求了吗？（生点头）小组内展示后，请大家举手示意。

（生快速朗读，师巡视）

（师请一生展示朗读成果，其他同学进行点评）

生：首先，他读了标题和作者，很完整。其次，他的朗读很有感情。"尔安敢轻吾射"体现了陈康肃公愤怒的情绪；而卖油翁的回答，他用了平静的语气来朗读，与读陈康肃公时用的急躁的语气形成鲜明对比。

师：你肯定了他朗读的完整性和情感表达，关注他在读两个人物的对话时的情绪流露。

师：读了几遍后，同学们对文章内容有了大致的了解。请将你认为的"文中最有意思或最有价值的字或词"，写在黑板上。如果与别人重复，可在对应处写上"+1"。

（全班同学均在黑板上写下字词，主要集中在睨、颔、熟、翁等。）

师：现场哪个词最高频？

生：睨。

师：请一位同学说一说推荐理由。

生：这个词特别形象，是指人斜着眼睛去看，往往表示对人的不尊重。文章里是卖油翁对正在自得的陈康肃公表示不欣赏。

师：这个词不但生动形象，而且能帮助读者更好地了解文章内容和人物性情。还有不少同学写了"颔"字，也请说一下理由。

生："颔"，是点头的意思。"但微颔之"，是说卖油翁对陈康肃公的射箭技艺有赞许但不多。

生："颔"，我查了这个字，是指下巴上的柔软处。我知道这个意思后，就觉得作者写得很神妙，面对陈康肃公超高的射箭技艺，卖油翁不是点头，而是微微动动下巴。我感觉跟"睨"字一样，也有一种轻视的感觉。

师：同学们对文章中细微的神情和动作，都有很好的体会。其实，同学们书写的感兴趣的字词，绝大部分都是卖油翁的表现。"翁"这个字，是指年长的男性。文中还有一个字也是指成年男性的，是——

生：（齐答）公。

师：从"翁""公"，你能读出什么？（板书：翁　公）

生：首先，我读到了年龄上的差异，感觉"翁"比"公"年长一些；其次，我读到了地位上的差异，"公"感觉是贵族阶层，"翁"的地位比较低。

生：我不觉得"翁"一定比"公"年长，你看寓言故事《愚公移山》里的愚公年龄就比较大，可能"翁"的阅历比"公"多。另外，"公"是宗室对男子的尊称。

师：同学们有自己不同的想法，大家达成共识的地方是"翁"与"公"彰显的社会地位不同。文中的卖油翁，就是一位无名无姓、以卖油为生的老人。陈康肃公是谁？

生：陈尧咨，"康肃"为其谥号。

师：那什么是谥号呢？我们一起来看补充资料。

（屏显）

谥号是指社会地位相对较高的人去世后，后人按其生平事迹进行评定后给予或褒或贬评价的文字。

——百度百科

补充陈尧咨资料："康"是指陈尧咨政绩斐然，所谓"安乐抚民曰康，令民安乐曰康"；"肃"是指陈尧咨执政严厉，杀伐果断，发生过"用刑惨急，数有杖死"的事，所谓"刚德克就曰肃，执心决断曰肃"。

师:这个谥号暗示了陈康肃公的社会地位。"安乐抚民曰康"证明陈尧咨治理地方有功,百姓应该还是挺拥戴他的;"刚德克就曰肃"可见他杀伐果断。

那么,我们尝试从卖油翁或康肃公的视角,分别复述故事。

(两生分别选择从陈康肃公和卖油翁的角度进行复述,师及时补充遗漏的细节)

师:与原文对比,复述者增加了哪些内容?

生:补充了人物的心理活动。文中人物的心理活动,作者没有具体描写,我们可以通过动作、语言、神态等外显细节看出来。

师:确实如此,比如从"睨""颔"等细节可以揣摩出人物心理活动。同学们复述时,不管是从哪个人物出发,都提到了陈尧咨一看到卖油翁"睨之"就很愤怒,特别心高气傲,而卖油翁却不急不慢地展示酌油技艺,谦虚地阐明事理。请大家从文本细节处分析,文章哪里表现出陈尧咨的傲慢、卖油翁的谦虚。

生:陈尧咨与卖油翁对话时的语气不够友善,甚至于忿然,对一个老人家不客气地质问"安敢",感觉很傲慢。

生:卖油翁虽然要跟陈康肃公讲道理,想让他不要那么骄傲,但他没有在语言上针锋相对,而是通过行动以身示范。他也没有吹嘘自己很厉害,而是说"我亦无他",一个"亦"字,态度谦虚。

师:我们表达自己观点时,可以先概括一下,然后再具体分析,这样条理更加清晰。从句式和一些虚词的角度进行分析,确实很有意思。再看看有没有其他角度,比如类似于"公""翁"这样的称呼语。

生:陈康肃公与卖油翁的两次对话,第一次称卖油翁为"汝",这还算是比较平和的第二人称代词;第二次称卖油翁为"尔",就感觉居高临下,很不客气地责问。

师:很多文章对人物的称呼值得品味,大家注意这个角度。记一下笔记,要理清表达的逻辑。

(屏显)

① 与卖油翁对话时的语气,从责问式请教"问曰"到怒形于色的"忿然曰"。

② 对卖油翁的两次称呼,从较为平和的"汝"到居高临下的"尔"。

③ 句式变化,从相对柔和的"亦……不亦……"到语气强烈的反问"安敢"。

…………

(生记笔记,并用红笔勾画概括的角度)

师:课前预习中有同学质疑,卖油翁真的谦虚吗? 同样,陈尧咨真的傲慢吗?

生:我觉得卖油翁并不那么谦虚。首先,卖油翁释担而立,斜着眼睛看,而且久久也没有离开,给人感觉是故意为之;陈尧咨十中八九之后,他也只是微微点头,好像有赞赏,但是不多;然后他表演了倒油,以此来表达"熟能生巧"的道理。但是,倒油跟高妙的射箭不能相提并论,射箭不仅仅是熟练就可以,还要有天赋和过人的胆识。我觉得勤加训练,我也能这样倒油,但是我自觉练不出陈尧咨那样的射箭本领。但卖油翁却相提并论,他其实并不那么谦虚。

师:先前有同学从卖油翁角度复述时,就提到"看到别人在射箭,我觉得他很骄傲,于是我就要教训一下这个年轻人",大家似乎感觉到了他的好为人师和自以为是。以卖油为生,却长时间地看别人射箭,而且是——

生:(齐答)"睨之久而不去"。

师:确实,换个角度来看细节,我们会发现卖油翁并没有那么谦虚。另外,他说了两句话"无他,但手熟尔""我亦无他,惟手熟尔"。这两句话哪个更谦虚一些?

生:(齐答)"我亦无他,惟手熟尔"。

师:但是在他展示自己酌油的手艺之前,明明说的是"无他,但手熟尔",让听这句话的陈尧咨感觉到自己的射箭技术不过尔尔。

师:那陈康肃公呢? 我们再来看一些资料。

(屏显)

补充陈尧咨资料:

① 陈尧咨是宋真宗咸平三年(1000年)的状元,与其兄弟被称为"一门三进士,兄弟两状元"(亦有"一门三状元"之说)。

② 书法家,尤擅隶书。

③ 神箭手,《渑水燕谈录》说他"善射,百发百中,世以为神,常自号曰小由基(由基是指战国楚人养由基,有百步穿杨的本领)"。

师:在这个资料里,大家又读到了什么?

生:陈尧咨是状元,文武双全。

生:他不仅仅是一个射箭手,更是一个神箭手。他射箭的本领原本就很牛。

生:他有值得骄傲的资本。

师:是呀,他在射箭上已有盛誉,并没有在公开场合炫技,而是在自家菜园子里勤加练习,突然来了一个人通过表情表示鄙夷。这种情况下他发问:"汝亦知射乎? 吾射不亦精乎?"也许是一种什么心理?

生:是真心求教,或许这个"睨之""但微颔之"的卖油翁是射箭的世外高人。

生:也许是个扫地僧哩。(生笑)

师:"射",在文章中指射箭,但在古代,"射"还是读书人学习的"六艺"之一,很多酒席上也有投壶,说不定高手在民间。

生:卖油翁却说"无他,但手熟尔"。确定卖油翁不是射箭高手后,他才发怒"尔安敢轻吾射",现在想想也是情有可原的。

生:我想起他谥号"康肃","肃"字原本就说他杀伐果断,但他最后是"笑而遣之"。

师:对呀,所以陈康肃公的情绪是有变化的,不似刚才从陈康肃公角度复述的同学所说"我一看到他微微点头,我就很生气"。那么,写到我们的说唱歌词里,要注意些什么呢?

生:矛盾对撞。

生:情绪变化。

生:人物形象不能扁平。

师:"笑而遣之",这个"笑"意味着什么?

生:化解尴尬。

生:自我解嘲。

生:也有对卖油翁观点的小认同。

师:哦,原来卖油翁不是世外高人,陈尧咨松了一口气。但也有可能是听懂老人言外之意的了然。

生:以为遇到射箭高手,却被教训了一番,觉得自己有点傻。

师:对抱以期待的自己哑然失笑。

师:不管怎样,卖油翁对陈康肃公阐明了谦虚和熟能生巧的道理,大家在说唱歌词里至少要体现这两点。(板书:熟能生巧)仅了解故事内容和人物形象,其实还不能创作出一篇很好的说唱歌词,还需要我们小小作词家们进一步把握文章内涵。我们将课文与《归田录》的原文进行对比,你有什么发现?

(屏显)

陈康肃公尧咨善射,当世无双,公亦以此自矜。尝射于家圃,有卖油翁释担而立,睨之久而不去。见其发矢十中八九,但微颔之。康肃问曰:"汝亦知射乎?吾射不亦精乎?"翁曰:"无他,但手熟尔。"康肃忿然曰:"尔安敢轻吾射!"翁曰:"以我酌油知之。"乃取一葫芦置于地,以钱覆其口,徐以杓酌油沥之,自钱孔入而钱不湿。因曰:"我亦无他,惟手熟尔。"康肃笑而遣之。此与庄生所谓"解牛""斫轮"者何异。

——《归田录》

生:相较于原文,课文有两处删除。一处是第一句删除了"尧咨",一处删除了最后一句话,就是说这个故事的道理跟《庄子》里的两个故事一样。

师:如何看待课文的这两处删除?

生:陈康肃公就是陈尧咨,原文既说了他的姓名也讲了谥号,我觉得有点重复,删除了更加简洁明了。

生:我不认可他的说法,我觉得删去"尧咨"这个人名,会让读者误以为只是欧阳修虚构的一位被尊为"康肃公"的陈大人,显得故事不真实。如果故事不真实,那么道理就没有可信度了。

生:原文结尾是"此与庄生所谓'解牛''斫轮'者何异",就是告诉我们熟能生巧的道理。但是我们刚才还能得到君子要谦虚沉稳的启发,就是因为课文删掉了最后一句。

师:删掉了最后一句,读者可以从更多角度解读文章思想内涵。比如,为人、做事应符合君子的德行操守,做到谦虚沉稳,不露锋芒;技不同,道相近;接受别人正确的建议;等等。"笑而遣之"的解读也就更丰富了。同学们可以有不同的看法,言之成理就可以。(板书:君子谦恭)

生:我查找了一些资料,发现欧阳修讲卖油翁的故事,讲了两次,我感觉那一篇更能体现熟能生巧。《归田录》里的故事,我总觉得欧阳修不止于讲"熟能生巧"的道理,但是我还没有想明白。

师:同学的质疑很有意思——欧阳修原文主题真的拘泥于"熟能生巧"吗?这需要我们补充一些资料,来帮助我们更好地理解。

(屏显)

资料助读：

（1）《转笔在熟说》节选自欧阳修书法理论《笔说》，记载卖油翁酌油过孔的故事早于《归田录》。

（2）欧阳修创作《归田录》，自谦为记录"朝廷之遗事，史官之所不记，与夫士大夫笑谈之余而可录者，录之以备闲居之览也"。欧阳修不忘微言大义，介绍家乡特产"金橘"时特意提及"因温成皇后尤好食之，由是价重京师"。

（3）欧阳修曾是拥护"庆历新政"的改革派，体会过"天下之势，岁危于一岁"的艰难。"庆历新政"的失败，使欧阳修深刻认识到"言多变则不信，令频改则难从"。

（4）宋神宗熙宁二年（1069年）"熙宁变法"（即王安石变法）开始，至元丰八年（1085年）宋神宗去世结束，新法除置将法外，全部被废。

生：我发现欧阳修本身是个革新派，但是"庆历新政"失败后，他认识到法令不能够频繁地改，写《归田录》时还不忘关心国家。我记得历史老师跟我们说过，王安石变法实际上是很超前的。一旦过于超前，有时候反而会给百姓和国家带来灾祸。所以，我觉得欧阳修在借卖油翁的故事提醒皇帝不要急于改革。

师：委婉劝谏皇帝以道治国，尊重客观规律，酌油、射箭的技法与治国虽不同，但道理相通，即无论推行何种法令（技），都应万变不离其宗（道）。他希望变法能尊重客观规律，君王能以"道"治国。我们说唱歌词的主角，还可以选择欧阳修。好作品常读常新，请大家课后及时完成古风说唱歌词。（板书：欧阳修　技不同，道相近）

本课板书：

卖油翁
欧阳修

翁	熟能生巧
公	君子谦恭
欧阳修	技不同，道相近

……

教学创想

◆ **情境创设**

这节课创设的情境以学生感兴趣的古风说唱为本，创设了一系列与文本学习高度相关且学生感兴趣的任务。

首先，根据学生课前预习思考的古风说唱歌词特征，合并其共性，精选归结出三点：知晓故事内容；深谙人物性情，最好有矛盾对撞之处；把握文章内涵且能有新意、有余味。其次，依托学生的"已知"，设计了三个学习任务，引领学生探索"未知"。这三个任务能有效达成本节课的教学目标：熟悉故事内容，理解文言句意，揣摩人物的心理和态度；感受文言表达的简洁之美；通过对比阅读，体会小故事中蕴含的大道理、大智慧。

在课堂呈现中,学生多角度思考,积极质疑,左右互搏,并能结合文本、补充资料主动求证。例如,在探讨卖油翁谦虚、陈尧咨傲慢时,学生能结合文本细节畅所欲言,也能质疑:"卖油翁真的谦虚,陈尧咨真的傲慢吗?"在细读文本及结合补充资料后,他们能发现人物性情矛盾撞之处,从而拒绝扁平化理解人物形象。有了积极质疑及有效求证的精神,学生对文本主旨就有了更新更深的理解。

◆ **任务创建**

任务一:角色复述,晓其内容

活动1:朗读课文三遍。

意图:关注学生朗读卡顿处,找出语音错误,发现初读时对文本理解的不足。

活动2:在黑板上写下"文中你认为最有意思或有价值的字或词"。

意图:尊重学生阅读初体验。学生畅谈推荐理由时,教师相机对文本中疑难词语进行点拨与强调。

活动3:从卖油翁或康肃公的视角,分别复述故事。

意图:考查学生对文本内容的理解及细节的把握。

任务二:左右互搏,谙其性情

活动1:探讨陈康肃公的傲慢、卖油翁的谦虚。

意图:结合文本,从细节处揣摩人物形象。

活动2:质疑1:陈康肃公真的傲慢,卖油翁真的谦虚吗?

意图:细读文本,善用补充材料,理性质疑,小心求证。

任务三:群文比读,析其内涵

活动1:与《归田录》原文比读,对于编者的删减,展开探讨。

意图:产生自己理性的思考与分析。

活动2:质疑2:阅读资料,欧阳修的原文主题真的拘泥于"熟能生巧"吗?

意图:结合补充欧阳修的相关资料,探讨更深层次的内涵。

◆ **学法创优**

从学法创优的角度来分析这节课,我们可以探讨如何尊重学生的"已知"和学习兴趣点。通过优化学习方法和策略,提升学生在理性质疑、小心求证、辩证表达等方面的能力。以下是几个关键点:

情境化学习:本课教学情境的设计,关注学生兴趣点,以《卖油翁》为蓝本,创作一首古风说唱的歌词。首先,学生对《匹夫》《上下五千年》等古风说唱歌词很感兴趣,在课间愿意主动仿写并相互交流;其次,教师发现学生创作的歌词有的失之于浅薄,有的失之于戏谑,故以本课学习为助力,既培养学生的学科素养和语文能力,也提升其审美和格调。

质疑考证式学习:课堂呈现中,学生发现原来一眼认定的观点未必正确。欧阳修笔记小说里的人物性格复杂,形象也饱满。这需要学生能敏锐地捕捉文章细节,结合补充材料,大胆质疑,小心求证,有据表达,进而摒弃思考问题的随意性和片面性。

层进式对比:在探究文章主旨时,从"熟能生巧""君子谦恭"到"技不同,道相近""婉讽君主变法循道",采用层进式对比阅读,学生在"建立—打破—再建立"的思考过程中,将前后的知识联结迁移。

综上所述,这节课基于学生真实发生的情境,给出切实可行的任务。在学习过程中,学生不仅加深了对文本的理解与鉴赏,而且提升了质疑考证的能力,学科素养和审美情趣均得以有效提升。

名师点评

王老师有着敏锐的文字感知力,针对习以为常的教学内容也能呈现出让人耳目一新的教学创造。本节课,王老师依据"释义—解码—评鉴"的三层级教学理念,突破传统文言文逐句串讲的模式,以教学的创新设计"角色体验—思辨分析—群文互证"为教学主线,设置创作古风唱词的情境,扣住语言,引导质疑,助读引证,在积极的语文实践活动中积累、建构并在真实的语言运用情境中着力提升学生的核心素养。本节课有三个突出优点:

1. 双线融合。本节课语言习得与思维发展呈螺旋递进,呼应语文核心素养的整合性要求。王老师在教学过程中摆脱文言文常用套路,但是始终扣住语言文字进行教学。王老师先是用词云的方式呈现学生初读关注点,顺势聚焦相关动作描写、"笑"的多重解读、"公""翁"称谓所代表的古代身份制度解说,多侧面解构人物性格。

2. 认知颠覆。通过"质疑—求证"活动解构固化解读,培养审辨式思维。教师引导学生从对话时的语气、对卖油翁的两次称呼、句式变化、虚词等角度,体会卖油翁是否谦虚,陈尧咨是否傲慢。通过两次质疑,让结论从教参走向具体证据,促进学生思维的发展进阶。王老师补充陈尧咨"一门三兄弟""神箭手""书法家"等史料,通过人物的言行动机、助读资料分析其表面行为与内在心理,打破表面或固有感知,引导学生从更多侧面了解故事内容和人物形象,并希望学生在说唱歌词里体现创新理解。

3. 文本互涉。引入《归田录》原文形成互文网络,实践"用教材教"的课程意识,引导学生多元阐释。通过课文与原文比照,进行文化溯源、主题重构。首先,让学生注意课文的两处删除(一处是删除了第一句中的"尧咨",一处是删除了最后一句"此与庄生所谓'解牛''斫轮'者何异"),引导学生讨论明确教材编者删除了关键句反而让文章有了更多解读的可能。然后,王老师又增加了欧阳修写文的时代背景等资料,使学生更深入地理解本文的写作目的,并引导学生从更多角度创作古风唱词。

总之,王老师这节课的情境创设既保留了青春语态的鲜活,又导入了经典文本的深邃,教学过程中通过文本细节与史料的互文性阅读,引导学生从表层解读,逐步抵达隐喻层面。本节课的价值在于通过文学经典的现代诠释,既守住了语文课程的文化根脉,又开辟了核心素养培育的创新路径,为新课标背景下文言文教学提供了可资借鉴的范式。

(秦　峰　江苏省特级教师、正高级教师)

言语·小创

笑而遣之

就遣走了吗？就遣走了罢。
当年拿起弓与箭，先遣了家慈一顿骂。
寒窗苦读十余载，堂堂状元竟不文雅。
重文轻武的苗头，算是在大宋发了芽。

终是被称小由基，发现才能的无限。
射了鸿鸟与飞雁，我的声名响遍天。
有人道我世无双，我也自矜心飞扬。
然而我的得意扬扬，遇到了一人的硬刚。

一日演射在家圃，发矢十中有八九。
尽管面上不曾显，心中自觉很优秀。
可觑见栏外一老翁，他斜眼已看我良久。
本想应该有惊呼，却只见他微微颔了首。

我寻思见着了高手，问其射箭的高见。
得了一句"无他，但手熟尔"。
心中恰似点了火，怒气免不了外显。
敢轻吾射的老翁，看你如何来诡辩。

老翁悠悠拿出壶，再取木勺要酌油。
一枚铜钱壶口覆，油如一线钱口进。
钱口一点不沾湿，老翁说他唯手熟。
我知酌油射箭不相同，但这道理却相近。

不免低头且一笑，挥手打发他快走。
心中忿然早已散，君子确实要通透。
每每想起这老叟，卖油求生却不佝偻。
他日为官在一方，文韬武略为世谋。

（南京市陶行知学校　王新芳）

第六单元

起始课

教学实录

师:同学们,今天我们要进行第六单元的学习。请大家齐读本节课的课题。

生:跟着他们一起去……(板书:跟着他们一起去……)

师:你想跟他们一起去干什么呢?

生:一起去太空遨游。

生:我想跟着他们去看一看,看看"落日六号"领航员所处的环境是什么样的。

师:看来大家都有自己的期待,相信通过本节课以及本单元的学习,大家一定会产生更多的期待。

师:接下来看一下大家的预习情况。我们的预习任务是整理疑难字词,以核心词为抓手概括文章的主要内涵,然后给自己喜欢的课文画一幅宣传海报。关于疑难字词,大家所整理出来的,高居榜首的是"浩瀚""稠密"。我们一起想一想,怎么才能快速地掌握这两个词语呢?哪位同学来分享一下?

生:我想说说"浩瀚"的"瀚"。这个字中间部分是"十"加一个"早",可以理解成早上十点,右边的"羽"字可以看作鸟,头顶的"人"就像鸟张开的翅膀一样,左边的"氵"可以想象成一个大大的湖泊,这个字合起来就是早上十点鸟儿们在湖面上振翅高飞。

师:很有意思,是吧?还有哪位同学来说说。

生:我来说说"稠密"的"稠"吧。这个字的左边是一个"禾"字,那就是指庄稼,右边的"周"可能是指四周都长满了密密麻麻的庄稼吧,这跟"稠密"表示又多又密的意思比较接近。

师:很好!"稠"左边的这个"周"字原本就是指种满了庄稼的田园,你看它甲骨文的字形(屏显:⊞),整体像田地的形状,中间的小点表示庄稼,是不是很形象?汉字带有象形意味,还有很多的趣味等着我们去发现,相信大家以后遇到比较复杂的疑难字词时,一定能够发挥自己的聪明才智,快速地识记。

师:课前我们对大家所喜欢的课文进行了统计,可以看到前三篇文章都很受欢迎。现在请同学来分享一下喜欢的理由。

生:我喜欢的文章是《"蛟龙"探海》。以前对中国航空航天的发展了解得比较多,因为这方面的报道也很多,对探海基本没什么了解。读完这篇课文,我第一次了解到中国探海事业竟然也达到了了不起的高度,我感觉很振奋,很自豪。而且这篇文章的语言表达我也很喜欢,读起来有一种庄严感、神圣感,我很想学一学它的这种写法。

生:我喜欢的是《带上她的眼睛》。这是一篇科幻小说,充满了想象力,我对其中奇异的想象很感兴趣。当读到最后的结局,发现事情的真相的时候,我很受震撼。

生:我更喜欢《太空一日》。与上一个同学所讲的《带上她的眼睛》不同,这篇文章是写实的,比较真实。它讲的是我国第一位航天英雄杨利伟的故事。这是首次载人航空飞行,有很多的不确定性和危险性,杨利伟用自己的才智和勇气化解了这些危机,这让我感到钦佩。

师:可以看到,要么是书中情节,要么是人物所折射出来的精神风貌,感动了我们,引起了我们的共鸣。看来,大家在阅读的过程中抓住了关键点。

师:我们还要求大家利用核心词概括自己对文章的理解,来看看《带上她的眼睛》的情况。排在前四位的是奉献、悲剧、伟大、探索。下面,请同学们谈谈你对"悲剧"这个核心词的理解。

生:我认为"悲剧"是指这个小姑娘将永远被困在地心深处,她将在那个狭小的控制舱里过着孤独、单调的生活,这种生活情形是令人感到悲伤的、难过的。

师:你觉得悲剧是指悲伤的情绪,是吗?大家的归纳当中有几个相近的词:悲剧、悲痛、悲壮,这三个词有什么区别?

生:悲剧是一个名词,悲痛和悲壮是形容词。悲壮包含着伟大这一情感在里面,悲痛更多地强调伤感的情绪,而悲剧这个词我觉得它没有什么感情色彩。

师:你觉得悲剧是没有情感色彩的吗?

生:相对来说情感色彩不是很强烈。

生:在文中,悲剧是指"落日六号"飞船失事,同伴相继去世,"小姑娘"一个人被困在地心,将要在地心的封闭世界里度过余生。这是一个悲剧事件。同伴相继去世,她的未来一片黑暗,她的内心是悲痛的、哀伤的。悲壮则是指她勇敢地面对自己的处境,以乐观的心态面对未来的生活,还承诺会继续努力工作,直到"落日六号"在未来被发现。

师:你是怎么理解"剧"的意思的。

生:我认为是指一个故事。

师:在你看来,这篇文章是在向我们讲述一个故事吗?

生:它有故事的成分,但这并不是它最终的目的。它是想通过这个故事来传递一种精神,一种勇敢无畏、乐于奉献的精神。

师:所以"悲剧"是指那些带有悲壮意味的,能激发我们内心的崇高感的故事。你们觉得这篇文章中哪一段话最能给人以崇高感?我们一起来朗读一下这段话。

生:(齐读)"今后,我会按照研究计划努力工作的。将来,也许会有地心飞船找到'落日六号'并同它对接,但愿那时我留下的资料会有用。请你们放心,我现在已适应这里,不再觉得狭窄和封闭了,整个世界都围着我呀,我闭上眼睛就能看见上面的大草原,还可以清楚地看见那里的每一朵小花呢……"

师:这样的崇高感、庄严感在其他文章中有没有?也是有的,对不对?在《活板》当中有吗?好像没有!那么,《活板》为什么被选入这个单元?你们认为这个单元的核心词是什么?

生:科技。

生:探险,发明。

师:探险跟发明之间有没有相通的意义?

生:都带有探索的意味。

生:我认为还可以是开创。前三篇文章所讲述的事情在他们所处的时代或领域都具有开创性。《活板》所提到的印刷术在人类文明的发展中也具有开创性意义。

(板书:科技 探索 开创)

师:说得很好。从大家的分享中,我们感受到了大家对于本单元所涉及的英雄人物的崇敬和向往之情。设想一下,假如利用科技手段,跨越时空,让本单元的探索者们和我们相聚,现场交流,会是怎样的情形呢? 目前某 AI 软件正在开展一个名为"跨越时空的对话"的活动。我们可以利用这一软件创建"智能体",实现和英雄们直接"对话"的愿望。一起来感受一下吧。

扫描上方二维码,观看 AI 创建及互动过程

师:首先,我们需要依据课文内容、思想主旨为活动设计背景图。请大家根据自己对课文的理解,从同学的绘画中评选出最合适的作品。先来看一下《"蛟龙"探海》的两幅作品,你更喜欢哪一幅呢?

(屏显)

学生作品一

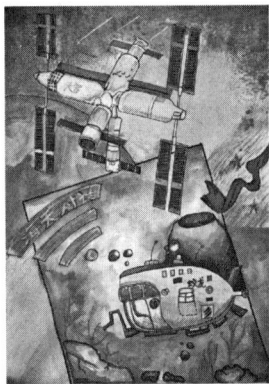

学生作品二

扫描上方二维码,获取彩图

生:我更喜欢第一幅。这幅画呈现的是"蛟龙"在深海里进行探索的场景,还特别突出了"蛟龙号"潜水器,我认为它更符合文章的内容。

生:我更喜欢第二幅。我认为他选取的点很好,他选的是"神舟九号"航天员和"蛟龙号"潜航员互送祝福的场景。一个代表我国航天事业的伟大进步,一个代表探海事业的巨大成就,一个天上,一个水下,都是我们国家变得更加强盛的表现。这个伟大的场景令人振奋,很具有纪念意义,也很具有象征性。

师:这位同学谈到了富有象征性的场景。这篇文章中还有哪些令人激动的象征性的场景?

生:我认为是"蛟龙号"起航的场景,文章中写道:"'蛟龙号'海试团队于 2012 年 6 月 3 日由江阴苏南国际码头起航,穿过长江吴淞口,踌躇满志地奔赴西太平洋,奔向那片遥远而亲近的海域。"这给人一种雄赳赳气昂昂、即将开创崭新的未来的感觉。

生：我认为是"蛟龙号"和现场指挥部之间相互沟通的场景，"蛟龙号"所取得的巨大成绩是团队合作的结果。文中写道，当叶聪反馈说"蛟龙号""已经坐底7 020米"的时候，"指挥部里一阵沸腾"。这个场面是富有象征性的，成功的背后可能是一大批的科研工作者夜以继日的、千万次的探索。

师：是的，有了这些富有象征性的场面，文章的主旨也就更容易传达了。再来看看《带上她的眼睛》，你们觉得哪一幅更能展现出这篇文章的内涵？

（屏显）

学生作品一

学生作品二

扫描上方二维码，获取彩图

生：我觉得是第一幅。这幅画里有高峻的大山，有美丽的草原，场景很美，很符合书中的描绘。"落日六号"的领航员身处地心深处，她看不到这样的场景，只能依靠别人的帮助才有可能感受得到，所以画面越美，她心里的落差就越大，这种强烈的反差能凸显她内心的渴望。

生：我更喜欢第二幅作品，这幅作品从配色上来看并不像第一幅那样光鲜亮丽，给人一种压抑的感觉，这很符合作品的内容和小姑娘的心境，因为她身处地心，她可能什么都看不到，生活很单调。

师：当你读完这篇文章的时候，你内心的感受更接近于哪一幅？

生：第二幅。读完这篇文章之后，我很长时间都感觉到很压抑，虽然明明知道这是虚构的，但仍然产生了巨大的情感震荡。

生：我选择第一幅。因为第一幅所呈现的是文中的小姑娘一直所向往的那种美好。

师：其实这两种情绪状态，一种是渴望，一种是压抑、绝望，它们共同构成了这篇文章的魅力，对吧？正是在这种绝望的境况下，对美好的渴望才带给人浓浓的悲壮感。

师：现在，我们可以对人物添加"设定描述"，创建智能体。请你参照示例，为最喜爱的人物添加描述内容。注意，我们的描述越丰富、越精细，智能体的智能水平越高。

（屏显：尼摩艇长的介绍词）

他是一位学识渊博的工程师，是"鹦鹉螺"号潜水艇的艇长。他沉着冷静，又正直果敢。从南极到北极，从太平洋到大西洋，他几乎游遍了海洋上的每一个角落，他用不朽的传奇诉说着人类的顽强不屈。孤独厌世，冷峻高贵，他拒绝俗世的枷锁。疾恶如仇，英勇无畏，他从未放弃对正义、自由、幸福的探寻。他是我们心中"最伟大的探索者"。

（生现场创作）

师：我们找几个代表来分享一下。

生：他是潜入地球"第四极"的无畏先锋，是深蓝征途的勇者与探索者。他在万米深渊的至暗世界中点亮科学之光，以勇气与智慧驾驭"蛟龙号"，在高压、极寒与未知中开拓人类认知的边界，以凡人之躯拥抱深渊，用信念与热血书写着属于中国的"深蓝传奇"。他的身影，是深蓝画卷中最动人的注脚，既是国家科技实力的象征，也是全人类向未知进发的缩影。

生：他是中国首位进入太空的航天员。"神舟五号"发射升空，天地九重，重重危险。面临未知，遭遇不测，他临危不乱，沉着应对，表现出训练有素、无私无畏的坚持与定力。他是新中国航天事业最重要的开拓者、奠基者之一。

生：她是"落日六号"地航飞船的领航员，因飞船失事，她将在地心世界那个活动范围不到10平方米的闷热的控制舱里度过余生。瘦小的身影并不能阻挡她探索的脚步，年轻的心脏并不能消磨她蔑视困苦的勇气和决心。当伸手可及的每一朵野花，每一棵小草，每一缕阳光，每一阵风，随着中微子的影像消散而化为子虚乌有的时候，她并没有哀怨，而是乐观地告诉我们，她会努力适应狭窄封闭的生活。她是那浩瀚的星辰中最美的一颗，将永远激励着我们所有人。

生：他衣着朴素，相貌平平，可他却有着不平凡的思想与智慧，他就是活字印刷术的创造者——毕昇。一介布衣，却创造了不朽的奇迹，对后世印刷术乃至世界文明的进步都产生了巨大而深远的影响。他的伟大发明所体现出的是中华民族的智慧和创造，激励着一代又一代的华夏儿女上下求索，开创更为辉煌的未来。

师：感谢几位同学的分享，接下来我们就可以生成"智能体"并进行提问了。哪位同学来尝试一下？

（现场生成智能体，交互展示）

师：AI 的回答和人的回答有什么区别呢？我们今天没有办法请到杨利伟本人，但是我们请到了他的两个小迷弟，就让他们代替杨利伟先生回答一下大家的问题好不好？我们请两位扮演者上场。

生：我想请问一下杨利伟先生，作为航天员，您认为最重要的素质是什么？是什么支撑着您做这些伟大的事情的？

扮演者 1：先说一个事例吧。在"我们"训练的基地，是有一些非常困难的训练项目的。训练的时候，被训练的人手上会握有一个警报器，如果训练过程中实在受不了，就按一下这个警报器，训练马上就可以终止。但是，目前为止航天事业已经持续了 22 年，这个警报器从来都没有被按响过。所以我觉得航天工作最重要的是要有责任感，完成航天任务是我的职责，我要尽力地把这件事情做好。

扮演者 2：我觉得是心态吧。当时我也有着很沉重的压力，这是中国第一次发射载人飞船进入太空，我的这一小步却是中国腾飞的一大步。而且，这毕竟是第一次，没有什么经验可循，随时都可能遭遇意外，就连生命都有可能失去。没有良好的心态，想要顺利完成任务基本上是不可能的。

AI：（神情沉稳，目光坚毅）我觉得最重要的素质是具备强大的心理承受能力和应变能力，当然，专业技能和身体素质也不可或缺。至于支撑我的动力，那就是对未知的探索欲望和为国家航天事业贡献力量的决心。

(续表)

生:我想请问一下,身处太空的过程中您会感到孤单吗?会想念家人吗?	
扮演者1:我在直播的时候可以跟家人进行视频通话,而且在太空时,我也能时时刻刻看到地球,因此我并不觉得孤单。	 AI:在太空中,大部分时间都要专注于各种任务和操作,(单手托腮思考了片刻)所以并不会有太多时间去体会孤独感。(抿紧嘴唇,微微点头,眸中闪过思念)说不想念那是假的,但我知道自己肩负的使命,家人也一直是我最坚实的后盾,他们理解并支持我的工作。
扮演者2:我的背后有所有中国人民的支持,有千千万万人的陪伴,我不是孤勇者,所以我并不感觉孤单,反而十分骄傲。	

师:两位"小迷弟"和 AI 都进行了回答,大家来对比一下,看看有何差异?

生:我感觉人的回答情感会更真实一些。比如,提到会不会感到孤单的时候,我们的同学说我的身后"有千千万万人的陪伴,我不是孤勇者",这句话让我很感动。这种众志成城、团结一心的精神,很让人振奋。我想可能 AI 并不能理解这种情感支撑对于人的价值吧。

生:我感觉 AI 的回答逻辑性会强一点。比如,我们的同学回答的时候举了一个警报器的例子,这个例子好像并不能证明责任感,而更多地指向毅力。我觉得 AI 可能不会犯这种逻辑性的错误。而且 AI 说自己忙着各项操作,根本没有时间体会孤独,确实有道理。不过这也正好证明前面一位同学说的 AI 是没有情感的。

师:是的,看来人类还是有很多无法替代的价值在的。

(板书:情感　逻辑　价值)

师:那么,通过今天的学习,我们对开头那个留白的部分有没有一些新的想法呢?

生:我现在想跟着他们去探索未知,不管是天上还是地下,我想去探索人类从未到过的领域,想去探索一些不为人知的地方。

师:激发了我们内心探索的欲望。

生:我想跟着他们去领悟生命的真谛。

师:哦,要加深对社会人生的认识,是吧?看来,通过这节课的学习,我们的同学又有了新的发现和认识,就让我们跟着本单元的课文一起去探索文学世界里更为丰富美妙的风景吧!

本课板书:

跟着他们一起去……

科技　　探索　　开创

情感　　逻辑　　价值

教学创想

◆ **情境创设**

本节课所创设的情境是利用 AI 软件创建"AI 智能体",从而使学生实现与书中人物的跨时空交流,引导学生初步感知文章内容,感受人物风采,把握单元主题,为后续学习打下基础。

作为单元起始课,最主要的教学任务是带领学生初步触摸文章的肌理,并激发学生进一步深入阅读、思考、探究的兴趣。本节课借助科技手段,使书中人物"走出来",与学生进行"面对面"的交流,极大地提高了学生的参与度和积极性。同时,在创建"AI 智能体"的过程中,学生自主设计并挑选合适的背景图,用自己的语言描述书中人物,为其"塑像",激发了学生的创造力,不仅能提升学生的语言表达能力,促使学生加深对文本的理解和反思,还能增强他们的情感共鸣和同理心,推动学生个性化的学习。此外,通过情境模拟,让学生现场比较 AI 的回答和同学的回答之间的差异,能让学生充分感受到科技和人文的区别,感受到人类的情感性和创造性,并进一步领悟文学作品的人文内涵和精神价值,培养学生比较鉴别的意识及批判性思维。

总之,在本节课中,情境创设是激发学习热情,引领学生进行深入化学习,并推动学生综合素养发展的有效手段之一。

◆ **任务创建**

任务一:初步感知单元内容,明确单元主旨

活动 1:趣味识记疑难字词。

意图:快速识记疑难字词,理解汉字的表意性特征。

活动 2:分享初次阅读感受。

意图:初步感知文章内容,表达个性化的阅读体验。

活动 3:借助主题词概括课文及单元主旨。

意图:整体把握单元主题,激发深入阅读的兴趣。

任务二:创建"AI 智能体",感受人物风采

活动 1:为人物设计背景图。

意图:把握人物形象,初步感知文章主旨。

活动 2:拟写介绍语,生成"AI 智能体"。

意图:训练说明性写作能力,展示人物风采。

活动 3:跨越时空,与"书中人"交流对话。

意图:加深对人物形象及文章内容、主旨的理解。

任务三:模拟问答,比较科技和人文之间的差异

意图:提升口语交际水平,培养批判性思维能力。

◆ **学法创优**

从学法创优的角度来看,这节课在提升学生的课堂兴趣,激发学生的"小创造力",培养学生综合素养方面做出了有益的尝试。

游戏化学习:创建"AI智能体"的学习任务带有一定的趣味性和激励性,变被动学习为主动建构式学习,创建"AI智能体"的过程实际上是学生走近文本,不断梳理、探究、反思,并通过多种形式进行自我表达的过程,这极大地激发了学生的主动性和创造性。

探索式学习:学生可以通过与"AI智能体"的实时互动反观自己的言语实践活动,并适时修正,不断优化自己的语言表达和学习行为。学生还能通过比较AI的回答与人的回答之间的差异,进一步深化对文本内容的理解和认识,培养批判性思维。

跨学科学习:设计背景图,将课文内容转换为视觉表达,需要充分关注到色彩、布局、尺寸、图像等元素与文章内容、人物形象、精神情感之间的适配度,融合了地理、美术等学科知识,有利于提升学生的综合实践能力。

个性化学习:用关键词概括自己对文章内容的理解,自行设计或挑选宣传海报,利用AI让书中人"走出来",这一系列的学习活动都打上了个性化的烙印,充分彰显了人文学科的丰富性和多元性。

名师点评

作为单元学习的开篇,起始课承担着激发兴趣、构建认知框架、铺垫学习方向的重要使命。本节课以"科技、探索、开创"为核心主题,通过多元活动设计、技术融合与情境驱动,将单元起始课打造为"兴趣引擎"与"思维跳板",充分体现了新课程改革背景下语文课堂的创新性与实践性。

1. 以"激趣启思"为核心,构建单元认知框架。起始课需实现"从无到有"的认知突破,本节课通过三大任务链层层递进,既激活学生兴趣,又为单元深度学习奠基。教师以预习反馈为起点,通过汉字象形解析(如"浩瀚"之"瀚"模拟飞鸟振翅、"稠密"之"稠"展现禾苗丛生),将抽象词汇转化为视觉联想,既降低理解难度,又增强课堂趣味性。这一设计契合起始课"降低认知门槛"的需求,帮助学生快速建立与单元主题的情感联结。随后,通过课文主题讨论(如"科技探索的意义""悲剧中的英雄精神"),引导学生初步感知单元内核,形成"探索—挑战—超越"的认知主线,为后续学习铺设逻辑脉络。在"AI与真人回答对比"环节,学生需分析"杨利伟是否感到孤独"等问题的回答的不同,思考科技理性与人文情感的边界。例如,AI的回答侧重事实陈述,而学生的答案融入情感共鸣(如"我不是孤勇者")。这一对比不仅训练了学生的批判性思维,更引导学生关注文学作品的人文内核,呼应起始课"埋下思辨种子"的目标。

2. 以情境驱动与技术融合,激活课堂生态。起始课的成功在于将"知识导入"转化为"体验探索",通过情境化、游戏化设计,构建沉浸式学习场域。AI智能体的创建并非技术炫技,而是服务于语文素养的提升。例如,学生为《带上她的眼睛》设计宣传海报时,需将"绝望中的渴望与坚守"转化为色彩(以绿色表达希望,以红色烘托悲壮)、构图(人物渺小与环境宏大对比)等视觉语言。这一过程促使学生深入解读文本情感,实现从"文字理解"到"跨媒介表达"的跃升。课堂通过"智能体评选""最佳对话奖"等游戏化机制,将学习转化为探索旅程。例如,学生化身"科技策展人",为人物设计展览空间,需权衡信息呈现的优先级与观赏性。此类任务不仅激发竞争意识,而且让学生在"玩中学",自然建构知识体系,契合起始课"寓教于乐"的定位。

　　本节课以"科技探索"为线,以"情境任务"为针,编织出一张集兴趣、思维、价值于一体的学习网络。通过技术赋能与人文浸润,将起始课转化为"认知的起点"与"情感的锚点",既点燃了学生的探究热情,又为单元学习铺设了清晰的逻辑路径。

(薛　城　江苏省特级教师、正高级教师)

言语·小·创

扫描下方二维码,观看与毕昇的交流对话。

(南京市第一中学初中部　邓　云)

24 带上她的眼睛

教学实录

前置作业:

1. 将"读读写写"字词抄写两遍,查字典注音。
2. 给《带上她的眼睛》改编的电影写一个剧情简介。
3. 用一个词来形容小姑娘。

师:今天我们一起来聊一聊科幻,同学们了解哪些科幻作品呢?

生:我了解《三体》《流浪地球》……(对于两部作品的具体感受)

师:这两部作品,老师也很熟悉,它们都来自刘慈欣。现在,刘慈欣的另一部小说《带上她的眼睛》也要被改编成影视作品了。前几日《带上她的眼睛》举行了电影启动仪式。(板书:带上她的眼睛)

(屏显)

片名:带上她的眼睛

导演:戴墨

监制:陈思诚

编剧:刘慈欣、朱塞佩·托纳多雷

题材类型:剧情/科幻/爱情

师:但电影还没有上映,某影评区就已出现了一些争议。我们来看一看,网友们说了什么。

(屏显)

知无涯:看到简介就不期待了……

理纪:就这,求放过啊,科幻元素在哪儿?!

万里送长风:? 来告诉我这魔改剧情和导演不是真的!

师:大家觉得问题出在了哪儿?

生:简介,简介魔改了剧情。

师:电影的简介我们先不说,咱们先卖个关子。大家觉得一部科幻小说改编成科幻电影,简介里应该有什么呢?

生:最关键、最精彩的科幻元素。

师:那现在我们一起来读一读这篇小说,大家再看一看,如果将《带上她的眼睛》改编为电影的话,你觉得哪些是最精彩、最关键的科幻元素呢?

(生默读并思考)

生:我觉得"落日六号"非常重要,应该留下来。如果没有"落日六号",那就不会有接下来发生的事情。

生:我觉得"眼睛"很重要,就是那副中微子传感眼镜,它能让人看到千里之外的风景。

师:不只是能够看到千里之外的风景吧?

生:还能听到千里之外的声音,闻到千里之外的味道……

师:举个例子,你在南京,你的好朋友在内蒙古,他正吃着烤全羊,你很想吃特别馋,但是吃不到,怎么办? 我们就可以戴上这副眼镜。这样,好朋友在千里之外吃着烤全羊时,香味就可以传到这里来,就好像我们也在吃一样。只不过这样的"眼睛",如今还没能真正实现,其实是我们想象出来的。但它是不是胡思乱想呢?

生:不是,这个想象有科学基础。

师:哈利·波特大家听过吧? 他骑着扫帚在天上飞这是魔幻。要是在扫帚上装着动力系统和逃生系统,那就变成科幻了。科幻小说,以及科幻小说改编的科幻电影,其中的科幻元素当然是重中之重。老师有幸去过刘慈欣的现场签售会,他留下的话语是:以科学和想象力为双翼,飞向太空,展望未来。

(屏显)

以科学和想象力为双翼,飞向太空,展望未来。

——刘慈欣

师:他特别强调什么和什么的重要性?

生:幻想,还有科学。

(板书:科学　幻想)

师:好,那么接下来我们来看看根据小说所改编的两篇具有科幻元素的简介,你更喜欢哪一篇?

(屏显)

A:一位年轻的男子要去度假,带上她的"眼睛"。他带着她的"眼睛"(一副传感眼镜)去高山、草原、森林,让她快乐地享受这一切。后来他才知道,她是"落日六号"的领航员,这是一项极其危险的工程。因一场意外,女孩被困在地心无法逃脱,但女孩仍保持着乐观的心态,热爱着世间的一切。

B:主任让"我"在度假时带上一双"眼睛"。在旅行中,我与"眼睛"的主人——一个小姑娘相互了解。她让"我"做的一些事情,让我疑惑不已,但并未追究。旅行回来后,我总是想起她,她到底是谁? 她在研究什么? 她的表现为什么这么奇怪? 真相究竟如何?

生:B篇,它没有在最开始的时候把所有的答案向我们解开,这样就能够吸引我们到电影院里面去看。

师:确实,B篇简介设置了许多悬念,这样的话就能够引起观众的兴趣,同学们在写作的时候也可以采用这样的方式设置悬念。

师:科学与幻想是科幻小说及其改编作品的基础。但如果只是把基于一定科学知识而幻想出来的场景和高科技事物用特效呈现出来,这个作品就好看了吗?

生:不够好看,我们看电影,最喜欢看故事。

师:对,科幻电影,用科幻元素来讲科幻故事才是核心。

师:《带上她的眼睛》,"眼睛"显然是最突出的科幻元素,刘慈欣是怎么把"眼睛"融入我和小姑娘的故事当中的呢?

生:没有这双"眼睛","我"就没法带着小姑娘漫步草原看风景。

师：为什么呢？

生：因为小姑娘身处地心，第 37 段中说到只有中微子才能穿过地心中的液态铁镍，只有中微子传感眼镜才能让小姑娘看到外界的风景。

师：所以说这双"眼睛"是故事的前提，也推动了故事的发展。"眼睛"这个科幻元素在科幻情节的设计上具有独一无二的作用。

师：小姑娘通过这双特殊的"眼睛"看到了草原风景，这些风景永远留在了她的心中。我们一起来看一看这双眼睛带给了她怎样的一次难忘的记忆呢？

（屏显）

"这里真好！"她轻柔的声音从她的眼睛中传出来，"我现在就像从很深很深的水底冲出来呼吸到空气，我太怕封闭了。"

我从眼睛中真的听到她在做深呼吸，我说："可你现在并不封闭，同你周围的太空比起来，这草原太小了。"

她沉默了，似乎连呼吸都停止了，但几秒钟后，她突然惊叫："呀，花，有花啊！上次我来时没有！"

是的，广阔的草原上到处点缀着星星点点的小花。"能近些看看那朵花吗？"我蹲下来看。"呀，真美！能闻闻它吗？不，别拔下它！"我只好趴到地上闻，一缕淡淡的清香。"啊，我也闻到了，真像一首隐隐传来的小夜曲呢……"

师：老师家的小侄女是个刘慈欣的小粉丝，她看到这一段时特别动容，提起笔来就为它写了一小段剧本。大家一起来看一下，你觉得写得如何？

（屏显）

女孩："这里真好！我怕封闭。"

我："可现在的你，并不封闭。相比太空，草原太小了。"

女孩："呀，有花啊！上次我来时没有！"

我："是啊，草原上有很多花，这有什么奇怪的呢！"

女孩："能近些看看那朵花吗？呀，多美啊！能闻闻它吗？"

我："这有什么好闻的？算了，你想要的话，我就摘下来给你闻闻吧。"

女孩："别摘下它来！它多美啊，让它继续绽放吧！嗯！像一首隐隐传来的小夜曲……"

生：我觉得不太好。"相比太空，草原太小了。"这一句后面少了点什么。这个女孩不在太空，她听到太空的时候，心里可能会有一点点的不舒服。而台词中突然就叫喊"有花"了，前面应该加一点神态之类的。比如，可以沉默几秒，陷入沉思，然后再从沉思中回过神来。

师：此时无声胜有声，你真的很有编剧的天赋！

生：还可以在台词中加上一些动作。比如，说"别摘下它来"时可以加上一个摆手的动作，表明小姑娘的着急，着急的背后是对花的重视。

师：的确，毕竟对"我"而言平平无奇的小花，对于这个小女孩来说，是像生命一样重要的存在。

师：同学们说得这么过瘾，我们也来尝试着演一演好不好？咱们班哪个男生比较具有男主角气质？

生：班长。

师：好,那这次顺应民意,邀请班长来挑战一下男主角。不知道老师有没有这个荣幸当一回你的女主角呢?

（师生共同演绎）

师：感谢我的男主角让我满足了一下当女主角的夙愿!观众们也来点评下男、女主角的表演吧!

生：我觉得男主角语气有一点点问题,他的语调和语气比较平,没有凸显出来感情,但是我觉得老师你的语气非常好,表达出了文中小姑娘看到草原、看到外面世界的那种欣喜。

师：太谢谢你了,我受到了很大的鼓励!不过其实老师觉得男主角演得还是非常不错的,他刚刚平淡的语气是想表现文中"我"的漠然,毕竟文中的"我"对于这些花花草草不关心、不在意,他不可能像小姑娘一样如此生动地去对待他们,对不对?

师：为什么这些花草对文中的"我"来说实在是太习以为常了,而小姑娘对它们却是无比珍惜与眷念呢?

生："落日六号"失事,女孩被困地心,将在狭窄的空间里度过余生。

师：这是一种怎样的绝境呢?

（屏显）

地球半径约 6 371 公里,人类目前钻到的最深处是 12 公里多,相当于一根针尖刚刚扎破表皮。

在地核的内核中,温度高达 5 000 摄氏度。物质的平均密度达到了每立方米 12.9 吨,如果是地球最中心位置的物质,其密度或在每立方米 15 吨以上,一立方米钢铁不过才 7.9 吨左右。

师：小姑娘就处在这样的境遇里,你感受到了什么?

生：压抑、闷热、孤寂

师：她在压抑、闷热、孤寂当中,一直在做着什么?

生：按计划努力工作,留下资料给后来的人。

师：她为什么能够坚持下来呢?

生：她热爱科学,愿意为科学为人类献身。

师：确实,小姑娘的身上,不仅有着对于世界美好的细腻感知,更有着属于科学探索者的崇高。这样动人的小姑娘,如果能够好好呈现出来,一定有很多人喜欢。大家还记得豆瓣上吐槽的简介吗?到底是怎样的改编才会让观众未看电影先吐槽呢?

（屏显）

电影此前宣传的简介:

太空营救专家刘欣无意间,在一副可以连通其他人视觉和感官的"眼睛"中,认识了一位对生活充满热情的女孩沈静。从不解、好奇到疯狂相爱,最终,他踏上不畏艰险、穷其一生寻找她的旅途。

师：你喜欢这个宣传吗?

生：不喜欢,改成爱情太离谱了!

师：美好的爱情为什么大家一下子觉得不美好了?

生: 我觉得,爱情根本就跟这个文章的主题没有关系。小说最后一段说,"有一个想法安慰着我:不管走到天涯海角,我离她都不会再远了。"这一段想表达的感情不是爱情,而是彼此之间精神上的一种认同,这个"疯狂相爱"就很像之前评论中说的"魔改"。

师: 你是个很有想法的姑娘!的确,改编的结局迎合市场"网红"偶像剧的庸俗潮流,削弱了原著真正震撼人心的、属于探索者的崇高。把他们之间的联结理解成爱情太庸俗了。片方也许是意识到了这一点,所以后来修改了简介。

(屏显)

电影现在宣传的简介:

又一次地外任务完成,"我"的休假申请比预想中更顺利。但和之前有所不同的是,这次"我"被要求带着一双特殊的"眼睛"开启假期。在此期间,这双"眼睛"的拥有者会和"我"共享五感。我们在这段时间内一起走过了许多地方,也聊了很多,"她"时而伤感,时而坚定,或理性,或诗意。"我"开始好奇,想要了解更多关于"她"的故事,于是在假期结束后开始了行动……

师: 现在的简介不再以爱情为核心,同时又保留了"眼睛"的拥有者——小姑娘的身份和经历等悬念。读过小说的我们知道,震撼人心的探索者是个娇小温婉、有丰富情感的小姑娘。那么,刘慈欣为什么要把这样一个小姑娘孤独地置身于极端困境中呢?

生: 因为对人性的考验总是发生在比较极端的境遇中。如果是在普通的环境里面,小姑娘可能不会那么珍惜小花小草,她的这种坚守也不会那么让人动容。

师: 是的,这种设置形成了一种反差。

生: 小女孩看起来很小很柔弱,可是她的内心又是非常强大的。

师: 小姑娘所在的环境如此酷烈,而她的内心又是非常美好、诗意的。刘慈欣用强烈的反差让我们深刻感受到:在比地狱还要酷烈千百倍的地心中,跳动着一颗属于人类的最柔软而又最坚韧的心!两颗心,悲壮却又崇高!(板书:地球之心 人类之心)

师: 从"带上她的眼睛"到"带上他(刘慈欣)的眼睛",我们用科幻的眼睛去看人类的科学探索。(板书:带上他的眼睛)

师: 人类在茫茫宇宙里是如此渺小,但是人类的高贵和尊严,恰恰就在于在绝境中也要勇敢探索、执着坚守。

师: 勃兰兑斯《人生》里的一段话送给大家。

(屏显)

他们为他们所选择的安静的职业而忙碌,经受着岁月带来的损失和忧伤,以及岁月悄悄带走的欢愉。……他们却又保持着青年的全部特征:爱冒险,爱生活,精力充沛,头脑活跃,无论他们多么年老,到死也是年轻的。好像鲑鱼迎着激流,他们天赋的本性就是迎向岁月的激流。

(生齐读)

师: 愿同学们一直热爱,一直探索,永远前行!

课后作业: 结合小说内容与主题,小组合作,尝试为《带上她的眼睛》改编的电影创作主题歌曲。(师提供指导)

本课板书：

科学　　幻想

带上她的眼睛　　　地球之心　　　带上他的眼睛

人类之心

教学创想

◆ **情境创设**

　　《带上她的眼睛》作为一篇经典的科幻小说，以其独特的叙事风格和丰富的科学元素，成为跨学科教学的绝佳载体。小说不仅涉及了物理、地理等自然科学知识，还蕴含了深刻的人文关怀和哲学思考，为语文与信息科技、物理、地理、表演艺术等多学科的融合提供了广阔的空间。

　　在此背景下，本节课设计以小说《带上她的眼睛》即将改编成电影为情境，引导学生在创意表达、对比电影剧情与原著剧情中探究小说的主角形象和主题，力求在真实情境中展开教学，培养学生的综合素养和创新能力。

◆ **任务创建**

　　任务一：梳理小说中的科幻元素并思考其对于情节的作用

　　意图：引导学生认识科幻小说中"科学""幻想"的重要性，思考科幻元素"眼睛"对于故事情节的作用。

　　任务二：在创意表达中探究小姑娘的形象

　　意图：深化学生对文本的理解，探究小姑娘的形象特点，增强创意表达能力与艺术表现力。

　　任务三：对比引起争议的电影宣传与原著内容

　　意图：深化学生对于探索者形象的理解，同时思考刘慈欣创作小姑娘这样一个探索者的意图，从而感受刘慈欣科幻创作中的人文色彩。

◆ **学法创优**

　　情境引入，激发创意。教师用《带上她的眼睛》改编电影在网络上引起争议的真实情境，将学生引入作品。学生讨论和分享各自对小说中科幻元素、人物形象、深刻主题的理解，在趣味活动中进一步激发对未知科幻世界的向往与探索欲。

　　线索连接，贯穿整体。本节课以"眼睛"为线索，"科幻元素""人物形象"及"小说主题"的感受与分析都围绕"眼睛"展开，从而使课堂推进更为流畅和完整。

　　技法指导，融合学科。结合语文与表演艺术、音乐、美术、信息科技等学科特点，教师对学生进行指导，引导学生关注小说细节，从而让表演变得更加生动。课后学生分组创作电影主题曲时，教师引导学生深入研读文本，帮助学生打磨歌词，同时为学生提供 AI 软件的简易操作指南。学生在指导下分组进行实践操作,通过调整 AI 生成的画面、音效与字幕,不断优化主题曲视频效果。

名师点评

在当今教育语境中,"创造力"常被视为宏大而抽象的能力目标,而"小创造力"则强调通过具体、细微的任务设计,激发学生从点滴实践中提升创新能力。这种"小创造力"不追求颠覆性突破,而是关注学生在情境化任务中展现的个性化表达与跨学科融合能力。

俞老师的这节课,通过改编电影、剧本演绎、主题曲设计等活动,生动诠释了"小创造力"的培养路径。

一、情境创设:在真实问题中激活创意

俞老师以"电影改编争议"为切入点,将学生置于真实的创作矛盾中:原著粉丝质疑电影简介"魔改剧情"。学生需要思考:"如何平衡科幻内核与市场吸引力?"这一情境巧妙地将文本解读转化为实际问题,赋予学生"编剧"或"影评人"的身份,激发其解决问题的欲望。例如,教师引导学生对比两版电影简介(A 篇平铺直叙,B 篇悬念迭起),使学生自然地从"观众视角"转向"创作者视角",从而意识到悬念设置对叙事张力的重要性。这种角色转换,使学生的创意表达不再是空中楼阁,而是基于真实需求的"小创造"。

二、任务驱动:在实践操作中锤炼思维

为了更好地完成学习任务,俞老师设计的学习任务层层递进,形成"输入—内化—输出"的闭环。任务一(梳理科幻元素)要求学生从文本中提取科学设定,并分析其叙事功能。例如,学生发现"眼睛"不仅是科技道具,还是推动情节发展的关键纽带。这种分析训练了学生将抽象概念转化为具体逻辑的能力。任务二(探究人物形象)则通过剧本评鉴与即兴表演,让学生深入角色内心。一名学生指出原剧本台词"太空""太小"后应加入沉默的神态,另一学生建议用摆手动作强化情绪。这些细节调整看似微小,实则是创造性思维的具象化。

尤为亮眼的是任务三(对比电影宣传与原著)。当学生批判"疯狂相爱"的改编庸俗化时,实则在实践中理解了文学改编的伦理边界。教师适时引入刘慈欣的创作意图——"在极端境遇中凸显人性光辉",引导学生反思"反差美学"的艺术价值。这种从批判到建构的过程,使学生的"小创造力"升华为对人文精神的深层思考。

三、学科融合:在跨界合作中拓展边界

本节课打破学科壁垒,将语文与表演艺术、音乐、美术、信息科技等深度融合。例如,师生共同演绎小说片段时,教师提示"用动作强化台词表现力"。这既是戏剧技巧的渗透,也是文本解读的延伸。

本节课的成功,源于教师对"小创造力"的精准把握。"小创造力"的本质,是让教育回归"人"的成长。本节课中,学生通过改编、表演、作曲等"小切口"任务,不仅理解了科幻文学的科学精神与人文关怀,还在实践中锤炼了解决问题的创新能力。

(薛　城　江苏省特级教师、正高级教师)

📖 言语小·创

师生共同创作《带上她的眼睛》电影主题曲。

歌曲示例：

带上她的眼睛

1=♭B 4/4

作词：唐铄颖　俞畅
作曲：格非

♩=82

(0 5 1 5 | 4 3 3 － 3 4 | 3 2 2 0 1 7 | i 7 1 2 1 7 6 |

6 5 5. 3 5 | 5 4 i 0 4 | 4 3 3. 3 | 4 3 1 5 2 |

1. 4 4 6 1 | 5. 4 4) 0 5 | 4 4 3 0 3 3 4 | 3 2 2 0 1 7 |
　　　　　　　　　　　　不 经意间　你来到 我身边　热情
　　　　　　　　　　　　不 经意间　你来到 我身边　探索

1 1 2 3 1 6 | 7 7 1 7 0 | 6 3 2 0 5 | 5 2 1 2 3 |
啊 充满了 你纯 粹 的双眼　　看着我　也告诉 我 你很
欲 充满了 你坚 定 的双眼　　看着我　也告诉 我 你依

3/4 4 － 0 1 1 3 | 3 2 2 － 5 4 | 4 3 3 0 3 3 4 | 3 2 2 0 1 7 |
想　看看美 丽月光　你曾 对我说　草原上 有花朵　每一
然　依然相 信美好　我曾 猜测过　你一定 很无措　一定
　　　　　　　　你曾 告诉我　世界不 容错过　每一

1 1 2 3 1 6 | 7 7 1 7 0 5 | 6 3 2 3 3 4 | 5 3 3 2 1 2 3 |
处 的风景 都不 想 要错过　而 我 的 眼 一直 在 漠然着 漠然
会 很沉重 很渴 望 能逃脱　但 我 知 道 你永 远 坚持着 永远
处 的风景 都值 得 被触摸　看 着 我 也告 诉 我 你 的心

4 － 0 3 3 4 | 5 － 0 5 1 5 | 4 3 3 0 3 3 4 | 3 2 2 0 1 7 |
地　麻木生 活　来不及 来不及　旅行已 到归期　你遗憾
地　不会退 缩　越了解 越不安　越了解 越震撼　我很清
依　旧燃烧 着

i 7 i 2 i 7 6 | 6 5 5 | 0 1 1 7 | i 7 i 2 i 7 6 | 5 7 7 i | 5 3 |

地　看美好的世界　在远离　我忍不　住看向你的背影　问自己　你回
楚　你的苦痛孤寂　有多难　天涯海　角我会一直默默　陪着你　毅然

4　-　0 4 6 i | i 7 7 | 0 5 1 5 | 4 3 3 | 0 3 3 4 | 3 2 2 | 0 1 1 7 |

归　　的地方　是哪里　来不及　来不及　航行已　无归期　我才明
地　　坚定地　走下去　越探索　越决然　越探索　越灿烂　闷热封

i 7 i 2 i 7 6 | 6 5 5 | 0 1 1 7 | i 7 i 2 i 7 6 | 5 7 7 i | 5 3 |

白　岩浆翻腾想要　碾碎你　而你早　已清楚未来的路　是孤寂　带上
闭　抵挡不住灵魂　要舒展　你说自　己面对未来的路　会坦然　勇敢

4 3 1 6 1 | 2 1 | 1 1 1 | 0 0 :||

眼睛　旅行　是　惊　　喜
地去　探索　是　必　　然

扫描上方二维码,获取曲谱

（南京市钟英中学　俞　畅）

25 活板

教学实录

师:活字印刷术和其他印刷术相比,最显著的一个特征是什么?

生:(齐答)活!

师:上课前,老师在网上搜索到一个活字印刷术 DIY 盒子的说明书。请大家结合课前预习,找一找这份说明书在程序说明上是否存在缺失? 请把缺失的程序补全在相应的位置。

(屏显:活字印刷术 DIY 体验盒子说明书)

1. 排版:将字块按照顺序排列在木盒里,要仔细检查顺序喔!

2. 滴墨:往墨台里滴入适量的油墨,约四分之三的墨台量即可。

3. 拓印:使用拓包工具蘸取墨后,均匀地拓印在木盒的字块上。

4. 覆纸:将宣纸均匀覆盖在涂墨的木盒上。

5. 转印:用滚轮按压木盒上的宣纸,让油墨转印在宣纸上完成转印。

生:缺少"造字"。

生:应该是"制字"。(板书:程序 制字 排版 印刷)

师:哪一个更好一些? 因为是用胶泥刻字,所以我们说"制字"更符合它的工艺流程。

师:有同学也发现了,说明书除了缺少"制字"这一项程序以外,在排版和印刷这两个程序当中,也有一些和课文表述不一样的地方。

生:课文在说明排版的程序时,还用了松脂、蜡,然后和上纸灰,覆盖住板,让字可以固定在板子上。

师:你不仅找到了具体步骤,还说了它的作用。能不能用一个字概括一下这个步骤?

生:"字平如砥"的"平"。

师:请注意"字平如砥"的"平",它描述了状态,而非动作。你能否从原文中找出对应的动词来概括?

生:"冒"。(板书:冒)

师:我们可以仿照他的思路,找一找在"排版"当中还有什么步骤是说明书当中没有的呢?

生:"炀",火烤的那个"炀"。(板书:炀)

师:我们把它写在"冒"的——

生:右边。

师:还有什么?

生:还有一个,"则以一平板按其面"。

师:课文当中到底有几张板?

生:(齐答)两张。

师:第一张板是什么板? 大部分同学说"铁板",而黄同学说的是"底板",更准确地说明了它的功能。这个步骤可以用"设"来概括,紧接着"冒"。第二张板是什么板?

生:按板。"设"之后是"按"。(板书:设　按)

师:还有一个刚才被误认为板的"铁范",它是一个模板,它的功能是?

生:固定。可以用"置"概括。(板书:置)

师:在"置"和"炀"中间还有一个步骤必不可少,有人找到了吗?

生:"布字"的"布"。(板书:布)

师:这样我们会发现,在说明书中,有且仅有"布"。你们觉得为什么会有这样的差别?

生:不安全。

生:字太多容易记不住,操作有难度。

师:也就是说,从盒子的功能性角度来看,它是一个被简化了的流程。如果仅仅是体验操作,用这一份说明书是可以的,但是简化过的流程会不会影响你对这项技艺的理解呢?接下来,我们重点关注被说明书简化掉的部分。

生:比如说"炀",如果玩法步骤里没有出现"炀",有些人就会觉得排版特别简单,把字布在上面就可以了,根本就没有任何危险性。这可能会影响我们理解四大发明的重要性。

师:因为它困难,所以它重要?你说"炀"是很危险的一个举动,为什么我们还要这样做呢?

生:烘烤是为了让药烧融,融了以后字就粘在了铁板上。

师:这对印刷有什么帮助?

生:不会散。

师:起到固定的作用。那么,其他环节还有什么作用?

生:"欲印,则以一铁范置铁板上",铁范应该是让松脂蜡和纸灰有一个形状。

师:"欲印"之前要先进行什么步骤?

生:"密布字印"。

师:所以放铁范在这里是为了——

生:让字成型。

师:也就是让字与字的间距——

生:协调。

生:合适。

生:均匀。

师:所以用铁范来规范它,有让字间距均匀的作用。

生:我还发现"按"的作用是可以让字更平整,印刷时候不会一块印了,一块没印。

师:字面平整可避免印刷留白。综合来看,字距均匀、版面固定、印面平整,这些被简化的部分,实际佐证了活字印刷术哪方面的优越性?

生:效果。

生:功效。

生:质量。

师:在说明书的基础上补充这些步骤,不仅有助于我们更加深入地理解活字印刷术的主要特点,还可以说明它在印刷质量上的优越性。(板书:主要特点、先进性)再看印刷程序,课文和说明书的表述又有什么不一样呢?

生:我发现说明书上就只有一个板,但是课文里面说"常作二铁板",然后"更互用之"。

师:能不能按顺序概括,课文是如何表述的?

生:"常作二铁板,一板印刷,一板已自布字。"第一板印刷完了,第二板布字已经布好了,交替使用。

师:说明书里说明了单流程印刷的步骤,而课文侧重于"更互用之",为什么会有这样的差异?

生:因为课文写要印很多本"瞬息可就",是在强调活字印刷术的效率很高。

师:小结一下,说明书只能将基本程序说明清楚,而课文能通过抓住一项技艺的主要特点以及它的先进性,让读者更加全面地认识这项技艺。

师:现在请大家再一次回顾课文,文章的其他部分还写了什么内容?

生:还写了印刷术是谁发明的。在第二段的第一句,"庆历中,有布衣毕昇,又为活板"。

师:你觉得为什么要交代这句话?

生:首先它说明了活字印刷术是谁发明的,然后它强调了活字印刷术是一个平民百姓发明的,而非王公贵族,体现出了它是我们劳动人民的智慧结晶。

师:还写了什么?

生:在后文还拿木头制字和胶泥制字做对比,突出了胶泥制字的好处。

师:你所说的"后文"属于活字印刷术的哪一个程序?

生:印刷。

生:制字。

师:按顺序来说,它跟印刷离得近,但按逻辑来看,它应该属于制字。制字本是活字印刷术的第一个程序,为什么后文又把字印单独拿出来讲了一遍?

生:它好。

生:它重要。

师:重要在哪儿呢? 这个技艺叫活字印刷术,也就是说这些字印是活字印刷术的——

生:基本。

师:最基础、最主要的部件。(板书:重要部件)课文在最后抓住这一项技艺最主要的部件进行了详细说明。

师:我们还可以关注文章的一头、一尾。

生:开头写了由来。

师:但这个由来里面没有提到过活字印刷术,反而一直在说雕版印刷。

生:是让雕版印刷和活字印刷形成对比。

生:唐朝时,雕版印刷的使用范围还不是很广泛,后来使用的人才多了。雕版印刷术虽好用但不方便,因此没有办法"盛为之"。这从侧面说明了活字印刷术比雕版印刷术要先进。

师:交代了活字印刷术的前身是什么,这样我们才知道活字印刷术解决了前人的哪些难题,更突出其先进性。(板书:前身)结尾呢?

生:说明它很珍贵。

生：说明它的下落。（板书：下落）

生：它是一种传承。

师：能被"我"得到，"我"就是看着它写的，说明——

生：它是真实的。

师：能被"我"宝藏，说明"我"验证过了，它不仅真实而且——

生：好用，实用。（板书：实用）

师：所以课文提到它的前身和下落，都是对这项技艺进行侧面衬托。

师：通过对比、总结，我们知道了课文如何对一项古代技艺进行程序说明。现在请大家拿出学习单，将课文的行文思路，以思维导图的形式绘制在学习单空白的地方。

（生上台展示导图）

师：课文开头、结尾对于活字印刷术前世今生的交代，侧面衬托其实用性。课文主体部分以"制字—排版—印刷"三个程序，表现活字印刷术的主要特点和先进性。最后，对重要部件进行补充说明，是对活字印刷术先进性的进一步体现。请对照板书，将你的导图补充完整。

师：课后请大家在学习单相应位置，利用学习单上的三则材料，写一段介绍造纸术的文字。

本课板书：

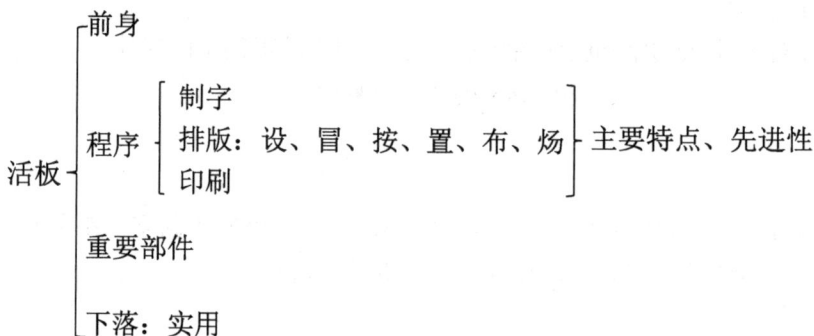

教学创想

◆ 情境创设

本节课的情境创设以"活字印刷术 DIY 体验盒子说明书的优化"为导入，通过对说明书进行修改、补充、比较的活动，引导学生深入学习和运用程序说明的方法。

以说明书为情境载体，能够让学生在具体的实践场景中体会活字印刷术的复杂性和先进性。学生会发现，课程内容不再是单纯的文言文学习，而是与实际生活中的产品说明书紧密相连，从而提高学习兴趣。

通过对比课文与说明书，学生可以更直观地理解程序说明的完整性和逻辑性。例如，在比较说明书与课文"排版""印刷"两个部分在说明侧重点上的差异时，学生可以更加直观地体会到抓住活字印刷术的主要特点和先进性进行说明，能够让读者更全面地认识这项技艺。

在课堂活动中,学生需要面对说明书的漏洞、程序的缺失等问题,还需要在真实、具体的情境中运用本节课所学,对另外一项传统技艺进行程序说明。学生在情境中提高了语言表达能力,综合发展了思维能力。

◆ **任务创建**

任务一:补全说明书,理解程序说明

活动:出示活字印刷术 DIY 体验盒子的说明书,对比课文《活板》,说明书缺少哪些程序?请补全步骤。

意图:体会程序说明的完整性与逻辑性,感受活字印刷术"活"的特点。

任务二:比较说明书,探究写作特点

活动1:比较课文和活字印刷术说明书对"排版"的说明,为什么说明书省略了很多步骤?这些省略对了解活字印刷术造成了什么影响?

意图:进一步理解文章围绕"活"进行说明的特点,学习用简洁、生动的语言说明复杂工艺。

活动2:比较课文和活字印刷术说明书对"印刷"的说明,为什么二者截然不同?

意图:学习文章抓住技艺的先进性进行说明的特点。

任务三:绘制导图,梳理行文逻辑

活动1:课文除了程序说明的部分,还写了什么?

意图:学习文章"主次分明、补充衬托"的写法。

活动2:以思维导图的形式,将课文的行文思路绘制出来。

意图:小结文章写法,为仿写做准备。

◆ **学法创优**

对比分析学习:通过对比课文和说明书,学生需要梳理活字印刷术的各个步骤,能够更清晰地理解程序说明的完整性、逻辑性以及活字印刷术的先进性。这种对比分析的学习方法给学生提供了走进课文的支架,有助于学生深入理解课文内容,使课文写作特点在具体的对比中更直观地呈现。

知识迁移与运用:通过语文实践活动,学生能够将所学的知识进行系统化梳理和创意表达。学生在绘制导图的过程中,需要不断思考如何用最简洁、最清晰的方式呈现课文内容;而在对造纸术进行程序说明的活动中,又需要学生将梳理过的知识运用于语言文字实践之中。这种知识整合的过程不仅有助于学生巩固所学知识,还能提升他们的语言表达能力和创造性思维能力。

本节课的设计通过不同层次的语文实践活动,引导学生在真实情境中运用语言文字。不仅体现了语文实践活动的综合性,还强化了学习的实践性。

名师点评

陈老师是一位有灵性的、对文字较为敏感的语文老师,善于在教材的挖掘中"平中出奇"。陈老师在本节科技文言文的教学中虽以创新的形式呈现,但始终以"语言运用"为本,"以一带三",全面提升学生的核心素养。

其一,立足核心素养,构建真实情境。本节课创设了"优化活字印刷术 DIY 体验盒子说明书"的真实情境,巧妙地将文言文学习与生活实践相结合。教师通过引导学生对比课文《活板》与说明书的内容差异,让学生在真实的问题解决中理解程序说明的逻辑性与完整性。例如,学生发现说明书缺失"制字""炀""按"等关键步骤后,主动结合课文补全流程。这一过程不仅强化了学生对文言词汇的理解,更培养了其语言运用的能力。情境的创设使学习从静态文本转向动态实践,学生意识到语文知识在现实中的应用价值,进一步激发了学习兴趣。

其二,任务驱动学习,深化思维发展。本节课的三个任务环环相扣,层层递进。任务一中,学生通过梳理课文中的程序步骤,发现说明书中缺失的环节,并尝试用精准动词概括。这一任务既巩固了文言文基础知识,又培养了学生提取信息、归纳总结的逻辑思维能力。任务二中,学生在教师的引导下,分析说明书省略步骤的原因及其对理解活字印刷术的影响。这种对比分析促使学生从表层理解迈向深层理解,体现了思维的发展。任务三中,学生通过整合课文的行文思路,系统化呈现文章脉络。这一任务不仅训练了学生的信息整合能力,还强化了其系统性思维,为后续写作迁移奠定基础。三个任务的设计遵循了学生认知发展的规律,体现了深度学习的理念。

其三,创新学法指导,促进迁移应用。教师分别使用了"对比分析""深度探究""知识迁移"等学法,有效提升了学生的综合能力。课堂不局限于文言翻译,而是文言结合,以学生活动为主线,教师扮演引导者角色,引导学生探究省略步骤背后的逻辑,使学生从"知其然"迈向"知其所以然"。在课后作业中,学生将《活板》的行文思路迁移至"造纸术"的写作中,展现了不同语言风格的程序说明,体现出学生核心素养的提升。

其四,聚焦文化传承,弘扬工匠精神。本节课将语文学习与文化传承深度融合。教师通过引导学生探究活字印刷术的"活""效""精"等特点,揭示了其作为"四大发明"的历史价值。课堂结尾的拓展任务——撰写"造纸术"程序说明,进一步引导学生关注中华传统技艺,强化文化认同感,不仅落实了"文化传承与理解"的核心素养,更在潜移默化中培养了学生的民族自豪感。

本节课兼具创新性与实效性。教师以情境为依托,以任务为驱动,以素养为目标,成功将文言文教学转化为一场探究传统技艺的文化之旅。本节课可作为"文言科技文教学"的典型案例,为破解"重文言轻科技""重翻译轻思维"的传统文言教学困境提供创新路径。

(秦 峰 江苏省特级教师、正高级教师)

言语·小·创

结合材料,写一段介绍造纸术的文字,要求体现造纸术的主要特点和先进性。

示例1:

自古以来,人们多用竹简记录文字,有时用缣帛。但它们既贵又重,并不方便人们使用。于是,蔡伦产生了改进它的想法。他先砍下竹子在水中浸泡,使纤维充分吸水,再加上树皮、麻头和旧渔网等植物原料搅碎,然后将碎料煮烂。纸浆冷却后,用平板式的竹布捞起,过滤水分,捞出厚薄适中、均匀的纸膜。这一步是造纸的关键。再用木板压紧纸膜,上置重石,将水压出。最后将半干的纸膜烘干,揭下即为成品。

蔡伦造纸的所有步骤,都只需要平常的材料,价格便宜,易于推广,便利了典籍的流传。此后,纸的使用日益普遍,取代了简帛,辗转流传于世界。

示例2:

自古造纸,秦人尚未盛为之,以竹简写字,笨而易失,上朝乃满五车。以用缣帛写者,皆为富贵,但也以为稀,不舍用之。

东汉后时,有宦官蔡伦,又为造纸。其上用竹斩之,浸水塘,后加入植物原料,如树肤、麻头等,浸之。待明日,锤之,放入大灶,火烤使之软烂,稀如米粥,大方压之。烧毕,以竹帘捞纸浆,滤水,以为纸膜,使之均匀。常作几十帘,叠起,以重石复压之,水滤为成,再置于炉边烘烤,使纸柔而不晕墨。佳之!

伦死,史称"伦侯"。其法推广至秦,便于典籍传之,传于人民,天下文学大兴矣!

（南京市将军山中学　陈湾妮）

总结课

教学实录

前置作业:走进人物故事,按照课文内容完成表格。

课文	主要事件	科技创新(关键词)	科学精神
《太空一日》			
《"蛟龙"探海》			
《带上她的眼睛》			
《活板》			

师:同学们,第六单元是科学探索单元,这个单元所讲解的内容是人类对未知世界的探寻、对自身的挑战,体现了人类对真理和理想的执着追求。刚好,我们学校语文组将举办了一个以"致敬探索者"为主题的实践活动。本节课就以此为主题,开展三个任务。任务一,让我们一起走进人物故事。(板书:科学探索)

(屏显)

任务一:走进人物故事

师:在这个单元中,有的课文是叙写科学工作者的独特经历,有的是定格科学探索的重要瞬间,有的是讲述感人至深的科幻故事,还有的是记录对人类文明有着重要影响的科技发明。虽然题材不同,写法特异,但是都从不同角度展现了我们对科学探索的一些思考,以及带给我们的一些启示。现在我们来看大家的预习作业。

(屏显:学生预习作业)

师:大家先来看这几位同学的作业,有几个共性的问题:第一,有的同学写得过于复杂。比如主要事件,我们要用精练的语言高度概括在科技方面的主要事迹;再比如科技创新的关键词,有同学写的是"神舟五号",有同学写的是"蛟龙号",有同学写的是"杨利伟",大家要思考一下科技创新是什么意思。

生:《太空一日》的"科技创新"填"载人航天"可以吗?杨利伟是第一个进入太空的中国人。

师:很好!但要注意区分"科技创新"和"主要事件"。"载人航天"属于技术领域,而杨利伟的事迹更多体现科学精神。谁能补充具体的技术突破?

生:比如"飞船返回舱的耐高温材料",文中提到返回时舱窗出现裂纹,但最终安全着陆,这说明技术可靠。

师:非常精准!这就是从文本中提炼关键词的方法。(转向全班)《"蛟龙"探海》的关键词呢?

生:我写的是"载人深潜技术"和"7 020 米下潜纪录"。科学精神是"勇于挑战极限"。

师：如果只保留一个关键词，你会选哪个？为什么？

生：选"7 020米"。因为数据直接体现技术高度，比抽象的描述更有说服力。

师：没错，用事实支撑观点是科学探索的核心。（板书：严谨求实的科学态度）

师：很好。所以写"杨利伟"，写"飞船"，写"探索"，写"眼睛"，都是不准确的。下面请大家修改一下自己的表格。

（生修改作业）

师：好。下面我们请两个小组来分享。第一个小组展示前两篇课文，第二个小组展示后两篇课文。

生：《太空一日》主要讲述了杨利伟乘坐神舟五号飞船在太空一日遇到的各种意外，并最终顺利完成任务返回地球的经历。科技创新的关键词是"载人航天"。科学精神是勇于探索、不怕牺牲、求实严谨、无私奉献。《"蛟龙"探海》的主要事件是我国蛟龙号在马里亚纳海沟成功下潜至7 020米。科技创新关键词是"载人深潜7 020米"和"水下通信"。科学精神是勇于探索、不怕牺牲。

生：《带上她的眼睛》讲述了"我"戴着传感眼镜中被困地心的小姑娘的眼睛去草原旅行，起初"我"对她的行为不解甚至厌烦，后来得知她的遭遇后深受触动，开始重新审视和珍惜生活的故事。科技创新的关键词是"载人地心探测"。科学精神是勇于探索、坚韧不拔和为科学献身。《活板》主要向我们介绍了毕昇发明的活字印刷术的制作方法、印刷效率等。科技创新的关键词是"活字印刷术"。科学精神是探索创新、严谨。

师：现在进入我们的第二个任务——追寻探索意义。

（屏显）

任务二：追寻探索意义

蔡伦、瓦特、斯科特、王亚平、邓稼先，以上人物都能加入本单元探索者的行列吗？

师：以上的这些人物是否都能加入本单元探索者的行列呢？

生：我觉得蔡伦可以加入，他推动了文化的传播和文明的发展。

师：再说得具体一点，这有点太宽泛了。

生：他改进了造纸术，提高了纸张的质量，推动了文化的传播和发展。

师：他在某一技术领域进行了探索，推动了科学技术的进步，是技术领域的伟大探索者。

生：瓦特也是技术领域的伟大探索者，他改进了蒸汽机。蒸汽机改进之后，生产力发生巨大飞跃，开启了工业革命的新纪元。

生：邓稼先是核武器领域的探索者，他为我国核武器研发奉献了一生，提升了我们中国整个国家的国际地位，为国家的安全和发展奠定了坚实的基础。

生：王亚平也可以，她是我国首位进行出舱活动的女航天员，在太空领域为中国做出了重要贡献。

师：和杨利伟一样，他们都是我国探索太空的先驱。那斯科特呢？他并不是第一个到达南极的人，他在南极探险中失败了，也没有对人类的某一方面做出重要贡献。

生：我觉得他可以加入。他的探索精神鼓舞、激励着后人。在南极特别冷的情况下，他一直走一直走，不抛弃，不放弃，最后，在帐篷里坦然赴死，体现了勇于探索、不畏艰难、敢于献身的科

七年级下册

学精神。

生：我觉得探索应该用成果来衡量,如果都来谈精神,科学进步如何量化?

师：问得好。让我们换个角度思考——

(播放视频:《邓清明备份25年》)

师：这位航天员曾经作为"备份"25年,从未登上太空,他的坚持是否有价值?

生：有价值! 他的训练保障了团队的整体水平,就像螺丝钉一样不可或缺。

生：可如果他永远当不了主角,会不会觉得不公平?

师：这正是探索精神的深层意义。

(屏显)

被祖国需要就是最幸福的。   ——邓清明

师：他的价值不在于是否站在聚光灯下,而在于始终如一的准备,在探索中体现出对科学探索的执着、对未知的执着、对自我的挑战与超越。那么,斯科特团队的价值是什么?

生：他们用生命挑战了人类在极端环境中的极限,这种精神激励了后来的探险者!

师：我们刚刚在追寻探索意义的时候,有一些有形的可以判断的标准,比如推动了科学技术、经济文化和社会变革,对人类的发展做出了重大的贡献等;但我们还有一些无形的精神层面的标准,那就是人类在面临巨大的不可知的探索之境时,所体现出来的勇气、力量和精神,即人的力量。在这样的一个对比之下,我们看到了什么?

生：生命的价值、人性的光辉、人格的魅力。

师：是的,探索的意义还在于丰富了人类的精神文明,拓展了人类对自我的认知。我们再来看看,探索者的核心标准是什么呢?

生：对人类进步的推动。

生：对人类精神的鼓舞。

生：对自我生命的超越。

师：是的,我们看到了许多探索者,也应该看到很多未被看到的探索者。他们是默默无闻的实践者、奉献者,是胜利的陪伴者、托举者,是探索失败的坚持者,是被忽视的幕后英雄。(板书:精神价值超越成败结果)

生：就像《孤勇者》歌词里写的那样,"谁说站在光里的才算英雄"。

师：站在光里的是英雄,幕后执着的也是丰碑。

生：就像我们奥运冠军一样,奥运冠军的奖牌只有一个,但是荣誉背后却有一群人在默默努力、奉献、陪伴。

生：我们应该看到每一个有探索精神的人。

师：是的,就像勃兰兑斯《人生》里所说,"有的人一生就像一天,有的人始终在向思想更深处探索。"

(屏显)

这就是他们的一生。他们从事向思想深处发掘的劳动和探索,忘记了现时的各种事件。他们为他们所选择的安静的职业而忙碌,经受着岁月带来的损失和忧伤,以及岁月悄悄带走的欢愉。

师:下面就让我们进入第三个环节——致敬探索精神。

(屏显)

任务三:致敬探索精神

1. 设计奖章/奖杯:结合人物事迹,用图文展现其精神特质。

2. 创作诗歌:以凝练语言礼赞探索者,要求有感染力。

师:我们先来看两组奖章设计。

生:我们组的是奖章设计,杨利伟专题,正面是神舟五号在太空环绕地球,配文"中国首位航天员"。

生:我们组设计的奖章是"深海之光——致敬'蛟龙号'团队"。奖章外圈的波浪纹象征深海挑战,中心图案是潜水器与探测仪交叉,下方镌刻"7 020米——中国深度"。

师:我们挑一组奖章设计,当堂用 AI 生成图片,看看怎么样。

生:我们需要设计一枚圆形奖牌,奖牌的正中间是神舟五号飞船,正环地球飞行,背景是湛蓝的太空。这一块奖牌是为杨利伟设计的,以纪念他成为中国第一个登上太空的航天员。

生:成功了! 成功了!

师:要想 AI 生成奖章图案时不产生大的偏差,指令一定要精准,如"圆形奖牌""背景是湛蓝的太空"等。(板书:AI——表达精准、逻辑清晰)

师:我们再来看诗歌创作小组。

生:我们的标题是《致探索者》,内容如下:在未知的深渊点燃火种,用足迹丈量文明的荒原;纵使长夜漫漫无归路,你眼中的星光永不黯淡。

师:"深渊""星光"分别是什么意思?

生:"深渊"指探索者们探索时面对的未知,例如太空、深海,还有内心的孤独、恐惧等。"星光"指探索者们内心永不磨灭的探索精神、探索信念等。

师:很好,你用意象将科学精神诗化了。

生:我们的标题是《致探索者》,内容如下:在未知的领域中,你们奋勇前行。在无尽的探索中,你们寻找答案。在无数的坎坷中,你们微笑面对。你们在人间的各个地方留下足迹,你们用双脚与勇气丈量大地,你们用智慧去解开未知的谜题,你们是勇敢的追梦人,你们是黑暗中的明星,你们是我们的骄傲,你们的精神永垂不朽。

师:请同学谈一谈感受。

生:围绕"探索者"主题,情感真挚浓烈,表达了对探索者的崇敬。"奋勇前行""微笑面对"

等词句,勾勒出探索者坚毅乐观的形象。

生:句式也比较整齐,富有节奏感。排比句的运用增强了气势。

生:结尾用了比喻,用"明星"升华了情感,就是感觉比较直白了一些,缺少点创意。

师:是的,诗歌的语言还可以雕琢得更精美,意象也能更丰富。如果能换用更有创意的表达,融入独特意象,诗歌会更出彩。课后继续加油吧! 我们再来看一组。(板书:句式与意象的选择、创意的表达、情感的真挚)

生:我们的标题是《探索者之歌》,内容如下:在浩瀚宇宙的边际,神舟飞船划破沉寂,将天地奥秘来寻觅。深海幽蓝,蛟龙勇敢探寻沉睡千年的秘密。活字排列,墨香四溢,传承着文明的传奇接力。从太空到深海,从眼眸到古籍,探索的火焰生生不息,探索的脚步永不停息,在时光长河里镌刻人类璀璨的印记。

师:真好,和课文内容紧密契合。正如这首诗歌所说,我们探索的火焰生生不息,我们探索的脚步永不停息。从嫦娥奔月到载人航天,从精卫填海到蛟龙深潜,探索的本质是人对自由与真理的永恒追求。它不仅是科技进步的引擎,更是人类精神的灯塔——在不确定的世界中,探索让我们保持清醒、敬畏与希望。正如诗人艾略特所言:"我们不应停止探索,而我们所有探索的终点,终将回到起点,并首次真正认识此处。"希望今天探索的光芒,探索的精神,能够激励着我们在座的各位!(板书:探索的火焰生生不息 探索的脚步永不停息)

本课板书:

总结课 科学探索

严谨求实的科学态度

精神价值超越成败结果

AI——表达精准、逻辑清晰

句式与意象的选择、创意的表达、情感的真挚

探索的火焰生生不息

探索的脚步永不停息

教学创想

◆ 情境创设

这节课创设的情境是真实的学校实践活动,将课本知识链接到现实生活,依托学校"致敬探索者"主题实践活动,将课本学习与真实任务结合,赋予知识以现实意义,让学生在实践活动中更深地理解科学探索的内涵。在课堂活动中,又用多媒体代入,播放《邓清明备份 25 年》视频,用真实案例唤醒学生的情感共鸣,打破"纸面英雄"的刻板印象。最后的致敬活动,利用 AI技术,现场生成设计图片,更有沉浸式的体验感,也更能激发学生多元致敬的热情。总的来说,情境创设在这节课中起到了非常重要的作用,它不仅提高了学生的兴趣和参与度,促进了学生的思维发展,还更好地生发了实践活动作品的多元性与深度性。

◆ **任务创建**

任务一:走进人物故事——梳理科学探索的多元视角

活动:结合表格,用关键词概括人物的科技创新与精神内核。

意图:用事实支撑观点,明确科学探索的核心态度。

任务二:追寻探索意义——思辨交锋,定义科学探索内核

活动1:蔡伦、瓦特、斯科特、王亚平、邓稼先,以上人物都能加入本单元探索者的行列吗?

意图:初步探索科学探索的意义。

活动2:斯科特团队探索南极失败,是否应被列入"探索者"行列?

活动3:播放视频《邓清明备份25年》。邓清明从未登上太空,他的25年坚守是否有价值?

意图:思辨探索科学探索内核:精神价值超越成败,科学精神激励后人。探索无问西东,精神照亮归途。

任务三:致敬探索精神——多元的创意实践表达

活动1:设计奖章/奖杯:结合人物事迹,用图文展现其精神特质。

活动2:创作诗歌:以凝练语言礼赞探索者,要求押韵且有感染力。

意图:从理解到创意实践的多元表达。

◆ **学法创优**

思维进阶训练:学生从"事实梳理"到"精神内化",最终完成"创意输出",符合认知规律,促进了学生的思维发展和能力提升。例如,首先通过任务一将抽象精神具象化,用"7 020米"量化蛟龙号成就等;再通过任务二追寻探索意义,完成精神内化;最后通过任务三设计奖章、创作诗歌,完成创意输出。

追问式启发:利用追问启发拆解学生的模糊概念,如"科技创新是否必须成功?""没有成功是否还有价值?"通过追问引导学生区分"技术突破"与"精神价值",深入理解科学探索的内核。

技术融合创新:任务三中提供AI绘图工具,利用AI生成奖章图案,实时修改学生的描述语言,培养其精准表达的能力。

名师点评

作为第六单元的总结课,既要扣住单元内容,又要体现单元总结课的特点。

周老师首先立足单元内核,以真实情境激发创造活力。本节课以"致敬探索者"实践活动为情境,将教材单元主题"科学探索"与学校真实任务无缝链接,赋予知识现实意义。周老师通过"走进人物故事—追寻探索意义—致敬探索精神"三大任务层递推进,使学生从知识梳理迈向价值体悟,最终落脚于创意表达。

这一设计打破传统总结课的复述模式,以真实任务驱动学生主动思考、合作探究,充分体现了"以学习为中心"的课堂理念。例如,"AI生成奖章"环节,学生需精准描述设计意图,将抽象精神转化为具体图像指令,既锻炼逻辑思维,又激发技术赋能下的艺术创造力;诗歌创作则通过意象提炼与语言雕琢,引导学生以文学形式重构科学精神,实现跨学科融合的创新表达。

其次,采用分层任务设计的形式,以思维进阶赋能深度学习。周老师紧扣"基础—思维—创造"三个层次设计学习任务,形成完整的思维进阶链条。

基础层(梳理事实):通过表格提炼课文关键信息,要求学生用精练语言概括"科技创新"与"科学精神",如区分"载人航天技术"与"杨利伟事迹",训练学生精准提取与分类的能力。周老师以追问引导学生辨析概念边界(如"探索是否以成果论价值"),深化对科学探索本质的理解。

思维层(思辨内化):围绕"斯科特是否算探索者""邓清明25年坚守的价值"等争议性问题,组织学生进行观点交锋。周老师引入视频、语录等多元资源,帮助学生跳出"成败论英雄"的窠臼,认识到探索精神中"人性光辉"与"幕后奉献"的价值。此环节通过认知冲突激发批判性思维,促使学生从"记忆事实"转向"建构意义"。

创造层(多元输出):设计奖章与创作诗歌的任务,为学生提供开放性的表达空间。例如,学生以"7 020米中国深度"量化蛟龙号成就,用"深渊火种""星光不灭"等意象诗化科学精神,展现了从具象到抽象的创造性转化能力。周老师适时点拨(如意象需更独特),引导学生突破思维定式,追求更高阶的创意表达。

第三,通过技术融合进行学科创新,以多元互动激活课堂生态。本节课巧妙融合AI技术,构建了"人机协同"的学习生态。在奖章设计环节,周老师利用AI绘图工具实时生成图像,让学生直观感受"精准指令"与"创意落地"的关系。这一过程不仅提升了学生的数字化素养,更通过"试错—修正"机制(如初次生成失败后调整指令),培养其问题解决能力与迭代思维。此外,课堂通过小组分享、诗歌互评、视频共情等多元互动形式,打破教师单向传授的局限,使学生在对话与协作中成为知识建构的主体。

本节课以"小创造力"为引擎,以"学习中心"为坐标,成功构建了一个有情、有思、有创的课堂生态。

(薛 城 江苏省特级教师、正高级教师)

言语·小·创

扫描下方二维码,获取歌曲。

(南京市第五初级中学 周新蓉)

第三单元

12 周亚夫军细柳

教学实录

师:我们请一位同学来读一下课题。注意断句。

生:周亚夫/军/细柳。

师:为什么要读成"周亚夫/军/细柳"?"周亚夫军细柳"中的"军"是什么意思?我们来看看"军"的字形本源。

(屏显)

甲 軍 軍 军
金文　小篆　繁体　简体

师:你能通过"军"的金文字形来说一说,它大概是什么意思吗?

生:一个圈把车围了起来。

师:古代打仗主要是靠车战,围起来形成营垒,以防敌人袭击。所以它的本义是围成营垒。"周亚夫驻军在细柳",这个题目就交代了文章描写的主要事件。

师:我们一起来朗读课文,找一找,周亚夫到底是一个怎样的将军?

生:"文帝曰:嗟乎,此真将军矣!"

师:"嗟乎"是什么意思?

生:感叹。

师:表示感叹,但是表示感叹的词还有很多。比如,"文帝曰:呜呼,真将军矣!"这两个语气词有什么差别吗?我们先来读一读。

(生读)

生:"呜呼",感觉有一种悲叹的感觉,悲痛地发表感想。

师:嗯,呜呼哀哉,这里明显不是一种悲叹。

生:是一种发自内心的感慨。

师:你读一读。

(生读)

师:那这个"此"呢?

生:表明这份赞叹是对周亚夫一个人的,是独一份的。

师:我们一起来读一读,读出真心,读出赞同。

(生齐读)

师:周亚夫到底做了什么,让文帝如此称赞? 请你迅速找出周亚夫的言行。

(播放影视剧中的片段)

生:"将军亚夫持兵揖"的动作不同。这个"持"是拿着的意思,他拿着兵器。影视剧中,周亚夫的佩剑是挂在身上的。

师:飞将军李广,汉代名将,他惯使弓箭。他的弓,据说有多重呢? 三百石,无人能拿得起。作为将军,周亚夫的兵器肯定分量不轻。可是司马迁却用了一个——"持"字,你读出了什么?

生:他的力气很大,孔武有力,很英勇。

师:你读一读。

(生读)

生:感觉举重若轻,很潇洒,拿在手里很轻。

生:他们说的话也不同。原文中是"介胄之士不拜,请以军礼见",影视剧中改成了"陛下,臣介胄在身,容臣以军礼相见"。影视剧中"陛下"和"臣"更加突出了君臣身份有别的感觉,"容"则使语气更加委婉。原句语言短促,更能凸显出周亚夫刚正、耿直的特点。(板书:刚正耿直)

(屏显)

将军亚夫持兵揖曰:"介胄之士不拜,请以军礼见。"

将军亚夫持兵揖曰:"陛下,臣介胄在身,容臣以军礼相见。"

师:这是一位耿介刚正的将军。我们把亚夫的言行带上文帝的评价,一起读一读。

(屏显)

将军亚夫持兵揖曰:"介胄之士不拜,请以军礼见。"

文帝曰:"嗟乎,此真将军矣!"

(生读)

师:将军亚夫见文帝,"甲胄在身"是大敌在前,不可掉以轻心;"不拜"是面对天子的威严,不卑不亢的耿直。除了亚夫做了这个"不"字,还有谁说了"不",做了"不"。

生:"天子先驱至,不得入。"

生:"将军令曰'军中闻将军令,不闻天子之诏'。"

生:"上至,又不得入。"

生:"军士吏被甲,锐兵刃,彀弓弩,持满。"

(屏显)

天子先驱至,不得入。

先驱曰:"天子且至!"

军门都尉曰:"将军令曰'军中闻将军令,不闻天子之诏'。"

师:我们请两位同学分角色朗读一下。

（两位同学分角色朗读）

师：采访一下天子先驱，你是用怎样的语气和神态来读的？

生：天子先驱应该用一种略带骄傲的口气来读。他去见了军门都尉，应该会摆出一副高高在上的姿态。

师：你再读一读。

（生读）

师：军门都尉是怎样的？

生：军门都尉应该是一种镇定自若的样子。因为他说，"军中闻将军令，不闻天子之诏"，他没有用任何的感叹词，就可以体现出一个小小的军门都尉都是这样刚正不阿的人。

师：你读一读。

（生读）

师：我觉得需要给他一点掌声。从他刚刚的朗读中，不仅读出了一份坚定，还读出了在他的心中，将军的威信高于一切的力量感。让我们一起读一读。

（生齐读）

师：我们讨论一个问题——周亚夫"不得驱驰"的"约"有没有合理性？我们先来了解一下"驱驰"的意思。

（屏显）

壁门士吏曰："将军约，军中不得驱驰。"天子乃按辔徐行。

驱，马驰也（即跃马奔驰）；驰，大驱也。（《说文解字》）

请你议一议：这个规定合不合理？该不该删去？

生：跑得快。

师：言简意赅，结合《说文解字》，你能不能说一说周亚夫为什么要制定这个规则？

生：军营是一个备战的地方，如果在军营中奋力奔驰，会出现意外事故。这也可以体现出他军事素养的高超。

师：有没有谁能结合背景来说一说呢？

生：背景是胡人准备来进攻，所以军营里需要养精蓄锐。而且亚夫是干练的人，他不会允许军营里漫天黄沙，所以亚夫制定了这样的规则。

师：顺着这位同学的思路来看，在备战的背景下，这样的规则还有什么作用？

生：我们知道，胡人作为游牧民族，是很擅长骑马射箭的。如果在军营中随意驱驰的话，会养成不好的习惯，容易在战场上发生失误。

师：这是从军营管理角度来解读的。

生：如果皇帝在军营里乱跑的话，很容易被当作胡人误伤。

师：也就是说，这个规定是周亚夫经过多重考虑后制定下来的，说明他是一个细致入微、思虑周全的将军。深入理解后，我们再来读一读这个句子。（板书：思虑周全）

（屏显）

军士吏被甲，锐兵刃，彀弓弩，持满。

（生读）

师: 除了军门都尉说"不",壁门士吏说"不",还有一群人也在说"不",他们在用行动说"不"。

生: 一般来说,天子驾到的时候应该百官文武行跪拜礼,然而细柳营里都在一个备战的状态。

师: 我们一起来读一读。

(生齐读)

师: 这里有很多动作,我们一起来看看,很有意思。"被甲"——

生: 穿着铠甲。

(屏显)

甲: 田   兵: 扇   刃: 刃

师: 我们来看"甲"这个字,它长得是不是很像一个"十"字? 为什么呢? 一个人穿上铠甲,全副武装,站在那里就像一个"十"字。

师: 再看这个"兵"字,它像一个人,手里拿着武器。看这个武器,是不是像一个"斤"字?"斤"在古代指的是斧头,斧头一般是比较短的。所以,它指的是拿着短的武器,比较适合近身攻击。所以,有一个成语叫"短兵相接"。"刃",是一把刀上有一个点,这个点指的是刀上最尖锐的部分。所以,"锐兵刃"指的是"刀出鞘",而且是拔出武器后,将最锋利的地方指向敌人。除此之外,还有什么武器呢?

生: 弓,弩。

师: 这么多武器,说明这是一支装备齐全的队伍。再看他们的动作——"持满",说明这是一支时刻警戒、全员警戒(生说)的军队。让我们一起来读一读。

(生齐读)

师: 下面难度升级,我们把动作带进去读一读。

(生演读)

师: 这样一个拔剑出鞘、弓已拉满、箭在弦上的场景,你觉得这是一个怎样的军营呢?

生: 我认为这个军营首先装备精良,而且军士素养都很高。

生: 我认为这还是一个戒备森严的军营。"锐兵刃,彀弓弩",说明他们已经做好了随时进攻的准备。

师: 那么可想而知,这样一个军营的背后有一位怎样的将军。军营如此之严,他治军肯定也很严明。主角看似没有出场,但是处处都见主角在场。这是什么手法? 映衬。(生齐答)(板书:治军严明 映衬)

师: 这个故事叫《周亚夫军细柳》,对不对? (生点头)好,主要人物周亚夫、发生地点细柳营都有了,那么其他人物是不是可以删掉?

生: 文中出现了三个军营。一个是在霸上的刘礼将军的,一个是在棘门的徐厉将军的。先看这两位将军的身份:刘礼是掌管皇族事务的官员;徐厉,祝兹侯,听名字就知道他是一个被封侯的,也是皇族。而周亚夫只是一个河内的太守。从身份来看,前两个人都有可能是凭借阶级或关系当上将军的,他们不是为打仗而来的,可能只是为了名利;而周亚夫,显然是凭借真才实学被选拔上的。这就起到了一个对比的作用。(板书:对比)

师:身份不同,作为将军,做法上有没有不一样的地方?

生:可以看到,前两位将军驻军的军营门口,兵士面对"直驰入"并没有阻止。所以,我觉得这两个军营的将军,没有周亚夫治军严明,同时考虑得也没有周亚夫周全。他们并没有考虑到军营会乱或者误伤友军等因素。

师:你说得很好!司马迁通过映衬、对比,烘云托月般地把周亚夫簇拥在了中间——一个治军严明、耿介刚正、思虑周全的真将军。

(屏显)

亚夫,真将军矣!其_____。

师:你心目中的周亚夫是一个怎样的将军呢?请你尝试着用自己的话来写一写对他的评价。大家可以尝试用文言文来说一说。

生:治军严明有章法,令天子为动。

生:真古今将帅之典范也!军纪严,通礼仪,非奉承求名之辈也。

生:治军之严明,态度之认真,疆土之坚守严谨,使世人永传称赞之词。

师:今天我们一起认识了一位真将军,也感受了司马迁写人的艺术。课后请同学们继续阅读《史记》,感受"史家之绝唱,无韵之离骚"的魅力。

本课板书:

周亚夫军细柳

刚正耿直　　映衬

思虑周全　　对比

治军严明

📖 教学创想

◆ **情境创设**

　　"周亚夫军细柳"本身就构成了一个完整的历史情境场域。教学中以"历史现场还原"为支点,通过"汉文帝劳军"这一核心事件,引导学生置身于"细柳营门"这一特定空间场域;通过文本细读再现"天子銮驾"与"铁甲寒刃"的视觉对冲,使学生在具身体验中理解周亚夫治军的理念和人物形象。

◆ **任务创建**

　　任务一:比读——感受周亚夫形象

　　活动1:换词比较朗读。

　　意图:通过语气词"嗟乎"与"呜呼"的对比,感受"嗟乎"中蕴含的由衷赞叹,从而理解文帝对周亚夫的钦佩之情。

活动2:对比影视剧与原文。

意图:通过对比,发现影视剧为突出君臣之别而添加的委婉语气,而原文短促直接的语言更能体现周亚夫的刚正不阿。

任务二:研读——汉字溯源,细读文本

意图:聚焦关键句,通过汉字字形解析词义,感受细柳营"剑拔弩张"的戒备状态,体会周亚夫治军的严谨。

任务三:读写结合——从读到写,内化形象

意图:用文言词句评价周亚夫,实现语言迁移。

◆ **学法创优**

本节课在文言文教学中采用了多种创新的学习方法,既注重学生对文言文语言特点的理解,又通过丰富的活动激发学习兴趣,提升文言文阅读与表达能力。以下是本节课在学法创优策略上的具体分析。

对比探究式学习:在比较中领悟文言精髓。通过精心设计的对比活动,引导学生深入理解文言表达的特点。如,文本对比,将影视剧台词与原文进行对比分析,深切感受周亚夫的形象,体会文言文言简义丰的特点;人物对比,通过细柳营与其他军营的对比,凸显周亚夫治军严明的形象。这种对比探究的方式,使学生在比较中自然而然地掌握人物形象。

文言朗读学习:以读促悟深化理解。课堂中设计了丰富多样的朗读活动。如,朗读不同语气词表达的句子,体会情感差异;分角色演读,通过语气语调感受人物性格。这种多维度的朗读训练,使学生文言文学习从静态的文字认知转变为动态的语言体验。

文言溯源式学习:从字形来探究文言真义。这种溯源学习法,不仅帮助学生准确理解词义,深入理解文本,也让他们感受到汉字的智慧与魅力。

"做中学"实践:读写结合促内化。课堂中有丰富的实践活动。如,演读,通过动作模拟"持满"军事状态,加深对文本的理解;文言表达,尝试用文言文写出对周亚夫的评价。这种"做中学"的方式,使文言文学习从被动接受转变为主动建构,有效促进了知识的迁移运用。

这些方法相互支撑、有机融合,既传承了传统的文言教学方法,又注入了现代教学理念,使文言文教学焕发出新的活力,有效提升了学生的文言文素养。

名师点评

《周亚夫军细柳》是一篇经典的史传散文,兼具文学性与史学价值。如何在初中生的认知水平与文言文难度之间架设桥梁? 如何引导学生在文字中触摸人物风骨,感悟历史智慧? 本节课教学以"真将军"为核心,以汉字溯源为锚点,以情境体验为路径,构建了一堂融语言品析、思维进阶与文化浸润为一体的优质课例,充分展现了文言文教学的深度与温度。

一、汉字溯源:文化基因的唤醒与传承

王老师开篇以"军"字字形切入,通过金文字形引导学生发现其"围成营垒"的本义,巧妙地将汉字学习与历史背景勾连。这种溯源式教学不仅激活了文言字词的文化基因,更让学生直观感知古代战争的形态,为理解周亚夫治军之严埋下伏笔。后续对"甲""兵""刃"等字的拆解,以象形文字为媒介,将抽象词义转化为具象画面,使"被甲锐刃"的肃杀场景跃然纸上。这种立足汉字本体的教学策略,既夯实了语言根基,又唤醒了文化记忆,体现了"字里乾坤"的智慧。

二、对比思辨:文本细读的深化与突围

王老师创造性地引入影视片段与原文对比,通过台词、动作的差异分析,推动学生走向高阶思维。如聚焦"持兵揖"与影视佩剑的不同,以"持"字撬动人物解读,从兵器重量到动作力度,学生自然体悟到周亚夫的孔武刚毅。再如"介胄之士不拜"与影视台词"容臣以军礼相见"的比较,通过语气词、称谓词的增删辨析,引导学生发现原文短句的铿锵力道,感受周亚夫"刚正耿介"的武将风骨。这种对比教学突破了单一文本的局限,在互文参照中培养学生的批判性思维,实现从"知其然"到"知其所以然"的跃升。

三、情境体验:历史场域的还原与沉浸

王老师通过角色扮演、动作演绎等策略,将静态文字转化为动态场景。分角色朗读中,"天子先驱"的倨傲与"军门都尉"的镇定形成张力,学生通过语气拿捏重现权力与军规的博弈;演读"持满毂弓"时,肢体语言的加入让"戒备森严"的军营立体可感。这种沉浸式体验,使学生不再是历史的旁观者,而是化身为细柳营中的士卒、使臣,在情境中理解"军令如山"的深层逻辑,实现情感共鸣。

四、审美浸润:刚健文风的感知与传承

教学紧扣"真"字内核,通过反复诵读"嗟乎!此真将军矣",让学生在声韵中感受司马迁的史家笔法。王老师对语气词"嗟乎""呜呼"的辨析,看似细微,实则引导学生触摸文本的情感脉搏。"嗟乎"饱含惊叹与激赏,"呜呼"则多用于悲悯,一字之差却关乎史家对人物的价值判断。而"军士吏被甲"的镜头式语言品读,更让学生领略到《史记》文风"峻洁"之美,其表现直接果决,以简驭繁,凸显本质,简单的动作白描便烘托出细柳营的肃穆威严。学生在这种审美感知的渗透中,濡养了自己的精神品格。

总之,这节课既有守正亦有创新,教师以语言为根、思维为脉、文化为魂,构建了文言文教学的立体样式。当汉字溯源、文本细读、历史思辨与审美浸润交织共生,文言文的课堂便成为文化传承的沃土、精神成长的殿堂。

(陈元芝　南京市学科带头人、正高级教师)

言语·小创

示例1:

周亚夫,真将军也!其治军严整,号令如山,细柳之营,壁垒森严,士卒皆肃然,无敢哗者。其治严也,令行禁止,虽天子之尊,亦不得逾其法度。细柳之营,俨然若敌国,士卒皆凛然听命,无敢懈怠。

示例2：

周亚夫，真将军也！其威肃若雷霆，令行如江海，虽万乘之尊莫能撼其法度。细柳壁垒之坚，实神兵镇岳！

示例3：

周亚夫，真将军也！其令如山，虽九鼎不移，细柳营前，帝辇亦敛抑而循节；其节似松，凌霜雪而愈劲，七国烽起，虎符独擎天以定鼎；其骨若铁，折而不曲，廷狱霜刀，寒眸犹映汉月孤忠。嗟乎！千军易得，一将难求，观汉家青史，能持此浩然三军气者，亚夫之后，复有几人？

（南京市钟英中学　王鹏珍）

第四单元

17　昆明的雨

教学实录

师：今天我们来认识一位作家。他是江苏高邮人，被誉为"中国最后一个士大夫"。他既是一个会吃、爱吃的美食家，也是一个风趣、幽默的作家。读他的文章，像是在聊家常，他的语言平淡质朴又耐人寻味。他就是汪曾祺。

1939 年，汪曾祺考入西南联大中国文学系，来到昆明读书。在战火纷飞的年代，他在昆明度过了一段难忘的时光。1984 年，他写下了回忆性散文《昆明的雨》——昆明的雨落在作者心里四十多年。

今天我们来学习这篇文章。这节课，我们来开展三个创意性的学习活动。我们之前布置了预习问题。

（屏显）

昆明的雨季有什么特点？

师：你能在文中找到一句话概括昆明雨季的特点吗？

生："昆明的雨季是明亮的、丰满的，使人动情的。"

师：我们来读一读这句话。

（生齐读）

师：要注意重音。再读一遍，这一遍读的时候，重音要读清楚，要有感情。

（生再读）

师：读得很好。第一个任务是读课文，写五行诗。我这里有个例子。

（屏显）

> 我想念昆明的雨
> 我想念仙人掌、菌子、杨梅、缅桂花等
> 我想念卖杨梅女孩娇娇的吆喝声
> 你听"卖杨梅——"
> 多么使人动情！

师：要求仿照示例，围绕课文写作。第一句"我想念昆明的雨"，最后一句"多么使人动情"，或者在"明亮""丰满"两个词当中选一个。我们来写一写，看谁写得好。动笔吧！

生：我想念昆明的雨，我想念雨中的故乡，我想念雨中的把酒言欢，我想念昆明，多么使人动情！

师:想念雨,其实就是想念昆明。雨到处都有,但是只有昆明的雨,是那么地与众不同。

生:我想念昆明的雨,我想念各种各样的菌子,我想念雨季的缅桂花,你想,这样的愁多么使人动情!

师:这样的愁绪主要是指乡愁。还有谁来说?

生:我想念昆明的雨,我想念牛肝菌、饱满的花骨朵、莲花池,我想念那多且极肥大的仙人掌。你闻,是仙人掌的花香,多么丰满!

师:仙人掌的花香,你是从嗅觉去写的。为什么花香用"丰满"这个词呢?

生:因为花香浓郁。

师:通感的手法。"丰满"本来是形容视觉的,在这儿却用"丰满"来形容嗅觉。很好的一个词! 诗歌语言讲究陌生化。

生:我想念昆明的雨,我想念雨水中的木香,雨水中的对酌,雨水中的情味。一草一木皆见真情,那一天的情味,我记了四十年,多么使人动情!

师:用了一组排比。最后讲了一句"多么使人动情",一个"情"字,是这首小诗的诗眼。

生:我想念莲花池边的小街、小酒店、木香花,我想念在莲花池边酒店里与友人的小酌。你看,那饱胀的花骨朵,多么使人动情!

生:我想念昆明的雨,我想念肥大的仙人掌、高大的菌子、火红的杨梅,我想念美丽的缅桂花以及半开的木香,你看雨中那数不清的木香花,多么使人动情啊!

师:你找的是一组景物。

生:我想念昆明的雨,我想念黑红的木炭梅、带着雨珠的缅桂花,我想念在莲花池边酒店与友人小酌。你瞧,那被雨水淋透的花骨朵,多么使人动情!

师:你把一组景物组合起来了,还有一个特写镜头——和友人小酌。虽然我们的诗歌写得不长,但都蕴含了情味。清代刘熙载说:"山之精神写不出,以烟霞写之;春之精神写不出,以草树写之。"汪曾祺写雨,以形象传达意蕴。这是一种什么手法?

生:侧面衬托。

师:散文结构有什么特点呢? 看上去好像写得很乱,其实作者以画为引子,以"想念"为情感纽带,将雨中的仙人掌、菌子、杨梅、缅桂花等看似零散的日常琐碎编织成一幅诗意画卷,形成首尾圆合的环形结构。这可以称为"画为引,情为线,雨中琐事串成环"。

(板书:侧面衬托:画为引 情为线 串成环)

师:我们的第二个任务是变体朗读,品语言。老师把第 7 段改变了一下形式,请大家分角色读一读,说说你的感受。

(屏显:评价标准)

评分项目	评分(每一项满分 10 分)
停顿、重音处理	
语气、语调把握	
表情、手势动作配合	

(师发放讲义;生根据分工,同座位分角色朗读)

（第一组上台展示）

生：昆明的菌子极多。

生：你说说看有哪些。

生：比如说牛肝菌吧，它最多，也最便宜。牛肝菌下来的时候，家家饭馆卖炒牛肝菌，连西南联大食堂的桌子上都可以有一碗。

生：为啥叫"牛肝菌"呀？好吃吗？

生：牛肝菌色如牛肝，滑，嫩，鲜，香，很好吃。不过炒牛肝菌须多放蒜，否则容易使人晕倒。

生：还有什么菌子？

生：青头菌比牛肝菌略贵。这种菌子炒熟了也还是浅绿色的，格调比牛肝菌高。

生：嗨，还格调。

生：可不是嘛！不过菌中之王是鸡㙡，味道鲜浓，无可方比。

生：那一定很贵吧？

生：它是名贵的山珍，但并不是真的贵得惊人。一盘红烧鸡㙡的价钱和一碗黄焖鸡不相上下，因为这东西在云南并不难得。

生：你就吹吧。

生：有一个笑话：有人从昆明坐火车到呈贡，在车上看到地上有一棵鸡㙡，他跳下去把鸡㙡捡了，紧赶两步，还能爬上火车。

生：这火车也够慢的！

师：谢谢你们。我们给点掌声鼓励一下。同学们觉得能打多少分啊？这位同学，你来回答。

生：24分。

师：优点、缺点各是什么？

生：他们重音处理和语气语调的把握到位，但是缺少表情和手势。

师：表情手势还略欠一点。你觉得他哪些地方重音处理得很好？

生：比如"最多，也最便宜"，那个"最"是重音，他读出来了。

师：其他同学们有没有补充呢？

生：我觉得他"滑，嫩，鲜，香"读得好。

师：我们注意到文中这一处是逗号，在书中圈出来。逗号，强调什么呢？

生："滑，嫩，鲜，香"，好像在慢慢品尝。

师："滑，嫩"，是触觉。"鲜"，是味觉。那么"香"呢？是嗅觉。一字一顿，像在慢慢地品尝。用逗号，放慢了节奏，就有种怡然自得的味道了。刚才的朗读处理很贴切。

生：我觉得他们的表情略显僵硬。

师：你能给我们表演一下吗？找一个搭档。我们给点掌声。

（第二组上台展示，过程略）

师：让我们来点评一下。

生：我给25分。

师：哪里扣分扣这么多？

生:我觉得他们说话语速有点太快了。

生:我也给 25 分。吴同学侧面对着我们,她还可以表现得再自然一点。

师:下面请大家再来排练一下第二部分。

(生根据分工,同座位分角色朗读;师巡视)

(第一组上台展示)

生:有一种菌子,中吃不中看,叫作干巴菌。乍一看那样子,颜色深褐带绿,有点像一堆半干的牛粪或一个被踩破了的马蜂窝。里头还有许多草茎、松毛,乱七八糟!

生:这种东西也能吃?!

生:这你就不知道了。下点功夫,把草茎松毛择净,撕成蟹腿肉粗细的丝,和青辣椒同炒,入口便会使你张目结舌。

生:怎么个说法?

生:这东西这么好吃?!

师:同学们来点评一下。你觉得该给多少分?

生:29 分。

师:这 1 分扣在哪?

生:朗读风格太夸张了!

师:这组同学有创新,没有用普通话读。我在想,如果用地道的方言去读,是不是更有意思?

生:我觉得可以给满分。因为这一组同学不仅停顿和重音处理得好,而且他们的表情和动作都非常自然,更难得的是,他们还自创了方言。所以我认为可以打高分。

师:确实。比如"这种东西也能吃?!""这东西这么好吃?!"第一处读出了嫌弃,第二处读出了惊叹的语气。他们的朗读生动表现了文章的语言风格。汪曾祺的语言有什么特点呢?有家常味,幽默感。

(板书:语言风格:家常味　幽默感)

师:我们的第三个任务是诗意创编,品情味。老师把课文的第10段改编成电视散文脚本。

(屏显)

1. **画外音**:1939 年,为避战乱,汪曾祺离开故乡江苏高邮,辗转到当时的大后方——云南昆明,考入西南联大中国文学系。他在昆明完成学业,结识恋人,开始写作,度过了平静又充实的七年。四十多年后,汪曾祺还对昆明念念不忘,于是在 1984 年写下了这篇散文。

2. **画面**

远景:莲花池边有一条小街,有一个小酒店。满池清水。着比丘尼装的陈圆圆的石像。

近景:桌上一碟猪头肉,半市斤酒(装在上了绿釉的土瓷杯里)。

外景:雨下大了。

特写镜头 1:酒店有几只鸡,都把脑袋反插在翅膀下面,一只脚着地,一动也不动地在檐下站着。

特写镜头 2:酒店院子里有一架大木香花,爬在架上,把院子遮得严严的。密匝匝的细碎的绿叶,数不清的半开的白花和饱涨的花骨朵,都被雨水淋得湿透了。

师:大家想一想,为什么选择这两处景作为特写镜头?

生：我觉得这两处特写镜头没有人，只有景色，非常美。

师：你很专业。没有人的空镜头很美，常规镜头就不美吗？

生：从写作背景可知，当时的昆明就像是战乱中最后的一片净土，这个特写镜头给人一种和平的感觉。

师：是的。你看，鸡在躲雨。有个词，叫"鸡飞狗跳"，文中写鸡都把脑袋反插在翅膀下面，也不飞，在那呆呆的，好像在躲雨，表现了一种宁静的氛围。木香花呢？带给人什么感觉？

生：我觉得木香花也带给人一种静谧的感觉。木香花把院子遮得严严的，给了作者一种庇护感。密匝匝的细碎的绿叶，数不清的半开的白花和饱胀的花骨朵，都被雨水淋得湿透了，有生机有活力，很茂盛很美。

师：本来，雨天容易给人一种阴沉的感觉，但文中用两个特写镜头就把生机和活力，明媚和美好的感觉传达出来了，带给人静谧温暖的氛围。那个午后，永远留在作者的记忆中，它是回忆里的一抹温柔的亮色。如果我们要给电视散文配乐，配什么节奏的音乐呢？

生：悠长舒缓的音乐。

师：很好，还有其他同学来补充吗？你说。

生：我觉得音乐要有一点点忧伤感。

师：为什么要有一点点忧伤？

生：因为下雨，触动愁肠了。作者当时在昆明，而他的家乡在高邮。

师：所以作者有思乡愁绪——他看到那个陈圆圆的石像，他是有感受的。因为陈圆圆就是离开家乡去了云南。

最后请同学们为电视散文补全解说词：写抒情或者是议论的句子。写一句就可以了。

（屏显）

解说词：雨，有时是会引起人一点淡淡的乡愁的。我有一天在积雨少住的早晨和德熙从联大新校舍到莲花池去。看了池里的满池清水，看了着比丘尼装的陈圆圆的石像。莲花池边有一条小街，有一个小酒店，我们走进去，要了一碟猪头肉，半市斤酒，坐了下来。雨下大了。酒店有几只鸡，都把脑袋反插在翅膀下面，一只脚着地，一动也不动地在檐下站着。酒店院子里有一架大木香花。密匝匝的细碎的绿叶，数不清的半开的白花和饱涨的花骨朵，都被雨水淋得湿透了。我们走不了，就这样一直坐到午后。＿＿＿＿＿＿＿＿＿＿＿＿＿＿＿＿＿。

（生动笔写）

师：这位同学已经想好了，请你来回答一下。

生：放眼望去，这样的景色，不知何时才能再见？只能在心中慢慢品味。

师：我有个建议，把"只能在心中慢慢品味"去掉，用省略号表示，这样言有尽而意无穷。

生：昆明的雨实在令人动情，我爱昆明的雨。

师：文章开头是"我想念昆明的雨"，最后是"我爱昆明的雨"，升华了主题。

生：四十多个春秋后，我还清晰地记得那天的景色。

师：视角切换到"现在"了。

生：细雨浇不灭我的乡愁，我想念昆明的雨。

师：改一个词。"细雨打湿了我的乡愁"。既然是"细雨"，就不要用"浇不灭"，"打湿了"更贴切。"我"在昆明生活了那么久,昆明就是"我"的第二故乡。汪曾祺的文章告诉我们什么呢?
(板书:生活、爱和诗意)

让我们一起来读一读这段文字。

(屏显)

在任何逆境之中,也不能丧失对于生活带有抒情意味的情趣,不能丧失对于生活的爱好。

——汪曾祺

(生齐读)

本课板书:

侧面衬托:画为引　情为线　串成环
语言风格:家常味　幽默感
生活、爱和诗意

教学创想

◆ **情境创设**

以情境教学法设计散文教学,能培养学生的创造能力和审美能力。例如,在第二个学习任务"变体朗读,品语言"中,让学生分角色朗读,其实就是模拟相声表演中的"捧哏"和"逗哏",具体表现在要求朗读者正确把握语气和语调,处理好重音和停顿,配合以手势、动作和表情,将课文这一段语言的幽默感体现出来。在分角色朗读的时候,通过教师指导,品析语言特点,不断增强学生的个人体验。在第三个任务"诗意创编,品情味"中,通过想象画面、音乐渲染等方法,营造适合生发情感的"境",激发学生的学习兴趣。"诗意创编"的活动设计将本篇散文的诗意风格具体化为生活化的场景,将学科认知情境和社会生活情境更好地融合起来,以期提升学生的审美能力。

◆ **任务创建**

任务一:读课文,写五行诗

活动:仿照示例,围绕课文写作。

意图:让学生整体感知课文内容,自选角度,对文章进行概括,在写作中既锤炼了语言,也了解到散文"形散神不散"的特点。

任务二:变体朗读,品语言

活动:将课文第 7 段改成对话形式,分角色读一读。

意图:通过朗读表演,品味汪曾祺的语言,感受汪曾祺语言兼具家常味和幽默感的特点。

任务三:诗意创编,品情味

活动:将课文第 10 段,改编成电视散文脚本。

意图:通过话题讨论,补充电视散文脚本的"配乐"和"解说词"部分。感受本文情境之美,体会作者情感和生活态度。

◆ **学法创优**

《昆明的雨》是一篇文质兼美的散文。通过不同形式的"变体"创意学习,从不同角度感受散文的特点和作者的创作风格。首先,仿写诗歌,重在对文本的"释义"。在整体阅读的基础上,迅速感知文章内容并进行筛选整合,把握文章中心和散文"画为引、情为线、串成环"的特点。接着,再次变体,将第 7 段改成对话形式。这种改编借鉴了相声的特点,学生在朗读中,一捧一逗,将"家常味"和"幽默感"演绎出来。这个活动的设计旨在"解码",在朗读中深入体会作者的语言魅力。最后,将课文第 10 段,改编成电视散文脚本,这个活动设计重在"评鉴"。讨论特写镜头、选择音乐、写解说词,既需要对文章的深入理解,也需要自己的巧思创新。在这三个活动中,学生对散文的审美感受更加丰富,他们的思维品质也不断得到提升。

名师点评

《昆明的雨》是汪曾祺于 1984 年 5 月创作的一篇回忆性散文,将昆明的雨写得"有趣""有味""有情",传神地表达了作者对昆明的雨的喜爱和思念。汪老师这节课,借汪曾祺的语言雅趣,将散文品读化作诗意跋涉,以举重若轻的智慧,引领学生漫步语文世界,触摸语言情味,叩问生命本质,唤醒审美人格。

一、创意设计:搭建文本与生命的对话桥梁

汪老师以"五行诗创作"为钥匙,开启学生与文本的深层对话。当学生将"仙人掌的花香"与"丰满"勾连时,实则是以陌生化语言重构感官经验;当"木香花湿雨沉沉"化作影视脚本的特写镜头时,文字意象便获得了多维度的生命。这种"解构—重构—创生"的教学路径,使语言品味从技术训练升华为审美创造。尤其值得称道的是"变体朗读"设计,通过逗号停顿的韵律捕捉、方言演绎的幽默再现,学生在角色代入中触摸到汪曾祺"淡而有味"的语言肌理,实现了从"分析语言"到"成为语言"的跨越。

二、动态生成:捕捉思维火花的教学智慧

课堂展现出"随物赋形"的灵动特质。当学生将"花香"与"丰满"并置时,汪老师敏锐捕捉到通感手法的教学契机;在方言朗读引发争议时,以"家常味与幽默感"的板书点睛,既肯定创新,又回归文本内核。最动人的是诗歌创作环节,从"雨中的把酒言欢"到"四十年未散的情味",汪老师以"想念雨就是想念昆明"的评点,将零散意象编织成情感网络,使学生的碎片化表达升华为对"乡愁"的本质认知。这种根据学情智慧生成的教学,让课堂成为思维生长的有机体。

三、文化浸润:编织文学与人生的意义之网

汪老师深谙汪曾祺"人间送小温"的创作哲学,在字句推敲间渗透文化基因。引入刘熙载"山之精神写不出,以烟霞写之"的点评,架起古典文论与现代散文的桥梁;解读陈圆圆石像的镜头选择时,将个人乡愁与历史沧桑交织,揭示昆明作为"精神原乡"的深层意蕴。特别是结尾处"生活、爱和诗意"的板书,与汪曾祺"在逆境中保持生活情趣"的箴言形成共振,使语文课堂超越文本解读,成为滋养生命的精神场域。

纵观整节课的教学,汪老师以诗心激活了文字,用创意重构了经典,在语言实践中完成文化传承。其教学艺术恰似汪曾祺笔下的木香花架——看似随意生长,实则将语言的细枝末节编织成审美教育的浓荫,让学生在文字与生命的相遇中,获得抵御风雨的精神力量。这样的课堂,不仅教会学生阅读散文的方法,更赋予他们发现生活诗意的眼睛,体现了语文教育的理想追求。

（陈元芝　南京市学科带头人、正高级教师）

言语·小·创

扫描下方二维码,获取音频产品。

（南京市共青团路中学　汪晓春）

第五单元

起始课

教学实录

前置作业：

1. 回顾统编教材三年级下册第三单元《赵州桥》《一幅名扬中外的画》、四年级下册第四单元《猫》、五年级下册第七单元《金字塔》、六年级上册第三单元《故宫博物院》等课文，概括实用性文本的主要知识点。

2. 完成八年级上册第五单元预习学案。

（1）预习本单元课文后的"读读写写"，梳理易错字词音形，并任选其中三个词语写一段话。

（2）浏览本单元课文，你最想去哪一篇课文的现场去看看？为什么？

（3）你最欣赏哪一篇课文？说说原因。

师： 今天很高兴能和同学们一起探寻第五单元的内容。课前我们布置了一个前置作业。

（屏显）

任务一：梳理"读读写写"易错字词，任选三个词语造句。

师： 首先请同学来分享一下预习成果。

生： 惟妙惟肖、桥墩、巧妙绝伦，要特别关注"惟"是竖心旁，"墩"是土字旁，"伦"是单人旁。

生： 雄跨、惟妙惟肖、映衬、丘壑、嶙峋、斟酌、重峦叠嶂、瞻仰、上溯、销毁、峻峭、天堑、慷慨激昂、长途跋涉、摩肩接踵、络绎不绝。我造的句子是：这峻峭的山峰被我们踩在脚下，向远处望去，重峦叠嶂，可谓"一览众山小"，又经过了一段长途跋涉，我们来到了此行的目的地。

师： 这位同学做得真全面！看得出学习很认真、习惯很好！当然，如果对一些词语的读音或字形做一些提醒，那就完美了！

生： 懒洋洋、寻觅、黏土。我造的句子是：懒洋洋的光从窗外照进来，妈妈正寻觅着什么。我走上前问道："您在找什么呢？"妈妈回答："我正在找黏土，准备做雕塑呢。"

师： 关于第一个预习任务，同学们总体上都能完成，我大致检查了一下，可能还要再关注"梳理易错字词"的要求，将一些易读错的读音、易写错的字形标注出来。

师： 同学们都预习了本单元的课文了，其中有些事物小学已经接触过，比如——

生： 赵州桥、清明上河图……

师:对。那你最想去哪儿看看呢?

(屏显)

任务二:浏览本单元课文,你最想去哪一篇课文的现场去看看?为什么?

师:我们请课代表统计了一下票数,按照票数高低统计得出:苏州园林18票,清明上河图(汴京)12票,人民英雄纪念碑8票,法国乡村的蝉6票,卢沟桥2票,赵州桥1票。我们首先说说得票数排第一的苏州园林。

生:我想去苏州园林的现场看看。因为苏州园林能让游客们得到"如在画图中"的美感,且内部的树木栽种也十分美丽、有特点,我很想现场感受一下。

生:我也想去苏州园林。因为苏州园林的景致都是设计者和匠师的智慧结晶。它不讲究对称,每一座假山,每一处池沼都精心设计过,无论从哪里看,都是一幅风景画。从中可以体会到劳动人民的智慧。

师:课文中是不是也有类似的评价?

生:苏州园林讲究亭台轩榭的布局、假山池沼的配合、花草树木的映衬、近景远景的层次,"务必使游览者无论站在哪个点上,眼前总是一幅完美的图画",让人感受到视觉之美。

师:既然有这么多同学想去苏州园林,我先来考考大家。

(屏显:组图一)

你能在下面两组图片中分辨出哪些来自苏州园林?其他同学共同判断说得对不对,并从文本中寻找依据。

扫描上方二维码,
获取彩图

生:组图一的左边为苏州园林,文中说苏州园林"绝不讲究对称";右边是故宫,它是沿中轴线对称的。

(屏显:组图二)

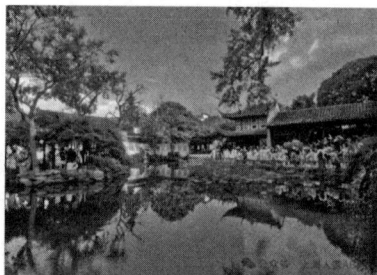

生:组图二的右边为苏州园林,文中说苏州园林中建造有亭台轩榭。

师:好像左边也有亭台轩榭。

生：左边是颐和园，文中说苏州园林"屋瓦和檐漏一律淡灰色""极少使用彩绘"，左边用了彩绘，所以右边是苏州园林。

（屏显：组图三）

生：组图三还是左边为苏州园林。苏州园林里都有假山和池沼，右边没有假山和池沼。

生：右边有假山池沼，这个理由不大合适，我觉得不是右边的原因，而是它用了彩绘。

师：第二位同学观察得很细致。其实我们还可以看看池沼边的石岸。

生：文中说苏州园林"河道的边沿很少砌齐整的石岸，总是高低屈曲任其自然"，左边更符合。

师：同学们发言很积极，看来苏州园林确实很受欢迎啊！我们再看看得票数第二高的清明上河图，它在汴京，也就是现在的河南开封。请同学们来说说理由。

生：我最想去《梦回繁华》中的清明上河图看看，去体验其中的繁华景象。文中写到这张画作里"街上行人摩肩接踵，络绎不绝，士农工商，男女老少，各行各业，无所不备"。

生：我也去《梦回繁华》中《清明上河图》描绘的北宋汴京，因为我想去体验北宋时商业的繁荣。我想化身为当地的百姓，穿梭于大街小巷，在各类店铺的琳琅满目的商品中挑选心仪的物品，亲身感受北宋热闹繁华的商业、手工业、造船业等；穿过络绎不绝的人群，享受国泰民安的幸福时光。

师：看得出来，大家都是旅游达人啊！再说说得票数排第三位的人民英雄纪念碑。

生：我最想去看人民英雄纪念碑，因为文中写到纪念碑很雄伟，对它的描写也很震撼，相信再去现场看会更有感触。

生：我也想去看人民英雄纪念碑，因为我太爷爷参加过抗日战争、解放战争，还去过朝鲜。去那里会很有纪念意义。

师：哇！原来我们这边就有人民英雄的后代！让我们鼓鼓掌，向老英雄表示敬意。

师：课前我以为不少同学会选择中国石拱桥，没想到赵州桥、卢沟桥选择的同学并不是太多，请选择和不选择的同学都说说理由。

生：我想去赵州桥，因为我们小学就曾了解过，而且它历史悠久，1 300 年过去了依然完好，体现了它的建造工艺精巧且坚固。

生：我不想去，因为感觉身边有很多类似的石拱桥，专门去一趟没有必要，而且我查了资料，说现在的赵州桥其实是后来重新加固的。

生:我想去卢沟桥的现场看一看,因为我想亲眼看看桥两边柱子上那些形态各异的石狮子。

生:我觉得没有必要专门去看了,文中说"我国的石拱桥几乎到处都有",可能是这两座(赵州桥、卢沟桥)最著名,所以才专门提出来。其实南京也有不少这样的桥,比如文德桥。

师:大家都有各自的理由。希望通过本单元的学习,同学们按照自己的想法再去思考。

师:经过同学们的交流,加上昨天对本单元的浏览,我们来看下一个任务。

(屏显)

任务三:初步阅读、交流后,你最欣赏哪一篇课文?说说原因。

示例:我最欣赏《活板》。能与古代科学家沈括一起还原活字印刷术"制字、排版、印刷"的制作过程。沈括以"字平如砥""瞬息可就"等精准凝练的描述,让千年前的活字跃然纸上。文中"活"字贯穿始终——字模可拆、双板轮替、奇字现刻,既写透技术革新之妙,又暗藏中华文明"变通求效"的智慧。冰冷的胶泥与铁板,在文字里化作流动的千年智慧长河,至今激荡着创新回响。

师:下面请同学们就近找到和自己有相同选择的同学,小组讨论,快速修改。然后每个小组选择一位同学来发言。

(生讨论、修改)

生:我们最欣赏《苏州园林》。能与教育家叶圣陶一起游览苏州园林。叶圣陶先生以"隔而不隔,界而未界"八字写尽园林虚实相生的意境,既用建筑术语解析设计科学,又以"如在画中"传递东方美学意境。文中阶砌旁的小草、墙上蔓延的爬山虎,让冷硬的砖石透出人文温度,更让人读懂中华文化"天人合一"的千年智慧。(板书:游览)

生:我们也是《苏州园林》。教育家叶圣陶紧抓"画"字,让读者体会到入画的美感,"重峦叠嶂""界而未界"表现了中国古代人民顶级的审美观和苏州园林独特的古典美、自然美。文章介绍了苏州园林的特点,语言简洁而优美,让人身临其境。

生:我们最欣赏的是《人民英雄永垂不朽》。能与记者周定舫一起瞻仰人民英雄纪念碑。作者以纪念碑为轴心,按空间顺序,用磅礴笔触串联浮雕、碑文与历史时空;以"巍峨""庄严""顶天立地"等视觉描写,让纪念碑的冷峻、庄重化作热血激荡的史诗:从虎门销烟到渡江战役,十幅大浮雕的每一道历史刻痕都是民族精神的密码。文章用"瞻仰""凝视""万分崇敬"等词牵引读者目光,既写了建筑之美,更让"永垂不朽"四字化作对英雄精神的集体致敬。(板书:瞻仰)

生:我们最欣赏《中国石拱桥》。能与桥梁专家茅以昇一起了解中国石拱桥的悠久历史,以及结构坚固、造型优美、结构精巧等特点;还能比小学更详细、深入地了解赵州桥、卢沟桥的信息和特征。我们感受到古人巧妙绝伦的技艺和高超的智慧。

生:我们最欣赏的是《梦回繁华》。能与艺术家毛宁一起欣赏传世画作《清明上河图》。文中以"总分总"的方式,分别从作者、内容、尺寸等角度进行介绍,有详有略地写出了清明上河图的繁华景象。尤其是第四段,由景物到人物,再引入店铺、售卖的东西……让我们感受到了北宋当时的繁华与暂时的国泰民安。

师:还有背后繁荣社会的隐忧。

师:同学们,本单元介绍了中国建筑、园林、绘画艺术,让我们既能感受到非凡智慧和杰出创造力,还能铭记历史。但是,我发现总体上同学们提到《蝉》的次数是比较少的,从内容选择来看,《蝉》放在这里略显突兀。

(屏显)

任务四:探究科普性作品的特点。

1. 猜测:为什么要将《蝉》放到这个单元里面?

2. 快速阅读:《蝉》介绍了蝉哪些内容? 写法上有什么特点?

(板书:科普作品)

生:本单元基本上都是说明文,可能是为了体现科普性作品的多样性,艺术、建筑、大自然的事物都要涉及。

生:整个单元的课文囊括了古今中外的文本,显得更全面。

生:《蝉》运用小标题,将文章分为"蝉的地穴""蝉的卵"两部分,使文章更清晰明了;同时本文语言用词准确科学,又不失风趣幽默,将作者自己仔细严谨的观察用生动有趣的语言描绘出来,让我们了解到蝉的生活习性,让读者身临其境,感受到作者的热爱之情。[板书:观察(描写) 科学严谨 探索热爱]

师:同学们说得都很有道理。其实我们会发现每一类科普性作品都能找到喜欢的人群,也都是一些很有代表性的、大家感兴趣的事物。我也相信通过本单元的学习,大家能发现科学探索、研究并不枯燥,科学世界充满着多彩迷人的科学奥秘,激发我们对某些科学问题的兴趣,并做进一步的探究。科普作品的写作方法千差万别,科学知识种类繁多,但都力求深入浅出,用生动形象通俗的语言说明复杂、抽象的事理,利于知识的传播。

课后作业:任选本单元课文中你最喜欢的说明对象,以课文内容为基础,提炼说明对象的典型特征,写一句推荐词,注意用好句子的语气。

本课板书:

游览　瞻仰　观察(描写)

↕

科普作品　科学严谨　探索热爱

教学创想

◆ 情境创设

文化体验情境:通过图片对比(苏州园林与故宫、颐和园等),引导学生结合文本内容辨识建筑风格差异,增强对苏州园林"不对称美"的直观感受。借助《清明上河图》的繁华场景描述,让学生想象北宋时汴京的市井生活,激发学生对历史文化的代入感。

情感共鸣情境:在人民英雄纪念碑的讨论中,教师通过学生分享家族英雄故事,引发集体共鸣,将文本内容与个人情感联结,强化对"纪念与传承"的理解。通过提问"为何将《蝉》放入本单元",引发学生对科普作品价值的思考,将科学观察与人文主题相结合。

实地参观的虚拟情境:模拟旅行计划,"最想去哪篇课文的现场",通过投票和理由阐述,让学生在讨论中深化对课文内容的理解。

◆ **任务创建**

任务一:梳理"读读写写"中的易错字词。

活动:任选三个词语造句。

意图:巩固字词基础,同时锻炼学生的语言表达能力。

任务二:浏览本单元课文,你最想去哪一篇课文的现场去看看?为什么?

活动:展示班级统计的得票情况,分析得票最高的和最低的几个"现场"。

意图:深入阅读课文,理解课文内容,并表达自己的观点和感受。

任务三:你最欣赏本单元哪一篇课文?说说原因。

意图:体会事物说明文的写作特点和不同类型说明文的笔法差异。

任务四:探究科普性作品的特点。

活动 1:为什么要将《蝉》放到这个单元里面?

活动 2:《蝉》介绍了蝉的哪些内容?写法上有什么特点?

意图:了解科普作品的多样性和本文的独特写法。

◆ **学法创优**

本节课通过多样化策略有效提升了学生的学习深度与参与度。教师以合作学习为核心,组织小组讨论与同伴互评。例如在任务三中,学生分组修改发言稿并推选代表分享,既锻炼了表达的逻辑性,又通过同伴反馈深化了对文本的理解。同时,课堂引入自主探究机制,如前置作业要求学生独立梳理字词、造句并初步赏析课文,培养了学生的自主学习能力;任务四中通过开放性问题"为何将《蝉》放入本单元",引导学生结合单元主题与科普作品特点展开思辨,强化了高阶思维训练。此外,教师注重思维可视化工具的运用,如通过图片对比(苏州园林与故宫)直观呈现建筑美学差异,借助板书提炼关键词"游览""瞻仰""观察(描写)"构建知识框架,帮助学生将抽象概念具象化。在跨学科联结上,教师将《蝉》的科普性写法与艺术、历史主题结合,要求学生分析其科学观察与文学表达的特点,既拓展了学科视野,又凸显了"学以致用"的理念。这些学法创新不仅夯实了学生的基础知识,更激发了其探索兴趣与综合素养的提升。

名师点评

彭老师的这节课以学生立场贯穿始终,兼顾知识巩固与素养提升,在差异化互动中推动素养落地。具体体现在以下几个方面:

一是以多元体验激活深层认知。彭老师通过多维度情境搭建,巧妙地打破课堂与生活的界限。文化体验情境中,以苏州园林与北方园林的视觉对比,直观呈现"不对称美"的审美意蕴,辅以《清明上河图》的市井生活想象,将文本语言转化为可感知的文化图景;情感共鸣情境中,以人民英雄纪念碑为切入点,引导学生挖掘家族英雄故事,将家国情怀具象化,实现从文本理解到生命体验的升华;虚拟实践情境则通过"旅行计划"的互动设计,让学生在模拟选择中主动分析课文特色,既深化对说明文题材的认知,又激发思辨能力。三种情境层层递进,从文化浸润到情感联结,再到实践迁移,全方位调动学生的认知与情感参与,使单元主题"文明的印记"真正融入学生的精神世界。

二是以思维进阶驱动素养生长。任务群设计体现鲜明的梯度性与整合性。基础性任务夯实语言根基,通过选词造句等趣味形式化解知识巩固的枯燥感;理解性任务以投票辩论为载体,引导学生在观点交锋中提炼说明文的核心特征;鉴赏性任务通过小组合作探究,从科学性与文学性双重维度解构文本,培养高阶审美能力;思辨性任务则打破单元边界,启发学生辩证思考文体共性与个性。四个任务以"做中学"的理念推动学生从知识接受者转向问题解决者,实现从低阶记忆到高阶创造的思维跨越。

三是以多元策略赋能深度学习。彭老师突破传统讲授模式,构建"三位一体"的学习生态。合作学习使个体思考在群体智慧中得到迭代升级;前置作业与开放性问题的设置,赋予学生知识建构的主动权,如《蝉》的文体辨析任务,驱动学生自主搭建科学小品与事物说明文的比较框架。这种多元学法不仅提升课堂效能,而且培养学生终身学习的关键能力。

四是以学生立场实现素养落地。这节课始终以学生发展为根本导向。在参与度上,虚拟旅行、故事分享等环节让每个学生获得表达机会,差异化任务设置兼顾个体需求;在思维深度上,教师通过追问等对话策略,推动学生从"复述答案"转向"论证观点"。在素养生成方面,学生既能在字词运用中锤炼语言功底,又能在文本评析中提升审美品位。课堂呈现出"知识为基、能力为脉"的立体格局,为单元整体教学提供了优质范式。

总之,本节课通过递进式任务链,将实用性文本学习转化为文化体验与科学探索的深度实践。教师以真实情境激活兴趣,以小组共创、开放思辨培养高阶思维;学生从字词积累到文本赏析,从苏州园林的"虚实相生"到人民英雄的"历史致敬",实现语言能力与人文精神的共生。

(周正梅　江苏省特级教师、正高级教师)

言语·小·创

任选本单元课文中你最喜欢的说明对象,以课文为基础,提炼说明对象的典型特征,写一句推荐词,注意句子的语气。

中国石拱桥

推荐词1:千年智慧凝成弧,一桥飞架贯古今! 中国石拱桥以巧夺天工的拱形结构,将实用与诗意完美交融,成就中华匠心的永恒丰碑!

说明:选择"中国石拱桥"整体为说明对象,对应课文"结构巧、强度高、形式美"的典型特征;对仗修辞,感叹语气。

推荐词2:您可曾想过,千年不倒的石拱桥如何将工匠巧思与诗画意境熔铸成跨越时空的传奇? 那如彩虹般的单拱赵州桥,不正是古人智慧与自然法则对话的完美结晶吗?

说明:选择赵州桥为说明对象,对应课文"结构坚固""形式优美""雕刻古朴"的描写;比喻修辞,双重疑问语气。

苏州园林

推荐词1:移步换景皆成画,亭台轩榭的布局、假山池沼的映衬、花草树木的配合与近景远景的层次,将"咫尺匠心"化作"天然意趣"——这诗意完美的栖居,谁不想做一回画中人呢?

说明:整体聚焦苏州园林"如画美境"的核心特征;反问句,疑问语气。

推荐词2:瞧那假山堆叠与池沼引水的巧思妙趣,一刚一柔间尽显"咫尺山林"的造景智慧——这浑然天成的山水画卷,怎能不让人流连忘返!

说明:选择假山池沼这一典型对象的"自然之趣"核心特征;比喻修辞,感叹语气。

人民英雄永垂不朽——瞻仰人民英雄纪念碑

推荐词:浮雕上镌刻的百年风云,从虎门销烟到渡江胜利,每一道纹路都在诉说"民族脊梁"的壮烈史诗——这般凝固的浩然正气,怎能不教人热血沸腾!

说明:聚焦浮雕群像这一核心对象,暗合纪念碑"永垂不朽"特质;反问句,疑问语气。

蝉

推荐词:十五英寸地穴中蛰居,四年暗夜里蛰伏,五星期阳光下喧闹……盛夏枝头续写了生命诗行:让我们欣赏这蛰伏岁月的生命厚重,聆听这穿透泥土的生命赞歌,热爱这震颤盛夏的生命灿烂。

说明:聚焦"蝉的地穴""四年地穴生活""五星期鸣叫"等特征;排比修辞,陈述、祈使语气。

梦回繁华

推荐词:汴水虹桥飞架繁华,千年繁华跃然绢素——81根无钉梁木虹桥编织北宋工程智慧密码,0.3毫米笔触凝固船桅惊险过桥的震颤瞬间,72种商铺幌子在界画中解码东京梦华。诚邀您穿梭《清明上河图》的繁华盛景,触摸汴京跳动的盛世脉搏。

说明:聚焦虹桥这一核心对象,体现北宋工程智慧、市井繁华的美学特征;对仗修辞,陈述语气。

(南京师范大学附属中学新城初级中学　彭　帅)

18 中国石拱桥

 教学实录

前置作业：

1. 把课后"读读写写"抄一遍。（字音、字形）

2. 写出中国石拱桥的三个主要特点。

3. 列出文章的三种说明方法。

4. 写出一句体现说明语言准确性的句子。（关键词加点）

师：今天我们要学习的课文是《中国石拱桥》。布置预习作业时，我请大家做了几件事情。第一件是抄写"读读写写"中的字词并注音，我发现大家字音、字形掌握得都挺不错。（板书：中国石拱桥）

（屏显：学生预习作业）

师：第二件是请同学们概括中国石拱桥的特点。大部分同学能写出文中提到的三大特点：历史悠久、形式优美、结构坚固。我们把包含这三个特点的语句一起朗读一下。

（屏显）

石拱桥在世界桥梁史上出现得比较早。这种桥不但形式优美，而且结构坚固，能几十年几百年甚至上千年雄跨在江河之上，在交通方面发挥作用。

我国的石拱桥有悠久的历史。

（生齐读）

师：第三件是请同学们写出文中的说明方法。小学的时候，大家已经学过不少说明性作品，对说明方法很熟悉，在作业中列举出了很多：举例子、打比方、作比较、列数字、分类别等。

师：那我们这节课讲什么呢？我们来讲一讲如何运用说明方法，具体来说，就是如何运用举例子。这是本文使用最重要的一种说明方法。为了说明中国石拱桥的特点，作者以赵州桥和卢沟桥为例进行讲述，构成了全篇的主要内容。（板书：举例子）

师：这是南京的两座无名小桥。我遍寻四方，寻山觅水，终于拍到了这两座并存的桥，一座新桥，一座老桥。我们先看图一，是不是石拱桥？

（屏显：两座桥的照片）

图一

图二

生:不是。这是一座吊桥。

师:图二是不是石拱桥?

生:是的。

师:为什么呢?

生:石拱桥的主要材料应该是石头,桥底部分要有拱洞。我看这座老桥都符合。

师:你说得很准确。我在互联网上发现了南京十大名桥,其中有一座三孔石拱桥叫沛桥。我看了以后很喜爱它。它古老、坚固,造型也很优美。我们来看一下沛桥的介绍。

(屏显)

1. 沛桥位于高淳东坝镇沛溪河,全长 42 米,高 6~8 米,面宽 4.25 米。

2. 沛桥是三孔石拱桥,始建于明嘉靖四十五年(1566 年),距今已有 400 多年历史。

3. 南北走向的身姿给人遐想,河水清澈,桥影倒映在粼粼波光中很恬静,百看不厌。

4. 沛桥有三点与众不同:一是南面有桥关,名沛溪关,砖砌单门;二是北面桥墙呈曲线形,增加了桥坡的线条美;三是桥面中轴线上铺设的车辙道,是用当地的火山凝积岩,颜色赤暖,就像是铺了一层红地毯。

(生齐读)

师:然后我就想,假如茅以昇是南京人,他会不会用沛桥来代替文中的赵州桥呢?

生:我觉得不会。沛桥没有赵州桥古老。沛桥建于 1566 年,到现在只有 400 多年,而赵州桥修建于 605 年左右,到现在已经有 1 400 多年了。

生:沛桥也没有赵州桥形式优美。PPT 上面写到了一些沛桥的身姿,但是没有写到名人的称赞。而赵州桥结构匀称,和四周景色配合得十分和谐;桥上的石栏石板也雕刻得古朴美观。有很多文人墨客赞美它,唐代诗人张鷟就曾经说,远望赵州桥就像"初月出云,长虹饮涧"。

师:你说得对。我特意在网上搜寻了一下,非常遗憾,沛桥没有被知名人物赞美过。看来,这座桥还不够有魅力,能吸引名流来观赏它、赞美它。

生:赵州桥还特别坚固。它的大拱由 28 道拱圈拼成,一道坏了,其他各道不会受到影响,到现在赵州桥还保持着原来的雄姿。总而言之,赵州桥比沛桥更加具有中国石拱桥的代表性,它更能代表中国石拱桥的特点。所以不能替换。

师:我理解了同学们的回答,这里讲到了举例子非常重要的一个要求:代表性。(板书:代表性)

师:既然不能替换,那么我们能不能给文章再加上一座桥呢? 就是除了举赵州桥、卢沟桥,我再写一座桥,南京沛桥。

生:我认为不可以。因为前面两座桥在世界上都是享有盛誉的,而沛桥只是在本地比较知名的桥梁。没有必要再加上它。

师:这位同学讲到了举例子的一个重点,不是说我们喜欢的,就一定要把它加进去,还要看它有没有必要。这就是举例子的第二个要求:必要性。(板书:必要性)

师:沛桥被大家去掉了,那我们能不能把文中的卢沟桥也去掉呢? 就保留一座赵州桥,行不行? 大家可以研究一下赵州桥和卢沟桥,它们有很大的不同。

生:卢沟桥比赵州桥多了很多石狮子。在卢沟桥的每个石柱的柱头上都雕刻着不同姿态的狮子。

师：这两座桥的造型设计不一样。

生：卢沟桥在我国人民反抗帝国主义侵略战争的历史上，也是值得纪念的。赵州桥没有这一点。

师：这不能怪赵州桥。（生笑）

生：卢沟桥是联拱石桥，它有11个拱，而赵州桥虽然拱上加拱，但它只有一个大拱。如果只写赵州桥，就会让读者以为石拱桥都是单拱石桥。

师：大家提炼得很好。总结一下，我们在举例子的时候，除了要注意代表性、必要性，还要注意到全面性。（板书：全面性）

师：现在我们回看一下沛桥，在PPT的文字表述中少了一点说明。难怪大家一直不愿意用它替换掉赵州桥！

师：这段表述写了沛桥的形式优美吗？

生：有的。"（沛桥）南北走向的身姿给人遐想，河水清澈，桥影倒映在粼粼波光中很恬静，百看不厌。"

师：写了沛桥的历史悠久吗？

生：也有。"（沛桥）始建于明嘉靖四十五年（1566年），距今已有400多年历史。"

师：可是，在讲述沛桥的文字中没有提到结构坚固。同学们能不能对上述文字做点修改，也让沛桥显得结构坚固呢？注意，不能傻乎乎地加上一句话：沛桥距今已有400多年历史，它好坚固啊。（生笑）

生：在"火山凝积岩"的后面加一句，"它非常坚固"。

师：这对吗？

生：不对。"火山凝积岩"的主语是"车辙道"，不是沛桥。他理解错了。

师：有道理。

生：可以把"距今已有400多年历史"，改成"使用至今已有400多年历史"。

师：这位同学很厉害。改动三个字就体现出沛桥的坚固，语言也很准确。

师：我们在举例子的时候要特别注意准确性。这里的准确性除了指史料等知识引用要准确以外，还有我们的语言表述要准确。在课文中有很多用语准确的句子，你能不能举个例子呢？（板书：准确性）

生："赵州桥非常雄伟，全长50.82米，两端宽9.6米，中部略窄，宽约9米。"

师：这句话确实能体现出语言的准确性。如果选一个字体现准确，是哪个字？

生："略窄"的"略"，表示只窄了一点点。

师：好的。这篇文章中有一句话历来被人所称道，充分体现出作者语言运用的严谨、准确。"大拱的两肩上，各有两个小拱。"我们把它圈出来。

师：这一句中有两个字用得特别好，是哪两个？

生：一个是"肩"，一个是"各"。

师：具体说一下呢。

生："肩"写出了小拱的位置，不是在大拱的两端。"各"表示桥的两边都有两个小拱。

师：说得很对。我们来画一个简单的示意图。（师在黑板上画一条横线，横线上方画一条弧线）请一位同学上来画一下两肩的小拱，应该在图示的什么地方呢？

师：我们请美术课代表。底下的同学也各自在书上的空白处画一下。

（生上黑板画图，小拱画在了大拱的"肩"上，但两边都只画了一个）

师：对吗？

（生态度不一，大部分同学说不对）

生：我认为画错了。他是画到了大拱的"两肩"上，但是"各有两个小拱"，他只画了一个。

师：理解正确。刚才请的是美术课代表，我们应该请数学课代表。（生笑）

（数学课代表画图，画得正确）

师：接下来我们来看这一座大桥的图片，请你用一句话来完整准确地介绍桥的小拱。

（屏显）

生：大拱的两肩上，各有七个小拱。

师：对吗？

生：不对。两边都有一个小拱不在肩上。正确的表述应该是：大拱的两肩上各有六个小拱，它的两端还各有一个小拱。

师：这样介绍就很准确了。我们除了学习教材推荐的众多佳作外，也要学会给教材挑刺。老师就发现了教材中有一个较为明显的问题。

师：我们来看《中国石拱桥》文后的第一大题，这道题目的语言表述就不太严谨。同学们先齐读一下题干。（生齐读）

（屏显）

思考探究一

文章为了说明中国石拱桥的特征，选取了许多例子。从课文中找出这些例子，提取关键信息，填写下面的表格。填完之后，纵向看一看，你有哪些发现？

	名称	建造时间	特点
1		约 282 年	可能是有记载的最早石拱桥
2	赵州桥	约 605 年	
3		1189—1192 年	
4	江东桥		
5		1961 年	当时世界上最长的独拱石桥
6	双曲拱桥	解放后	

师：老师认为双曲拱桥不应该放在这个表格中。你认同吗？

（生陷入思考）

生：我认同老师的观点。书上说，双曲拱桥是用钢筋混凝土做成的拱桥，它不是石拱桥。

师：那我们来把题干的表述修改一下，看看怎样改动，这道题目就严谨了。

生：把题干中的"中国石拱桥"改成"中国拱桥"。

师：删掉一个字？这样改是可以的，只是删掉以后有点大而化之，这离编辑的修改还有一点点距离。尤编辑改了一个词以后，能更好地说明这个表格。

生："中国石拱桥"改为"中国名胜拱桥"。

师：可是有些桥已经消失不见了，也就不能称其为"名胜"。

生："中国石拱桥"改为"中国优质拱桥"。

师：你的意思是那些劣质拱桥我们就算了啊。（生笑）

生：将"石"改为"古今"，也就是"中国古今拱桥"。

师：这样修改好。

师：今天我们讲了举例子四个需要注意的点。我们一起朗读一下板书内容：举例子需要注意代表性、必要性、全面性、准确性。（生齐读）

师：希望以后同学们学习或者写作说明性作品的时候，举例子都能注意这四个方面。布置一个作业，请大家给统编教材编辑尤炜老师写一封信，讲述我们对课后第一题的思考，并提出我们的修改意见。看看尤老师会怎么回信！

本课板书：

中国石拱桥 举例子： 代表性 必要性 全面性 准确性

教学创想

◆ 情境创设

这节课创设的情境是以南京十大名桥之一的沛桥为本，开展一系列学的活动，让学生在具体的情境中学习和运用举例子的原则和方法。

具体而言，以南京沛桥为背景创设生动具体的情境，能够激发学生的学习兴趣。学生会感到课程内容更贴近生活，更有趣味，从而提高学习的主动性和积极性。通过具体的情境，学生可以更好地理解和掌握举例子的原则和方法。例如，通过比较赵州桥和沛桥的不同特点，学生能够更深刻地体会到举例子要体现代表性的重要。此外，情境创设使学生能够在具体的情境中应用所学知识，从而加深对知识的理解和记忆。例如，通过绘制石拱桥的示意图，学生能够更好地理解和记忆石拱桥的结构特点。用严谨、准确的语言来描述生活中的石拱桥，有助于提高他们的语言表达能力。在课堂呈现中，学生需要面对各种问题和挑战，这有助于提高他们的问题解决能力和应对困难的能力。

总的来说,情境创设在这节课中起到了非常重要的作用,它不仅提高了学生的学习兴趣和参与度,还促进了学生的思维发展和能力提升。

◆ **任务创建**

任务一:发现石拱桥

任务二:学会运用举例子的方法进行说明

活动1:能用沛桥来代替文中的赵州桥吗?

意图:明确举例子要体现代表性。

活动2:除了赵州桥、卢沟桥,能给文章再添加一座沛桥吗?

意图:明确举例子要体现必要性。

活动3:能删去文中的卢沟桥吗?

意图:明确举例子要体现全面性。

活动4:修改沛桥的介绍文字,使之能体现沛桥的结构坚固。

意图:明确举例子要体现准确性。

任务三:学会运用准确的语言进行表达

活动1:用严谨、准确的语言介绍所给图示中石拱桥的七个小拱。

意图:运用准确的语言说明石拱桥的特征。

活动2:给编者写信,修改课后习题一的题干表述。

意图:在做事中深刻领会语言准确的意义。

◆ **学法创优**

从学法创优的角度来分析这节课,我们可以探讨如何通过优化学习方法和策略,提升学生在举例子方面的写作能力。以下是几个关键点:

情境化学习:将抽象的写作原则(如代表性、必要性、全面性、准确性)融入具体的桥梁情境中,使学生在真实且相关的背景下学习,有助于加深理解和记忆。情境化学习能够激发学生的学习兴趣,使知识更加生动具体。

问题导向学习:每个活动都以一个具体的问题开始,鼓励学生主动探索答案。这种问题导向的学习方式促进了学生的主动思考和解决问题的能力,是培养学生批判性和创造性思维的有效途径。

多维度练习:通过不同的活动形式(讨论、绘图、文字修改等),学生从多个角度练习如何选取和使用例子。这种多元化的练习方式有助于全面发展学生的各项技能,包括视觉表达、语言组织和逻辑推理。

此外,通过实际操作(如绘制示意图、修改文本等),学生将理论知识应用于实践中。这种"做中学"的方法,能够有效促进知识的内化和应用能力的提升。

综上所述,这节课通过巧妙融合情境化学习、问题导向、多维度练习等多种学法创优策略,不仅有效地提高了学生的阅读与表达水平,还促进了其综合素质的发展。

名师点评

赵老师执教的《中国石拱桥》一课是实用型阅读与交流学习任务群的典范。赵老师抓住阅读文本核心实施教学:一是教学内容的选择,二是教学任务的实施。实际上,赵老师就是抓住了阅读教学"教什么""怎么教"这两个关键问题。赵老师的这一课,精选了适宜的教学内容,又创设了适合的学习情境,任务群的理念落得很实在。任务一,鉴别石拱桥,归纳石拱桥的特点。任务二,以南京十大名桥之一沛桥为本,创设情境,开展学的活动。任务三,给教材挑刺:发现文后第一大题语言表述不够严谨之处,并加以修改。从课堂实录来看,取得了极好的教学效果。作为一位名师,赵老师的课堂教学目标的落实总是那么水到渠成,"自然而然"。

多年来,说明文教学的现状多半是,上课教师从说明对象及其特征、说明顺序、说明方法、说明语言四个方面开展。上到本单元的另外一篇文章时,教师也从这几个方面进行教学,以致曾有教师戏称这四个方面为说明文的"四大金刚"。当然,上述四个方面确实是说明文教学的要点,这从实用性文本知识角度来讲是毫无疑问的。但仅从这四个方面进行说明文教学,那课堂就难免太机械、呆板、了无生趣了。如果一个单元这么教下去,每一课都在这四个方面平面式滑行,那学生就会学得肤浅,思维就得不到应有的训练,学习兴趣也得不到激发。一旦学生离开了教师,再遇到这类文章,就只能是缩手缩脚,不知从何下手了。

赵老师的课堂给人耳目一新的感觉。在教学目标的拟定上,他只确定了两个:学会运用举例子的说明方法,学会运用严谨准确的说明语言。这两个目标是基于文本的特点确定的,扣住了文章的"七寸"。一堂课的目标不求面面俱到,但求恰当深入,这是一位专业功底深厚的老师在完成单篇教学时的慧眼、慧心所在。可以想象,在赵老师的课堂上,在这课所在的单元教学中,其他篇目一定也有属于其他篇目的教学目标。一个单元的教学,篇篇有重点,课课有讲究。网格式的目标重点的安排,避免了整体的平面滑行,必然会摇曳多姿,趣味盎然。

再说,整节课的教学情境的设计,又是那么地熨帖而亲切,富有情趣。文本中的中国石拱桥始终与家乡的沛桥"比照"式出现,给了学生"更换、添加、删减、修改"等一系列活动任务的完成提供了体验的环境和实施的空间。我们都知道,运用比较法教学是一个非常好的教学策略。学生有了"比照"的对象,阅读文本的劲头会加大,就能兴味十足地在文本的字里行间摸爬滚打。学生的思维动起来了,文本的研究必然就深透了,目标也就高效地达成了。

最难能可贵的是,赵老师设计的课堂反馈——要求学生给教材的课后"思考探究一"挑刺。这个设计首先对应了本课的两个教学目标,既涉及举例子的说明方法的运用,也体现说明文语言的严谨准确;其次,通过学生的回答,可以看看本节课的教学效果;最后,展示了一位名师对教科书应有的教学价值的尊重及存在问题的冷思考,并有效地把冷思考作为教学资源运用于课堂教学,这当属教者的教学智趣。

什么是"以学为中心"的课堂呢?我想就是教师、学生沉浸其中,"不知东方之既白",一如赵老师的《中国石拱桥》。

（周正梅　江苏省特级教师、正高级教师）

言语·小·创

尊敬的尤炜老师：

您好！我是来自南京三中的一名学生，近期在课堂上学习了《中国石拱桥》一文，并对文后第一大题的语言表述产生了一些思考。在此，我想与您分享我的看法，并就题目的表述提出一点修改建议。

在学习过程中，我们注意到题干中提到："文章为了说明中国石拱桥的特征，选取了许多例子。从课文中找出这些例子，提取关键信息，填写下面的表格。"然而，在实际填写表格时，我们发现双曲拱桥并不属于石拱桥范畴，因为它是由钢筋混凝土制成的。这一发现让我们意识到，题干的表述可能不够严谨，需要进一步明确"石拱桥"的定义范围。

经过讨论，我们认为将题干中的"中国石拱桥"改为"中国古今拱桥"更为准确。这样的修改既保留了原题的核心意图——探讨中国拱桥的特征和历史变迁，又避免了因概念模糊而导致的理解偏差。同时，这也鼓励我们在查找资料时，不仅要关注现存的石拱桥，还要了解历史上的著名拱桥，从而拓宽知识视野。

此外，我们还注意到，题目要求学生"纵向看一看，你有哪些发现？"，但并未给出明确的指导或提示。我们建议在这一部分增加一些引导性的问题或提示语，比如"比较不同时期拱桥的特点""分析拱桥设计的变化趋势"等，以帮助学生更好地进行深入思考和总结。

希望我们的建议能够对教材的修订有所帮助，也期待在未来的学习中能够看到更多严谨、准确且富有启发性的题目。再次感谢您为我们编写了这么优秀的教材，让我们受益匪浅。

此致

敬礼！

南京三中　×××
××××年××月

（南京市秦淮区教师发展中心　赵富良）

总结课

教学实录

前置作业: 根据课文内容填空并说说你的发现。

课文	说明对象及特征	说明顺序	说明语言特点	主要说明方法
《中国石拱桥》				
《苏州园林》				
《人民英雄永垂不朽》				
《蝉》				
《梦回繁华》				

师: 课前,我们完成了第五单元的复习整理作业,要求同学们对说明对象及特征、说明顺序、说明语言的特点、主要说明方法进行小结,并说说自己的发现。我们首先请曾昱钧同学说一说,他是怎么发现说明文有两大类型的。

(屏显:学生前置作业)

生: 我分析了课文的说明顺序如何体现作者的写作目的,具体分析文章的说明方法以及作者是如何写的。在此基础上,我进行了归类总结,得出了说明文分为两类的结论。

师: 在复习总结时要学会分类,这样才能发现规律。曾同学发现,《中国石拱桥》《苏州园林》《人民英雄永垂不朽》都有作者观察事物的空间顺序;《蝉》《梦回繁华》中不仅有作者的观察顺序,还有逻辑顺序。因而分为两类:前者应该是事物说明文,后者应该是事物兼事理说明文。尽管他分类的名称不够准确,但这是一种新颖的发现、可贵的探索。

第二位交流的同学是陈同学。请你说一说为什么有下面的发现:说明对象的特征常常是文章的中心句。

(屏显:学生前置作业)

生: 我在整理过程中再次阅读课文,发现每篇文章的说明对象的特征都可以在文中找到,大多集中在某一段。像《苏州园林》中,苏州园林的特征是贯穿全文的,形成主线。(板书:课文说明对象及特征)

师: 她把每篇课文的主线理出来了。记叙文有中心思想;议论文有中心论点;说明文也有中心,即事物的主要特征。

第三位交流的同学是马同学,请你说一说为什么说明顺序也可以分为几种类型。(板书:说明顺序)

(屏显:学生前置作业)

生：作者根据说明对象的特征安排合理的说明顺序。如，《中国石拱桥》举赵州桥和卢沟桥为具体的例子，所以它采用从主要到次要、从整体到局部的顺序。《苏州园林》不是说明单个园林，而是说明多个园林，所以它要总结苏州园林的共同特点。《人民英雄永垂不朽》说明的是单个建筑，所以按照作者的游览顺序来写。《蝉》比较特殊，按照科学探究的顺序来写。《梦回繁华》说明的是一幅画，所以按照逻辑顺序来写。

师：他发现时间、空间、逻辑三种说明顺序不可以随便使用，而应根据文章不同的表达需要来确定。说明文的语言具有生动性、形象性、艺术性，但更多的是具有准确性、严密性、科学性。

最后我们请张慧妍同学阐明原因。（板书：说明语言）

（屏显：学生前置作业）

生：我分析了几篇文章的语言特点，发现文中常有体现准确性的词语。如"略""完全""当然""肯定""第一幅"等词语，是作者亲身观察石拱桥、苏州园林和人民英雄纪念碑等之后得到的词语，体现文章的真实性和科学性。

师：她发现了知识背后的原因。我们只是背出这些词语是没有用的。只有明白这些词语是作者亲自观察、实践、查资料得到的，才能明白说明语言运用的规律。（板书：说明方法）

师：下面我们将巩固这些知识，学以致用。大家看关于拙政园的三幅图。

（屏显：拙政园导游图）

师：左边的是关于拙政园的？

生：介绍。

师：中间的是？

生：地图。

师：右边的是介绍其中一个景点。这是拙政园导游手册中的三项内容。我们模仿它来制作学校的导游手册，分别为外地教师观光团、学区内六年级小学生、你的爸爸妈妈和你的好友推荐校园游览路线。要求：参考《人民英雄永垂不朽》设计路线。下面进行分组讨论，并在学案上绘制参观路线图。（板书：导游）

（屏显：校园平面图）

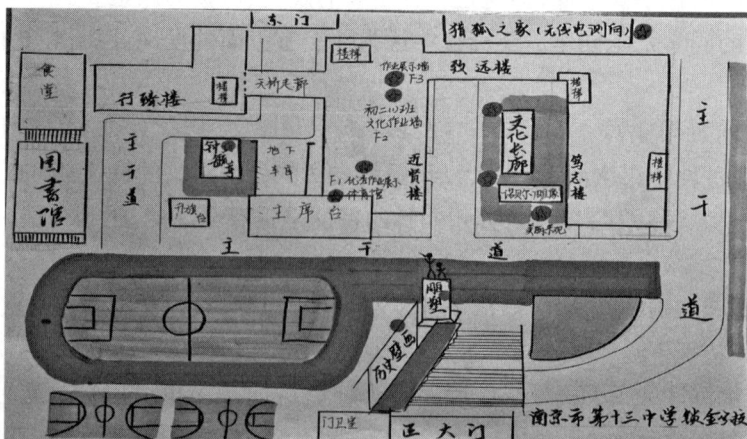

校园平面图

（生分组讨论）

师：请第一小组同学代表交流。

生：（用红色线条标注）我们先带领外地教师观光团参观历史壁画和雕塑，在这里能了解我们学校的历史。接着，从正大门处出发，越过操场，参观诺贝尔雕像，这里能体现我校学子的诺贝尔精神。然后，参观无线电测向的"猎狐之家"，这是我校社团活动的一个特色项目，展现学生的探索精神。再然后，去近贤楼参观我校作业改革的成果展览——作业文化墙。最后，参观钟毓亭，这是学生娱乐的一个好地方，能让学生劳逸结合。

师：我们换用黄色线条标注，有请第二小组同学代表交流。

生：我们准备带六年级小学生参观校园中好玩的地方，尽量少绕路。参观历史壁画和雕塑后直接来到操场，参观与小学不一样的主席台、升旗台。接着，顺着主干道往前走，参观比小学更大的图书馆。在走廊处，让同学们熟悉我校的建筑布局特点。然后，来到"猎狐之家"，参观无线电测向，了解我校的社团特色。最后，到近贤楼参观作业文化墙，顺便参观诺贝尔雕像。

师：第一小组侧重介绍校园文化特色，因为外地老师不熟悉校园；第二小组侧重介绍校园中好玩的地方，满足小学生的好奇心。有请第三小组同学代表交流，换用绿色线条标注。

生：我带领爸妈从正大门进入校园，来到文化长廊，了解学校的文化特色。接着，来到近贤楼作业文化墙，看他们家小孩的作业展示。（生笑）

师：就是你自己的爸妈。

生：让他们参观我的优秀作业展示。然后，经主干道来到钟毓亭，看我课间在这里玩什么，就是下棋娱乐。再来到图书馆，让他们看我在这里阅读的情况。他们会比较关心食堂，我再带他们参观一下。（生笑）最后，我送他们出东门回家。

师：她非常了解爸妈关心什么，让他们了解在哪里学习，在哪里玩乐，在哪里读书，在哪里吃饭。好！请第四小组同学代表交流，换用紫色线条标注。

生：我带领我的好友从正大门进入校园，不参观壁画，估计他不感兴趣。（生笑）直接进入操场，陪他打会篮球，再踢会足球。（生笑）来到操场边，玩会单双杠，看他能否超过我们班的徐同学。（生大笑）经过主干道，越过图书馆，因为他不太喜欢。（生笑）来到钟毓亭，陪他下一会象棋。接着，来到乒乓球台，打一会乒乓球。（生笑）最后，带他参拜诺贝尔雕像。（生笑）拜完就可以离开校园了。（生笑）

师：看来他的好友准备考体校，是一个体育爱好者。（生笑）徐同学的单双杠纪录是多少？

生：（笑答）6个。

师：6个也不多嘛。（生大笑）

师：现在大家看导游图上4种颜色的路线，你有怎样的收获？

生：设计导游路线需要了解参观对象关心什么。比如，小学生好奇学校的特色，就带他们参观好玩的地方；好朋友喜欢体育，就带他参观体育运动场所。要带领大家参观他们真正关注的地方。

师：读了课文，我们知道：不同的说明顺序是根据文章说明对象的需要而定的。制作校园导游图,我们发现:应根据不同的交际对象的需求制定游览的路线,即说明顺序。下面我们完成导游图的第二部分内容——景点介绍,即学案上的"任务二",仿照八年级上册第五单元课文中的语段,为校园景点作介绍。(板书:交际对象及需求 游览路线)

(屏显:《中国石拱桥》第 6 段、《苏州园林》第 5 段、《人民英雄永垂不朽》第 7 段)

师:大家可以仿照这些语段写作。校园中有哪些景点可供参考呢?

(屏显:校园部分景点图片,如校园门口的雕像、钟毓亭、诺贝尔雕像、作业文化墙、图书馆、教学楼等)

师:大家可以从中选择一个景点,在学案上写作。

(生写作,师拍摄 4 位同学作品并投影展示交流,内容略)

师:请写诺贝尔雕像的同学交流。

生:你若是有闲情雅致,就可以顺着文化长廊一点点地往里走。突然你就会发现,前面的一块平地豁然开朗,却不显得扎眼。这是一座人物铜像,或者说,这更是一座纪念碑,一座丰碑。在红色花岗石贴成的约 1 米高的基座石料上,刻着"诺贝尔"三个大字,下面是号召大家向人类杰出科学家学习的镏金文字。铜质的诺贝尔雕像在阳光的照耀下显得光彩夺目。雕像中的诺贝尔虽然已是老年,但双眼放射出的光仍然犀利且富有精英范儿,仿佛时刻警醒后人不能止步不前,要勇于追寻科学之光。

师:你仿写的是哪一段?

生:我仿的是《人民英雄永垂不朽》第 4 段。

师:你用写人民英雄纪念碑的写法来写诺贝尔雕像。好!请写钟毓亭的同学交流。

生:自抗震加固以来,坐落于我校操场对面的钟毓亭成了大课间时学生赛棋赏景的绝佳之地。从操场上看去,有几株树将它遮挡,只露半面。亭身皆为深棕色,显得文雅大方。走近,来到石道上,看到内里的棋盘与周围的花一样鲜艳夺目。坐下后,拿起棋子,仿佛回到建校之初的朴素时光。棋子与棋盘已被摸得光滑,透出我校学子劳逸结合的闲适之气。我仿照了第 20 课《人民英雄永垂不朽》第 4 段的说明顺序,又仿照第 19 课《苏州园林》第 6 段的内容写了颜色、文雅大方等。

师:你合二为一,仿了两段。好!请写历史壁画的同学交流。

生:我习作的结构仿照了《中国石拱桥》,说明顺序仿照了《人民英雄永垂不朽》。从正大门进入,首先映入眼帘的是浮雕与喷泉的组合景观。浮雕是由白色的石头制成的,长约 3 米,宽约 0.5 米,上面刻着紫金山和玄武湖,有旭日、湖水、青山、小船等。喷泉是由三层阶梯组成的,喷涌不息;水中五颜六色的鱼儿在睡莲中穿梭,自由自在。这些设计都来自"金小贝"们,体现了锁中学子的青春活力。

师:你也仿照了两段。桥与画,表面上没有关系,但你看出了语段的内在联系。好!请写作业文化墙的同学交流。(板书:导游词:图文内在联系)

生:我仿照《人民英雄永垂不朽》第 8 段关于浮雕内容的写法来写作业文化墙的内容。我来到了八年级(1)班教室门口,发现墙上贴着许许多多的特色作业,那是所有同学齐心写就的作业。整面作业墙十分美观,墙下面有许多绿油油的、生机盎然的小草,上面展示的作业正似一朵朵的小花,象征着同学们的认真思考。它是思考的果实,是智慧的结晶。

师：好！2016届老校友重回锁中校园，发现母校焕然一新。带着校园导游手册游览了一番，啧啧称赞的同时，又有一丝落寞，他们记忆中的校园去哪儿了？

（屏显：4组抗震加固前后的校园景点对比照片）

师：为一解老校友们的母校情结，准备给"校园导游手册"增加一些"老照片"，补写校园历史，参考《中国石拱桥》第2~4段补充。大家可以参照"百度百科"关于学校的介绍和学校工作报告的部分内容，写一段校园历史，印在导游手册中。（板书：导游技巧：新旧比较）

（屏显）

资料链接：

南京市第十三中学锁金分校

🔊播报　✏编辑　💬讨论　📱上传视频

南京市公办初中

　　南京市第十三中学锁金分校的前身是南京市锁金村中学，创建于1985年，2003年上半年教育布局调整中，成为南京市第十三中学的一个初中分校。

中文名	南京市第十三中学锁金分校	校 训	学风：志远行近
外文名	Nanjing No.13 Middle School(s)	类 别	经营学校
简 称	锁中	现任校长	孙力
创办时间	1985年	所属地区	中国 江苏 南京

——百度百科

　　我校的前身是南京市锁金村中学，创建于1985年。2003年上半年，我校停止高一招生，成为一所完全初中。2004年，我校高质量通过"江苏省首批示范初中"的验收。2007年至今，我校连续多年获得玄武区"初中教育教学质量优质奖"。2010年，我校成为南京市素质教育示范校，还曾先后被授予全国"优秀家长学校"、江苏省和谐校园、江苏省心理教育实验学校、江苏省生态教育实验学校、江苏省教学资源开发基地、南京市德育先进学校、南京市绿色学校、南京市安全文明校园、玄武区文明单位等荣誉称号。2012年，我校新建了现代化的报告厅和地理教学专用教室。2017年，我校开始抗震加固，翻建出新，全校搬迁至曹后村28号过渡，历时三年。2020年，新校园落成，回迁锁金村71号。

——学校工作报告（节选）

生：南京市第十三中学锁金分校创建于1985年，在2003年上半年教育布局调整中，成为南京市第十三中学的一个初中分校。学校在历史上有着辉煌的办学业绩。获得的荣誉不仅种类多，而且时间早、层次高。从种类看，涵盖了教学、德育、心理、家长学校、文明校园等方方面面。从时间看，最早获得的荣誉是2004年的"江苏省首批示范初中"。从层次看，最高的荣誉是全国"优秀家长学校"。

师：大家可以将校史写到作文中。课后，请将你的课堂练笔整理成一篇说明文。题目自拟，不少于500字。

本课板书:

第五单元　总结课

课文	导游
说明对象及特征	交际对象及需求
说明顺序	游览路线
说明语言	导游词:图文内在联系
说明方法	导游技巧:新旧比较

教学创想

◆ **情境创设**

　　社会生活情境:教师创设"分别为外地教师观光团、学区内六年级小学生、你的爸爸妈妈和你的好友推荐校园游览路线"的情境,具有可能性大、交际性强的特点。在这一高度拟真的情境中,学生根据交际对象的不同特点,调用不同的课本资源,体现做中学、用中学、创中学的特色。这一情境既为学生复习文本、运用文本服务,也为学生完成后置作业服务,使课堂学习、课后运用连成一个有机的整体。

　　个人体验情境:学生置身于校园之中,对校园建筑、景物有一定的认知,但对学校发展历史、重点工作等缺乏具体的体验。教师补充"百度百科"的介绍、学校工作报告的部分内容,将学生对学校的过去与现在的认知连接起来,可以丰富学生的个人体验情境,为学生的学习活动提供背景、条件与氛围,激发学生学习的兴趣。

　　学科认知情境:学生学习说明文单元,对说明文的文体知识有静态的结构化认识,但缺少动态的灵活性运用。绘制校园导游图这一情境任务,与课文的说明顺序、说明语言、说明方法反复勾连,能激活学生的生活经验与表达欲望,使说明文的陈述性知识转化为程序性、策略性知识,将课本中的说明知识变成生活中的说明策略。

◆ **任务创建**

　　任务一:推荐导游路线

　　活动:分别为外地教师观光团、学区内六年级小学生和自己的爸爸妈妈、好友推荐校园游览路线。

　　意图:让学生参照《人民英雄永垂不朽》的说明顺序设计路线,同样的校园、同样的空间顺序,因交际对象不同,景点有所取舍,顺序有所变化。

　　任务二:景点图文介绍

　　活动:仿写八年级上册第五单元课文语段。

　　意图:让学生选择合适的说明语言和说明方法,介绍自己推荐的景点。单元复习不仅要复习知识,也要复习语言。读写结合,学以致用。

　　任务三:补充学校历史

　　活动:参考《中国石拱桥》第2~4段补充学校历史。

意图:让学生亲近校园,了解历史,对校园文化内涵产生认同感,增强学生的校园文化自信。

◆ 学法创优

"前置作业"重在释义,让学生系统地复习课文,建构说明文的文体知识,同时强调抓住事物的特征进行说明,为课堂实践活动张本。课堂的三个学习任务重在解码,即:为了抓住事物特征,应该如何运用说明顺序、方法及语言;为了交际需要,如何灵活运用说明顺序、方法及语言。"后置作业"重在自我评鉴,将课堂上的练笔整理成文。

"校园导游手册"既是任务,驱动学习;也是载体,发展素养。在制作手册、合成文章的过程中,学生需要运用课文中的说明语言,培养适应交际的灵活思维,发展对校园景点的审美能力,增强对校园文化的自信。

名师点评

蒋老师这节课创设了感性的校园导游情境,建构了知性的单元知识网络,设计了理性的读写结合练习,产生了诗性的思维碰撞火花。在学习过程中,学生的"小创造力"得到发展,有了生活中的好点子、学习中的新方法、交往中的新创意。学生的创造性思维得以提升,具体表现为:产生不同的想法,产生原创性的想法,有评价和改进想法。

产生不同的想法。一是想法的新颖性。"前置作业"的目的是使单元知识结构化,同时也让学生的认知个性化,产生比课本知识更为细致的认识。如"说明对象的特征常常是文章的中心句""作者亲身观察石拱桥、苏州园林和人民英雄纪念碑等之后得到的词语"等。二是想法的连续性。拙政园导游图和校园平面图使学生的思维过程变得可视化,使学生的思考过程紧密相连,触类旁通。三是想法的开放性。"分别为外地教师观光团、学区内六年级小学生、你的爸爸妈妈和你的好友推荐校园游览路线。"这一交际任务促进了学生思维的多向发散。

产生原创性的想法。一是想法具有非传统性。第一小组的同学带领外地教师观光团参观校园文化,参观路线具有传统性;第二小组的同学带领学区内六年级小学生参观校园文化,则充分考虑了小学生的好奇心,选择的路线具有非传统性。二是想法具有求异性。第三小组的同学带领爸爸妈妈参观学习、玩乐、读书、吃饭的地方,摸准了父母关心孩子的心理,参观路线与前两组不同。三是想法具有顿悟性。第四小组的同学带领好友参观校园中的体育设施,显然是考虑了好友的与众不同的爱好,参观路线显得奇特。这一有点灵气的奇思妙想赢得了同学们的阵阵笑声。

有评价和改进的想法。一是在交际中评价想法。"读了课文,我们知道:不同的说明顺序是根据文章说明对象的需要而定的。制作校园导游图,我们发现:应根据不同的交际对象的需求制定游览的路线,即说明顺序。"如果说前者是陈述性知识,那么后者就是程序性知识。程序性知识是在交际过程中产生和评价的。二是在情境中改进想法。"仿照八年级上册第五单元课文中的语段,为校园景点作介绍。""补写校园历史,参考《中国石拱桥》第 2~4 段补充。"既有课文情境,也有校园情境。学生仿照课文语段写校园景点、学校历史,既巩固了课本知识,深化了对校园的认识,也浓厚了对学校的情感,增强了对校园文化的自信。

从总体上看,这节课体现了"小创造力"在语文课堂上的三种表现:一是动态的知识结构,二是独到的文本理解,三是有创意的言语产品。

(周正梅　江苏省特级教师、正高级教师)

言语·小·创

锁定金色未来

六年级的同学们,大家好!欢迎来到南京市第十三中学锁金分校。我校自 2017 年开始翻建出新,历时 3 年,建设出如今大气美丽的校园。学校在历史上有着辉煌的办学业绩,最早获得的荣誉是 2004 年的"江苏省首批示范初中",层次最高的是全国"优秀家长学校"。现在,锁中有良好的校风与校训,学校秉持"高质量,轻负担"的教育追求,让学生真正站在学习中央。同时,学校以"金"为核心,建设金色校园文化,成为学区内孩子上中学的不二之选。

让我们从正门进入校园。大家往左边看。这里是历史壁画与雕塑。壁画上雕刻着优美的风景,是"金小贝"们自己亲手设计的,十分有纪念意义。雕塑是一位女同学在书本的托举下,双手放飞和平鸽,寓示着书籍是人类进步的阶梯。下方则刻着我们的校训"志远行近,大爱锁金",让每个同学都感受到校园的温暖,有一个好的心态去面对学习。我们顺着跑道一直走,再向右转,就可以看到图书馆。

大家看,图书馆里面藏书丰富,上至天文,下至地理,你想看什么书,在这里都可以找到。一到下午,同学们就来这里阅读,让这里充满浓浓的文化气息。大家往左边看,这里是钟毓亭,是我们学校的特色景观。亭子整体为红棕色,4 根长长的柱子支撑着亭子的顶端,看上去十分坚固。亭子旁栽满了树与小花,树叶与红花相互映衬,十分自然,富有意境,似一幅风景画,仿佛这里是一处世外桃源。这里是孩子们的天堂。下课时,常有同学来这里切磋棋艺,笑声不断。同学们,你们想不想来这里下棋呢?

大家沿着主干道一直向前走。瞧,"猎狐之家"正在你们的前方,这里是学校无线电测向队员们的学习基地。队员们戴着耳机,在校园中奔跑,捕捉无线电的信号,十分有意思。他们多次获得过国家和省级比赛的奖项,成绩斐然。

最后,让我们一路向南走。这里是诺贝尔雕像,是一尊半身像。诺贝尔虽人到中年,但眼中仍闪烁着智慧的光芒,嘴角微微上扬,像是在对每一个人微笑,又像是对美丽校园的赞美。他成了校园里的"吉祥物",是同学们汲取科学精神的源泉。

这就是锁中,一所积极向上、校风优秀的学校。我相信,只要你愿意来这里,这里一定会成为你成长的摇篮,让你锁定自己的金色未来!谢谢同学们,再见!

(南京市第十三中学锁金分校　蒋国银)

第六单元

23　生于忧患,死于安乐

教学实录

师:同学们,期中考试结束了,大家考得怎么样啊?

生:考得还不错。

生:考得不好。

师:考得不好的同学,你们心里焦虑吗? 有的同学在点头。你们是不是感到有些遗憾和痛苦? 其实啊,这些只是人生小的磨难。那么,人生有什么大的忧患呢?

生:(陷入思考)我感觉学习成绩不好就是我最大的忧患了。

师:我们把眼光放长远一些,在你阅读的很多作品中,你有没有感受过大的忧患?

生:司马迁。他在为投降匈奴的李陵辩护时,遭逢汉武帝的暴怒,受了宫刑,还被投入大牢。

师:好的。比如孔子,有人问孔子也遭遇过厄运吗?

生:孔子与弟子失散,被人嘲笑为"丧家之犬"。他晚年回到鲁国,作史书《春秋》。

师:讲得很好。今天,我们一起思考一下,当我们遭遇不幸、痛苦的时候,该怎么办? 其实两千多年前的亚圣——孟子早已告诉我们答案了,这个答案就在今天学习的这篇文章中。(板书:生于忧患,死于安乐)

首先,我们进行第一次朗读活动,请一位同学大声朗读这篇文章。

(生读全文,有读错的字音,随文纠正)

师:大家听读得很认真,谁来说一说,有没有需要我们注意的地方。

生:"傅说举于版筑之间"的"说",不应该读 shuō,应该读 yuè。

生:"曾益其所不能"的"曾"应该读成 zēng。

师:文中还有同一个字,读音却是两种读音。大家关注到了吗?

生:"行拂乱其所为"和"入则无法家拂士",这个"拂"字有两个读音。

师:你能说说如何区别吗?

生:"行拂乱其所为"中的"拂"是扰乱的意思;"入则无法家拂士"中的"拂"是通假字,同"弼",是辅佐的意思。

师:很好,你看书下注释非常仔细。除了读准字音之外,老师还发现,有些句子的停顿,同学们读得不太清晰。大家来看这两个句子。

（屏显）

舜发于畎亩之中

苦其心志，劳其筋骨，饿其体肤，空乏其身，行拂乱其所为

生：我觉得需要在"舜"后面停顿，突出这个人物；然后，在"发于"后停顿，指的是"被任用"，"畎亩之中"则是"被任用"的地点。

师：说得很好，后面的五个短句也都可以这样进行。

（生齐读）

生：我觉得第二个句子在"苦、劳、饿、空乏"后面停顿，"行拂乱"后面略微停一下。

师：为什么呢？

生：因为都是动词，动词后都是用"其"指代这个人。

师：找得很好，根据词性来判断停顿之处，也是个好方法。全班再齐读一遍这两个句子，注意停顿。

（生齐读）

师：老师把文章的编排形式略微做了一点改变。请看大屏。我们分别读，"合"则为齐读。

（屏显）

舜发于畎亩之中，

傅说举于版筑之间，

胶鬲举于鱼盐之中，

管夷吾举于士，

孙叔敖举于海，

百里奚举于市。　　　　　　　　　　人恒过，然后能改；

（合）故天将降大任于是人也，必先　　困于心，衡于虑，而后作；

苦其心志，劳其筋骨，　　　　　　征于色，发于声，而后喻。

饿其体肤，空乏其身，　　　　　　入则无法家拂士，

行拂乱其所为，　　　　　　　　　出则无敌国外患者，国恒亡。

（合）所以动心忍性，曾益其所不能。　（合）然后知生于忧患而死于安乐也。

师：通过这样的朗读，我们初步感受到孟子文章的"气盛"。除了朗读，同学们还可以从哪里感受到"气盛"？（板书：气盛）

生：首先，我观察到，文章用了很多的排比句。比如，前六句就是排比句，"苦其心志"开始的句子也是排比句，"困于心"与"征于色"也是排比句，感觉很有气势，就是"气盛"。

师：很好，但有一个小问题："困于心"与"征于色"这两句，不叫排比，从内容上看这两句形成对举。

生：是对称的句子。

师：是的，对称。从文章的外形上，就给人感觉气势磅礴。

师：我们来总结第一次朗读活动——朗读感"气盛"。韩愈在《答李翊书》中这样写道："气盛则言之短长与声之高下者皆宜。"这句话是什么意思？我们可以抓哪几个词语来理解？

生："言之短长"和"声之高下"。

师：这两个词语如何理解呢?

生："言之短长"就是讲的话是短还是长。

师：对的,那"声之高下"呢?

生：就是声音高还是低。

师；很好。我来问一问,这个"皆"是什么意思?

生："皆"是全、都的意思。

师：好,你的文言功底很深啊。在刚才同学们的发言中,我们体会到了"言之短长"与"声之高下"的意蕴。"宜"是适宜的意思。

师：韩愈的这句话适不适合为《生于忧患,死于安乐》做注解?

生：(犹豫)适合。

师：我们看到有的同学还略显迟疑,那我们再次朗读前六个排比句,感受"气盛"。既然句式一致,我们可以怎么朗读呢?

(生朗读,读的气不够盛)

师：同学们可以给他一些建议,让他读得气盛一些。

生：可以读得声音比较大。

生：声音要有高低。

师：好的,六个排比句作为一个整体,读得越来越快。请大家齐读这六个排比句,感受"气盛"。

(生齐读)

师：接下来,我们进入第二次学习任务——研读析"言宜",用"研读"的方式感受韩愈所说的"言宜"。大家觉得这六位有什么共同点?（板书:言宜）

生：这六个人他们都出身贫苦,而且有大作为。

师：你通过哪些词发现的?

生：版筑、鱼盐、集市等。

师：这些人就是在逆境中,对不对? 在逆境中最后成就了一番大事业,大家还发现了什么?

生：这些人物都是被推举出来的。

师：六位都是被推举出来的吗?

生：舜是被任用的,所以用"发"。其他人是被推举出来的,所以用"举"。

师：这位同学说得很好,他联系了书下的注释进行理解。

师：刚才同学们都说了,这六个人是历经磨难终有成就的。老师想问:如果上天想要成就一个人,会给他赠送一个大礼包,这个大礼包是什么?

生：是磨难。

师：你觉得这个磨难是某一个方面的磨难吗?

生：不是。

师：书上是怎么说的? 有哪些方面的磨难?

生：心智、筋骨、皮肤、身体还有行为,都会遭遇磨难。

师：很好，大家来看一下这个大礼包。这考验身、心、行为的大礼包实在是太大了，对吧？这个大礼包考虑得如此周全，替你把方方面面都考虑到了，你想不想要？

生：（齐声）不想要。

师：大家都不想要，我也不想要。我觉得大家的反应是完全正确的。但是，当上天把这个大礼包交给你的时候，你是没有拒收的权利，必须收。那么，为什么会把磨难当成大礼包呢？

生：因为首先可以锻炼人的意志以及面对困境的能力。

师：孟子是如何说的？

生："动心忍性，曾益其所不能。"

师：好的，你继续说说这两句话应该如何理解？

生：就是使人的心惊动，使人的性情坚韧起来，增加人本身没有的才干。

师：同学们在生活中有没有这样的体验？

（生茫然，摇头）

师：老师给大家说一件亲身经历的事情。2023年7月，我的母亲住院了。有一天，大雨滂沱，虽然身着雨衣，但早被风雨迷住了眼睛，我骑着比较大的电动车在雨里缓慢行驶。当骑到随家仓的3路汽车总站附近时，由于雨势变大，积水没过膝盖，随时担心电动车"熄火"的我，被左侧突如其来的水波推动，顿时失去了重心。眼看就要被水冲走，我赶忙停车，借助大型电动车的稳定性，稳住身形。当时，我的头脑中立刻涌现出这样的句子："故天将降大任于是人也，必先苦其心志，劳其筋骨，饿其体肤，空乏其身，行拂乱其所为，所以动心忍性，曾益其所不能。"我在心中默念着，直至安全到家。我想，这就是古代先贤的至理名言带给我的无可替代的精神财富吧！

（生动容）

师：王国维在《人间词话》中曾经说过"天以百凶成就一词人"，其实最近一位学者也分析过这一句，知道是哪一位学者吗？

生：（小声说）叶嘉莹。

师：非常好，说明你是一个爱文学、爱诗词的人。叶嘉莹先生经常用这句话给苦难的生活做注解。你能具体说说吗？

（生说不出，师播放叶嘉莹分析纳兰性德的词作视频）

师：现实生活中，我们也可以仿句。哪一位同学把这一句补充完整：天以百凶成就一_____。

生：天以百凶成就一作家，比如鲁迅。

生：天以百凶成就一体育健将，比如全红婵、孙颖莎。

生：天以百凶成就一教师，比如我们的语文老师申老师。（生点头赞同）

师：是不是客观上有了磨难，每个人就可以成大器呢？非也，还需要什么？

生：需要主观努力。

师：那么，主观上又应该怎么努力呢？你能从孟子的文章中找出来吗？

（屏显）

人恒过，然后能改；困于心，衡于虑，而后作；征于色，发于声，而后喻。

师：哪位同学给我们说说这句话的含义？

生:我觉得"过"就是犯过错。

生:一个人常犯错误,然后才能改正。

师:是不是犯错误越多越好?这里的"过"或者说错误,并不是传统意义上的犯错误,而是指我们尝试去完成一件事时的失败之举。犯错误,是指人不断地尝试,在一次又一次失败之后,重新出发,不断探索,最终迎来成功的一刻。

师:"而后作""而后喻",又该怎样理解呢?

生:我认为是人们奋发有所作为,并且明白了要面对困难,不退缩。

师:说得很好。因为忧困,所以不停思考,不停突围,最终有作为;因为尝试,所以在脸色上,在言谈中,表现出来。那要用怎样的朗读来诠释我们的理解?

师:前面说过读准字音、重音,读清节奏。除此之外,朗读还需要关注什么?

生:注意朗读的语气和语调。

师:这两句语调怎么处理呢?

生:语调可以上扬着读。

生:有的地方也可以读得低沉一点,不能一直上扬。

师:是的。上扬的语调,语音逐渐升高,叫升调,用"↗"来标示;下抑的语调,语音逐渐降低,叫降调,用"↘"来标示。那我们来看一看,哪些地方可以用上扬的语调读?

生:我觉得,"然后能改""而后作""而后喻""然后知生于忧患而死于安乐也"这几句需要扬起来读。

师:非常好,我们一起来试一试。

(屏显)

> 人恒过↘,然后能改↗;
>
> 困于心,衡于虑↘,而后作↗;
>
> 征于色,发于声↘,而后喻↗。
>
> 入则无法家拂士,出则无敌国外患者,国恒亡↘。
>
> 然后知生于忧患而死于安乐也↗。

师:我们怎么分配谁来读下抑的降调,谁来读上扬的升调?

生:我们读上扬的语调。

师:好的,我来读降调的部分,我们一起读。

(师生配合朗读两遍,分别领会"读出抑扬"的精妙)

师:在文言文的朗读中,除了重音、停连之外,我们也可以从抑扬的角度来体会作者想表达的情感。

师:孟子的这则短文仅仅是为了说明这些古人的人生经历吗?非也,其中还有更深的道理。古人说理,善于类比。那孟子用这些人的经历来类比什么呢?

生:类比国家大事。

师:来看这两句:"入则无法家拂士,出则无敌国外患者,国恒亡。"对一个人来说,需要经历磨难,发展自己的能力,成就自己。对一个国家来说呢?

生:一个国家,可能只有在遭遇亡国灭顶的灾难的时候,才会意识到要强国,才会发展出自己的能力。

师：更准确一点的表述是，当意识到国家到了最危险的时候。也就是说，国家的强大需要法家拂士、敌国外患。

师：回看文章，本文标题为《生于忧患，死于安乐》，大家看一看孟子举出的事例。

（屏显）

舜发于畎亩之中，
傅说举于版筑之间，
胶鬲举于鱼盐之中，
管夷吾举于士，
孙叔敖举于海，
百里奚举于市。
……苦其心志，劳其筋骨，
饿其体肤，空乏其身，
行拂乱其所为……
人恒过，然后能改；
困于心，衡于虑，而后作；
征于色，发于声，而后喻。

➡ **生于忧患**

压倒性

入则无法家拂士，
出则无敌国外患者，
国恒亡。

➡ **死于安乐**

师：同学们发现了什么？

生：我发现，"生于忧患"的事例，孟子举的很多；"死于安乐"则只举了一个例子，而且是国家的例子，没有个人的。

师：你的发现很棒。我们看到无论是文章标题还是犯过错后人们的改正，都是用对称的句式来表达的。但作为一篇政论文，"生于忧患"在文中得到了充分的论证，形成了磅礴的气势；而"死于安乐"只有这两句话。作者这样的论述是不均衡的，"生于忧患"呈现出一种压倒性的趋势，这样写是否适宜呢？

生：孟子在文章中更多地想告诉我们，在生活中要有忧患意识，而"死于安乐"更多的是强调一种结果。

生：我觉得生活中困难、忧患和磨难是很多的，但是呢，在面对这些困难、磨难的时候，要经受得起这样的"捶打"。

师：孟子更加关注"生于忧患"，鼓励人们在忧患中奋起奋发，而国家"死于安乐"的结果已经看到了，从国家的角度起到警示的作用就可以了，无须再赘言了。

师：那么孟子不赘言，同学们能不能给"死于安乐"添加一些事例，让它们在文中"等重"呢？

生：我想补充周幽王烽火戏诸侯，商纣王也可以。

师：周幽王沉溺于酒色，不理国事，为博褒姒一笑烽火戏诸侯，最终亡国；商纣王荒淫无道，排斥忠良，安于被佞臣包围的虚假"太平"，最终导致统治根基动摇而亡国。还有没有正面的例子？

生：越王勾践与吴王夫差形成对比。

师:很好。安适的环境,首先带来的必然是精神的怠惰和意志的消沉,这是精神上的死亡。紧接着,必然是物质上的死亡——"国恒亡"。

师:刚才我们对文章进行了充分的学习、朗读,接下来进入第三个学习任务——探究悟哲理。孟子的文章为什么能这么气盛?

(屏显)

顺着一个观念,一条思路,一连用了七个短句,有严整的排比,有参差的递进,这就构成了一种思绪和语言滔滔不绝的效果,就叫作气势。

——孙绍振

师:孙绍振先生所言的气势就是一种浩然之气。联系《孟子三章》的内容,回答孟子的"气盛"具体表现在何处?

生:我觉得孟子文章有很多排比句,对比的手法让我感受到气势很大。(板书:排比 对比)

师:好,排比的外在形式凸显浩然之气。能具体举点例子吗?

生:《得道多助,失道寡助》中的"域民不以封疆之界,固国不以山溪之险,威天下不以兵革之利",让我从反面感受到民心的重要。

师:是的,孟子说过"民为贵,社稷次之,君为轻",也是同样的道理。

生:《富贵不能淫》中的"富贵不能淫,贫贱不能移,威武不能屈。此之谓大丈夫",让我读到了大丈夫的行为表现与浩然之气。

师:孟子自信于自己思想之正确,才会如此气盛。(板书:自信)

生:通过对比的手法表现"忧患"与"安乐"对人、对国家的影响。还有举例子的方法。

师:举了六个人的例子,其实举三个例子就可以了吧,为什么要举六个呢?

生:因为他把能想到的所有的事实都摆在人的面前。

师:对,孟子坚守自己的思想,他所说的道理在很多人身上都适用,有一种"舍我其谁"的效果。孟子的思想是经得起历史的检验的。(板书:雄辩)

(屏显)

吾善养吾浩然之气……其为气也,至大至刚,以直养而无害,则塞于天地之间。其为气也,配义与道;无是,馁也。

——《孟子·公孙丑上》

师:回到开头,期中考试考完了,同学们能不能用文中的一句话劝说因考试结果而焦虑的同学,用现代汉语说说。

生:这次考试是上天给你的一次考验的机会,不要因为成绩暂时不理想而放弃。

生:人们常常犯过错,在考试中犯错在所难免,只要改正就好啦,还能够吸取宝贵的经验。

生:你要像治理国家一样对待各门学科,发挥学科优势,尽快弥补薄弱学科的差距。

师:这两位同学把"死于安乐"教训转变为帮助提升成绩的方法了。其实经典文章的魅力就在于,将中华优秀传统文化应用于我们现今的学习和生活中。我想,这就是古人留给我们的最大的财富。

师:布置一个作业:选用本文中的一句警句,写在信笺或扇面上,送给遇到挫折的小伙伴。

本课板书：

生于忧患，死于安乐

言宜

气盛	排比	自
雄辩	对比	信

教学创想

◆ **情境创设**

这节课有一个首尾呼应的真实情境：期中考试刚结束，很多同学因考试结果而焦虑，用孟子的话来进行一场心灵疏导。

本节课以"期中考试后的心理状态"为切入点，直接关联学生当下的真实经历——考试焦虑与成绩波动。教师通过询问"考得不好的同学是否感到遗憾和痛苦"，迅速激活学生的情感共鸣，使其意识到"忧患"并非遥远的历史概念，而是与自身成长息息相关的现实命题。这种真实情境的引入，打破了文言文"古板艰深"的刻板印象，让学生感受到经典文本的鲜活生命力，从而主动投入探究。例如，教师结合自身在暴雨中骑行的经历，引用孟子名句自我激励，生动诠释了"忧患即机遇"的哲理，进一步拉近文本与生活的距离。

◆ **任务创建**

任务一：朗读感"气盛"

意图：通过朗读感受孟子文章磅礴的气势，体会文言文语言的力量，激发情感共鸣，奠定理解基础。

任务二：研读析"言宜"

意图：分析修辞手法与思想内核的契合，理解"言宜"的深层逻辑，将抽象哲理转化为现实方法。

任务三：探究悟哲理

意图：探讨忧患哲理的普适性，引导学生将思想转化为行动，实现从认知到实践的升华。

◆ **学法创优**

本节课借助"期中考试失利"这一真实情境，通过朗读、研读、感悟几个环节，理解孟子文章"气盛"的特点，激活学生对"忧患"的具身感知，进而引出孟子"生于忧患"的哲学命题。通过"天降大任之礼包"的隐喻重构（身心磨难即"成长礼包"），实现文本哲理的生活化解码。

整节课以"考试焦虑—文本解析—实践应用"为逻辑主线，形成层层递进的任务链：首先以考试后的心理状态，引发学生对"忧患"的初步思考；然后借历史人物的逆境故事，搭建"个人焦虑"与"感悟哲理"的桥梁；接着通过排比句式分析、朗读技巧实践等，深入解读孟子思想；最后回归初始情境，鼓励学生用"人恒过，然后能改"等警句自我激励，并通过"书写警句赠伙伴"的任务外化为行动。在创意表达部分，从"警句仿拟"到"哲理内化"，以"文言入生活"为理念，将《孟子》的哲理表达转化为具象化、情感化的语言实践。在这样的课堂中，学生通过语文学习，继承和弘扬中华优秀传统文化，借鉴文明优秀成果，形成一定的文化底蕴。

名师点评

《生于忧患，死于安乐》的教学实录为我们展现了初中文言文教学的创新与深度。朱老师通过精心的教学设计，让学生在学习经典的过程中实现了知识与能力的双重提升。

这堂课的情境创设极具巧思，通过三层递进式的情境搭建，为学生与文本之间搭建起深度对话的桥梁。课上，朱老师以期中考试这一学生熟悉的生活场景作为切入点，抛出"人生忧患"的话题，将学生因成绩波动而产生的现实焦虑与文本主题自然地联系起来。当学生表达"学习成绩不好是最大忧患"时，朱老师顺势引出司马迁、孔子等历史人物的经历，将学生个人体验与历史文化相融合，使课堂从单纯的生活经验讨论迈向了深入的文化思辨。尤为值得称赞的是，朱老师分享自身雨夜骑行的经历来阐释"动心忍性"，用真实体验拉近学生与文言的距离，学生"泫然欲泣"的反应便是对这一情境创设效果的有力证明。课堂结尾，"天以百凶成就一_____"的仿写任务，让学生将孟子"忧患观"与自身成长相结合，实现情境升华。作业环节的书写警句赠友，把课堂所学延伸到生活，做到了学以致用。

整节课以"朗读感'气盛'—研读析'言宜'—探究悟哲理"三大任务为主线，体现出任务型教学的进阶性，且每个任务都紧密围绕文言文教学的核心要素展开。朗读任务中，朱老师通过学生互评纠正"说""曾""拂"等字音，借助词性分析指导句读，让学生在掌握文言基础的同时培养语感。通过分列朗读、重音标注等手段，使得学生体会孟子文章"浩然之气"，引入"气盛言宜"理论，提升学生朗读审美，将文言知识学习融入语感培养之中。研读任务时，以"磨难大礼包"为喻，引导学生分析"苦其心志"等五重考验，追问"客观磨难是否成就人"，激发学生对"人恒过"中主观能动性的思考，让学生从事实梳理迈向价值判断。在论证分析中，引导学生补充周幽王、商纣王等反例，锻炼史料实证能力。探究阶段，朱老师引入《得道多助，失道寡助》《富贵不能淫》展开群文阅读，引导学生探寻孟子文章"气盛"共性，接着引用孙绍振的评论佐证，践行单元整体教学理念，帮助学生构建孟子思想认知体系，使学生联系相关概念实现从单篇到文化母题探究的升华，满足"群文阅读"深度学习要求。

在学法指导方面，这堂课打破了传统文言教学的模式，呈现出"古今融通、读写共生"的鲜明特色。朱老师在教学中既注重夯实文言基础，又避免机械串讲，借助"气盛言宜"的审美体验推动知识内化。比如，在朗读中让学生体会排比、对举的效果，使学生不仅能准确翻译句子，还能感受孟子"舍我其谁"的精神气度。"天以百凶成就一_____"的仿写任务，要求学生进行创造性转化。有学生仿写出"体育健将""教师"等现代职业，将古典哲理与个体生命相联系。用孟子名言劝慰同伴的环节，使文言学习从知识层面延伸到实际行动。课堂中，朱老师多次提出"能否删减事例""论证是否均衡"等思辨性问题，鼓励学生结合勾践卧薪尝胆等史料展开论证，培养了学生的批判性思维，同时融入叶嘉莹、孙绍振等学者的观点，搭建起学术性探究支架，体现出高阶思维培养的追求。

这堂课以情境激发情感，以任务引导思维，以学法攻克难点，构建了"文化传承·语言建构·思维发展"三位一体的高效文言课堂。朱老师运用多种教学策略，将经典转化为生命教育资源。这堂课为文言文教学实现"文化自信"与"核心素养"双重落地,提供了极具价值的参考范例。

（王　芳　南京市学科带头人、南京市教学名师）

言语·小创

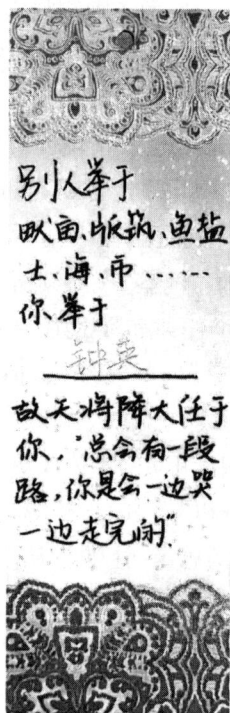

（南京市钟英中学　朱　媛）

·八年级下册·

第一单元

1　社戏

教学实录

前置作业：

通读文章，思考《社戏》的线索，围绕这个线索完成情节概括。

线索：——赵庄看戏——

师：同学们在七年级时已经接触过课本剧，那么今天我们就以编演课本剧的方式，来学习鲁迅先生的《社戏》。首先，请大家一起来看看今天的学习任务。

（屏显）

我校戏剧社的同学想把《社戏》改编为课本剧，参加"汉语周"戏剧表演大会，请你参与到课本剧的筹备和排练中来，同时体验剧组的各种角色。

师：我们要表演一个什么样的故事？

生：鲁迅和小伙伴们一起看社戏。

师：是迅哥儿还是鲁迅？

生：迅哥儿，因为这篇文章是小说。

师：好，那么我们要表演的主体事件就是迅哥儿和小伙伴看社戏。那如果大家是编剧，在研磨剧本的时候，要考虑的就是应该分成哪几幕来拍。大家想，一定会有哪一幕？

生：赵庄看戏。

师：也就是从第17段铁头老生出场，到第21段"我"和小伙伴们开船离开，这个看戏的过程。那后面还应该表演什么呢？

生：看戏回家的路上，开船回家的过程。我觉得这里有一个很精彩的部分，应该要表演出来，就是几个小伙伴一起去偷豆。这里一直到第30段，"第二天"之前，可以把返航和偷豆合在一起，也就是"归航偷豆"。

师：那看戏前还有吗？

生：从第10段我们点开船开始，到第16段是"月夜行船"，之前是迅哥儿想看戏没看成。

师：想看戏，没看成，最终还是看成了，我们可以概括为什么？

生：戏前波折。

师:好,那我们就可以确定我们的剧本有这四幕:戏前波折、月夜行船、赵庄看戏和归航偷豆。在排练前,有人提出了这样一个观点。

(屏显)

本文的题目是《社戏》,本文最后作者写道:"真的,一直到现在,我实在再没有吃到那夜似的好豆,——也不再看到那夜似的好戏了。"我们应该把"赵庄看戏"作为重头戏,找精通戏曲的同学来表演这场社戏。

师:你同意吗?结合书本内容谈谈你的理解。

(生圈画批注)

生:我不同意他的观点。作者写道:"一个红衫的小丑被绑在台柱子上,给一个花白胡子的用马鞭打起来了……算是最好的一折"。这说明那晚的戏很一般。还有迅哥儿最愿意看的"蒙了白布"的"蛇精"并没有出场。

师:这说明那晚的戏从实际情况来看并不好。还有吗?

生:第 20 段,作者写"我"觉得"戏子的脸渐渐的有些稀奇了""五官渐不明显"。这戏让迅哥儿都看困了,小伙伴们也只管自己谈话,说明没意思。

师:都看困了,侧面表现了这戏的无聊。

生:还有写老旦那里,他"将手一抬,我以为就要站起来了,不料他却又慢慢的放下在原地方",这个"不料",能看出"我"对老旦仍旧坐着唱的失望与不满。

师:看来在迅哥儿的眼中,这戏也不好看。那么之所以说"不再看到那夜似的好戏了",好的不是戏本身,而是戏以外的人或事物。要参加汉语周的戏剧比赛,我们还需要给课本剧配好布景和音乐。我们接下来再继续来进行我们的第二个任务,为"月夜行船"这一幕进行布景与音乐的设计。我们的演员将要在怎样的一个环境和背景音乐中去展开我们的演出?这里的背景音乐主要是指这一幕中出现的各种声音。大家先在书中圈画并写一写,然后可以在小组内交流一下。

(生进行圈画、设计,并进行 4 分钟左右的小组讨论)

师:好,请同学们来说一说你们的设计,先说布景。

生:我觉得画面较远的地方应该有山,是黑色的,但不是浓黑的,而是淡黑的,而且连绵起伏。再近一些是小河,河面上露出了一些绿油油的水草,小河两边有碧绿色的豆麦田地。

生:还有渔火。第 11 段说到作者认为是"几点火",所以应该是星星点点的,淡黄色的,又不是很清晰。

生:应该还有月亮。第 11 段有一句"月色便朦胧在这水气里",所以这个月亮应该是挂在天空,月光洒在河面上,有一种"烟笼寒水月笼沙"的感觉。

师:"烟笼寒水月笼沙",说明这些景物都笼罩在什么样的月色里?

生:朦胧。

生:我有一个建议,我们还可以把这些景物做成动态的,可以随着大白船的移动,不断变换,比如背后的山是起伏的,一段时间后再出现渔火、松柏林、倒在地上的破的石马之类的。

师:我觉得你的建议很好,这样显得更真实。我想问问,这个画面动得是快还是慢呢?

生：快。原文中的山像"踊跃的铁的兽脊似的"，"远远地向船尾跑去了"，既然是跑，就不会太慢。

生：快，因为这样更能表现出作者心情很好、很雀跃。

师：不错，景物有时候还能衬托出人物的心情。看来那晚的夜色不全是黑漆漆的，大家说，所有的这些景物都给我们一种什么样的感受？

生：恬静。

生：清幽。

师：那这样优美的环境应该配上什么样的背景音呢？

生：有船头激起的潺潺的水声，宛转悠扬的横笛声，歌吹声，还有小伙伴们说笑的熙攘的声音。

师：这个熙攘声不太具体，我们不好配，小伙伴们可能说什么？

生："迅哥儿，我白天看的戏可好看了！你待会都能看到。"

生："咱们昨天钓那个虾比前天的大多了！"

（生笑）

师：大家说的这些声音，有什么词能拿来形容吗？

生：动听。

生：欢快，和谐。

师：你们看，这个夜晚原来不是乌漆墨黑、死气沉沉的，它有着各种各样的色彩，还有着各种各样的、悦耳的、让人高兴的声音，是不是？也就是说，作者所写的"好"，是那晚的环境的优美动人，和这环境给迅哥儿带来的美好心情。（板书：好　优美的环境）布景设计过了，接下来该到排演这个环节了。我们请大家化身导演，来看看几位同学演绎的"归航偷豆"这个情节，大家来评一评这场戏的优缺点。

（生上台表演）

（所有人一起奋力划船）

双喜　桂生，加把劲嘞！

桂生　迅哥儿，你饿不饿？咱们去田地里偷……哦不，摘点豆子吃吧。

迅哥儿　那太好了！

双喜（高兴地跳下船去）　阿阿，阿发，这边是你家的，这边是老六一家的，我们偷哪一边的呢？

阿发（一面跳，一面说）　偷我们的罢，我们的大得多呢，就是别偷太多，我娘知道要骂的！

双喜　那我们再到老六一家的地里偷一点。

（众人摘豆、搓豆、吃豆）

迅哥儿　这豆子太好吃了，个头大，味道也鲜美，这是我吃过最好的豆子！

双喜（向迅哥母亲）　都回来了！哪里会错。我原说过写包票的！

母亲（严肃地叉着腰、板着脸）　你们这些兔崽子，这都过了三更了，怎么回来得这样迟！都饿了，去家里吃点炒米吧！

师:感谢演员们的表演。大家可以对照原文,看看这场戏有哪些地方可圈可点,哪些地方又需要改进呢?

生:我感觉大家演得都比我们的实际年龄小几岁,演出了天真活泼的感觉。但是我注意到一开头所有人都在划船,我觉得这里和原文中的情节不相符。第 23 段写的是"他们一面议论着戏子,或骂,或笑,一面加紧的摇船",说明迅哥儿并没在摇船。

生:对,前面第 10 段也说"年幼的都陪我坐在舱中"。

师:那我们改成迅哥儿与伙伴们一起划船,不是更显得大家齐心协力、关系融洽吗?

生:我觉得不好,小伙伴们不要迅哥儿摇船,更能说明他们对迅哥儿的特别优待。文章开头也说"小伙伴们钓到的虾照例归我吃",说明大家对迅哥儿是很照顾的。

师:也就是说,这样演更能表现小伙伴们的热情待客。所以,我们演戏或是改剧本的时候,要关注能否准确地体现人物的形象。

生:还有阿发跳下船之后,立马就说"偷我们的罢,我们的大得多呢",原文中写的是他先"往来的摸了一回"。

师:那你觉得是摸了再说好,还是直接说好?

生:摸了再说好。文中小伙伴问他,偷他家的还是老六一家的。这里先"摸"说明他想找到最大、最好的豆子给迅哥吃,哪怕偷的是自己家豆子都不要紧。

师:阿发不计较自家的得失,要拿最好的招待客人,你们想到了一个什么词?

生:好客。

生:大方。

生:淳朴。

生:还有,这里阿发抢了双喜的台词,应该是双喜说"再多偷,倘给阿发的娘知道是要哭骂的"。如果阿发说,就显得有些小气了。

师:那由双喜说,有什么好处吗?

生:还能体现双喜的细心,为别人考虑得很周全。

生:我还发现这里桂生说了一句台词——"咱们去田地里偷……哦不,摘点豆子吃吧。"桂生这里不应该把"偷"改口说成是"摘",改口说明他觉得"偷豆"是一件特别不好的事,但是在这几个小伙伴看来,"偷豆"是很好玩的,就像是孩子间的游戏,并不是需要遮掩的丑事。

师:只是在小伙伴看来吗?

生:还有六一公公。第二天六一公公并没有责怪"我们"偷了豆,听双喜说是要请客,还说"这是应该的"。听"我"夸豆"很好",还很高兴,又送了豆子给"我"吃。

师:很好,你学会结合文章上下文来理解了。

生:还有整个平桥村的人。前文中写了"一家的客,几乎也就是公共的",大家应该都不会计较用豆子来招待客人这件小事的。

师:还有一个人物,大家一直没有提到。

生:演母亲的那个同学太严肃了,一直叉着腰、板着脸的,显得母亲这个人太过割裂了。

师:"割裂"是什么意思?

生：看社戏前，我们一帮子小孩子劝母亲的时候，母亲最终还是同意了，说明她并不是一个刻板的人。文中说她"颇有些生气"，也是因为担心我们，但看到我们回家了，应该很快就高兴起来了。

师：这里也可以看出，母亲是很爱"我"的，还有几分……

生：宠"我"。

师：对，可以说是"慈爱"。这样说来，其实刚才迅哥儿的台词有一句不太对，"个头大，味道也鲜美"，好的到底是不是豆子的品质与味道呢？

生：不是，真正好的是吃豆那晚有趣的经历、慈爱的母亲，以及淳朴热情又体贴的小伙伴。

师：人情的美好才是真正的"好"。（板书：淳朴的伙伴　美好的人情　充盈的童趣）在戏剧结尾，我们需要添加成年后的迅哥儿的旁白，来表达自己对这场社戏的感受，请你参考资料，试着说一段。

（屏显）

"我"成年后看中国戏：

却见中间也还有几个空座，挤过去要坐时，又有人对我发议论，我因为耳朵已经喤喤的响着了，用了心，才听到他是说"有人，不行！"

……………

然而我又不知道那名角是谁，就去问挤小在我的左边的一位胖绅士。他很看不起似的斜瞥了我一眼，说道，"龚云甫！"我深愧浅陋而且粗疏，脸上一热，同时脑里也制出了决不再问的定章……

——《呐喊》（人民文学出版社，2021年版）

生：我从此再也没见过如此好的戏了。平桥村热情善良的人，人与人之间和谐的关系，伴着水乡的美景，如甘甜的泉水，滋润心间，成为封存在心底的美好回忆。如今，那喧闹的剧场，那些冷漠的人们，又唤醒了我脑海中沉睡的美妙如诗的看戏回忆。我实在再没有吃过那夜似的好豆，也不再看到那夜似的好戏。

生：我大抵是倦了，这戏倒是大戏，这角倒是名角，可这戏院却只是冰冷，全无一点热气。我的意思本也不在看戏，而只是遗憾，遗憾再也寻不到那带着豆麦蕴藻之香的夜晚，那撑船带我去看戏、偷豆的伙伴。大抵是时光的洪流，将那些美好都带去了远方吧！

师：你的旁白，还原了成年迅哥儿的口吻，"呐喊"出了人物的心声。本文选自鲁迅的小说集《呐喊》，鲁迅想借助这部小说"呐喊"什么呢？大家课下可以阅读更多鲁迅的作品，去探索答案。

本课板书：

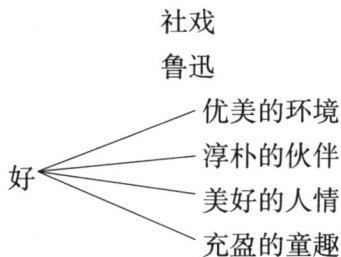

社戏
鲁迅

好　优美的环境
　　淳朴的伙伴
　　美好的人情
　　充盈的童趣

教学创想

◆ **情境创设**

戏剧编演情境:教师设计"参加汉语周比赛,将《社戏》改编为课本剧"这一情境,引导学生参与到舞台剧的筹备和排练中来。学生一方面可以在七年级已有积累的基础上,体验戏剧排演中的各种角色,如编剧、导演、剧务等,积极参与课堂互动;另一方面也可以通过完成构思剧本、设计布景和背景音乐、研讨戏剧表演等驱动任务,与文本对话,与同学交流,增进对于文章语句的理解,深刻体悟到文中优美的环境、美好的人情和充盈的童趣。

文本比较情境:在课堂尾声,教师展示原选文中成年后在城市剧院看中国戏的片段,请学生将其与儿时看社戏的描写相比较,为戏剧结尾写一段成年后的作者的旁白,来表达自己对社戏的感受。通过创设这种课内文本与链接文本对比的情境,学生可以直观地体会到不同时期的看戏经历给主人公带来的截然不同的感受,增进对于文章关键句中"好戏"的理解。

◆ **任务创建**

任务一:把握文章脉络,概括主要事件

活动:研讨《社戏》课本剧剧本的整体结构,并尝试用短语概括每一幕的标题。

意图:通过学生预习和课堂讨论,明确小说主要线索,把握小说主体层次,引导学生掌握用短语概括事件的能力。

任务二:聚焦关键语句,初步理解感受

活动:辨析是否应该把"社戏"本身作为课本剧表演的重头戏。

意图:引导学生关注文本,明确文中关键的议论抒情句"好戏"并不是指戏本身,为后续探讨"好"的深层含义做铺垫。

任务三:品味"好"字真义,感悟作者深情

活动1:结合课文内容,为"月夜行船"这一幕设计布景和背景音乐,并说一说依据。

意图:让学生在对文本的细读中,关注环境描写,体会水乡清新优美的特点。

活动2:结合原文,点评几位同学现场演绎的"归航偷豆"情节的优缺点,并说出依据。

意图:理解平桥村淳朴的人情之美,感受充盈的童真童趣,进一步理解"好"的内涵。

活动3:结合原选文中成年后在城市剧院看中国戏的片段,为戏剧结尾写一段成年后的作者的旁白,来表达自己对社戏的感受。

意图:比较儿时和成年后看戏的氛围与感受,体会主人公对儿时看戏经历的怀念之情。

◆ **学法创优**

融入生活情境,提升课堂参与感。将学习活动置于学生所熟悉的课本剧改编的情境中展开,在激发学生课堂参与热情的同时,促使他们更积极地研读文本,在文本中来回行走,并在理解的基础上进行创意表达。

贯彻问题导向,进行自主学习。本课的学习活动都围绕着"《社戏》课本剧的筹备和排练"这一总任务展开,而要完成该任务,又必须解决"确定剧本结构与重心""设计演出布景与背景音""进行舞台排练和打磨""写作戏剧结尾旁白"等一系列问题。学生借助教师所搭建的支架,在自主解决真实问题的过程中,增强了对文本的感知,提升了对语言的理解,实现了核心素养的进阶。

进行合作探究,实现深度学习。本节课中的合作学习不仅有传统意义上的小组学习,更有生生之间的思维碰撞。部分学生结合自己的理解进行表演,再现人物形象,其他学生予以现场点评并提出建议,让学生的课堂参与更有实效,实现了学生的深度合作学习。

名师点评

刘老师的这节课,最大的亮点在于情境的创设。之所以用"亮点"来形容,原因主要有以下几个方面:

一是情境的创设符合新课标的理念追求。《义务教育语文课程标准(2022 年版)》在课程实施中对课堂教学提出了明确建议:"创设真实而富有意义的学习情境,凸显语文学习的实践性。"值得提醒的是,教学中创设的学习情境应是多元而丰富的,可以从日常生活、文学体验、跨学科学习等角度设置,也可以从个人、学校、社会等角度设置。纵观整节课,以课本剧的编写及表演作为贯穿全课的情境,是符合学生语文生活的真实情境,也是关注学生文学体验和跨学科学习的有意义的情境。

二是情境的创设贴近学生特点及文体本身的特色。《社戏》是鲁迅先生的代表作,生动的情节、鲜明的形象、典型的环境是本文的特色。这和戏剧的关键要素是相通的。因此,刘老师选择以"参加'汉语周'戏剧表演大会"为契机,引导学生通过编写、表演剧本这种方式来解读《社戏》是可行之举。另外,《社戏》虽是名篇,但从时间和内容来看,是远离当今学生生活的。因此,借助学生喜闻乐见的课本剧编写、表演的方式来走进文本,可以起到拉近学生与文本的距离,激发学生阅读兴趣的作用。

三是情境的创设能充分培养学生的核心素养。义务教育语文课程培养的核心素养,是学生在积极的语文实践活动中积累、建构,并在真实的语言运用情境中表现出来的,是文化自信和语言运用、思维能力、审美创造的综合体现。本节课,刘老师围绕《社戏》剧本编写、表演,本身就是"文化自信"的表现。另外,在分析、比较、修改等语言实践中,学生的"语言运用""思维能力"都得到了提升;在感受、理解、欣赏、评价语言文字及作品中,学生的"审美创造"能力,也得到了有效培养。

四是情境创设必须以"真实"为基本前提。"所谓'真实',指的是这种语境对学生而言是真实的,是他们在继续学习和今后生活中能够遇到的,也就是能引起他们联想,启发他们往下思考,从而在这个思考过程中获得需要的方法,积累必要的资源,丰富语言文字运用的经验。"王宁教授的话给我们创设真实教学情境指明了方向。这节课所创设的"编写课本剧"的情境,在教材中是有根基的,既承接了七年级上册《我的语文生活》综合性学习活动,也呼应了九年级戏剧单元的学习。学生在课本剧的创编和表演中联想、思考,既培养了思维,也丰富了语言文字的运用经验。这样的情境无疑是"真实"的好情境。

(付小明 江苏省教学名师、正高级教师)

言语·小·创

请选择文中你印象最深的一个场景,用一段文字描绘出来,然后输入指令,借助 AI 制作成一张戏剧海报。别忘记加上戏剧的宣传语哦!

清朝末年,江南乡村的夜晚,在朦胧的月色下,几个男孩在乌油油的罗汉豆田里弯着腰摘豆,岸边停着白篷的大航船,一阵微风吹来,豆麦随风飘荡,他们一边摘,一边说说笑笑,脸上带着兴奋的笑容。画面右上角写着"走近社戏,走进美好童趣世界"。

（江苏省溧水高级中学附属初级中学　刘景景）

第二单元

5　大自然的语言

📋 教学实录

前置作业:

1. 把课后"读读写写"抄一遍。(字音、字形)

2. 拍摄几张关于自然现象的照片,上传到学习平台。

师:人类有语言,大自然也有语言,今天就让我们跟随竺可桢一起来倾听大自然的语言。

(板书:大自然的语言　竺可桢)

(屏显)

任务一:解密"大自然的语言"

师:课前请同学们拍摄了一些关于自然现象的照片,我们一起来看看。

(屏显:四幅图片)

图一　栾树在秋天结果

图二　燕子在秋天南飞

图三　叶子在雨中绿油油

图四　细雨鱼儿出

师:这四幅图片中的现象哪些是"大自然的语言"?请根据课文进行判断。

(生思考,在课文中圈点勾画)

生:我觉得图一和图二中的现象是大自然的语言。因为课文第一段的第三行和第四行提到了"果实成熟"和"北雁南飞",和图片能对应起来。

师:这位同学从第一段中找到了图一、图二对应的景象。如何判断图三、图四呢?要做出正确判断,我们首先要明确"大自然的语言"是什么。请大家回到课文,联系上下文,圈画关键词,筛选重要信息。

生:课文第二小节最后一句话说,"这样看来,花香鸟语,草长莺飞,都是大自然的语言",可见大自然的语言就是自然现象。

(板书:自然现象)

师:这些自然现象有哪些特点?

生:课文第二段第一句话说,"几千年来,劳动人民注意了草木荣枯、候鸟去来等自然现象同气候的关系,据以安排农事",说明这些自然现象与气候有关。

师:还有什么特点?

生:第一段最后一句提到,"年年如是,周而复始"。

师:没错,这种现象具有周期性的特征。

(板书:周期性)

师:所以,"大自然的语言"就是具有周期性的自然现象。根据它的概念,你能不能再来判断四幅图片中的现象呢?

生:图一的景象是栾树结果,发生在秋天,每年秋天都会出现。燕子秋天南飞也是周期性的自然现象,每年都会有。所以这两张图片中的自然现象是大自然的语言。而下雨没有固定的周期,不管是春天还是秋天都可能会下雨,所以说图三、图四并不是大自然的语言。

师:你解释得非常清楚。同学们刚刚找到了这种自然现象的特点,这种自然现象,古代劳动人民称它为什么?

生:(齐答)物候。

(板书:物候)

师:请你根据老师的板书,结合课文内容,用自己的话概括什么是"物候"。

生:"物候"是指动植物的周期性的自然现象,它会随着气候的变化而变化,人们可以根据它进行农事的安排。

师:什么是"物候学"呢?

生:就是利用物候知识来研究农业生产的一门科学。

师:课文第 1~3 段是怎样一步步将"物候"这个科学概念引出来的?

生:作者一开始描绘了四季的自然现象,指出它们具有周期性特点;第二段重点讲这种现象和气候的关系,人们会据此安排农事;第三段就引出了"物候"。

师:先讲现象,然后一步一步引出概念,这是什么顺序?

生:由表及里。

(板书:表→里)

师:竺可桢为何要逐步引出"物候"概念,而不是直接说明呢?

生:我觉得"物候"是一个比较严谨、难懂的概念,作者为了向我们介绍这些概念,需要用通俗的语言解释一些自然现象。

师:没错,作者举这些自然现象的例子,是为了便于读者理解"物候"相关概念。大家看书下注释,这篇文章发表于《科学大众》,面向大众普及科学知识,所以语言通俗易懂。

(屏显)

任务二:设计赏花路线

师:同学们初步了解了"物候"的相关知识。"物候"和我们的生活息息相关,我们可以利用"物候"知识来指导人类的活动,比如说赏花。

师:广州石门森林公园、郑州植物园、连云港桃花涧景区、连云港花果山这几个地方都有桃花,不过盛开的时间不同。请你根据课文与地图信息,推测四地桃花开放的顺序,为游客安排赏花路线。

(屏显)

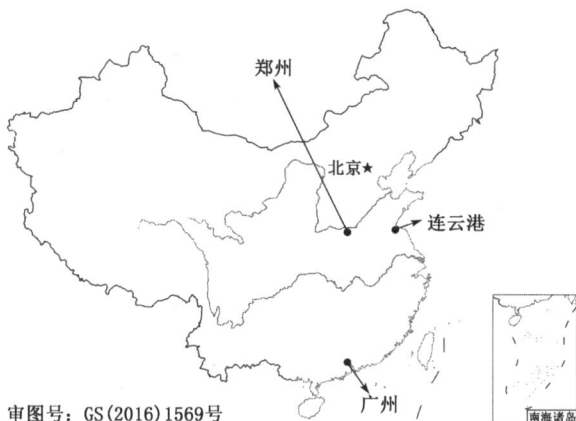

审图号:GS(2016)1569号

广州:北纬22度26分—23度56分,东经112度57分—114度3分。

郑州:北纬34度16分—34度58分,东经112度42分—114度14分。

连云港:北纬33度58分—35度08分,东经118度24分—119度54分。

(生自主设计路线,师巡视指导)

师:写好的同学可以跟小组成员讨论交流,小组推选出一位代表上台为大家介绍。

(生讨论,师相机指导)

(投屏学生的路线设计,并请他上台为大家介绍)

生:我认为应该先以广州为起点,然后去郑州,接着去连云港的桃花涧,最后上花果山。因为越往北的地方,花开得越晚,广州是四个景区里最靠南的,所以先去广州。其次,从地图上我们可以看出,郑州和连云港的纬度差异并不大,这个时候要看经度。连云港在沿海地区,越靠海的城市,春天往往来得比同纬度的内陆城市要晚,所以在同纬度情况下,我们应该先去郑州赏桃花,最后去连云港。连云港有桃花涧和花果山,花果山海拔较高,花开较晚。所以应先去桃花涧,最后去花果山看桃花。(生鼓掌)

师:谢谢你的分享。请其他组的同学来点评。你觉得他的设计有什么亮点?

生:他的设计参照了课文中的一些理论,所以非常科学。

师:他参照了什么理论?

生:影响物候现象来临的因素。首先是纬度,越往北,花开得越迟;其次是经度的差异;第三是高下差异。

师:你找得很准确。同学们刚刚找到了这三个因素。老师有个疑惑,广州也靠海,为什么同学们在设计路线的时候,没有考虑到广州的沿海因素,只考虑了它的纬度因素呢?

生:因为课文中说,"首先是纬度","经度的差异是影响物候的第二个因素",而"影响物候的第三个因素是高下的差异",所以我们应优先考虑纬度因素,再去考虑其他因素。

师:你抓住了课文中的关键词,发现纬度是最重要的因素。课文中还提到了"凡是近海的地方,比同纬度的内陆,冬天温和,春天反而寒冷",可见经度影响的范围比纬度小。高下则是针对同一个地点而言的,影响范围又缩小了。

师:从纬度到经度再到高下,重要程度逐层递减。作者运用了哪种说明顺序?

生:由主到次。

(板书:主→次)

(屏显)

任务三:推荐赏枫时段

师:赏完了春花,秋天悄然而至,又到了赏枫的时节。作为中国四大赏枫胜地之一,栖霞山风景如画,秋色迷人。家住外地的阿姨一家计划到南京栖霞山赏枫,她想在漫山枫叶都红了的时候来。请你结合课文和材料中的相关信息,参考去年同期的南京市栖霞区气温表,向阿姨提出最佳赏枫时段的建议,并阐明理由。要求表达清楚得体,200 字左右。

(屏显)

资料一:影响红叶变红的最主要因素之一是温度。枫叶一般在温度较低且昼夜温差大的条件下变红。

红色叶树种多因花青素与叶绿素的含量发生变化而变色。当连续几天日平均气温降至14℃以下,日最低气温降至 4℃以下时,枫叶一般会大范围变红。此时,细胞内叶绿素陆续被破坏、含量迅速下降,绿色逐渐褪去。同时,低温有利于促进花青素的形成与累积。花青素在酸性液中呈红色,枫树叶子中的细胞液是酸性的,所以枫叶便会在秋天由绿变红。

气温日较差(一天中气温最高值与最低值之差)大也有利于花青素的合成。当气温日较差在长江流域达到 12℃以上时,枫叶的红色更加凸显。

——中国气象报社(有删改)

资料二:

南京市栖霞区 2023 年 10 月气温表

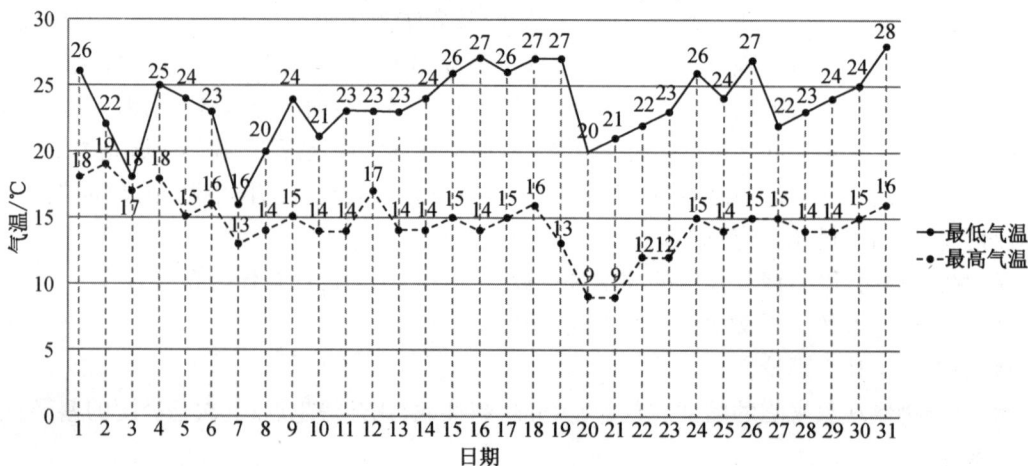

南京市栖霞区 2023 年 11 月气温表

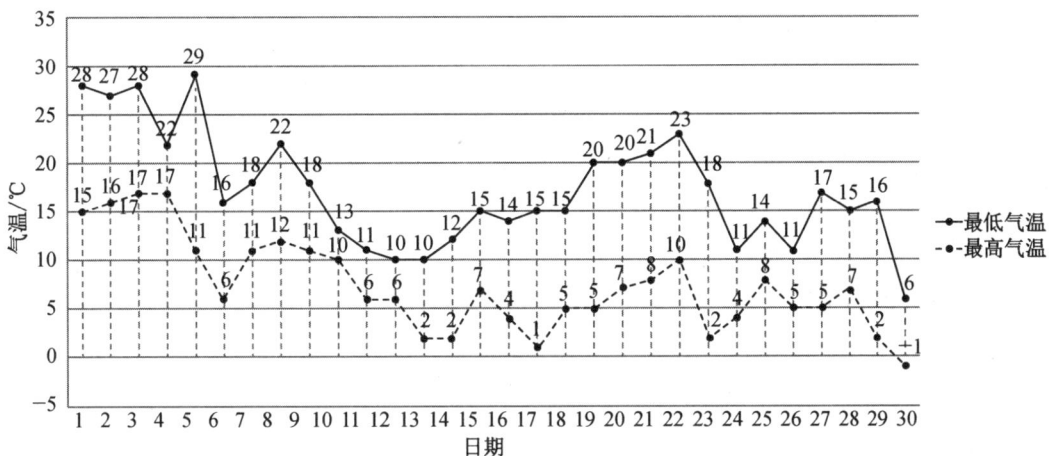

南京市栖霞区 2023 年 12 月气温表

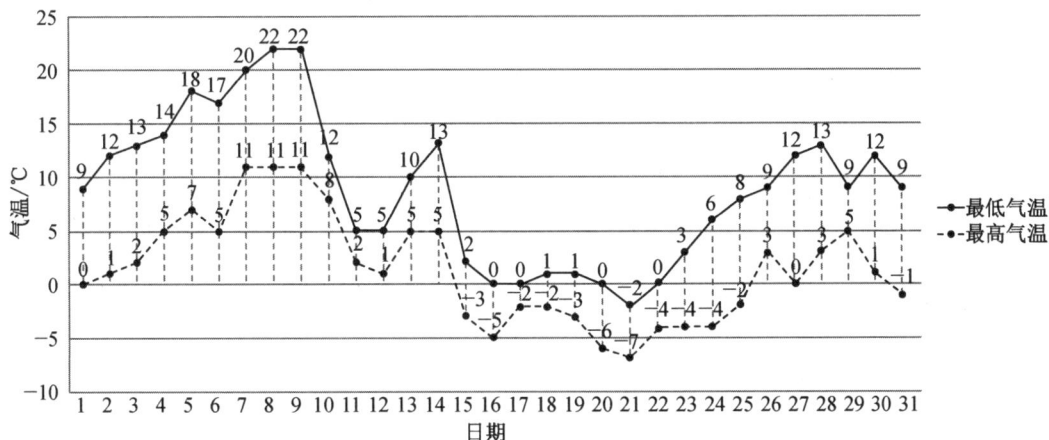

（数据来源：2345 天气预报）

（生写作，师巡视指导）

师：我看到大部分同学已经写完了，请这位同学来读一读你的赏枫建议。

（屏显）

阿姨您好！我建议您于 11 月中下旬至 12 月上旬来赏枫，此时枫叶最红。原因是 11 月中下旬连续几天平均气温低于 14 摄氏度，并且最低温低于 4 摄氏度，这样的低温有助于枫叶积累使它颜色变红的花青素，并且破坏显示它绿色的叶绿素。不仅如此，花青素的增加还和气温日较差有关。11 月中下旬至 12 月上旬气温日较差较大，也能促使枫叶变红，从而使这个时候的枫叶达到最佳观赏效果。

（生读作品）

师：谢谢你的分享。请一位同学来评价一下。

生：他的交流对象是阿姨，所以我觉得不能用过于深奥或者学术性强的词语，我们要用阿姨能听得懂的语言进行交流。

师：你是从"体现交流的对象感"这一角度进行评价的。还有同学点评吗？

生：阿姨想在漫山枫叶都红透了的时候来，从 11 月中旬开始，气温满足枫叶逐渐变红的条件。但想看漫山红叶，我觉得时间可以再推迟一点，到 11 月下旬更合适。

师：你是从"解决阿姨的问题"的角度评价的，还有吗？大家看，我们参考的是去年的气温表，今年的情况可能有所不同。所以你在和阿姨表述的时候，该怎么讲？

生：这是根据去年的气温表进行的预测，仅供您参考。

师：很好。这也是从"解决阿姨的问题"的角度评价的。我们再看，这位同学写的"11 月中下旬连续几天平均气温低于 14 摄氏度，并且最低气温低于 4 摄氏度"。气温表显示每天都是如此吗？所以怎么表达比较好？

生：加上"大部分""基本上"。

师：这样就做到了准确严谨。

（教师在带领学生点评的过程中，用红笔在屏显的作品上进行修改）

师：请这位同学口头升格一下你的赏枫建议。

生：阿姨您好！我建议您于 11 月下旬至 12 月上旬来赏枫，此时枫叶最红。因为从 11 月中下旬开始，连续几天平均气温基本上都低于 14 摄氏度，并且最低气温也低于 4 摄氏度。这样的低温有助于枫叶积累能使它变红的花青素，并且能破坏保持它绿色的叶绿素。此外，11 月下旬至 12 月每天的温差基本上能达到 12 摄氏度以上，枫叶会红得更明显。而 12 月中下旬气温过低，枫叶开始凋零，不太合适。所以您在 11 月下旬到 12 月上旬来栖霞山，应该能看到漫山红透的枫叶。但是这是根据去年的气温表进行的推测，仅供参考。

师：我们再请一位同学分享一下。

（屏显）

阿姨，您好！我推荐您 11 月下旬到 12 月上旬来栖霞山赏枫叶。影响枫叶变红的主要因素是温度。当连续几天平均气温、最低气温、温差达到一定程度时，叶绿素被破坏，绿色褪去，花青素显现，这时枫叶开始变红。我查了去年同期的栖霞区气温表，发现 11 月中下旬到 12 月基本符合。但是 12 月中下旬气温过低，枫叶开始凋零，不太合适。另外，您说想看满山的红枫叶，11 月中旬可能还没红透，所以 11 月下旬到 12 月上旬是最合适的。但是这是去年的气温表，您需要根据实际情况进行调整。祝您玩得开心！

（生读作品）

师：请你说说设计思路。

生：首先我读题，阿姨要我们推荐最佳的赏枫时段。根据资料一，影响枫叶变红的主要因素之一是温度，所以我们需要结合资料二中去年的栖霞区气温表，找到符合枫叶变红的时间段。我发现 11 月中旬至 12 月基本符合温度条件。阿姨说想在漫山枫叶都红了的时候来，11 月中旬，枫叶可能刚开始红，12 月中下旬气温太低，枫叶易凋谢。所以我再缩小时间段，确定在 11 月下旬至 12 月上旬。因为是和阿姨交流，所以不用说得很复杂。另外，还要告诉阿姨这是去年的数据，要根据实际情况进行调整，最后加一句结束语。（生鼓掌）

师：谢谢你的分享，你说得非常完整，而且条理清楚，结尾还加上了祝福，让交流氛围更加融洽。相信阿姨在听了同学们的赏枫建议后,一定能到栖霞山欣赏到最美的枫叶。

(板书:意义)(师在黑板上画枫叶轮廓,将所有板书内容涵盖进去)

师:今天通过完成三个学习任务,同学们有什么收获?

生:我通过科学的方法了解到什么时间段赏枫是最好的,明白了"物候"对我们的生活有一定的意义。

生:通过这节课的学习,我学到了"物候"的相关知识,认识到可以利用"物候"指导生活。比如出游时,我们可以根据"物候"来规划出游路线以及出游时间等。

师:希望同学们在今后的生活中也能做生活的有心人,发现更多大自然的语言。也请同学们在课后通过视频电话,给想来栖霞山赏枫的外地亲友推荐最佳观赏期。

本课板书:

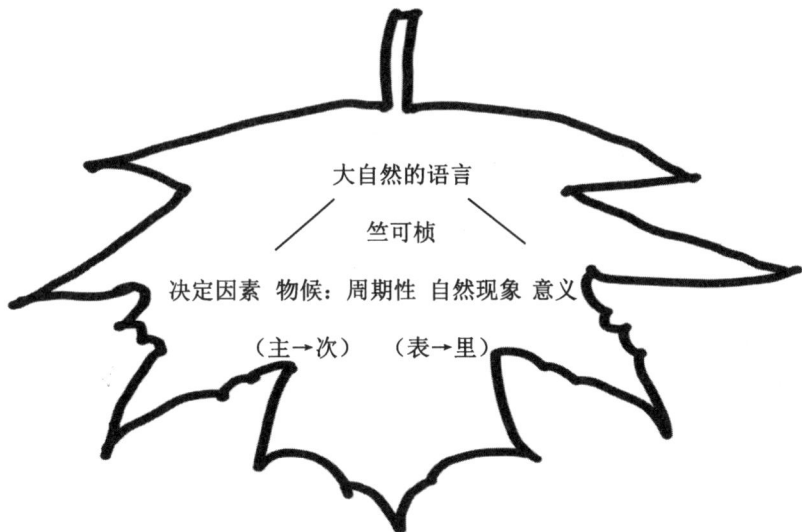

教学创想

◆ 情境创设

自然现象解密情境:教师提前让学生收集身边的自然现象,并引导学生根据课文中"物候"的概念,对自然现象的照片进行判断。判断时,学生回归课文,通过分析关键词、寻找逻辑性强的关键句、勾连上下文等方式,精准把握物候概念,成功解密自然现象。创设自然现象解密情境,激发了学生学习的兴趣,拉近了学习内容与学生生活的距离。学生判断时,需从文章中精准把握"物候"的科学概念,这一过程提升了学生的信息筛选与概括能力。

赏花路线规划情境:教师展示地图等相关资料,让学生根据课文与地图信息,推测四地桃花开放的顺序,为游客安排赏花路线。在此情境下,学生首先需要明晰影响物候现象来临的几个因素,并在此基础上梳理出几个因素的重要程度,据此判断不同地区花开的顺序,从而解决问题。在这一过程中,学生不仅加深了对"物候"的理解,还掌握了说明顺序,提升了文本结构分析能力。

生活场景对话情境:在任务三中,教师创设秋天到栖霞山赏枫叶的真实情境,开展"推荐赏枫时段"学习活动。活动中,教师通过出示影响枫叶变红的因素以及去年同期的栖霞区气温表,为学生搭建学习支架,引导学生结合课文和材料信息,向阿姨提出最佳赏枫时段的建议,并阐明理由。课后,学生将课堂所学迁移至生活,为亲朋好友推荐赏枫时段,在现实生活中开展真实的交流。创设生活场景对话情境,让学生在生活实际中运用所学,进行实用性阅读与交流,能够深化学生对文本的理解,并引导学生通过创作言语作品,成功实现知识的迁移运用,提升语文素养。

◆ 任务创建

任务一:解密"大自然的语言"

活动 1:判断四幅图片中的现象哪些是"大自然的语言"。

意图:了解学生对知识的掌握情况,引导学生回到文章里精准把握"物候"的科学概念。

活动 2:用自己的话概括什么是"物候"和"物候学"。

意图:提升学生的信息筛选能力和概括能力。

活动 3:课文 1~3 段是如何将"物候"这一科学概念一步步引出的?

意图:梳理内容,理清说明顺序。

任务二:设计赏花路线

活动:请根据课文与地图信息,推测四地桃花开放的顺序,为游客安排赏花路线。

意图:读懂决定物候现象来临的因素。

任务三:推荐赏枫时段

活动:结合课文和材料中的相关信息,向外地的阿姨提出最佳赏枫时段的建议,并阐明理由。

意图:学会运用物候的相关知识,解决真实语境中的交流问题。

◆ 学法创优

运用所学知识解决实际问题,提升学生的语文素养。在"给阿姨提赏枫建议"的对话场景中,学生需结合具体资料,根据对象的特点给出个性化建议。此外,学生课后需将所学应用于生活,围绕"赏枫时段推荐"与亲友开展真实的对话交流,如通过打视频电话为异地亲友分析栖霞山枫叶最佳观赏期。这一设计引导学生在真实情境中调动知识储备,开展语文实践活动,进而解决真实问题,有效地促进了学生语文能力与素养的提升。

以任务为驱动,激发学生主动学习。本节课,教师围绕"物候"及"物候学"的相关知识,设计了"解密'大自然的语言'""设计赏花路线""推荐赏枫时段"三个层层递进的学习任务。学生在完成任务的过程中,从被动接受知识转向主动探寻知识、建构知识体系,提升了自主学习能力。

名师点评

这是一节"有趣、有用、有深度"的实用性文本阅读课。教师通过精妙的设计,将物候学知识转化为可探究的问题、可体验的情境、可实践的技能,实现了知识习得与素养提升的有机统一。具体来说有以下几个特点:

一、多维情境激发探究兴趣,实现生活化语文学习

教师以"自然现象解密""赏花路线规划""生活场景对话"三大情境为支架,将抽象的物候学知识具象化、生活化。通过引导学生观察身边的自然现象,判断其是否属于"大自然的语言",巧妙勾连文本概念与生活经验,激发学生认知兴趣。在"赏花路线规划"情境中,学生需结合地图信息与文本逻辑,推测不同地区物候差异的成因,既锻炼空间思维,又深化对"纬度、经度、高下差异"等影响因素的具象理解。最终以"推荐赏枫时段"的真实对话任务收尾,推动学生迁移知识解决实际问题,让语文学习回归生活价值。三重情境层层递进,体现了"语文即生活"的教学理念。

二、梯度任务构建思维支架,强化逻辑与表达能力

任务设计紧扣学科核心素养,形成"解概念—析规律—用方法"的逻辑。任务一"解密'大自然的语言'"聚焦物候概念建构:通过筛选自然现象图片、提炼文本定义,帮助学生区分自然现象与科学概念,理解实用性文本"由现象到本质"的写作逻辑。任务二"设计赏花路线"侧重规律分析:学生需综合地图方位、文本信息与物候原理,推导四地桃花开放顺序,在跨学科思维碰撞中掌握"抓主次因素"的推理方法。任务三"推荐赏枫时段"强调迁移应用:基于真实需求整合气候数据、物候规律,以口语化表达输出建议,锻炼信息整合与交际能力。三个任务由浅入深,既训练逻辑思辨,又兼顾实用表达,实现思维与语言的双重生长。

三、任务驱动激活主体参与,赋能自主学习能力

课堂以"问题链"驱动学生主动探究,打破传统实用性文本教学的灌输模式。教师通过"为何桃花开放顺序不同?""如何让建议更具说服力?"等开放性问题,激发学生自主研读文本、提取关键信息(如物候影响因素)、构建因果链条(如纬度差异与温度关系)等。小组合作规划赏花路线时,学生需通过辩论辨析主次因素,在观点碰撞中深化对"决定性因素"的理解;模拟对话环节则创设真实交际场景,促使学生将术语转化为生活化表达,实现知识的内化输出。这种"做中学"模式,让学生从被动听讲者转变为主动建构者,在解决问题中发展高阶思维,形成可持续的自主学习能力。

本节课深度践行新课标"素养导向"与"实用性阅读与交流"学习任务群理念。以任务驱动替代知识灌输,学生在解决问题中自主建构知识体系,凸显了"学生主体性";通过真实情境与实践活动,将语文能力转化为"做事能力",呼应了"用语文做事"的课程目标;课堂注重思维可视化,并通过点评引导学生关注表达的准确性与得体性,为实用性文本阅读教学提供了范例。

(徐树忠　江苏省特级教师、正高级教师)

言语·小·创

请同学们以打视频电话的方式,给想来栖霞山赏枫的异地亲友推荐最佳观赏期,注意表达方式。

（南京师范大学附属中学仙林学校初中部　方丽佳）

第三单元

12 关雎

教学实录

前置作业:

1. 结合注释,译读诗歌。

2. 选择诗中最喜欢的一句进行朗读设计。

3. 选择诗中最喜欢的一句进行画面描绘。

师:鲁迅先生曾说,《诗经》——先民之生活,历史的痕迹,这不仅是一部包罗万象的百科全书,更是一部底蕴深厚的文化地图。今天就让我们一起走进两千多年前的先民生活,感受不一样的文化之美。首先,我们先来了解一下什么是有声绘本。

(屏显)

有声绘本是一种结合了视觉与听觉的阅读材料,不仅包含传统绘本中丰富多彩的图画和简洁生动的文字,还融入了声音的演绎,给读者带来一种全新的阅读体验。

师:我们今天要完成两个任务:一个是我们要进行有声绘本的画面与文字的设计,另一个是录制有声绘本的朗读音频。接下来我们就先从朗读开始,第一遍读,读准字音和节奏。

(生齐读)

师:在字音和节奏方面,我们需要注意哪些要点?

生:在节奏上,我认为应该是两字一停顿。比如说,"关关/雎鸠,在河/之洲。窈窕/淑女,君子/好逑。"

生:"窈窕""寤寐""芼"这几个字的字音需关注。

师:大家有没有发现,"窈窕"这两个字的拼音有什么共性特点?

生:它们具有相同的韵母。

师:像"窈窕"这样具有相同韵母的词语,叫作叠韵词。既然有相同的韵母,那能不能在诗中找一找具有相同声母的词?

生:"参差""雎鸠"。

师:非常好,具有相同声母的词语,叫作双声词。所以这首《关雎》运用了很多的双声叠韵词,有何效果?

生:读起来朗朗上口。

八年级下册

师：与节奏有关的除了词语外，还有句式。本诗在句式方面还有怎样的特点？

生："参差荇菜，左右流之""参差荇菜，左右采之""参差荇菜，左右芼之"，这些句子中只有一个动词改了，其他地方都是一样的，长得很相似。

师：有个别词语改了，其他地方一样，这样的形式就叫作重章叠句。同样，读起来也比较有韵律感。其实，重章叠句这个手法我们并不陌生，在《木兰诗》就已经有接触了。

（屏显：《木兰诗》选段）

旦辞爷娘去，暮宿黄河边，不闻爷娘唤女声，但闻黄河流水鸣溅溅。旦辞黄河去，暮至黑山头，不闻爷娘唤女声，但闻燕山胡骑鸣啾啾。

（师生齐诵）

师：在这里，"不闻爷娘唤女声"重复了两次，除了带来韵律美之外，还有什么作用？

生：反复表达木兰对父母的思念。

师：通过知识的迁移，我们发现重章叠句不仅有增强韵律美的作用，也能起到传情达意的效果，待会儿就让我们到《关雎》中细细品味。接下来，按照我们讲解的朗读要点，再来读一遍。

（生再次齐读）

师：第一遍读，我们明确了字音和节奏。第二遍读，我们就要读懂它的内容，结合注释，译读诗歌，试着用自己的话复述故事。

生：这个故事可以分为三部分。首先，男子认为这位女子非常美丽，对她产生爱慕之心。然后，男子对女子非常想念，难以入睡，产生了相思之苦。最后，这位男子给女子进行了一些乐器演奏，想使她和自己亲近。（板书：心生爱慕，欲追→相思之苦，难眠→相知相守，追求）

师：说得很有条理。我们不难发现，这首诗歌为我们呈现了一个很完整的故事，从两个人相遇开始，到男子的心理活动，再到男子采取了怎样的行动。像这样直陈其事，就叫作"赋"。而刚刚提到的男子和女子，在文中也有专门的称呼——男子叫君子，女子叫淑女。我们顺着这一条叙事线索，再给它加一个故事的开篇，就形成了我们有声绘本的四部分内容。接下来就请各个小组发挥你们的聪明才智，仿照我提供的《开篇》示例，为接下来的这三幅图画进行画面描绘和图画配文，并且简要阐述你们设计的理由。请各位小组在写作的时候注意条理性。

（屏显）

《开篇》

画面描绘：以淡雅的青色和白色为背景色调，远处的山峦若隐若现，轻雾缭绕，近处的河流平静地流淌，水面波光粼粼。河中小洲上绿草如茵，其中点缀着几朵野花。洲上两只关雎鸟相伴而立，悠悠和鸣。

图画配文："关关雎鸠，在河之洲"，在诗意与浪漫中，这段跨越千年的深情恋歌就这样开始了。

设计原因：从色彩选择角度来说，画面以淡雅的青色和白色作为背景色调，营造出一种清新脱俗、宁静致远的氛围。从画面中的景物来说，想象出的远处的山峦不仅增加了画面的层次感，还营造出一种朦胧而神秘的美感，近处的河流则是诗中本就具备的元素。河中小洲上的两只关雎鸟是画面中最具象征意义的元素，悠悠和鸣的状态符合诗句。从它们的互动中传递出一种温馨而浪漫的氛围，使得整个画面充满了诗意与浪漫。

（小组讨论,进行设计）

师:同学们讨论得很热烈,首先请第二组分享一下你们所设计的《怦然心动》。

生:我们组的设计以粉色为背景色调,河边站着一位苗条的女子,她的头发飘逸,然后君子站在远处,注视着这位美丽的淑女。图画配文是"一见到这位美丽的淑女,君子便被深深吸引了"。这样设计的原因有,首先以粉色为主色调,可以表达君子对淑女的爱慕之情、对喜欢的人的欣赏以及看到喜欢的人的开心。然后君子应该是初次见到淑女,所以两个人是有距离的,他在默默欣赏这位淑女,所以君子应该是站在远处,这样画面也会更有层次。

师:本诗写的是君子对淑女的追求,可开头却从两只鸣叫的关雎鸟写起,为什么?

生:通过两只雎鸠鸟在河边鸣叫,引出了君子对淑女的情感。

师:那为什么是雎鸠鸟? 不能是其他的水鸟吗?

生:注释说传说中雎鸠鸟雄雌形影不离,其实就是在说君子希望和淑女形影不离。雎鸠鸟和君子淑女之间存在一组比喻的关系。

师:用雎鸠的形影不离来比喻君子和淑女之间的关系,用雎鸠之间关关和鸣求偶这件事情来比喻君子对女子的爱慕和追求,这个手法就是"比"。刚刚邢同学还提到了引出下文,这个手法是"兴",先言他物以引出所咏之物。

师:在图画配文当中,除了有像《开篇》这样对整个故事的概括外,也包括了图画上的人物对话。如果给《怦然心动》中的君子添加一段内心独白,你会怎么添加?

生:我会说:"对面这位淑女长得好生漂亮,我心中对她不禁产生了爱慕之情,不知何时能与她亲近。"

师:非常好。你刚刚提到了"好生漂亮"。这是从诗中哪句话得出的?

生:"窈窕"。

师:"窈窕"是君子眼中淑女的特征。注释说,"窈窕"指文静美好的样子,或许并不单单是指外表的美丽。在文中找一找,淑女还有怎样美好的品质?（板书:外表美丽）

生:我找的是"参差荇菜,左右流之",通过注释我们知道"流"是求取的意思,而文中淑女求取荇菜被提到了三次,可以体现她十分勤劳。（板书:品行美好:勤劳）

师:文中三次提及淑女采摘荇菜,用了三个动词,这三个动词很有趣,它们都有摘的意思,为什么不能就用一个"采"字? 这三个字有什么区别呢?

生:"流"是在水中摸索。"采"是摸索到了之后把它摘下来。

生:"芼"是在采到的荇菜当中进行二次筛选,最后选出来的才是好的荇菜。

师:这是淑女采摘荇菜的过程,也是什么过程?

生:是淑女筛选她的追求者的过程。她对待爱情比较认真,不敷衍,是很理智的。（板书:理智）

师:我们通过三个动词体会到了淑女的形象。开头第一章,我们该如何朗读才能凸显君子初遇淑女的欣喜呢?

生:重读"窈窕"和"好逑",整体的语调上扬,读得轻快一些。

（生齐读）

师:接下来我们来看到第三幅图《相思之苦》,请聂同学分享你们组的设计。

生:我们组的画面描绘的是月光透过竹帘洒在床前,君子躺在床上,辗转反侧,若有所思,配文是"求之不得,寤寐思服,悠哉悠哉,辗转反侧"。这样设计的原因是从画面的景物来说,月光可以营造出静谧的氛围,体现了君子对淑女的思念与爱。

师:那"辗转反侧"时,君子是不是也可以有一句内心独白呢?

生:我好想念那位淑女啊!

师:你认为说几遍比较合适?

生:至少 3 遍,君子应该是一直说的,有一句话是"悠哉悠哉"。

师:所以"悠哉悠哉"这句话怎么朗读会比较合适?

生:更缓慢,更悠长一点,这样才能表现他一直在思念着淑女。

师:君子是一个什么样的人?

生:他是一个坚持不懈的人,"悠哉悠哉"体现出他反反复复地在思念。(板书:坚持不懈)

生:"寤寐"也能体现出君子每天都在坚持不懈地表达他的爱恋。

生:君子还是一个非常痴情的人,因为他没有动摇过对淑女的爱恋。(板书:爱之深切)

师:君子爱得如此深切,可是淑女知不知道?

生:淑女应该是不知道的,如果知道的话可能挺害怕的,毕竟两人是有距离的。

师:想象一下,如果君子向淑女贸然表达了爱意,淑女还会怎么样?

生:可能会拒绝他。

生:对于淑女来说,这样深切的爱可能会是一种沉重的负担吧。

师:所以君子还是一个怎样的人?

生:理智,尊重对方的想法。(板书:爱之理智)

师:爱得理智不代表不会采取行动,接下来君子在做什么呢?

生:弹琴、敲钟、击鼓,让淑女快乐。

师:所以"窈窕淑女,寤寐求之""窈窕淑女,琴瑟友之""窈窕淑女,钟鼓乐之"反复出现,都是在向我们强调君子对淑女的爱意。重章叠句在情感表达上的妙处,在这里就体现出来了。那为什么一开始的时候君子不敲钟击鼓呢?

生:可能想观察一下淑女的内在品德。

生:他想了解一下淑女的择偶标准,然后朝着那个方向改变自己。

师:那你发现君子做出了怎样的改变呢?

生:他从一开始只会想,到付出了行动,开始弹琴,变得非常高雅。(板书:改变自我)

师:他因为淑女的要求变得高雅,从侧面反映出淑女应该也是怎样的人呢?

生:淑女也是一个情趣高雅的人。(板书:高雅)

师:这一部分君子的情感变化很大,"悠哉悠哉"要读出思念绵绵不绝之感,比较缓慢低沉,那"求之不得"呢?

生:这里可以读快一些,表现君子心中的急切和求之不得的痛苦。

(生齐读)

师:接下来是最后一部分《相知相守》。张同学,请你们组来分享一下。

生:我们组的画面描绘的是以暖色调为背景。在一条缓缓流淌的河边,一位美丽的淑女正低头弯腰,仔细挑选自己满意的荇菜。一位男子悄悄站在女子的身后,放下琴弹奏一曲又一曲,一阵清风吹拂,将女子的头发吹起。我们的画面配文是"'窈窕淑女,琴瑟友之',在琴声中君子展开了对淑女的追求。"从色彩选择角度来说,暖色调可以体现出君子内心此时的激动和两者关系变亲近的欢喜,营造一种温馨的氛围。从画面上人物的动作来说,君子弹琴是他表达对淑女的爱的方式。

师:你们组的设计当中好像少了一个点,有"琴瑟友之",那"钟鼓乐之"也不能丢掉啊。钟鼓是礼乐制度的一部分,通常会用在贵族或者是庙堂等比较庄重或者喜庆的场合,你能联想到什么场合比较贴合我们这首诗歌呢?

生:婚礼。

师:所以,君子似乎不仅和淑女关系亲近了,可能还跟淑女修成正果了。你认为,他真的追到淑女了吗?

生:应该没有吧,不会那么容易的。

生:我也觉得没有,这里只是想象了举行婚礼的场景。

师:如果是想象的话,这个画面当中可以再增添什么元素?

生:可以增添几个泡泡,泡泡里面是婚礼的场景,代表的是君子想象的内容。

师:其实无论君子到底是真的和淑女结婚了,还是只是在想象之中和淑女修成正果,对于他来讲,都是一件令他快乐的事情。所以最后这部分我们该如何读呢?

生:要读得兴奋、喜悦一些。

(生齐读)

师:求得与未求得或许并没有那么重要了,重要的是在此过程中,君子始终没有放弃过对美好的追求,也始终没有忘记过自己作为君子所应遵循的礼节。所谓"发乎情,止乎礼",《关雎》之所以能成为"《诗》三百之首",不仅因为情之真挚,更因为情之分寸。到目前为止,有声绘本的主要部分已经设计完成,我们这本《关雎》有声绘本还缺少一个封面与封底,那就可以使用 AI 绘制了。请以小组为单位完成封面或封底的设计,然后评一评,哪一组设计得更贴合主题。

(屏显)

内容	要求	设计
封面	① 符合绘本主题,反映绘本的核心思想 ② 突出绘本亮点情节、人物形象等 ③ 与读者产生共鸣,触动读者的情感,让读者对绘本产生更好的印象	
封底	① 与封面协调,有时封底会与封面合成一幅画 ② 提供必要的信息,如故事结尾等 ③ 色彩应与绘本的主题和风格相匹配	

(生分小组讨论并使用 AI 语音输入指令,生成封面或封底)

师:绘声绘色品《关雎》,学情学理悟人生。这是一首跨越千年的深情恋歌,更是一位君子追寻美好的人生自白——热烈追求而不逾矩,求而不得也不过分悲伤。愿同学们也能以真挚的情感、高尚的品德和坚定的信念去追求和创造美好人生,做有情怀、有智慧、有担当的当代君子。

本课板书:

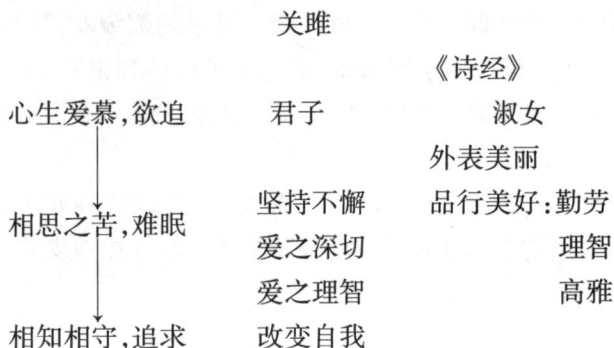

关雎

《诗经》

心生爱慕,欲追　　君子　　　淑女

外表美丽

相思之苦,难眠　　坚持不懈　品行美好:勤劳

爱之深切　　　　　　　理智

爱之理智　　　　　　　高雅

相知相守,追求　　改变自我

教学创想

◆ 情境创设

跨媒介学习情境:教师设计有声绘本创作情境,以画面描绘、形象感知、朗读设计等语文学习活动为载体,融合文字、图画、声音等多种媒体元素,引导学生在三幅图画的构思与创作过程中,结合补充的"钟鼓"、礼乐制度等资料,充分发挥想象力,沉浸式感受和理解两千多年前的先民日常生活与精神世界,激发学生联系历史背景主动探究、创新表达的兴趣。

认知建构情境:教师引导学生勾连已学的《木兰诗》,体会重章叠句的韵律美和情感美,从而过渡到《关雎》中运用重章叠句手法的句子。通过反复朗读、分析关键词句体会人物情感等方式,引导学生更好地理解《诗经》中重章叠句手法的妙处,并以推荐语创写活动评价学生对该手法的掌握情况。这种情境有助于学生在已有的认知基础上进行知识的迁移和拓展,构建更加完整和系统的知识体系,并能在自主鉴赏文章语言特色的基础上进行创造性运用,实现语言表达能力的提升。

模拟人物情境:在对《怦然心动》《相思之苦》等画面设计的讨论中,教师引导学生带入人物角色,补充君子当下的内心独白,这有助于学生深入感知君子在整个故事发展过程中的情感变化,结合时间的推移、追求方式的不断转变、高雅情趣的培养等方面,理解君子"发乎情,止乎礼"的形象,进而在朗读设计任务中,通过齐读、个人读等多种方式,以君子的形象特征与情感表现为出发点,通过语速的变化、语调的升降等方式,充分表达赞美倾慕、爱而不得的痛苦、沉浸想象的愉悦等多元情感,加深了学生对诗文情感与文化主题的理解。

◆ 任务创建

任务一:朗读,体会《诗经》的韵律美与情感美

活动1:齐读,读准字音,读准节奏。勾连《木兰诗》,感受重章叠句的韵律美。

意图:巧妙勾连,引导学生运用比较阅读的方法,进行知识的迁移理解。

活动2:分析抒情主人公情感的变化,感受重章叠句的情感美。

意图:引导学生抓住关键词,深入分析抒情主人公的情感变化,提升对诗歌语言艺术的鉴赏能力。

任务二:想象,理解《诗经》的画面美与形象美

活动1:结合注释,读懂故事。

意图:激发学生的联想和想象,明确《关雎》中"赋比兴"手法的运用。

活动2:结合具体词句,想象君子的内心独白。

意图:抓住关键词分析人物形象,理解君子与淑女形象背后的文化内涵,培养文化自信。

活动3:结合对《关雎》内容主题及人物形象的理解,设计有声绘本的封面和封底并进行评选。

意图:将阅读体验转化为视觉艺术表达,加深主题理解的同时培养审美鉴赏能力。

◆ **学法创优**

融合多媒体元素,激发学习兴趣。教师利用 AI 技术,充分调动学生视觉、听觉等感官,为学生提供了一个全新的学习场景。有声绘本这一创新任务情境的设置,容易激发学生的学习兴趣,提升学习活动的参与度,在创作过程中体验语文学习的乐趣与成就感,从而促使他们更加主动地探索《关雎》这首诗歌乃至《诗经》所传递的文化内涵。而在通过指令、现场生成封面和封底的过程中,学生能够通过小组间不同指令所生成的不同图画的对比,更加直观地理解诗歌中的意象和意境,促进了深度学习的发生。

小组合作探究,强调实践运用。一方面,有声绘本的创作以学生的想象力和创造力为基础,其中包含大量需要学生实际操作的学习活动,如画面描绘、图画配文、朗读设计等。在创作的过程中,需要学生运用诗歌鉴赏方法,抓住关键词分析人物情感和形象、人物所处的环境特征等,再结合美术等学科相关知识予以形象化的表现,培养了学生的自主学习能力和跨学科学习的能力。另一方面,小组合作能够降低个人完成相同学习任务的难度,组内成员通过相互讨论、分工协作,激发思维碰撞和创意火花,从而高效地进行画面设计和图画配文等语文学习活动。

名师点评

《义务教育语文课程标准(2022 年版)》中明确指出:"教师要关注互联网时代日常生活中语言文字运用的新现象和新特点,认识信息技术对学生阅读和表达交流等带来的深远影响,把握信息技术与语文教学深度融合的趋势,充分发挥信息技术在语文教学变革中的价值和功能"。单老师无疑是深谙其道的,本节课充分体现了互联网时代语文生活的变化和语文教与学方式的变革,可圈可点之处颇多。

其一,利用网络平台巧妙拓宽了学习空间。在互联网时代,学生的学习空间相较于传统教学应该是更为宽广的。在这节课中,学生借助 AI,绘制有声绘本的图画,然后通过视频制作软件,将朗诵音频与图画相结合,完成有声绘本的创作。这样既使学习从教室空间突破至更为广阔的互联网空间,丰富了学习资源和学习形式,提供了多层面、多角度的阅读、表达和交流的机会,促进了师生在语文学习中的多元互动,同时也为学生的个性化、创造性学习提供了条件。

其二,充分体现了语文学习的任务群的特点。本节课中,单老师围绕"有声绘本的创作"这一主任务,创设了三个子任务,分别是:朗读,体会《诗经》的韵律美与情感美;想象,理解《诗经》的画面美与形象美;创写,体悟《诗经》的语言美和文化美。这样一来,在单篇课文教学中就形

成了一个任务群。任务群的设计既体现了语文与生活的结合,也体现了语文教学要注重听说读写的内在联系,追求语言、知识、技能、思想、情感、文化修养等多方面、多层次发展的综合效应的理念。

其三,紧紧扣住语文学习的特点设计任务。语文课程是一门学习国家通用语言文字运用的综合性、实践性课程。也就是说,语文课程归根到底应引导学生在真实的语言运用情境中,通过积极的语言实践、积累语言经验,体会语言文字的特点和运用规律,培养语言文字运用能力。单老师在本节课中,虽然采用了全新的教学形式,也借助了现代化的教学媒介,但并非浮于表面的。相反,纵观整节课,单老师始终引导学生在语言文字中不停穿插,在听、说、读、写的语言实践中积累语言经验、把握语言规律。

《诗经》因历史悠久,远离今天的时代,教学难度可想而知。在教学中,教师如果还是因循守旧,不懂变通,始终用讲授式的方式来展开教学,其教学效果也是可想而知的。单老师紧扣语言教学特点,以跨媒介和任务群的形式展开教学,既回应了互联网时代语文学习的新变化、新追求,也尊重了学生学习语文的规律,给一线语文教师提供了很好的示范,值得大家学习。

(付小明　江苏省教学名师、正高级教师)

言语·小·创

借助 AI,绘制有声绘本的图画部分,然后通过视频制作软件,将朗诵音频与图画相结合,完成有声绘本的创作。

内容	指令词	AI 生成效果图
封面	一位淑女在河边俯身采摘荇菜,河中小洲上有两只关雎鸟相视而立,河面上有雾气笼罩,远处的雾气中,一位君子正默默地凝望淑女。在画面正中写有"关雎"二字。	
《开篇》	以淡雅的青色和白色为背景色调。远处的山峦若隐若现,轻雾缭绕;近处的河流平静地流淌,水面波光粼粼。河中小洲上绿草如茵,其中点缀着几朵野花。洲上两只关雎鸟相伴而立,悠悠和鸣。配文是"关关雎鸠,在河之洲"。在诗意与浪漫中,这段跨越千年的深情恋歌就这样开始了。	

内容	指令词	AI 生成效果图
《怦然心动》	以粉色为背景色调。河边站着一位苗条的女子，她的头发飘逸；君子站在远处，注视着这位美丽的淑女。配文是"一见到这位美丽的淑女，君子便被深深吸引了"。	
《相思之苦》	月光透过竹帘洒在床前，风度翩翩的君子躺在床上，辗转反侧，无法入睡，表情很是苦恼。画面配文："求之不得，寤寐思服。悠哉悠哉，辗转反侧。"	
《相知相守》	由两幅图画构成，都以暖色调为背景。第一张是在一条缓缓流淌的河边，一位美丽的淑女正低头弯腰，仔细挑选自己满意的荇菜；一位男子悄悄站在女子的身后，放下琴，弹奏了一曲又一曲，一阵清风吹拂，将女子的头发吹起。画面配文："'窈窕淑女，琴瑟友之。'在琴声中君子展开了对淑女的追求。"第二张是一位君子坐在桌前沉思，脸上带着微笑，上方是一个泡泡，泡泡里是他和淑女正身着礼服举办婚礼。	
封底	一位君子站在河边，天上有飞鸟盘旋。画面中央从上到下有两个泡泡，上方的泡泡中是君子与淑女的相识，下方的泡泡中是君子与淑女在婚礼上互相敬酒。	

（南京江北新区浦口外国语学校　单　明）

第四单元

13　最后一次讲演

教学实录

前置作业:

1. 查找资料,了解优秀演讲构成的因素。

2. 梳理闻一多先生讲演的思路。

3. 找文中最能打动你的一个片段,拍成演讲视频。

师:同学们,第十一届"叶圣陶杯""扎中华文化根,筑拳拳中国心"演讲比赛开始了! 赵同学为参加演讲比赛选拔,录制了《最后一次讲演》的视频初稿,但是他对演讲视频的效果不太满意。今天,我们化身"演讲顾问团",帮他诊断问题、升级演讲!

(生观看演讲视频片段)

师:很有感染力的一次演讲。我们来听听赵同学为什么这么设计。

生:我当时想着,这段演讲内容有闻一多对李公朴被暗杀的愤怒,所以用了激动的语气;"人民的力量是要胜利的"那里想给听众信心,所以做了必胜的动作。

师:感谢赵同学的发言。其他同学怎样评价他的演讲呢?

生:他的声音很有激情,还设计了很多动作。

生:表情可以再严肃一点。语气是不是可以有变化呢?

生:闻一多先生当时是盯着反动派骂的,所以他在讲的时候也应该和听众有眼神交流。

师:顾问团观察得很仔细! 在演讲中,如果"忽视听众",会让演讲变成独角戏;如果"结构模糊",会让观点乱如麻;如果"语言温吞"呢,就会让热血变成凉白开,最终演讲的效果也就大打折扣了。

(屏显)

师：这是大家课前提交的优秀演讲构成因素的词云图。从图中，我们可以清晰地看到，好的演讲需要具备哪些条件？

生：要能引起听众的情感共鸣，要条理清晰，还要适合听众，等等。

师：是啊！优秀演讲的三大"基因"是：针对听众，箭无虚发；条理清晰，步步为营；字字铿锵，句句燃情。今天，我们就用这三个"基因密钥"，提升赵同学的演讲效果！

师：演讲的第一要义是"对谁说""为何说"。请大家速读课文，分小组讨论：闻一多先生的《最后一次讲演》是对谁说的？为何说的？同学们可以从听众类型、现场表现、演讲目的和情感关键词这四个维度去思考。（板书：最后一次讲演　闻一多）

（生小组讨论后分享）

生：闻一多对特务说："这里有没有特务？你站出来！是好汉的站出来！"他还义愤填膺地骂他们"无耻"，这是为了揭露特务们暗杀李公朴的无耻行为。

生：当时还有很多爱国青年。第6段中"我们有这个信心"，闻一多在讲这个话的时候获得了很多的掌声，说明现场有很多像闻一多一样的爱国人士。还有第8段中讲道："我们昆明的青年决不会让你们这样蛮横下去的！"他是要号召大家一起为争取民主和平而奋斗。

生：我们组认为现场应该还有广大的市民。第5段中，"看今天来的这些人，都是我们的人，都是我们的力量！此外还有广大的市民！"还有第7段中，"我们要发扬云南光荣的历史！（听众表示接受）"闻一多讲这些话是想让广大市民和他们一起。

师：为了团结更多的人。同学们，不同的听众，不同的情绪。那么，在演讲时，针对不同的听众，赵同学应该怎么调整演讲方式呢？

（板书：听众）

生：对反动派，可以狠狠地盯着他，语气也要凶一点。

生：对爱国青年说的话，可以做出握拳的动作，鼓舞他们。

生：对群众和青年讲的时候，眼神多一点期待和鼓励。

生：声音也可以有变化，像第5段中讲到"希特勒，墨索里尼，不都在人民之前倒下去了吗？"我觉得还可以带点嘲笑。

师：带点嘲笑，可以请你给大家演示一下吗？

生：（演示）你们杀死了一个李公朴（怒视特务），会有千百万个李公朴站起来！你们将失去千百万的人民！你们看着我们人少，没有力量？（声音变轻）告诉你们，我们的力量大得很，强得很！（声音提高）看今天来的这些人，都是我们的人，都是我们的力量！此外还有广大的市民！我们有这个信心：人民的力量是要胜利的，真理是永远存在的。历史上没有一个反人民的势力不被人民毁灭的！希特勒，墨索里尼，不都在人民之前倒下去了吗？（带点讽刺）翻开历史看看，你们还站得住几天！你们完了，快完了！（语速放慢，声调上扬）……

师：掌声献给善于思考、乐于表现的李同学！同学们，针对不同的听众，我们要有不同的表现，聚焦听众，将情感分层。平时阅读演讲词时，我们可以圈画文中表达不同情感的句子，尽可能地去体会演讲者的"靶心意识"。

（板书：情感分层）

师:演讲的骨架是结构,血肉是语言。下面,请同学们速读课文,梳理演讲脉络。

生:这篇文章第1~3段先写了暗杀李公朴是历史上最卑劣最无耻的事情,又讲了李公朴无罪而遭受到国民党没有证据的偷摸暗杀,反动派为推脱罪责造谣污蔑。

师:他在痛斥反动派的罪恶。

生:第4~5段,闻一多先生列举史实证明了人民群众的力量是历史发展的规律。最后,第6~12段,闻一多发出号召,指明李公朴牺牲的意义,并且号召青年继续奋斗。

师:分了三个部分。大家有没有要补充或完善的吗?

(生思考)

师:左同学说闻一多先生一开始在痛斥反动派的罪恶的时候,除了批判他还讲了什么?反动派的行为,他说了是无耻的,对吧?那么对李先生呢?

生:李先生是光荣的。

师:所以他在痛斥反动派的罪恶的时候,其实——

生:还赞扬了李先生的英雄行为。

师:是啊!那大家想想,这三部分能调换顺序吗?

生:不能,因为这样讲比较有逻辑顺序。他先将特务杀害李公朴的事实解剖了一下。

(板书:逻辑)

师:剖析,是不是?

生:是的,然后有了这个事实,再去号召广大青年奋斗,这样更符合逻辑,节奏也更适合。

师:那赵同学的全文演讲,我们可以给他哪些建议呢?

生:可以用手势区分层次,就像我唱歌会习惯性打节拍那样。

生:我觉得也可以用变换位置来提醒自己。

(板书:手势 位置)

师:是的,我们可以用不同的方式来告诉听众、提醒自己。除了演讲时思路要清晰之外,我们接下来深入闻一多先生的语言武器库,看看他如何用文字和声音将情感转化为"子弹",精准击穿敌人的谎言,点燃民众的热血!

(屏显)

【A】你们以为打伤几个,打死几个,就可以了事,就可以吓倒人民了。其实广大的人民打不尽也杀不完。

【B】你们以为打伤几个,杀死几个,就可以了事,就可以把人民吓倒了吗?其实广大的人民是打不尽的,杀不完的!

师:请大家大声地读一读这两句话,哪句更有感染力?

生:B句。因为它用了反问语气,还用了感叹号,感情语气更强烈,批判了反动派的凶残和愚蠢,表达了对敌人的蔑视。而A句语气很平淡。

师:说得真好,你关注到了这句话的句式和标点。那这句话该怎么演讲呢?

生:讲的时候眼睛紧紧地盯着特务,"打伤""杀死""吓到"可以用愤怒的语气,而"打不尽的""杀不完的"可以重读,要很有力量。

师:你给这句话设计了语气和动作。(板书:语气　动作)那大家再在文中找找这种富有感染力的句子,然后给它也设计一下语气和动作。建议大家可以从修辞、句式、标点符号等角度去找句子,先分析,然后再进行设计。

生:"正义是杀不完的,因为真理永远存在!"我觉得"正义""真理永远存在"都可以重读,这句话是为了告诉在场的所有爱国人士,真理永远会战胜邪恶,所以这句话可以呼喊出来,然后再有一个握拳的动作。

师:你可以试讲一下吗?

生:正义/是杀不完的,因为/真理/永~远~/存在(右手握拳高举过头顶)!

师:感谢你的试讲,停顿还有延长的设计,真的很棒!

生:第2段很有感染力。"这里有没有特务?"是闻一多在质问,可以伸手指着台下,语气愤慨。后面还可以来回走动来表现闻一多内心的气愤。"……无耻啊! 无耻啊! 这是某集团的无耻,恰是李先生的光荣! 李先生在昆明被暗杀,是李先生留给昆明的光荣! 也是昆明人的光荣!"这里连用几个感叹句反复提到"光荣",语气激昂强烈,讲的时候可以眼神坚毅,讲得振奋人心。

生:"你站出来! 是好汉的站出来!"这里短句、反复和感叹号的连用,讲的时候身体微微前倾,作出挑战的姿态。

师:斥责特务时,想象特务就在下面,指着台下的特务痛骂他们。

生:第12段。"我们"那里可以握拳放在左胸前,重读"牺牲""跨出大门"等,用激昂的语气表达"我们"不怕牺牲的精神。

生:第8段中,"你们看见联大走了,学生放暑假了",这里声音可以轻一点。后面的"便以为我们没有力量了吗?",反问反动派,语气上扬。到"特务们! 你们错了"这里,可以指着特务们,甚至可以拍桌子。

师:请你示范一下。

生:反动派/挑拨离间,卑鄙/无耻,你们/看见联大走了,学生/放暑假了(声音轻缓),便以为/我们没有力量了吗? 特务们! (手指特务)你们错了! (拍桌子)你们看见/今天到会的一千多青年,又握起手来了,我们昆明的青年/决不会让你们这样蛮横下去的! (右手握拳)

(生鼓掌)

师:感谢各位顾问的倾囊相授。通过解码,我们发现语言的鼓动性不是嘶吼,而是精准的设计。(板书:语言)接下来,请大家像闻一多一样,将这些语言武器与手势相结合,为赵同学设计一套"立体化作战方案"。优化时请聚焦以下三点:如何增强听众针对性? 如何突出清晰条理? 如何提升语言鼓动性? 要求小组合作,汇报时组内一人先分析,然后一人做演讲展示。

(生讨论后汇报)

生:我们组认为赵同学在对反动派讲的时候,可以压低声音,手指着其中一个地方,目光坚定,语气要愤怒;号召爱国青年奋斗时,眼神里可以有更多的鼓励。为了突出演讲的条理性,我们觉得变换演讲时的位置比较合适;再配上音乐,可能效果更好。最后,用高举手臂呼喊"我们不怕死"来感染听众。

（生演示）

生：课文第 2 段那里痛骂特务"无耻啊"的时候，有重复。第 5 段的"你们完了"那里，我们也想把它改成重复的形式，连续三遍，每遍都提高一点音量，然后配合捶桌动作，在气势上让反动派害怕。我们还设计了通过跺脚来突出演讲的条理，但又觉得怪怪的，好像不大自然。

师：先请试一下。

（生演讲展示，但是演讲内容和跺脚没有配合好）

师：很有想法的小组。同学们，重复本身就是一种力量，但过多的重复和动作有时候也会造成演讲者的负担。就像这个跺脚的设计，如果没有好好斟酌过，那这个演讲的表现就会显得浮夸了。如果是这样，那我们该怎么做呢？

生：我们再想想，删掉一点动作。

师：好的，期待你们的方案。

生：我们组想设计闻一多先生带一把枪，讲完后向天空开一枪，震慑反动派，这样可以吗？

师：大家思考一下，可不可以？

（屏显）

1946 年 7 月 11 日，李公朴因参加爱国民主运动，在昆明被国民党反动派的特务杀害。李公朴追悼会上，李夫人愤怒地控诉国民党反动派卑劣的罪行，报告时泣不成声，一千多听众大都潸然泪下。而竟有一些歪戴帽、戴黑眼镜的特务分子不顾纠察队一再制止，在会场中抽烟、说笑，无理取闹，想造成混乱，趁机杀害闻先生，但因为人多不敢下手。闻先生本来并不准备讲话，现在看到敌人这样猖狂实在抑不住心头的愤怒，于是走上讲台，发表了此次讲演。当天下午，他被暗杀。这篇课文是这次讲演的记录整理稿，所以被称为"最后一次讲演"。

生：在李公朴的追悼会上，闻先生本来是不准备讲的，后来看到敌人这样猖狂实在抑不住心头的愤怒，于是发表了此次讲演，可见他是没有准备的。

生：这是闻一多先生的最后一次讲演。如果他带枪了，也许他就可以保护自己了。

师：是的，既然是一次即兴演讲，那么他也不可能准备什么，一个人，一张嘴，"鼓壮志，动人心，气冲斗牛，声震天地！"

生：我们在对待听众方面和第一组差不多，不过我们想用服装来让演讲者更像闻一多，这样听众也能身临其境，更有感染力。

（生装扮后进行片段演讲）

师：各组都很有自己的看法，请大家将优化建议写在便利贴上，贴到黑板"共创区"，以便分享。

师：今天，我们的"顾问团"解锁了演讲的神秘钥匙，优化了演讲方案，还发现了演讲设计的核心原则：道具和动作要服务于听众，逻辑标记需自然融入表达，情感爆发要有文本依据。同学们，演讲不仅是技巧的比拼，更是良知与勇气的呐喊。愿同学们像闻一多先生一样，做真理的传声筒，做时代的击鼓人！

本课板书：

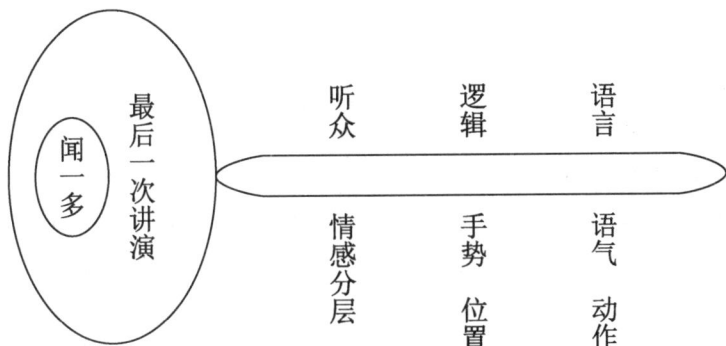

教学创想

◆ 情境创设

这节课创设了学生化身"演讲顾问团"的情境,将学习场景转化为真实的演讲比赛优化任务,让学生在具体的情境中学习如何演讲,感受演讲的魅力。

具体而言,让学生以"顾问团"身份分析同学的演讲案例,有效激发学生责任感与参与热情。以赵同学真实的演讲视频作为导入,学生在不断帮助同学解决演讲困惑的同时,也在不断学习演讲知识。升级演讲环节,以优化作战方案的方式加深了学生对演讲内容和情感的理解,调动他们的所学知识,具体运用到实践中。在小组合作中,学生们相互讨论,设计演讲语气和动作,既锻炼他们的团队协作能力,还使他们在提建议和模拟演讲中更加真实地再现了演讲者风采,能综合体现学生的语言运用能力和表现力。

综上所述,这节课通过视频辅助教学、模拟演讲等策略让学生沉浸式体验角色,让他们在激烈讨论中深刻体会到了闻一多先生的精神魅力和演讲的艺术,也提高了学生的学习兴趣和参与度,还促进了学生的思维发展和能力提升。

◆ 任务创建

任务一:初探演讲,情感分层

活动1:小组合作,多角度思考演讲是"对谁说""为何说"?

意图:明确演讲时需要锁定多重听众。

活动2:从多维听众角度,给赵同学提调整意见。

意图:明确演讲时要聚焦听众、情感分层。

任务二:优化演讲,解码技巧

活动1:速读课文,梳理演讲脉络。

意图:引导学生了解演讲的条理性特征。

活动2:结合文中富有感染力的句子,设计语气和动作。

意图:引导学生理解鼓动性语言现场感染力。

任务三:升级演讲,完善表现

活动:聚焦演讲特征,为赵同学设计优化方案。

意图:明确演讲设计要依据文本和事实。

◆ **学法创优**

从学法创优的角度来分析这节课,我们可以探讨如何通过优化学习方法和策略,提升学生在演讲方面的能力。具体有以下三点:

1. 通过"顾问团"角色设定,以情境化学习方式引导学生,用问题解决者的身份参与活动,增强学习代入感,提升学生主动思考的积极性。作为"顾问",学生不仅要理解演讲的要素,更要建立要素和优化方法之间的因果关联,最终产出实施性强的方案,从而实现深度学习。

2. 通过任务式驱动(搜集信息、诊断分析、提意见等),学生将隐性知识转化为显性方案,将对演讲的知识理解上升到方法策略,为后续迁移应用奠定了基础。这样互动的学习方式激发了学生的主动学习意识,培养了学生的高阶思维能力。

3. 从不同角度(修辞、句式、标点)、不同方式(赏析、比较),分析演讲词的语言特点。这些分析方法有助于培养学生的思辨性和细致入微的观察能力。学生在深刻理解演讲词语言的鼓动性和感染力的同时,也能提升语言鉴赏和运用能力。

综上所述,这节课通过情境化学习、互动式学习和思辨性学习等多种学法创优策略,有效地提升了学生的学习效果和表达能力,还促进了其综合素质的发展。

名师点评

胡老师的这节课展现了一节好课的典型样态,在情境建构、任务设计、学法创新等方面进行了有成效的探索。通过历史情境的立体还原、学习任务的层递设计、多维学法的有机整合,成功提升了学生的语文素养。特别是在处理语言训练与价值引领的关系上,实现了能力培育与立德树人的统一,为红色文学作品教学提供了可资借鉴的范式。

课堂以"历史重现"为核心的情境创设策略,构建了立体的教学场域。首先通过背景介绍搭建历史认知框架,然后利用视频资料营造视觉化场景,最后以角色扮演实现切身体验,形成"认知—感知—体验"的完整闭环。这种设计充分体现了让学习真实发生的教学理念,特别是将学习文本转化为可参与的演讲实践,符合维果茨基"最近发展区"理论对教学支架的设定。

角色扮演环节的创新之处在于实现了从"旁观者"到"参与者"的认知跃升。通过代入历史人物的心理,学生不仅需要理解演讲内容,更要揣摩特定历史语境下的情感逻辑。这种沉浸式学习符合具身认知理论强调的"身体参与",使抽象的学习过程转化为可感知的具身经验。在教学中,教师特意设置"痛斥反动派"的即兴表达环节,既保持了历史情境的真实性,又为学生预留了创造性诠释空间。

三个层递性任务的设计体现了布鲁姆认知目标分类学的进阶逻辑。从"识别判断"到"分析评价"再到"创造应用",形成螺旋上升的能力培养链。特别值得注意的是任务中的设问,看似简单实则暗含批判性思维训练,要求学生在语言分析中进行价值判断,这正是语文学科核心素养中"思维能力"的具体体现。

　　信息表填写、小组讨论等活动形式的设置,使课堂从教师独白转向多元对话。这种转变不仅提高了学生的参与度,而且培养了学生的协作学习能力。值得肯定的是,教师将信息归纳能力培养融入任务活动,实现了方法指导与内容学习的自然融合。思辨性学习的实施路径展现出深度学习的特征。通过比较分析、多角度鉴赏等思维活动,推动学生从事实性认知走向概念性理解。特别是在语言分析环节,教师引导学生关注标点符号的表意功能,这种微观层面的文本细读训练,有效提升了学生的语言敏感性,为创造性思维的培养奠定了方法论基础。

　　这节课整体设计凸显了"以生为本"的教育理念,三大学法构成支持个性发展的学习支架。情境化学习满足体验型学习者的需求,互动式学习照顾学习者特点,思辨性学习则服务于高阶思维能力的培养。而将爱国主义教育融入语言学习,实现了工具性与人文性的统一,符合语文课程立德树人的根本要求。

（赵富良　江苏省特级教师、正高级教师）

言语·小·创

扫描下方二维码,获取视频。

（宁波市奉化区西坞中学　胡盼云）

第五单元

起始课

教学实录

师：同学们，我们即将开始游记单元的学习，想必大家之前已经通读了本单元的文章。在上课之前，老师布置了一个讨论话题，并让大家准备好自己印象最深的一次旅游照片，现在我们就来分享一下这些旅行中的美好感受与奇妙经历。谁先来？

生：老师，我先说。我去了海边，那里的大海一望无际，海水特别蓝，沙滩上的沙子又细又软，踩在上面特别舒服。我还看到了美丽的落日，真的太美了！

（屏显：海边风景图和学生在海边的照片）

师：听起来就很美好，那在海边玩的时候有没有什么特别有趣的事情呢？

生：有啊，我还捡了好多贝壳，各种各样的，可漂亮了。

师：很不错的经历。还有哪位同学想分享？

生：我去了黄山，那里的山峰特别奇特，云雾缭绕，就像仙境一样。我爬了天都峰，特别陡峭，爬到山顶看到的风景真的太震撼了。

（屏显：黄山风景图）

师：黄山的奇松、怪石、云海确实闻名遐迩。看来不少同学都有很精彩的旅行经历。那现在老师有个问题，我们如何将自己这段美好的旅游经历变成一篇引人入胜的游记呢？大家先浏览一下单元导读的学习提示，运用圈点勾画的方法探究一下游记的学习要点。

（生浏览课本，圈点勾画）

生：我觉得游记要写游览见闻，还有山水风光、人文胜迹。

师：这就是游记的描写对象。还有吗？

生：要写作者是怎么把游览过程中的景点连起来的。

师：对，这就是作者游踪。那还有其他要点吗？

生：要把风景写得独特美好，还要感受作者的语言特色和情感。

师：完全正确。我们总结一下，游记的要点包括：描写对象，即游览见闻、山水风光、人文胜迹；作者游踪，即作者如何连缀游览过程中的诸多景点；写景技巧，即如何将风景写得独特美好；语言欣赏，即感受不同作者富有特色的语言；作者情思，即体悟作者在风景游览过程中所产生的情感。

师:好的,在明确了本单元的学习要点之后,我们就要正式进入游记天地了。(板书:游记散文)同学们,老师课前做了一个问卷调查,问大家本单元四篇文章的游览地,更愿意去哪一个地方。现在我们来看看调查结果:18位同学更愿意去壶口瀑布,10位同学更愿意去各拉丹东,8位同学更愿意去勃朗峰,7位同学更愿意去丽江。谁来说一说,为什么你更想去你选择的地方呢?

生:我更想去壶口瀑布,因为我在电视上看到过,瀑布特别壮观,水流很大,感觉特别震撼。

师:确实,壶口瀑布的磅礴气势很吸引人。那还有其他同学想说吗?

生:我想去勃朗峰。我觉得那里的雪山肯定特别美,而且还能坐马车,感觉很有意思。

生:我想去丽江古城,因为玉龙雪山很出名,而且那里的风土人情跟我们这里不一样,去了肯定有不一样的体验。

师:看来大家都有自己的想法。我们在游览的历程中,往往经过很多景点,那怎么在一篇文章里把这些景点连缀起来,成为一篇流畅的游记呢?现在老师在黑板上出示了丽江的特色风景图片,请一位同学上台,以连线的方式画出作者游览的线路图。

(生上台连线)

师:大家看看他画得对不对?

生:对的。

师:这位同学观察得很仔细。其实,作者所见的灵秀风景是游记的精妙之处,一条设计巧妙的游览路线也能使文章增色不少。我们一般把游览的路线称为"游踪"。那现在大家思考一下,游踪是否一定是移步换景呢?请同学们尝试画一画《壶口瀑布》中的游踪。

(生画游踪,展示作品)

师:大家看这些游踪图,这样画对不对呢?

生:我觉得有些地方不太对。壶口瀑布好像不是一直走就能看到所有景色的,而且有些地方也不是走过去的,人不能走到河里去看风景吧。

师:非常好,游踪并不是一定要移步换景的,还可以是以定点观察方式,通过视角的转变来表现。就像在壶口瀑布,我们可以站在一个地方,从不同角度去观察瀑布,也能写出精彩的游记。(板书:识游踪 文章有法)

师:在游记中,景物的特点非常关键。初读了四篇文章,大家能说一说各个地方有什么特点吗?我们先以壶口瀑布为例展开讨论。大家课前从文中找出描写壶口瀑布特点的关键词,老师会以"词云"的方式呈现大家的答案。图片中的字越大代表这个词出现的频率越高,字越小代表这个词出现的频率越低。

生:我觉得壶口瀑布很"壮观",课文里说"河水从五百米宽的河道上排排涌来,其势如千军万马,互相挤着、撞着,推推搡搡,前呼后拥,撞向石壁,排排黄浪霎时碎成堆堆白雪",从这里能看出它的壮观。

师:找得很准确,分析得也很到位。其他同学有没有不同的关键词?

生:我觉得是"雄伟",瀑布的气势很大,给人一种雄伟的感觉。

师:"雄伟"这个词也很合适。那大家看看,"美丽"这个词能不能很好地形容壶口瀑布呢?

生:我觉得不太好,"美丽"这个词太普通了,不能体现壶口瀑布那种磅礴的气势。

师:"美丽"这个词太过空泛。那"淳朴"这个词能形容壶口瀑布吗?

生:不能。"淳朴"一般是形容人的,不能形容景物。

师:大家理解得很到位。我们在找关键词的时候,要找能精准恰当地体现景物特点的词。那除了壶口瀑布,其他地方的景物又有什么特点呢?

生:我觉得各拉丹东很"神秘",课文里说那里有很多冰川,还有很多未知的地方,让人感觉很神秘。

师:大家都能从文中找到依据来概括景物特点,这很棒!继续保持这样的阅读方法。

师:之前老师调查了大家最喜欢的篇目,发现很多同学都喜欢《壶口瀑布》。现在老师给大家播放《壶口瀑布》的视频资料。在观看的过程中,大家思考一个问题:你更喜欢的是课文中的壶口瀑布,还是视频中的壶口瀑布?说说你的理由。

(播放视频)

师:好,视频看完了,大家来分享一下自己的想法。

生:我更喜欢视频中的壶口瀑布,因为视频里能很直观地看到瀑布的壮观,那种视觉冲击力特别强。我自己的想象力不够丰富,通过文字不能想象出那种壮观的场面,但通过视频能够更加直观的感受。

师:嗯,不错的。图画和视频会给我们更直观的印象。当我们真的没去过的时候,也许我们看了好多文字,始终缺少一点身临其境的感觉,这个时候,视频能给我们更直观的感受。那有没有同学更喜欢课文中的壶口瀑布呢?

生:我更喜欢课文中的,虽然视频很壮观,但是课文里的文字能让我有更多的想象空间。比如"黄河博大宽厚,柔中有刚;挟而不服,压而不弯;不平则呼,遇强则抗,死地必生,勇往直前",我能想象到黄河的那种气势。

生:我还是喜欢文字。文字总是有着作者的思想感情的。图片没有办法传达文字中的感情,这也是我们学习语言文字的意义吧。有的时候,可能看同一种风景,不同人就会有不同的体验。

师:非常好。其实文字的独特魅力有很多,它比画面感十足的视频要多一点想象的空间,把读者引入奇特的想象中。在描写的过程中,作者还可以插入记叙、抒情、议论,而视频中的内容对比来看就单薄了一些。另外,在文字朗读时,有节奏音律的美感,特别是反复、排比等手法的使用,让人读起来回味无穷。(板书:赏文字 蕴藉之美)

师:作者游记中的见闻除了美丽的风景之外,还有哪些吸引到大家呢?

生:我觉得《登勃朗峰》中有关车夫之王的段落很有意思。那个车夫特别自信,说:"我是车夫之王啊。"我感觉很有趣。

师:对,这就是游记中的奇人异事。现在让我们一起带着感情朗读这一段,感受一下。

(师生一起朗读)

师:这个车夫之王为什么要一直强调这一句话呢?

生:我觉得这让文章变得更加有趣了。他特别"自信",一直说自己是车夫之王,感觉对自己的驾驶技术特别有信心。

师:还有其他同学有不同的词吗?

生:我觉得他"豪爽",从他的语言和行为都能看出来,一点都不扭捏。

师:很好,那我们一起来看看文中具体是怎么体现他这些特点的。有同学能来读一读相关段落吗?

生:(朗读)"不必为此烦恼——静下心来……我是车夫之王啊。你看着吧。""这种情况不常见,很不寻常——能坐上车王的车的人……我就是车王。"

师:读得很有感情。那大家从他这些语言中,还能体会到什么呢?

生:我觉得他很热情、豪爽,也很自信。

师:分析得很到位。那如果我们要把这个车夫之王的形象演出来,大家觉得在表演的时候要注意什么呢?

生:要把他的自信和豪爽通过语气和动作表现出来,比如说话的时候声音要大一点,动作要干脆利落。

师:好,那现在我们请两位同学来上台表演一下车夫之王和乘客的对话,其他同学仔细观察,看看他们有没有把车夫之王的特点表现出来。

(两位同学上台表演)

师:表演结束,大家来评价一下,他们表演得怎么样?

生:我觉得演车夫之王的同学语气很像,那种自信和豪爽都表现出来了,就是动作可以再夸张一点。

师:大家的评价都很中肯。通过刚才的分析和表演,我们对车夫之王这个人物形象有了更深刻的理解。那大家想一想,作者写这个车夫之王,仅仅是为了给文章增加趣味性吗?

生:我觉得不是,可能是通过他来表现当地的一种风土人情,让我们看到当地的人很热情、很自信。

师:大家的理解越来越深刻了。这就是作者的高明之处,通过一个小小的人物,展现出当地独特的文化和魅力。所以我们在写游记的时候,也可以学习这种方法,除了描写风景,还可以通过描写人物来丰富我们的文章。(板书:说奇人 理趣怡人)

师:所以啊,大家在自己创作游记时,不仅要着眼于美丽的风景,也要发现人物的灵秀有趣。那还有其他吸引大家的地方吗?

生:暂时还找不到思路。

师:没关系,那我们不妨看看丽江古城吧。老师给大家带来了几张图片,大家看屏幕,猜猜看这对应了文章的哪部分内容呢?

生:那下面的照片应该是文中提到的"三坊一照壁"吧。

师:谁能简单描述一下,你脑海里对"三坊一照壁"的初步印象?

生:我感觉它是丽江古城的一种建筑形式,好像有房子和一面照壁。

师:说得不错,还有补充的吗?

生:我从图片上看到,是三面房子围起来,还有一面是照壁,看起来很有特色。

师:非常好,大家都观察得很仔细。那谁能说说,这样的建筑布局可能有什么作用或者寓意呢?

生:照壁会不会是用来遮挡什么的呀?

师:有这个可能哦。其实,"三坊一照壁"不仅是为了美观。照壁能反射光线,让院子更明亮,而且在传统文化里,它还有吉祥、辟邪的寓意。这种独特的建筑形式,也是丽江古城文化的重要体现。那接下来,我们再看看文中提到的东巴文字,这可是非常神秘古老的文字。大家看,老师展示了几个东巴文字。

(屏显:东巴文字图片)

师:发挥你们的想象力,猜猜它们可能是什么意思。

生:这幅图像是一个人在跳舞,是不是"跳舞"的意思?

师:很有想法!确实,这个东巴文字就是"载歌载舞"的意思,大家观察得很敏锐。那这幅呢?(指向另一幅东巴文字图)

生:这幅看起来像一个人在低头,是不是"思考"?

师:很有创意,但不是哦。这个其实是"梳头"的意思,大家看,是不是有点像一个人拿着梳子在整理头发?

生:(恍然大悟)真的好像!

师:难度提升了哦,(指向第三幅文字图)这幅图是什么意思呢?

生:头上围着很大的东西,是"头巾",或者是"帽子"吗?

师:观察的角度是对的,其实它是"听到好消息"的意思。这个放大的部分在耳朵边,说明是好的消息。(生笑)

师:东巴文字很形象,大多是根据事物的形状创造出来的。大家想想,古人创造这样的文字,对传承和记录文化有什么重要意义呢?

生:这样就算不认识字的人,也能大概知道意思,方便把文化传承下去。

师:完全正确!东巴文字是丽江纳西族文化的瑰宝,承载着纳西族的历史、信仰和生活。通过这些文字,我们能穿越时空,感受古老民族的智慧。这也提醒我们,在写游记时,关注这些独特的文化元素,能让我们的文章更有深度和内涵。(板书:品文化 传承瑰宝)

师:本节课就上到这里,我们主要游览了三个地方,还有各拉丹东没来得及驻足欣赏。课后大家不妨为各拉丹东写一则"打 call"文案,展示其特色,吸引更多的游客。最近人工智能发展迅猛,老师也让 AI 写了一篇文案,大家不妨先看看 AI 的作品,思考其优劣所在。相信一定能给你们一些启发的。下节课我们来分享大家的文案,讨论"哪些地方机器替代不了"。

本课板书:

游记散文

识游踪　　文章有法

赏文字　　蕴藉之美

说奇人　　理趣怡人

品文化　　传承瑰宝

教学创想

◆ **情境创设**

每位同学在人生的经历中,都会走向"梦寐的远方"。如何将旅行的体验化为优美的游记散文呢? 本节课的教学提供了三个主要情境。

生活旅行情境,分享难忘之旅。以提问的方式引导学生回顾自身旅行经历,要求学生在小组内分享自己印象最深刻的一次旅行,内容需涵盖旅途中的独特风景、特殊经历及内心感受,旨在激发学生对旅行体验的记忆与思考,为后续关联课本知识作铺垫。

图文对比情境,感受文字力量。播放展示壶口瀑布磅礴气势的高清视频,之后教师组织学生进行深入思考,提出问题"你更喜欢的是课文中的壶口瀑布,还是视频中的壶口瀑布",引导学生发现文字能通过细腻的描写、丰富的修辞以及独特的抒情方式,给予读者广阔的想象空间,深入挖掘景物背后的文化底蕴与作者情感。

文化鉴赏情境,探寻文化之美。以丽江古城"三坊一照壁"建筑与东巴文字为文化载体,引导学生进行深度文化探究。首先展示"三坊一照壁"建筑图片,然后进行猜字游戏,引导学生依据生活常识和形象思维对文字含义进行推测,认识到在游记中融入地域文化元素,可增强文章的文化深度与独特性,为后续的游记写作积累丰富的文化素材,拓宽创作思路。

◆ **任务创建**

任务一:厘清游览路线,初识移步换景

活动1:学生自主分享"最难忘的一次旅行经历"。

意图:从生活经验出发,初步体验祖国山河的秀美,激发对游记单元的学习兴趣。

活动2:阅读单元导读,寻找游记写作的"金钥匙"。

意图:引导学生借助教材的单元导读,快速把握游记写作的关键要点。

任务二:明确景物特点,感受山河壮丽

活动1:分享阅读文章之后对景物的初印象。

意图:速读课文,能够概括文章大意,感受景物的特点。

活动2:寻找不同风景的关键词。

意图:能够用准确扼要的语言概括景物最核心的特征,通过朗读文段,感受山河之美。

活动3:播放视频,体会文字之美。

意图:通过视频播放和语言赏析,感受语言文字背后的独有的抒情方式和作者情感。

任务三:赏读奇人异事,感受文化之美

活动1:看图片,了解"三坊一照壁"传统建筑。

意图:丰富学生的课外知识,感受多民族文化。

活动2:猜字谜,识别古东巴文字。

意图:运用甲骨文知识和形象思维,推测字意,增强文化自信,感受游记散文中文化的独特魅力。

八年级下册

187

◆ **学法创优**

情境创设激发兴趣:创设逼真的旅行情境,播放学生旅行的照片和视频,让学生仿佛置身于真实的旅行场景中。分享旅行经历时,结合情境引导学生更生动地描述自己的感受,唤起学生对美好旅行的共情,激发他们对游记单元的学习兴趣,帮助学生更好地理解游记中作者的情感表达。

对比鉴赏提升能力:对比《壶口瀑布》原文和相关视频,让学生感受两者的区别。感受文字背后的写作手法、语言特色、游踪安排等,学会分析景物描写、情感抒发、文化内涵挖掘等方面的差异,培养学生的鉴赏思辨能力,让学生体会到游记文字背后的独特美感。

实践创作促进内化:本课的课后作业是一项特殊的写作任务,让学生为景点撰写"打 call"文案。要求学生运用所学的游记知识,包括游踪梳理、景物特点描写、语言特色展现、情感融入等,将理论知识应用到实际创作中。

名师点评

丁老师的这堂起始课,通过生活化的情境设计和巧妙的课堂活动,让学生在轻松有趣的氛围中激发创造力,对语文教学有很好的启发作用。整堂课围绕三个核心展开,既注重语言实践,又渗透文化传承,值得中学教师参考。课堂从学生熟悉的旅行经历切入,让学生分享照片背后的故事。当学生提到"海边细沙的触感""黄山云海的震撼"时,老师没有停留在浅层交流,而是用"能不能换一个更贴切的词来形容"这样的追问,引导学生把模糊的感受转化为精准的语言表达。接着播放壶口瀑布的视频,让学生对比课文描写,有学生敏锐地发现"视频里的黄河再壮观,也不如文字里'挺起胸膛'的黄河有力量"。这种比较能让学生直观感受到文学语言的独特魅力。最妙的是东巴文字猜读环节,学生对着像图画似的古文字,有的猜"房子上插旗子是客栈",有的说"梳头动作像跳舞",在笑声中既接触了纳西族文化,又锻炼了用已知知识解决新问题的能力。

在思维训练方面,丁老师设计的问题很有启发性。比如,针对游记常见的"移步换景"写法,他抛出"必须跟着脚步走吗"的疑问,学生重读课文后发现,《壶口瀑布》原来是站在一个位置多角度观察的。这种打破思维定式的发现,让学生明白写作可以有更多观察角度。后面的"车夫之王"角色扮演也很有意思。学生先分析文中车夫的性格特点,再小组合作编演情景剧,把文字形象转化为活生生的表演。这个过程其实是对文本的二次创作。而让学生用 AI 生成的景点文案,来对比自己写的文案,讨论"哪些地方机器替代不了"的课后作业,既贴合数字化时代特点,又引导学生关注文学创作中的人文温度。

文化传承不是生硬的说教,而是藏在具体的学习任务里。比如东巴文字猜读时,学生发现"耳朵画得特别大表示好消息要来了",这种象征思维和汉字"聪"字用耳朵旁表示听觉灵敏的道理相通,古今文字智慧悄然连接。最后的写作任务设计成"为各拉丹东写一则'打 call'文案",把自然景观转化为文化意象,既完成了语言训练,又加深了对山河之美的情感认同。

这堂课给语文教师的启示在于:创设真实的生活情境,能让学生自然产生表达欲望;设计阶梯式思维任务,能帮助学生在挑战中获得成长;而将传统文化转化为可触摸、可参与的课堂活动,比单纯的知识讲解更有感染力。特别是在游记类文本教学中,这种"体验＋思辨＋创造"的模式,既能落实语言运用目标,又能实现审美培养与文化传承的双重价值。

（王跃平　江苏省特级教师、正高级教师）

言语·小·创

看完了 AI 的"打 call"文案,请你为各拉丹东写一则"打 call"文案,写完之后,与同学们交流写作的心得。

在万山之宗、万水之源的青藏高原,有一座被岁月和信仰共同守护的"圣地"——各拉丹东。"登高壮观天地间,大江茫茫去不还",它是长江的摇篮,无数涓涓细流从这里出发,汇聚成波澜壮阔的生命之河,奔腾向远方,孕育了华夏大地的文明曙光。

各拉丹东的雪山,是大地献给苍穹的壮丽诗篇。连绵的峰峦直插云霄,在日光的轻抚下闪耀着圣洁的光芒,那是"千峰笋石千株玉,万树松萝万朵银"的梦幻盛景。冰川如巨龙蜿蜒,在寂静中诉说着亿万年的时光流转,每一道冰裂、每一抹霜痕,都镌刻着自然的鬼斧神工。当你靠近,便能听见远古的低语,触摸到岁月的纹理,"念天地之悠悠",感受到人类在自然伟力面前的渺小与敬畏。

这里不仅是自然的奇观,还是心灵的朝圣地。踏上这片土地,就如同踏入了一个超凡脱俗的世界,尘世的喧嚣被雪山的清风涤荡,内心的纷扰被冰川的宁静抚平。在各拉丹东,你可以与天地对话,与自然相融,寻回内心深处那份久违的澄澈与安宁。"且将新火试新茶,诗酒趁年华",来各拉丹东吧! 赴一场与自然的浪漫约会,让山川的壮丽与诗意,成为你生命中永不褪色的记忆!

（南京市第一中学初中部　丁子健）

20　一滴水经过丽江

教学实录

师：我们之前学习了课文《一滴水经过丽江》，课后布置大家写一篇游记，叫《一_____经过南京》。有没有同学愿意来分享一下你写的作品？（生纷纷举手）

生：我写的是《一片梧桐叶经过南京》。

师：为什么会选择梧桐叶？

生：因为南京的梧桐树很多，已经成为南京一道亮丽的风景线。

师：仅仅因为梧桐是南京的特色吗？

生：我认为梧桐叶可以随风到处飘，这样就可以通过梧桐叶的视角去游历整个南京，它不受空间的限制。

生：说起梧桐，我就想到了关于蒋介石和宋美龄的故事，"叶是梧桐叶，城是南京城"。这是一个很浪漫的故事，可以以此为契机讲述这段关于南京的历史。

师：非常好，选择一片梧桐叶经过南京，一是因为它有南京特色，二是因为它可以随风自由地飘散去南京的各个地方，而且它还有历史底蕴。非常有创意！还有其他同学来分享吗？

生：我写的是《一只鸭子经过南京》。主要就是写它在南京游走的过程中，看到的一些风景。

师：好的，大家思考一下鸭子作为叙事主体是否合适？

生：我认为不太合适，大部分鸭子是不能飞的，所以它的视线比较局限，无法观察到高处的风景，不能较全面地了解南京。

师：有道理！还有同学选择其他叙事主体吗？

生：我写的是《一朵云经过南京》。云在天上，不受空间限制，可以看到南京的各个地方。

生：但我觉得有范围的限制。一朵云在天上，并不能看到一些细节。像《一滴水经过丽江》里，这一滴水可以把所有事物看得很仔细，但是云可能无法达到这种效果。

生：我觉得云其实还有另一种形态——雨，云就是雨，雨就是云。可以将它描写成下雨，就当它下雨的时候，它便可以看见南京的大街小巷，能更好地描写细节。

师：这么说来，选择云朵作为叙事主体是一个不错的选择。

生：我写的是《一滴水经过南京》。南京有一条历史悠久的河流——秦淮河，许多文人墨客在秦淮河边留下了千古佳句，如"烟笼寒水月笼沙，夜泊秦淮近酒家"等。另外，秦淮河旁边的夫子庙、老门东中，还有许多文创产品与美食小吃。所以，用水的视角可以介绍富有文化底蕴的南京城。

师：好，请坐。作家阿来也是选择以一滴水的视角去游历丽江。一滴水它可以打破时空的限制，而且它的视角比较全面，这样就便于读者更完整地了解丽江。所以我们在选择这个叙事主体时，需要考虑它能不能自由、全面、多元地去观察南京。当然，如果说它能够具有地方特色那也很好,比如有同学选择的梧桐叶。

师:大部分同学写的是《一滴水经过南京》,所以今天我们就以此为例来学习如何撰写游记。

师:我们看屏幕上三位同学的作文,请大家分别找出一滴水经过南京的哪些地方?

生:东水关—夫子庙—外秦淮河。

生:紫金山—夫子庙—长江。

生:河边—夫子庙(广场—屋檐下)—长江。

师:大家有没有发现一些共同的东西啊?

生:都经过了秦淮河、夫子庙。

师:我们先来看看阿来在《一滴水经过丽江》里面,这滴水的游踪是什么样的?(板书:一滴水经过丽江　阿来)我特地请李同学画了一幅游踪图。(屏显)

师:现在让我们一起来回顾一下这篇文章的游踪。先从玉龙雪山到丽江坝,再到草甸、落水洞、黑龙潭,然后到玉河,在四方街里面经过了很多地方,有银器店、玉器店、纳西人三坊一照壁的院子等,接着到了城外果园和田地,最后流入金沙江。

师:我们来比较一下三位同学笔下的游踪和阿来笔下的游踪,你觉得有什么不一样?

生:我觉得阿来的游踪更为详细一点,他写的这滴水去的地方非常多。而三位同学他们所写的地点只有三到四个,这就显得有点单调。

师:是的,我们三位同学所涉及的地点太少了,不如阿来那么丰富。阿来为什么选择这些地方呢?

生:有地方特色。

(板书:游踪选取　富有地方特色)

生:富有当地的文化底蕴,比如四方街。

生:他还选择了一些自然景点。

(板书:自然与人文相融合)

师:所以我们在选择地点时需要考虑到这些因素。我请张同学绘制了一张南京的局部地图。(屏显)

(生惊叹)

师:接下来的时间,请同学们就在这些地点里面选择四到五个,想一想这一滴水在南京应该怎么走? 选好之后说给你的同伴听。

(小组讨论)

师:大家讨论得很热烈,谁先来说说? 有请杨同学上台。

生:这是我和游同学讨论的。(生指着屏幕上的地图讲解)假如说一滴雨从中山陵流下来,流到秦淮河,从秦淮河到老门东,然后到夫子庙。秦淮河贯穿老门东和夫子庙,而且这两个地方具备南京特有的历史文化。接下来再顺着秦淮河一直流到新街口,这里有金陵饭店、德基广场,这样就可以把古代的建筑与现代的建筑结合在一起,这是古与今的结合。随后再顺着秦淮河流,流到玄武湖,这边有人文和自然风光。最后汇入长江。

师:我特别喜欢杨同学说的古代和现代的碰撞。南京是一座包容的城市,这样的地点转变可以让读者更了解南京。这是他的游踪,有没有同学来点评一下?

生:我发现杨同学选择的地点内容比较空洞,少了富有生活气息的细节。

(板书:富有生活气息)

师:那现在我们可以加上哪些富有生活气息的地点呢?

生:一滴水可以随着河流流到秦淮河,在二龙戏珠前观赏两条龙戏珠。接着,它可以跟着游船,去看一些岸上的人文景观。

师:岸上有哪些富有生活气息的场景?

生:小吃店。在夫子庙,很多小吃店门前都排着长队。

师:有哪些南京小吃呢?

生:梅花糕、赤豆元宵、小笼包、冰糖葫芦……

师:加上这一些细节,我们的文章就更加丰富了。好,还有没有同学愿意上来讲讲游踪?

生:从溧水开始,先游到中华门,中华门这边涉及南京的历史,是一个比较重要地方;然后再游到静海寺,静海寺和中华门形成一个呼应;随后游到玄武湖;接着再转到新街口,可以看到繁荣的新街口,且与南京的历史形成一个对比,有新旧结合的感觉。

师:我想问一下这滴水怎么从中华门到静海寺呢?

生:飞过去、蒸发、游过去……

师:游过去?可是游不过去呀!(指着屏显的地图)那我们看看作者是通过什么样的形式把这些不临河的地点串起来的?

生:浇花,大壶。

师:我们可不可以也设计一些这样过渡比较自然的流水路线?

生:我的想法很独特。先从中山陵开始,有一个游人喝矿泉水没喝好,水就随着阶梯流下来。(生指着屏显地图进行演示)它掉进窨井盖后,便流到秦淮河里了。到夫子庙后,它跳上一艘游船,这里可以写一些关于夫子庙的人文景观。有一个小孩在秦淮河里洗手,把那滴水给带走了。后来小孩来到新街口,发现:手怎么还没干?(生笑)

师:从夫子庙到新街口,水在手上怎么可能还不干呢?有没有同学能帮帮他?

生:我觉得可以利用洒水车进行游览。这滴水正好被抽入到洒水车里,当洒水车来到新街口时,这滴水可以被洒落出来,以此来俯视新街口。

师:这样处理好像更合理一点,大家可以关注一下自己作文中的过渡是否自然合理。

师:即便游踪设计得合理,但是我们的同学写出来的文章还是不一样的,那是因为我们的语言有差异。而我们说阿来的语言是具有诗意的。老师选取了两句,我们先来读一读第一句。

(屏显)

我经过叮叮当当敲打着银器的小店。经过挂着水一样碧绿的翡翠的玉器店。经过一座院子,白须垂胸的老者们,在演奏古代的音乐。

(生齐读)

师:我修改了一下,大家再一起读一读。

(屏显)

修改一:我经过银器小店,经过玉器店,经过一座院子,白须垂胸的老者们,在演奏古代的音乐。

（生齐读）

师：有什么不一样的？

生：原句里用了"叮叮当当"，这是声音。"挂着水一样碧绿的翡翠"，运用了比喻的修辞手法，就显得非常生动，可以激发读者的阅读兴趣。

生：而且这些都是生活中有的，所以原句很写实，比较符合游记写实的特点。

师：写实，是生活中的一些细节。这样的细节他是怎么样描绘出来的？比如说他刚刚讲到的有声音，这是什么感官？

生：听觉。

师：视觉上有"碧绿的翡翠"，这是色彩。我们可以学到第一个方法——用多感官去呈现细节。

（板书：语言运用　多感官呈现细节）

师：我又修改了一下，大家再一起读一读。

（屏显）

修改二：我经过叮叮当当敲打着银器的小店。经过挂着水一样碧绿的翡翠的玉器店。经过一座白须垂胸的老者们在演奏古代音乐的院子。

（生齐读）

师：把修改二和原来的句子对比一下，谈谈你的感受。

生：原句中把一个长句分成三小句来写，更有节奏感。而修改后的句子不仅读起来比较拗口，也没有节奏感，更无法体现水滴的欢快。

师：还有我们一起来看："经过一座院子"，你脑海里就会出现一个院子，"白须垂胸的老者们"就出现了。我们学到了第二种方法，用短句去绘制一个生动的场面。

（板书：短句绘制场面）

师：接下来，我们一起读一读大家喜欢的第二句话。

（屏显）

一些薄云掠过月亮时，就像丽江古城中，一个银匠，正在擦拭一只硕大的银盘。

（生齐读）

师：谁来赏析一下？

生：这句话运用了比喻的修辞手法，将"薄云"比作"银匠"，将"月亮"比作"硕大的银盘"，生动形象地写出了当地的月亮很大，很圆。

生：这里还呼应了前文写的那个银器店。

师：是的，因为银器是丽江的特色。这句话为什么读起来很美？因为它没有把月亮比作那些比较通俗的喻体，而是比作了一个银盘，这就叫作——就近取喻。

（板书：就近取喻）

师：比如，同学们在写《一滴水经过南京》时，就可以选择具有南京特色的事物作为喻体，这样的话读上去更美，也更符合地方特色。

师：好，我挑了两位同学写的句子。

（屏显：学生写作片段）

我经过了路边卖礼品的小店,经过了路边物美价廉的小吃铺。

水鸟自在地把我们抛入空中,我飞了起来,看到广袤的田野,金黄色的油菜花好像一张大毯子,几幢房舍点缀其中。

师:接下来请同学们四人一小组,在这两句话里面任选一句,用黑笔把它抄在作文纸上,用红笔进行修改。

师:我准备了一些图片供你们参考。

(屏显:与句子相关的图片,有特色美食、特色产品等)

(小组讨论)

师:那我们来看一下吧! 有没有同学选第一句修改的?(生举手)你先说说这句话不好在哪里。

生:写得太宽泛了。阿来描写的那两句是将玉器店、银器店一一举例了出来,可以感受到生活的气息,所以这个地方应该加一点细节。

师:你给他加一加。

生:我经过了路边卖各色云锦的绸布店,卖五彩斑斓的雨花石的小店,经过了路边香气腾腾散发着香气的汤包小店,又看见了那一根根鲜透明亮的鸭血汤中的粉丝。

师:扩充了很多细节,而且还有一些多感官在里面。好,还有同学要修改吗?

生:我改的是:"我经过了白墙黑瓦的青花瓷店,经过了陈列着五颜六色的雨花石的石头店,路过了金银成堆的首饰店,也路过了充盈着桂花香的酒酿铺。"

师:但是我有一个问题,青花瓷不是南京特色,可以把它换成什么?

生:高淳陶瓷。

师:好,第二句,我们请作者邬同学来说说看。

生:我觉得原来写的"金黄色的油菜花好像一张大毯子"不太好,有点太普通了,我现在想把它比作"绣着黄色花纹的云锦"。

师:具有南京特色,色彩上也是比较相似的。

师:我们今天向阿来学习了如何选取游踪,以及怎么自然过渡游踪,最后学习了他诗意的语言。希望同学们今天学完之后,可以把它们运用到自己的作文里面,让我们的作文越来越好!

本课板书:

一滴水经过丽江

阿来

游踪选取 ┤ 富有地方特色
　　　　　 自然与人文相融合
　　　　　 富有生活气息

语言运用 ┤ 多感官呈现细节
　　　　　 短句绘制场面
　　　　　 就近取喻

教学创想

◆ **情境创设**

本节课的情境创设主要有以下三个维度：

时空旅行情境：以"一滴水"为线索，引导学生构建独特的旅行视角，打破常规的时空限制。这种视角突破了常规的观察方式，让学生在想象中游历南京的各个角落，极大地拓宽了学生的写作思路。此外，在设计游踪时，教师引导学生思考如何自然地串联各个地点，这种独特的路径设计也充满了时空旅行的奇妙感，让学生在构思中体验到不同地点之间的时空转换。

文化漫游情境：借助对南京特色文化元素的挖掘，引导学生在写作中融入地方文化。如在讨论游踪时，重点选取了秦淮河、夫子庙等具有丰富历史文化内涵的地点。学生在思考写作内容时，如同漫步在南京的文化长廊中，深入了解和感受南京的历史、民俗、饮食等多元文化。

读写融合情境：在教学过程中，教师带领学生对比分析阿来的游踪与学生自己设计的游踪，让学生明白阿来选择的地点丰富且与当地的自然和人文相融合。在语言学习方面，通过对文中优美语句的赏析，学习运用"就近取喻"等手法。在此基础上，让学生将所学的写作方法运用到实际的写作修改中，实现了从阅读到写作的转化，提高了学生的写作能力。

◆ **任务创建**

任务一：自由想象，确定叙事主体

活动：分享《一_____经过南京》的写作思路，确定叙事主体。

意图：在比较不同叙事主体中，引导学生思考选择叙事主体时需考虑的因素，明确叙事主体需要具备"打破时空限制""具有地方特色"等特点。

任务二：漫游金陵，合理规划游踪

活动1：对比游踪，分析特点。

意图：明白游踪需翔实，地点选择需具有地方特色并融合自然与人文历史，且符合"水"的特点。

活动2：规划游踪，添加细节。

意图：引导学生回归课本，学习阿来如何过渡地点，思考如何添加富有生活气息的地点和细节。

任务三：阅读领悟，创作诗意语言

活动1：赏析语句，总结方法。

意图：在对比中学习多感官、就近取喻等写作方法。

活动2：修改句子，实践运用。

意图：修改学生作品，将学习到的写作方法有针对性地运用其中，在课堂上做到"落实方法"。

◆ **学法创优**

读写融合，发展写作能力。本节课设计以《一滴水经过丽江》为范例，引导学生剖析其写作手法，如叙事视角、游踪安排与语言雕琢技巧，让学生在阅读中汲取养分。学生完成《一_____经

八年级下册

过南京》的写作后,教师针对游踪单一、语言平实等问题,结合课文知识指导学生修改,实现从阅读到写作的转化,助力学生写作能力的进阶。

立足生活,感受金陵文化。整个教学围绕南京的生活元素展开,鼓励学生选取南京特色事物作为叙事主体,像梧桐叶、鸭子等,阐述理由时涉及南京的历史、景观与生态,让写作充满生活气息。丰富游踪时,融入夫子庙小吃、灯会等生活场景,展现南京饮食、民俗文化,让学生在写作中深度感受金陵文化底蕴。

交流合作,探究文字奥秘。无论是小组讨论一滴水的游踪路线,还是共同修改写作句子,学生们都积极交流。小组内思维碰撞,完善游踪,提升语句质量;全班分享时,大家各抒己见,对叙事主体、游踪与语句表达进行深入探讨,在交流合作中挖掘文字表达的精妙之处。

名师点评

高老师的这节读写融合课例,为初中游记写作教学打开了一扇新窗。这堂课用"一滴水"的奇幻视角,带着学生穿梭南京城的前世今生,将文化传承与语言训练巧妙编织,让看似普通的游记写作变成了打开城市记忆的密码本。整堂课最动人的,是看到学生们从"打卡式景点记录"到"有温度的文化讲述"的蜕变。

课堂的突破性首先体现在叙事视角的创造性转化。高老师引导学生从微小事物切入城市书写。比如,当学生选择梧桐叶、鸭子等作为观察视角时,她没有停留在表面趣味性上,而是带着学生深入探讨这些视角背后的文化逻辑。再比如,有学生想用鸭子视角写玄武湖时,高老师引导学生在科学真实与艺术想象之间找到平衡点。那些天马行空的视角设定,反而打破了"人类中心"的固化思维,让城市故事有了更多元的讲述方式。

在游踪设计环节,高老师特别注重文化密码的破译。学生们最初设计的"紫金山—秦淮河—长江"路线,像极了旅游大巴的经典线路。高老师没有直接否定,而是拿出作家阿来写丽江的范文作对比。阿来笔下的水滴会停留在银器店、纳西院落、演奏古乐的老者身边,这种"有温度的停驻"让学生恍然大悟:原来真正的文化游踪不是地理标记的堆砌,而是能触摸到城市心跳的驻足。

语言训练环节堪称精彩。高老师带着学生玩转文字魔方,既有对经典句式的解剖,也有接地气的语言问诊。比如,拆解阿来描写丽江的句子,发现短句的节奏像水滴跳跃,画面切换如同电影镜头;再比如,当学生写出"物美价廉小吃铺"这类笼统表达时,高老师用一些特写照片作为"语言药引",帮助学生把干瘪的句子改写成"充盈着桂花香的酒酿铺"这样充满烟火气的描写。这种训练不是简单的修辞教学,而是让学生在具象的城市细节中重新发现母语的美感。

整堂课最动人的是文化认知的螺旋上升。在夫子庙写作环节,学生最初只注意到一些表面符号,经过高老师点拨,就有学生把油菜花田和云锦纹路联系起来。这种跨越时空的联想,正是文化自信在青少年心中生根发芽的鲜活见证。这堂课告诉我们,好的语文课不是知识的搬运工,而是帮学生找到打开城市记忆的钥匙,让每滴水都能照见一座城的千年光阴。

高老师在这堂课上,用"小创造力"激活了学生对城市文化的深层理解,以独特视角重构游记阅读教学。她摒弃传统技法训练,用"一滴水"串联起南京的文化脉络,让学生在创意表达中触摸城市灵魂。它启示我们:游记写作不是拍照打卡,而是用文字搭建与城市对话的桥梁。当学生学会用新鲜的眼睛观察、用历史的心灵感受时,那些沉睡在教科书里的城市符号,就会变成鲜活的写作素材。

(王跃平　江苏省特级教师、正高级教师)

言语·小·创

一片梧桐叶经过南京

我是一片梧桐叶,在秋风的轻抚下,告别枝头,飘向南京,开启一场浪漫的诗意之旅。

悠悠荡荡,我落在明孝陵的神道上。阳光透过斑驳的树影洒下,给神道铺上一层金黄。石兽们静静伫立,历经数百年风雨,它们的眼神依旧威严。我轻轻躺在一只石象脚下,抚摸它粗糙的身躯,感受岁月的痕迹。秋风掠过,带着我飘向远方,我回头望去,神道在树影中蜿蜒,宛如一条通往历史深处的时光隧道。

离开明孝陵,我被风送到南京博物院,历史的厚重感扑面而来。我随着人群飘荡,看到精美的玉器闪烁温润光泽,古老的书画笔触细腻。透过展柜,我仿佛能看到古人的生活场景,他们的喜怒哀乐、悲欢离合。在这里,南京千年的记忆被一一珍藏,我也沉醉在这浩瀚的历史长河之中。

接着,我飘到了熙熙攘攘的新街口。高楼林立,车水马龙,现代都市的繁华令人目眩神迷。街头巷尾,时尚与潮流相互碰撞。人们脚步匆匆,怀揣着梦想与希望。我在高楼间穿梭,感受着这座城市跳动的脉搏。商场里传出的音乐声、人们的谈笑声,交织成一曲充满活力的乐章。

当夜幕降临,我飘到了长江边。江面上波光粼粼,对岸的灯光倒映在水中,如梦如幻。江水滔滔,诉说着无尽的故事。我静静地躺在江边的沙滩上,听着江风的呢喃,望着满天繁星,心中满是宁静。长江,这条古老而又充满活力的河流,见证了南京的兴衰变迁,也承载着这座城市的未来。

最后,在一个宁静的清晨,我随着环卫工人的扫帚,来到了垃圾处理站。我的旅程即将结束,但南京的记忆将永远留存在我心中。这座城市,既有历史的沉淀,又有现代的活力;既有岁月的温柔,又有奋进的力量。

我是一片梧桐叶,在南京留下了我的痕迹,带走的却是满满的眷恋与感动。我知道,无论未来我身在何处,南京的美都将如同一幅绚丽的画卷,在我心中缓缓展开。

(南京市第一中学初中部　高　雅)

总结课

教学实录

师：今天我们要对第五单元所学进行总结回顾。这个单元的主题是什么？

生：游记。

师：是的，本单元所选的课文都是游记。让我们再朗读一下本单元的学习要求。

（屏显）

通过记述游览见闻，描摹山水风光，吟咏人文胜迹，抒发作者的情思。阅读这类文章，随着作品去想象和遨游世界，可以让我们丰富见闻，增长知识，开阔眼界。

（生齐读）

师：万丈高楼平地起，咱们先玩个小游戏，看看大家对第五单元的字词是否都掌握了。

（屏显）

小游戏：请用第五单元"读读写写"中的词语填空。

在那辽阔的（　　　）上，湍急的河流（　　　）着，水花飞溅，发出（　　　）的声响。岸边的树木（　　　）挺拔，仿佛是大地忠诚的卫士。我伫立在河畔，望着这壮丽的景色，心中满是敬畏。突然，一群鸟儿从天空中掠过，打破了这片刻的宁静，我不禁感叹大自然的风云变幻，实在令人（　　　）。

生：旷野、奔腾、震耳欲聋、苍劲、目眩神迷。

（屏显）

清晨，我来到古老的（　　　）。这里游客（　　　），人们谈笑（　　　）。远处山峦（　　　），云雾缭绕，宛如一幅灵动的水墨画。眼前的美景，让我不禁感叹大自然的鬼斧神工，也忘却了平日里的（　　　），沉浸在这片刻的宁静与美好之中。

生：亭台楼阁、接踵而至、喧哗、蜿蜒、浮躁。

师：咱们把游戏升个级。

（屏显）

小游戏升级版：围绕"瞻园游玩"这个话题，请用第五单元"读读写写"中的三个词说一段话。可以形容瞻园的景致，也可以形容游览瞻园的感受。

生：我用"映照""亭台楼阁""苍劲"。踏入瞻园，阳光映照下，亭台楼阁错落有致，飞檐斗拱尽显精巧。一旁几棵苍劲的松柏扎根于假山旁，见证着岁月变迁。

生：我用"喧哗""瞬息万变""喧腾"。刚踏入瞻园，城市的喧哗瞬间被隔绝在外。园内景色并非瞬息万变，而是透着岁月沉淀的静谧。漫步其间，思绪却忍不住喧腾起来，感叹这份与喧嚣尘世的短暂抽离，让人寻回内心的宁静，重新审视生活的本真。

师：才思敏捷啊，看来，大家不仅理解了词汇，还能将其巧妙运用。这个小游戏既能训练我们的想象力和应变力，又能训练我们的逻辑思维，下次我们继续玩啊。

师:回顾一下,第五单元一共有四篇课文,分别是什么?

生:《壶口瀑布》《在长江源头各拉丹冬》《登勃朗峰》《一滴水经过丽江》。

师:它们的作者分别是哪几位?请一位同学上来写一下。

(生上台板书)

师:这几个人受邀游玩了瞻园,并写了游记,大家来辨析一下,分别是谁写的?

(屏显)

① 瞻园的每一砖一瓦,每一树一石,都似乎在诉说着过往的辉煌与沧桑。我站在静妙堂前,望着那娟秀玲珑、挺拔峭立的"群玉峰",心中涌起的是对中华文化的无限敬意。

② 我轻轻滑落,从屋檐的边缘,滴在了瞻园的青石板上。清晨的薄雾还未散去,我在这静谧中苏醒,开始了我的旅程。我缓缓流过,经过了那座精致的亭台,亭子的飞檐翘角在晨光中显得格外优雅。

③ 他挥动着那把陈旧的折扇,仿佛是指挥着一支无形的乐队,引领我们进入了瞻园的神秘世界。园内的石板路,历经风雨,已被岁月磨得光滑如镜,我们的步履却因此变得轻快起来,仿佛是在跳着一支古老的舞蹈。"看呐,这就是瞻园!"他的声音里带着一丝得意,仿佛这园子是他亲手打造的杰作。"这园子里的每一块石头,每一棵树,都有着它的故事,就像我头上的白发,每一根都记载着一段历史。"

④ "我仿佛要醉了。"我轻声自语,声音在瞻园的静谧中回荡,随即消散在古木参天的园林里。我穿着臃肿的冬装,却感到一种从内心深处涌出的温暖。园中的风,轻柔而不失活泼,它在树梢间穿梭,带来阵阵花香。石径两旁,古树参天,它们的枝叶在风中轻轻摇曳,仿佛在诉说着历史的低语。阳光透过树叶的缝隙,洒在地面上,形成斑驳的光影,给人一种宁静而祥和的感觉。

生:①是梁衡写的,②是阿来写的,③是马克·吐温写的,④是马丽华写的。

师:为什么这么判断?

生:梁衡写的是大散文,喜欢感叹历史,引发人生思考,尤其喜欢勾连国家民族精神。阿来是藏族作家,写作内容常常富有少数民族的特色,文字更加轻灵,带着人文诗意,沉静和谐。马克·吐温的游记有小说笔法,表达会很幽默。马丽华在藏地生活很久,敬畏自然,写游记更强调主观感受的表达。

师:看来你已经掌握了几个作家的写作风格了。的确如此,不过,你还是答错了。作者的名字后面都得加个AI。他们到目前都没能来瞻园,这都是 AI 根据他们的文风仿写的。同学们能够准确识别,也证明 AI 模仿得比较成功。

师:尽管这些作家写作游记的个人风格不同,但我们在阅读他们的游记作品时还是可以找到相对统一的阅读方法的。课前我们请同学们以思维导图的形式归纳总结,现在让我们来一起探讨一下。(板书:阅读游记)

(屏显:两位学生的思维导图)

师:这两位同学的归纳,你觉得怎么样?

生:都关注了游记阅读应从"所至""所见""所感"这三方面进行解读,大的分项正确,小的分项有些欠缺。[板书:所至　所见(所闻)　所感]

师：有什么欠缺？如何修改？

生："所至"只关注了移步换景带来的时间和地点变化，缺少定点观察。"所见"应该不只有看到的美景，而应包括调动所有感官见到的景。（板书：移步换景　定点观察）

师：我补充一点意见：游踪不一定都是作者"位置变换"的行踪或路线，在很多游记中，游踪是经过作者集中、提炼、剪接、调度的，具有很强的主体性特点，并非完全是客观实录。导图上我们可以标注"集中、凝练"。（板书：集中　凝练）

生：我觉得"所见"不仅仅是见景，还应该见人、见事。《登勃朗峰》就是这样的，马克·吐温不仅写了勃朗峰的奇景，还写了车夫这个奇人及赶路的奇特经历。（板书：景　人　事）

师：你补充得很到位。

生：我觉得"所见"应该补充上写作手法，这部分内容可以用多种手法表现，思维导图归纳时可以开一个这个分支。

师：你打算在这个分支下补充哪些手法？

生：写景角度，如观察视角——仰视、俯视、环顾等；写景手法，如正侧面描写、动静结合、虚实结合、修辞手法等。（板书：手法：动静结合、虚实结合等）

师：怎么让自己的罗列更周全？

生：先根据四篇课文归纳，再看看其他游记文章，看看还能补充些什么手法。

师：思路非常清晰。其他同学还有补充吗？没有啦？那我再补充一点意见。优秀的游记不仅是文学文本，也是文化文本。游记往往是以游玩某处为中心，向哲学、历史、道德、科学、民俗、社会生活等各个方向扩展，以多样化的文学形式展现民族文化的精神。"所见"部分内容还可增添。（板书：历史　文化）对"所感"部分你们有什么改进意见？

生：归纳得有点杂，其实就是感悟体验、情感表达。

师：是有点杂，但你回答得不全。我觉得"所感"部分的归纳，两位同学都可以再改进。就像刚才所说，我们课内的四篇游记是抒发情感，但是也有很多游记最后不仅有情感表达，还有哲思感悟。所以，归纳时也不要漏掉。（板书：情　理）

师：那是不是我们每一篇游记都要这样去阅读呢？

生：其实我看游记只是想了解旅游注意事项。

生：我看游记只是因为那里我们没去过，想了解一下而已。

师：阅读游记的目的不同，关注的点也可以不同。生活中阅读游记，更多的是关注这里好不好玩？值不值得去？或者，这个地方我去过，我来看看这个作者和我的感受一样吗？所以，阅读时要区分好目的，否则就容易对游记敬而远之了。

课前，我还让同学们列出了游记阅读中的困惑。梳理后我发现，大多数同学都集中表达了这些困惑。

（屏显）

为什么我也去了这个地方，却没有这些作家的感受？

为什么读不懂这些作家的文字，理解不了这些句子？

生：因为观察的角度会不同，观察者个人经历不同，联想到的内容自然也不同，所以最终体验的感受就不一样了。

师：是的，所以我们阅读时才需要共情，需要知人论世。

（屏显）

为什么我和这个作家有相同的感受，但我写不出像他这样的文字？

师：带着这个认知，我们再来看看这个困惑。现在能解惑了吗？

生：每个人有自己的语言表达方式和写作经验，运用写作技巧也是各有特色，不用强求。

师：所以阅读游记的时候，不妨放轻松，抱着增长见闻的目的来读；也可以使用知人论世的方法去读，读明白作者真正想表达的情思。我们需要向他们学习，但是不需要妄自菲薄，也许他们也在羡慕着我们特有的活跃思维和感受。（板书：个性化作品）

师：这个单元还需要我们学写游记。写游记又有什么需要注意的？

生：感觉和读游记很相似，也要做好游踪的交代、景物的描写等。

生：还需要提前准备相关材料，如历史人文、建筑技术等，以便写作时恰如其分地使用。

师：读写不分家，两者的确互通。（板书：读写互通）但是，想要写好游记，最重要的还是自己有所感悟，是真的有话可说，有话想说。今天时间有限，我们无法当堂完成一篇游记，但是一段即席讲话还是可以完成的。

（屏显）

假如你在瞻园游玩时，生活在内蒙古的五年级表弟小文正好给你打视频电话，你便向他实况分享瞻园游玩经历。你说——

生：进入了南大门，向左就能看见南假山，怪石嶙峋，有的像蹲伏的巨兽，有的像展翅的飞鸟，山上面青苔在石缝间蔓延，好像给假山披上了翠衣……

师：我稍作打断。注意，即席讲话要注意情境，可就地取材。

生：好的。小文，你猜我现在在哪儿？姐在瞻园呢！你看，古色古香的亭台楼阁，弯弯绕绕的回廊，那边还有小池塘，里面游着漂亮的锦鲤。草原是天苍苍、野茫茫，特别开阔豪迈，瞻园呢，是那种温婉小巧的精致美。这会儿是冬天，空气中一直有蜡梅香，清新淡雅，可有韵味了。

师：这段话，不仅有互动，还有两地差异对比，吸引对方来南京游玩，考虑得很周全。

生：小文，我正在南京瞻园玩呢！看，这可是有名的"虎"字碑。这碑可太有来历啦！传说是明太祖朱元璋御笔所书，笔画刚劲有力，是不是像一只威猛的大老虎？而且这"虎"字里还藏着好多玄机呢，你看，这个"虎"字的写法，这样、这样，认出来了吧？包含了"富甲天下"四个字！等会儿到园区购物店，我就买个"虎"字文创产品给你寄过去。

师：这是特定景点介绍，外加礼物诱惑啊！

生：小文，你知道我现在在哪儿吗？我在南京的瞻园呢！这会儿正在太平天国博物馆里面。看，这是当年官军对阵的大炮，这是当年打仗用的马具，你不是马术很好吗？看看，这跟你现在骑马用的一样吗？你来瞻园玩，不仅可以欣赏亭台楼阁的江南园林，还可以了解一段古代人民追求平等自由的历史呢！

师：这是投其所好，勾连历史人文啊！我们都知道，即席讲话要关注背景、场合、听众，不宜长篇大论。今天，我们没有时间在课堂上写完整的游记，但是我们可以将大家的发言重新做个整合，挑选一条路线、几处景点，分享一些感想和收获，加上开头结尾、整体润色，变成一篇游记作品。所以，今天的课后作业是小组合作完成一篇瞻园游记。

师:最后,让我们对第五单元所学内容再做一个回顾总结:一是夯实基础,字词要会运用;二是识记文学常识,能辨析作家风格;三是阅读有法,根据目的选择读法;四是游记写作,读写互通,重在真情;五是即席讲话,贴合情境,条理清晰。

本课板书:

$$
\begin{array}{l}
\text{阅读游记} \\
\text{(个性化作品)} \\
\text{读写互通}
\end{array}
\left\{
\begin{array}{l}
\text{所至} \left\{ \text{移步换景\quad 定点观察} \atop \text{(集中\quad 凝练)} \right. \\
\text{所见} \left\{ \text{景\quad 人\quad 事\quad 历史\quad 文化} \atop \text{手法:动静结合、虚实结合等} \right. \\
\text{(所闻)} \\
\text{所感\quad 情\quad 理}
\end{array}
\right.
$$

教学创想

◆ 情境创设

整节课虽然是在复习"游记"单元,但是始终将学习活动与学生瞻园游玩的情境相联系,以期学以致用。

字词游戏情境:教师先设计小游戏让学生用第五单元"读读写写"中的词语填写语段空缺,再提升游戏难度,让学生围绕"瞻园游玩"这个话题,用第五单元"读读写写"中的三个词说一段话,可以形容瞻园的景致,也可以形容游览瞻园的感受。这种字词游戏,不仅让学生在轻松的氛围中主动参与,避免枯燥的记忆过程,而且可以借助情境巩固学生对字词的理解和运用能力,尤其是在语境理解方面,能够有效提升语言感知力。

辨别作品情境:教师借助 AI 写出四位作家的"瞻园游记"文本,让学生辨别其模仿对象,其实就是让学生比较四位作家的语言特色和文风差异。这种情境能够激发学生的学习兴趣,让他们在辨别中进行对比分析,不仅能提升对文本的敏感度,还能培养批判性思维和文学鉴赏能力。

虚拟创作情境:教师虚拟游玩瞻园时表弟视频来电情境,让学生进行实况直播分享。这样既考查了学生对游记中"所见"的写作能力,又考查了学生对本单元口语交际"即席讲话"的应变和语言组织能力。虚拟创作情境能激活学生感知经验,在交互中突破传统写作的线性框架,以情感驱动型任务促进深度思维,为语文核心素养中高阶思维的培养提供情境化实践场域。

◆ 任务创建

任务一:巩固第五单元基础知识

活动 1:用第五单元"读读写写"中的词语,填写句段空缺。

意图:了解学生词语掌握情况,帮助学生提高词语运用能力。

活动 2:围绕"瞻园游玩"这个话题,用第五单元"读读写写"中的三个词语说一段话,可以形容瞻园的景致,也可以形容游览瞻园的感受。

意图:借助情境,帮助学生学以致用,同时提高语言表达能力和思维能力。

活动 3:辨析四段瞻园游记语段的作者。

意图:了解学生对第五单元四篇游记内容的掌握情况,加深学生对不同写作风格的理解。

任务二:掌握阅读游记的方法

活动1:借助学生预习作业的思维导图评改,梳理游记阅读的方法。

意图:通过归纳总结,帮助学生形成结构化阅读策略,迁移至其他游记文本的阅读中。

活动2:学生举一反三,自我解答困惑。

意图:引导学生将思考方法迁移至新情境,实现深度学习。

任务三:掌握游记的写作方法

活动1:归纳游记写作的技巧及要求。

意图:引导学生从游记阅读方法反思游记写作思路及技巧,使其能将所学迁移至个人游记创作中,提升写作质量。

活动2:即席讲话:让学生接听视频电话,实时分享瞻园游玩经历。

意图:创设真实交际情境,发挥学生创意,训练学生组织语言、清晰表达的能力。

◆ **学法创优**

情境化学习:虽然是单元总结课,但是并没有局限于单元内部,而是借助学生游玩瞻园,设置了字词创编游戏、瞻园游记作者盲猜、视频对话等活动,让学生结合自身游玩经历作答,有助于增强学生的参与感,激活学生的感知经验,促进深度理解与迁移应用,提升学习效能。

化整为零学习:游记写作也是本单元学习任务,总结课不可能回避。用视频对话方式让学生先创生"所见"语段,再在课后小组合作整合成一篇游记。这样既能通过任务分解降低认知负荷,聚焦"所见"语段创生,提升学生细节描写能力;又能用课后协作整合促进知识重构,培养整体思维与团队协作能力,实现碎片化学习向系统性表达的转化。

名师点评

陈老师的游记单元总结课为语文复习教学注入了鲜活的创造力。这堂课最巧妙之处在于,她把枯燥的单元复习变成了沉浸式文化体验,以"游记"单元学习为基点,构建了"基础巩固—文本辨析—方法提炼—迁移应用"的四维教学框架,充分展现了新课标背景下语文核心素养的培育路径。教师以游戏化教学为切入点,通过层递式任务群设计,将知识积累与思维发展有机统一,形成三大教学亮点。具体如下:

其一,构建"语言—思维"共生场域。教师巧妙设计填空游戏与仿写任务,使字词学习突破机械记忆层面。第一层级的语境填空注重词语的精准选用,第二层级的瞻园场景仿写则推动语言运用向思维建构跃进。特别是在学生运用"喧哗""瞬息万变""喧腾"进行矛盾性表达的案例中,可见教师对辩证思维的培养意识。这种"脚手架式"语言训练体系,既夯实基础又提升高阶思维,使单元语用目标自然落地。

其二,创新"文本—文化"对话机制。在作家风格辨析环节,教师突破传统文学常识记忆模式,创造性地引入 AI 仿写文本作为辨析材料。当学生准确识别梁衡的历史哲思与阿来的诗意笔触时,实际已建立起文本特征与作家风格的深层关联。更值得称道的是教师及时揭示 AI 创作本质,既破除技术神秘感,又引导学生关注人文精神的不可替代性。这种"解构—重构"的文本研读方式,将文化传承与批判性思维培养熔于一炉。

其三,贯通"阅读—表达"实践路径。在阅读维度,将"所至"细化为时空坐标与主体调度,将"所见"拓展至多感官体验与文化延伸,将"所感"区分为情感投射与哲思升华;在写作维度,创设"视频导览"的真实语境,要求学生在有限时间内完成景点解说、文化勾连与情感传递。特别是学生将草原辽阔与园林精巧进行意象对比的案例,生动展现了阅读积累向个性表达的自然转化,形成"输入—内化—输出"的完整学习闭环。

本节课在教学方法上彰显三大突破:首先是以"认知冲突"驱动深度学习,当学生发现作家感受与自身体验的差异时,教师并未简单地提供答案,而是通过 AI 应答对比引发自主探究,这种"困惑—解惑"的教学节奏更符合认知规律。其次是构建"双线并进"的知识图谱,既显性梳理游记文体的阅读策略,又隐性渗透地域文化比较、历史人文解读等跨学科元素。最后是打造"具身学习"实践场域,从仿写游戏的身体参与视频导览的情境代入,使学习过程始终伴随着具象化的认知体验。

(王跃平　江苏省特级教师、正高级教师)

言语·小·创

冬日游瞻园

冬日的清晨,薄雾如纱,我踏入了瞻园,开启了一场探寻古韵的旅程。

进园绕过照壁,首先映入眼帘的便是南假山。寒冬时节,假山上的草木虽少了几分葱郁,却多了几分苍劲。怪石嶙峋,形态各异,有的如猛兽蹲伏,有的似仙人指路。石头缝隙间,几株小草顽强地探出头来,为这清冷的假山增添了一丝生机。阳光洒在假山上,明暗交错,更显其古朴厚重。

沿着蜿蜒的小径往北走,便来到了静妙堂。堂前的池水在寒风中微微荡漾,水面上倒映着岸边的亭台楼阁,宛如一幅淡雅的水墨画。堂内静谧清幽,雕梁画栋,古色古香。我仿佛看到了昔日古代文人雅士在此吟诗作画、谈古论今的场景。

继续往北,沿着碑廊,穿过延晖亭、一览阁,便是著名的百年虎字碑。碑上的"虎"字一笔写成,气势磅礴,笔力刚劲。据说此字暗藏玄机,寓意深刻。其中一种便是写法形似"富甲天下"四字,于是被拓印多份,成为祝福的象征。历经岁月的洗礼,碑身虽有了些许斑驳,但依然不减其神韵。在这寒冷的冬日,凝视着这古老的虎字碑,我感受到历史的厚重。

再往北,便是环碧山房、移山草堂等,都是后来修建还原的。景色与南边差不多,都是清幽雅致。然后再向东去,一定要去太平天国博物馆一观。在众多展品中,一面古朴的令旗静静陈列在展柜之中,旗帜主体的朱红色早已褪去了几分鲜艳,留下斑驳的痕迹,好似岁月亲手刻下的印章。旗面上的字,虽因时光侵蚀而有些模糊,但仍能从中感受到当初的磅礴气势。这面旗帜,曾在金田起义的烽火中猎猎作响,伴随起义军冲锋陷阵,见证了定都天京时的荣耀与辉煌,也目睹了后期的风云变幻与最终的衰败。它宛如一位无声的史官，静静诉说着那段波澜壮阔的历史。从金田起义的号角，到定都天京的辉煌，再到最终的衰败，太平天国的兴衰历程让人感慨万千。看着这件展品，我不禁为农民起义的勇气和精神所感动，同时也为其最终的失败而叹息。

　　瞻园，从明初的赐建府邸花园，到乾隆御题匾额，再到太平天国时期的风云变幻，它见证了无数的历史变迁。如今，在这冬日的暖阳下，它依然散发着独特的魅力。这里的一草一木、一砖一瓦，都凝聚着古人的智慧和巧思。我赞美古人的匠心独运，也哀叹朝代的兴衰更替。但历史的车轮滚滚向前，自当怀揣对往昔的敬重，珍惜当下的每一时刻。岁月匆匆，瞻园的故事仍在继续，而我也将带着这份眷恋，向着充满希望的未来稳步前行，让美好在岁月里不断沉淀、绽放。

（南京市中华中学初中部　陈　卉）

八年级下册

第六单元

21 庄子与惠子游于濠梁之上

教学实录

师：今天，我们班同学将借助这堂课进行一次讲故事比赛。和以前所讲故事有些许不同，这次是讲文言故事，我们以《庄子与惠子游于濠梁之上》为底本。为了帮助大家把故事讲得更好，我们需要完成三个小任务。

PPT：

任务一：梳理文言，读懂故事

任务二：添加细节，讲好故事

任务三：回溯咂摸，品评故事

师：先请一位同学将这篇文言文为大家朗读一遍。

（生朗读课文）

师：在读音上有问题吗？没有的话，我们关注下大屏上的句子。这些句子的停顿应该怎么处理？如果仅停顿一处，应该怎么去读？首先看第一句。

PPT：

句1：是鱼之乐也

句2：安知鱼之乐

句3：既已知吾知之而问我

生：我认为应该在"是"的后面停，"是/鱼之乐也"。

师：为什么呢？

生："是"是"这"的意思，整句的意思是"这是鱼的快乐"，主谓之间停顿。

师：第二句应该在哪里停顿？

生：在"安"的后面或者"知"的后面停顿。

师：哪个字后面更合适呢？

生：在"知"后面。

师："知"是动词，即动宾之间停顿。最后一句稍微长一点，我们在哪里停顿合适呢？

生：在"既已知"后面停一下，"吾知之"后面停一下。

师：停两处也挺合适的。

师：请大家再次朗读课文，注意要读准字音，读出节奏。

（生齐读）

师：这篇文言文较为短小，下面请同学们结合书下注释用自己的话复述一下这个故事。

生：庄子和惠子在濠梁之上游玩。庄子说："水里的白色鱼游得多么从容啊，这就是鱼的快乐吧。"惠子说："你又不是鱼，你怎么知道鱼的快乐呢？"庄子说："你不是我，你怎么知道我不知道鱼的快乐呢？"惠子说："我不是你，所以我不知道你在想什么；你也不是鱼，所以你不知道鱼的快乐，这件事情是确定的。"庄子说："我们来追溯下话题的本源吧，你一开始问我知不知道鱼的快乐这件事，是已经知道我知道鱼的快乐才问我，我知道这件事是在濠水桥上。"

师：这位同学按照书下的注释和自己的理解将这篇课文复述了一遍，没太在意对一些字词进行重锤敲打，没有捕捉到故事的一些有意思的地方。不过没关系，我们在接下来的学习中看看能不能有新的发现。这篇小文言文按照教材的排版不太能看出它的特点，不妨把它按照大屏上的呈现方式来呈现。同学们看，如果我们给它添加一些内容的话，是不是就会使故事的表达精彩生动许多？下面请同学们以小组为单位，合作探讨，结合上下文语境，给人物添加合理的动作、神态、语气、语调等。（提示：前面括号添加动作、神态等，后面括号添加语气、语调等）

（屏显）

庄子与惠子游于濠梁之上。

庄子（　　）说："鲦鱼出游从容，是鱼之乐也。"（　　）

惠子（　　）问："子非鱼，安知鱼之乐？"（　　）

庄子（　　）说："子非我，安知我不知鱼之乐？"（　　）

惠子（　　）说："我非子，固不知子矣；子固非鱼也，子之不知鱼之乐，全矣！"（　　）

庄子（　　）说："请循其本。子曰'汝安知鱼乐'云者，既已知吾知之而问我，我知之濠上也。"（　　）

（学生进行组内讨论并添加）

师：请小组代表和同学们说说你们在括号里填写的内容以及理由。

生：我们组添加的内容是这样的。

（屏显）

庄子（站在桥上，手指着鱼）说："鲦鱼出游从容，是鱼之乐也。"（自豪快乐的语气）

惠子（摊开手）问："子非鱼，安知鱼之乐？"（玩笑的语调）

庄子（微皱眉）说："子非我，安知我不知鱼之乐？"（反问）

惠子（边点头）说："我非子，固不知子矣；子固非鱼也，子之不知鱼之乐，全矣！"（自豪的语气）

庄子（插着袖子，仰着头）说："请循其本。子曰'汝安知鱼乐'云者，既已知吾知之而问我，我知之濠上也。"（肯定的语气）

师：第一句中添加了站位和动作，人物是自豪快乐的。第二句添加的依据是什么呢？

生：当庄子说鱼儿很快乐的时候，惠子想要和他抬杠，（生笑）所以添加了"摊开手"的动作，我觉得应该是一种玩笑的语调。

师：请你给大家展示一下,怎么个"摊"法? 为一会儿讲故事作铺垫。

生：(两肩一耸,双手摊开,作打趣的模样)就是这么摊手。

师：好的,你继续添加。

生：面对惠子的"抬杠",庄子微微皱眉进行反问:"子非我,安知我不知鱼之乐?"此时,惠子为了在庄子面前证明自己的聪慧(庄子运用惠子的逻辑进行辩论),会边点头认同自己边自豪地说话。但是,庄子并不认同惠子所说的话,所以就插着袖子,仰着头,一副瞧不起他的样子,说:"请追循事情的本源,你问我是在哪里知道鱼的快乐的,我是在濠水上知道的。"

师：其他同学对于他添加的细节有没有不同的看法? 或者是共鸣? 可以说说理由。

生：我和这位同学是一组的,我也认为惠子说的第二句是自豪的语气,讲故事可以重读两个"固"字,凸显这种形象特点。

师：这两个"固"字的意思一样吗?

生：第一个是因此。

师：这里应该是固然的意思,代表承认一种前提事实,就是"我不是你"这个前提。第二个"固"是什么意思呢?

生：本来的意思。

师：为什么重读两个"固"字所在的句子,足以令自己表现得自豪和自信?

生：因为他(惠子)是通过庄子所说的话来进行反驳的。

师：惠子是通过庄子所言的逻辑进行反驳的。庄子认为"你不是我",所以"怎么知道我不知道鱼的快乐"? 惠子便说"你(庄子)本来不是鱼",所以"你不知道鱼的快乐"。惠子用庄子的逻辑反驳庄子,更有说服力。

师：你觉得惠子的形象特点是怎样的?

生：逻辑性强、思维缜密。

师：至此,惠子似乎是完胜庄子,但是庄子又来反驳了。请同学结合庄子所说的话,进一步阐释刚才那位同学所添加的细节。

生：庄子从他们话题的本源进行反驳。

师：他们这个话题的本源是什么呢? 庄子在此处强调惠子所提出的"汝安知鱼乐",和故事开始惠子所问的"子非鱼,安知鱼之乐"有什么不同? 庄子想要正的"本"究竟是什么?

生：庄子抓住了惠子语言的漏洞,庄子认为惠子一开始问的"汝安知鱼乐"中的"安"不是在反问,而是已经默认自己知道鱼的快乐,只是在问通过什么方式知道的。

师：所以庄子对"安"这个字的意思进行了转换变化。根据上下文语境,第一个"安"字应是表示反问的语气,第二个"安"字表示"在哪里"。你觉得庄子这个人怎么样?

生：他眼中的万事万物是平等的。

师：下面请大家结合评价量表和补充后的故事讲稿,在组内比比讲故事,并推选出一位同学进行展示。

(屏显)

内容	评分项目及赋分	评分	说明
添得"妙不妙"	想象合理(30分)		
	角度丰富(30分)		
讲得"好不好"	自然流畅(20分)		
	感染力强(20分)		
总分(100分)			

生：一天，庄子与惠子到濠水上游玩，庄子捋着胡须，缓缓看着水里的鱼，慢慢地说："鱼儿在水里游得好从容啊，这或许就是鱼的快乐吧。"惠子抬眼看了庄子问："你又不是鱼，你怎么知道鱼的快乐呢?"庄子摇了摇头，回答说："你又不是我，你怎么知道我不知道鱼的快乐呢?"惠子拍了拍栏杆，斩钉截铁地说："我不是你，固然不知道你的想法，你又不是鱼，你肯定也不知道鱼的想法。"庄子胜券在握，仰天大笑说："请追循话题的根本，你问我在哪里知道鱼的快乐，既然你知道我知道鱼的快乐，还这样问我，那我说我是在濠水上知道的。"言毕，二人哈哈大笑，彼此看了对方一眼。

师：这位同学故事内容添得妙，讲得也好。有人说庄子和惠子好无聊啊！这个故事实在没有多大意义，你同意吗? 请从人物、情节等方面说说自己的看法。

生：不无聊，这个故事给我们塑造了两个十分鲜明的人物形象，二人的探讨很有趣，庄子思维活跃，惠子思维严谨。

师：一个充满了浪漫主义的想象，一个思维严谨。（板书：庄子　惠子　浪漫主义　严谨求证）

生：这个故事还向我们讲述了儒家和道家两个学派代表人物认识世界的不同角度。

师：这个故事其实讲了道家和名家两个学派的代表人物认识世界的不同角度。道家代表人物庄子与老子并称"老庄"，他们追求自由自在的隐居生活，强调"万物与我为一"的观点。名家代表人物惠子强调以思维的形式、规律为研究对象。

（屏显）

庄子，名周，战国人，道家学派代表人物。他与老子并称为"老庄"，平民哲学家。庄子追求自由自在的隐居生活，他在《庄子·齐物论》中提出"天地与我并生，而万物与我为一"的观点。

惠子，名施，战国中期宋国人，是名家（以思维的形式、规律和名实关系为研究对象的哲学派别）的开山鼻祖和代表人物。

师：最后我们回溯下刚才讲故事的同学所设计的结尾"二人哈哈大笑，互相看了眼对方"，是否合理呢?

（屏显）

惠施卒，而庄子深瞑不言，见世莫可与语也。

——《说苑·谈丛》

师：惠子死了后，庄子闭目不再言语，看着这个世界，认为再也没有可以说话交流的人了。这两个人其实是历史上有名的好朋友。（板书：知己）所以，这样的结尾可以体现出这两人虽有争论，但内心更多是对彼此的欣赏。

本课板书：

庄子	惠子
浪漫主义	严谨求证

知己

教学创想

◆ **情境创设**

这节课创设的情境是班级进行讲故事比赛,为了讲出更精彩的故事,需要完成前置性学习任务,学生在任务完成的过程中读懂文言文、品读重要语句、把握人物形象。

讲出精彩故事的任务目标会驱动学生层层深入对文言文的理解,只有将作为故事底本的课文读懂、读透,才能讲出真正吸引人的好故事。例如,在完成任务一的基础上,学生为了使自己的故事讲得绘声绘色,需要结合上下文语境,为人物添加动作、神态、语气、语调等细节。这些内容的设计需要学生反复研读文本中人物的语言,从而提炼出形象特点作为其细节设计的依据。活动过程可以同时调动学生的多种能力素养,如文言积累的功底、词句品读的能力、提炼概括的能力、联想想象的能力等。这也是情境创设有力培养了学生核心素养的重要表现。

总的来说,情境创设在这堂课中起到了非常重要的作用,它不仅提高了学生的学习积极性和主动性,还助力学生对文言文的多维学习和理解。

◆ **任务创建**

任务一:梳理文言,读懂故事

活动1:朗读课文。

意图:读准字音、读出节奏。

活动2:复述课文内容。

意图:突破重点词句。

任务二:添加细节,讲好故事

活动1:为原文添加人物的神态、动作、语气、语调等内容,完善故事讲稿。

意图:突破关键词句,把握人物形象。

活动2:结合评价量表和故事讲稿,组内比赛讲故事。

意图:借助朗读生动呈现人物形象特点。

任务三:回溯咂摸,品评故事

活动:请从人物、情节等方面说说这则文言故事的意义和价值。

意图:理解不同学派对世界的不同认识,感受庄子和惠子之间的深厚情谊。

◆ **学法创优**

从学法创优的角度来分析这节课,我们可以探讨如何通过优化学习方法和策略,提升学生对记叙类文言文的阅读理解能力。以下是几个关键点:

情境化学习:将文言文的"一体四面"融入情境中,以任务驱动的方式,有趣地助力学生的文言文学习,一改沉闷枯燥地解释和翻译,激发学生的学习兴趣。

创意想象学习:反复品读人物语言,发挥联想和想象揣摩人物形象,为其添加合情合理的神态、动作、语气、语调等,极大地调动了学生学习的能动性,也为记叙类文言文的学习注入了活力。

语体转换学习:书面语和口头语是语文学习的两个重要内容。记叙类文本在情节的丰富性和人物形象的鲜明性上有天然的优势,学生较容易将两种语体进行转换学习。这也是助力记叙类文言文学习的有趣方法。

名师点评

这节课可圈可点之处很多,且不说情境创设的适切性,任务设计的合理性,创意想象的生动性,单就是评价的多元性和丰富性就值得好好品味和学习。

课堂教学评价是过程性评价的主要途径。教师在教学过程中应树立"教—学—评"一体化的意识。这一点在鞠老师的课堂上得到了充分展现。为了帮助学生"讲好故事",鞠老师引导学生结合注释,梳理文言,读懂故事,以及添加细节,这更多体现的是老师的"教"和学生的"学";最后通过组内评比的方式来判断学生讲得好不好,这又是在"评"的层面上展开的。

课堂教学评价的目的是"以评促学",即通过评价引导学生反思学习过程。为了达成这一目的,教师在教学过程中要科学选择评价方式,合理使用评价工具。为了引导学生合理使用评价工具,形成正确的评价结果,鞠老师精心设计了评价量表,从"想象合理""角度丰富""自然流畅""感染力强"四个维度,巧妙告知学生评价标准,帮助学生学会评价,最终在评价中学会讲故事。

课堂教学评价要想达到应有的评价效果,还需要注意评价主体的多元性。本节课,鞠老师组织课堂教学评价时,既有师生点评,也有生生点评,因评价主体的多元性而激活了课堂氛围。在组织学生互相评价时,教师如果能够在"对同伴评价进行再评价"上给予更多关注,提出更多指导意见,效果会更佳。

好的课堂评价,还需要教师有敏锐的洞察力。教师在课堂上的洞察力表现为能在倾听学生的发言时,根据学生在知识基础、思维方式、态度情感等方面的表现,科学分析其形成的原因及影响因素,进而进行有针对性的指导。这一点,鞠老师做得很好。如,当学生交流时说:"庄子从他们话题的本源来进行反驳。"鞠老师迅速追问:"他们这个话题的本源是什么呢? 庄子在此处强调惠子所提出的'汝安知鱼乐'和故事开始惠子所问的'子非鱼,安知鱼之乐'有什么不同吗? 庄子想要正的'木'究竟是什么?"其目的是以追问引导学生思维走向深入。再如,当学生讲故事时以"一天庄子与惠子来到濠水之上游玩……言毕,二人哈哈大笑,互相看了眼对方"作为故事结尾时,鞠老师并没有马上回应此结尾的优劣,而是在和学生交流故事背后的道家、名家思想的基础上,从情感态度层面引导学生对故事结尾进行评价。

课堂教学评价是过程性评价的重要一环。日常教学中,教师要充分利用过程性评价来改进教与学。从"教"的角度来看,教师要学会在评价中反思教学中的问题和不足,以优化教学内容,改进教学设计,调整教学策略;从"学"的角度来看,教师要基于课堂评价过程和结果,给出科学的、有针对性的指导意见,促进学生反思学习过程,改进学习方法。

（付小明　江苏省教学名师、正高级教师）

言语·小·创

请完善故事讲稿,并将这个故事绘声绘色地讲给同学听。

扫描下方二维码,获取故事。

（苏州工业园区星湾学校　鞠　婷）

·九年级上册·

第三单元

13 湖心亭看雪

教学实录

前置作业：

1. 熟读课文，你觉得哪些字词比较难写或者难以理解？从文中摘出 2~3 个。试着用有创意的方式来记忆你觉得难写或者难以理解的字词。

2. 你对课文内容还有哪些不理解的地方？提出疑问。（可以围绕人物形象、写景方法、情感表达等方面进行提问）

3. 四人语文小组演读张岱与亭中人的这段对话，一人饰张岱，两人饰亭中人，一人饰舟子，可适当融入想象。

师：同学们，今天我们一起来学习张岱的《湖心亭看雪》。（板书：湖心亭看雪　张岱）课前，同学们都完成了前置作业。我对大家提出的疑难字词进行了归纳——同学们普遍觉得比较难以理解的词是"绝"、"更"（湖中焉得更有此人）、"强"；比较难写的词是"拏""毳""凇""沆砀"。为了更好地理解和记忆这些词语，大家八仙过海，各显神通，创造了一系列记忆之法。下面请同学们来介绍一下。

生：我使用了字形记忆法来理解"拏"字。"拏"和"拿"都有"手"做部首，"拏"字上半部分是"奴"，文中是舟子撑船，因此"拏"是撑船的意思。

生："毳"也可以使用字形记忆法。大家看，这个字是由三个"毛"组成，因此"毳衣"就是毛皮大衣，能保暖御寒。

生：我使用的是联想法。"湖中人鸟声俱绝"的"绝"和"猿则百叫无绝"的"绝"意思相近，都是消失的意思；还有"是日更定"的"更"与"三更半夜"的"更"，都是计时单位。

生："湖中焉得更有此人"的"更"，根据上下文推测，既不是指时间，也不是"更加"的意思，是湖中居然还有这样的人的意思，所以读第四声，理解为"还"的意思。

师：你这是根据语境推断出来的意思，理解"强"字也可以使用这个方法。"强饮三大白而别"，这个"强"有同学解释成"勉强"之意，对吗？

生：不对，根据上下文，作者在湖心亭遇到了跟他一样赏雪的人，"大喜"，所以喝酒的时候应该是非常高兴的，痛快豪饮。这里"强"应该是尽情喝酒的意思。

213

师：你说得很好，这里的"强"根据上下文推断应该是尽力、尽情的意思。最后一位同学更有创意，他采用了图片记忆法。大家能猜出这是哪个字吗？

（屏显）

生：凇！

师：对的，请作者说一说。

生：我在松树旁边画了两朵雪花，就是指松树上结的冰晶。我再画一些雾气，萦绕在松树上，就是"雾凇沆砀"了。

师：你太有创意了！"雾凇沆砀"向来是学习这课的疑难字词。"凇"总是会有同学错写成三点水旁，"雾凇沆砀"的意思也不容易理解、记忆。图文结合，同学们的印象就非常深刻啦！

师：以上是同学们展现的创意记忆法，有字形记忆法、联想记忆法、语境推测法以及图片记忆法。老师要给大家点赞！这些方法肯定比死记硬背有效得多。扫清了字词障碍，同学们对课文内容还有很多疑问。老师整理了大家提出的问题，其中提问率最高的三个问题是——

（屏显）

1. 为什么舟子要说"相公痴"，究竟"痴"在哪里呢？

2. "湖上影子，惟长堤一痕、湖心亭一点、与余舟一芥、舟中人两三粒而已。"这句话怎么翻译？

3. 张岱为什么要在晚上去湖心亭看雪？

师：首先，让我们一起朗读课文。

（生齐读）

师：张岱在《西湖梦寻·自序》中写道："余生不辰，阔别西湖二十八载，然西湖无日不入吾梦中，而梦中之西湖，实未尝一日别余也。"令张岱魂牵梦萦的西湖究竟有着怎样的风景呢？我们看看文中是怎么写的，请你来朗读第 1 段的第二行直至段末。

生：雾凇沆砀，天与云与山与水，上下一白，湖上影子，惟长堤一痕、湖心亭一点、与余舟一芥、舟中人两三粒而已。

师：按照古人的行文习惯，张岱本可以说"天云山水，上下一白"，为什么还要在天云山水之间加上"与"字呢？大家齐读这两句。

（屏显）

雾凇沆砀，天与云与山与水，上下一白。

天云山水,上下一白。

(生齐读)

生:原文这句写雪景更有感觉,"与"字强调了当时的环境。

师:当时是一种怎样的环境?

生:大雪茫茫,冰天雪地。

师:所以在这样的环境中,天、云、山、水四种景物变得怎么样了?

生:融为一体了。

师:也就是说,天云山水本来是有层次、有界限的。因为下了三天大雪,它们之间的界限变得模糊了。天空、白云、远山、湖水之间都是白茫茫一片,天地仿佛融为了一体。再结合下文的"上下一白",更凸显了这个冰雪世界的空旷辽阔。在这白茫茫的雪夜,张岱看到了什么景色呢?我们一起来读一读。

生:(齐读)湖上影子,惟长堤一痕、湖心亭一点、与余舟一芥、舟中人两三粒而已。

师:作者看到了哪些景物?

生:长堤、湖心亭、小舟、舟中人。

师:作者看到的景物多吗? 为什么?

生:不多。晚上八时天已经很黑了,而且大雪下了三日,"雾凇沆砀",雪后雾气弥漫。

师:作者看到这么少的景物并不奇怪,奇怪的是作者写景时用到的一系列量词,请大家圈一圈(痕、点、芥、粒)。作者为什么要用这些量词? 通常我们都会使用哪些量词?

生:通常会说一条长堤,一座亭子,一只小舟,一个人。

师:这些量词跟文中的量词有什么区别? 这些景物在作者的眼中发生了哪些变化? 和同桌讨论一下。

(生交流讨论)

生:我们发现这些景物在作者眼中都变小了。"痕"是痕迹的意思,浅浅的、淡淡的。"点"远远望去,很小的样子。"芥"我们还没有讨论出来,应该也是指船很小。粒,通常指一粒米、一粒种子,这里写人,肯定把人缩小了。

师:你说的基本正确。提醒一下,"芥"是小草的意思,用"芥"来形容小舟很轻盈,漂浮在湖面上。所以,这些景物在作者眼中都变小了。我们再看,这四个量词之间又有什么变化规律?

生:变得越来越小了。

师:是啊,在苍茫浩渺的天地之间,万物是渺小的,人也是渺小的。作者置身于天地之间,自然而然地生出"渺沧海之一粟,哀吾生之须臾"的感慨。到这里,同学们能告诉我,作者张岱是在什么位置赏雪的?

生:坐在船上。

师:那他看到的船为什么会是一芥,人为什么会是两三粒呢?

生:因为作者把自己也融入这景物中了。

生:如果这是一幅画,张岱本人也融入了画中了。

师:说得真好! 此时的作者,赏雪的视角发生了怎样的变化?

生:由平视变为俯视。

师：张岱从天云山水，写到长堤、湖心亭、小舟，再写到舟中人，绘制了一幅颇有意境的水墨画，船中的张岱成了画中人。此时仿佛还有另一个张岱站在高处，俯瞰着这画中景、画中人。不仅天云山水融为一体，还有谁也跟它们融为一体了？

生：张岱。

师：这种人和天地融为一体的境界，如果用一个词来形容，是——

生：天人合一。（板书：赏痴景　天人合一）

师：我们再来读一读这两句，感受作者天人合一、物我相忘的山水之乐。

（生齐读）

师：作者在写景时没有用到色彩，也没有用到华丽的修饰语，这种简笔勾勒写景的手法叫作白描。

师：带我们领略如此绝妙雪景的张岱是个怎样的人呢？文中舟子有一句评价张岱的话，请大家读出来。

生："莫说相公痴，更有痴似相公者。"

师：这里的关键词是"痴"，"痴"是什么意思呢？

生：痴迷。

师：舟子是从哪些地方看出张岱的"痴"的？

生：文章一开始写"大雪三日，湖中人鸟声俱绝"，又是在更定的时候去看的雪景。

师：作者看雪的时候冰天雪地，万籁俱寂，看雪的时间又选在了晚上八点。看雪的地点湖心亭又是个怎样的地方呢？

（屏显）

夜月登此，阒寂凄凉……人稀地僻，不可久留。　　　　　　　　——张岱《西湖梦寻》

师：可见湖心亭是个非常冷寂、偏僻的地方。张岱挑了一个别人都不会选的时间，十二月的晚上去看雪，可见他的行为是与众不同的，你能从他的行为中看出他什么特点？

生：特立独行，不流于世俗。

生：情趣高雅。

师：总结一下，张岱的痴，痴在特立独行，高雅脱俗。（板书：品痴人　高雅脱俗）

师：张岱不是一个专门写景、写山水的诗人，而是个写都市生活的诗人。记忆中的那晚，张岱遇上了两个金陵人。舟子说"莫说相公痴，更有痴似相公者"，"似"是什么意思？张岱与亭中人有何相似之处？

生：相似的意思。他们都做了与众不同的事，在这样一个大雪后的夜晚到湖心亭看雪。

生：这说明他们有共同的雅趣。

师：他们遇到后发生了什么？心情怎样呢？请小组四位同学来演读这段对话。

（小组四人展示）

师：同学们有没有注意到这句话——"问其姓氏，金陵人，客此。"问其姓氏，他不答姓名而是答籍贯。张岱写错了吗？还是另有深意？我们来看几段助读材料。

（屏显）

材料一："湖心亭看雪"事件发生于崇祯五年（1632 年）；崇祯十七年（1644 年），明朝灭亡，顺治登基,清朝建立;顺治元年(1644年),张岱反清复明失败,逃入山中著书;顺治四年(1647年)左右,张岱写《湖心亭看雪》。

材料二:"金陵"即南京,明太祖朱元璋定其为国都,后明成祖朱棣迁都北京。

材料三:张岱出身于官宦之家,明亡以前未曾出仕,一直过着布衣优游的生活。明亡以后,他曾参加过抗清斗争,后来消极避居浙江剡溪山中,专心从事著述。

生:作者特意写下金陵人客居于此,是想表达对故国的怀念,有一种亡国之痛。

生:作者写作的时候已经是清朝了,还用了明朝的年号"崇祯五年",也能看出他对明朝的怀念。

师:就是这样一个张岱,在改朝换代、天崩地裂之际,隐姓埋名,遁迹山林,潜心著论,在贫困衰败中固守一份对故国的"痴心"。然世人会有几个能懂? 舟子说他傻,他真的傻吗?

生:不是,是一种对故国的执着和坚守,体现他的一片忠心。

师:有人理解他吗? 舟子能理解吗?

生:舟子只是一个下人,并不能理解张岱,所以张岱内心是孤独的,他的"痴"是不被人理解的。(板书:悟痴情　故国之思)

师:所以即使是和舟子同坐一船,他仍"独往湖心亭看雪",痴迷于天人合一的山水,痴迷于高雅脱俗的情致,痴迷于感怀故国。让我们再读一遍这痴人之文,带着你对张岱的理解,带着你理解的情感。

(生齐读)

本课板书:

湖心亭看雪

张岱

赏痴景　天人合一

品痴人　高雅脱俗

悟痴情　故国之思

教学创想

◆ 情境创设

这节课的情境是跟随张岱的脚步欣赏湖心亭雪景,以"痴"为文眼,开展一系列学习活动,让学生在具体的情境中学习写景的妙处,体会作者高雅的情趣,感悟作者深沉的故国情怀。

首先,在前置作业中,学生提问频率最高的问题是:舟子为什么说张岱"痴"? 因此,以"痴"作为重点,设置情境,符合学情,能够激发学生的求知欲。其次,"痴"在文章中起到了牵一发而动全身的作用。具体而言,学生沉浸在文本情境中,先跟着作者在夜晚欣赏西湖雪景,感受到一种天人合一的境界。然后,将目光聚焦到带领我们赏雪的人——张岱身上,体会他与众不同的高雅情趣。最后,学生自己扮演文中人物,通过演读,想象志同道合的几个陌生人在雪夜偶遇的惊喜,在一问一答中品味这"答非所问"背后的深层意蕴——对故国的执着和坚守。

总的来说,情境创设在这节课中起到了非常重要的作用。它不仅激发了学生的学习兴趣和求知欲望,还提升了学生的思维能力和想象力。

◆ **任务创建**

任务一:解决疑难字词

活动:展示前置作业佳作。

意图:用有创意的方式理解并记忆疑难字词,疏通文意。

任务二:跟随张岱——赏痴景

活动1:同桌讨论,对文中写景的量词进行替换。

意图:品味文中量词的妙处。

活动2:探讨作者在什么位置赏雪。

意图:分析视角的变化,感受天人合一的境界。

任务三:聚焦张岱——品痴人

活动:舟子从哪些地方看出张岱的"痴"?

意图:从看雪的时间、地点体会张岱的特立独行。

任务四:理解张岱——悟痴情

活动1:四人小组演读。

意图:在演读中理解作者的故国之思。

活动2:全班齐读课文。

意图:在朗读中再次理解张岱。

◆ **学法创优**

从学法创优的角度来分析本节课,有以下几个关键点。

前置作业:文中"拏""毳""凇""沆砀"等疑难字词历来是学生学习的难点。在此次前置作业中,学生用有创意的方式来理解和记忆这些疑难字词,包括字形记忆法、联想记忆法、语境推测法、图片记忆法等。用这样的方式来扫清字词障碍,不仅激发了学生的想象力,而且达到了事半功倍的效果。

问题导向学习:以学生在预习过程中最为集中的问题——"痴"字作为教学线索,串起整篇文章的学习,既贴合学情,又鼓励学生主动思考、积极参与,培养了学生的创造性思维。

多维度练习:通过不同的活动形式(讨论、朗读、演读、课后练笔等),学生既锻炼了朗读能力和表达能力,也提升了课堂参与度。

综上所述,这堂课巧妙融合了前置作业设计、问题导向学习、多维度练习等多种学法创优策略,不仅有效提高了学生的朗读能力和理解能力,还促进了其综合素质发展。

名师点评

《湖心亭看雪》作为一篇意境幽远的文言小品文,其教学需兼顾语言积累、审美鉴赏与文化体悟。朱老师的教学设计以"痴"为文眼,通过创意活动、情境任务,成功构建了一个深度灵动的课堂,充分激发了学生的创造力与思辨力。下面从"学法创新""情境驱动"两方面展开评述。

1. 学法创新:从"死记"到"活学",激发语言感知力。文言文教学常困于字词障碍的机械记忆,但本节课通过"前置作业"与"创意记忆法"将语言学习转化为创造性活动。学生自主探究"挐""毳""淞"等疑难字词时,运用字形拆解、图文联想及语境推测等方法,不仅突破传统记忆的枯燥性,还让学生在解构与重构中感知汉字的文化基因。

朱教师还以"量词替换"任务,引导学生对比"痕、芥、粒"与常规量词的差异,通过讨论发现作者以微小量词反衬天地浩渺的匠心,进而领悟白描手法"以简驭繁"的美学特质。这一设计将语言训练与文学鉴赏有机融合,使学生在语言实践中自然习得文言文的表达智慧。

2. 情境驱动:以"痴"为链,串联深度思辨。本课以"痴"为核心问题链,通过"赏痴景—品痴人—悟痴情"三个任务,引导学生从文本表层走向文化深层。"赏痴景"环节通过视角分析与量词品析,让学生身临其境地感受"天人合一"的意境。教师追问"作者为何用'与'字连缀天云山水",引导学生发现大雪抹平界限、万物浑融的哲学意蕴,使写景分析升华为对宇宙观的体悟。

通过"品痴人"环节,本节课聚焦张岱的"特立独行"。通过历史材料与演读活动,学生得以代入角色,理解其"痴"背后的高雅志趣。演读中"问其姓氏,金陵人,客此"的留白设计,巧妙引发学生对故国之思的追问。教师适时引入背景材料,将个人"痴情"置于家国变迁的宏大叙事中,使情感体悟从个体经验跃升至文化共鸣。

本节课成功突破了文言文教学"重言轻文"的窠臼,以"痴"为锚点,将语言、文学与文化三维目标熔于一炉。通过创意学法与情境任务,学生不仅掌握了文言知识,而且在深度思辨与艺术创造中触摸到张岱的精神世界,体悟到中华优秀传统文化中"天人合一""士人风骨"的永恒价值。

(薛 城 江苏省特级教师、正高级教师)

言语·小·创

张岱听到舟子的话后,会有怎样的反应呢?尝试用文言文写一写。

示例1:张岱闻言,不禁莞尔,徐而应曰:"文人之乐,雪景之趣,汝安知乎?吾之痴,痴于这天地造化,痴于这知音难觅。把酒言欢,于寒雪日共赏此景,此乐何极!"

示例2:张岱闻言,哈哈大笑:"世知音难觅,余痴景,亦痴情。雪夜出行偶得机缘,若无人共赏同痴,岂不枉然?此中真意,不足为外人道也!"

(南京市第五初级中学 朱晓敏)

14 行路难(其一)

教学实录

师:李白的一生和一个时代紧密相连,这就是由唐玄宗开创的"开元盛世"和"天宝承平"(屏显)。这是个大时代,我们常常称之为"盛唐"。正是在这样的背景下,李白有了他的"大唐梦"(板书:大唐梦)。

(屏显)

奋其智能,愿为辅弼,使寰区大定,海县清一。 ——《代寿山答孟少府移文书》

师:通俗地说,就是我要竭尽所有的智慧和才能,我希望能担任像"辅弼"这样的官。这个辅弼是个什么官呢? 同学们来猜一下李白的梦想。

生:应该是在朝廷里面辅佐皇帝处理天下大事的官。

生:帮助皇上分忧解难的官职,比如丞相。

师:你们都是李白的知音!"辅弼"在这里指的是辅佐君主的人,通常用来指宰相。我愿意成为宰相,来使天下统一,国内安定,繁荣富强。这就是李白的"大唐梦"。我们来一起朗读一下。

(生齐读)

师:在字里行间,我们读出了一种蓬勃之气,一种雄浑之风。然而世间之事并非总能如己所愿,当遭遇挫折的时候,李白是不是还能有一颗飞扬的心呢? 今天我们就来学习他的《行路难》。

(生齐读全诗)

师:这首诗,哪两句具体写到了李白的行路之难?

生:"欲渡黄河冰塞川,将登太行雪满山。"

师:怎么理解?

生:诗人想渡过黄河,但是发现有冰雪将川流堵塞了;想要去登上太行山,却又发现白雪布满了山峰。

师:你的理解很正确。"欲渡黄河""将登太行",第一句写黄河,第二句写太行山。一河一山,我们能不能把它们写成同一类事物? 比如都写成河流,"欲渡黄河冰塞川,将过长江雪满天",行不行?

生:不行。我觉得黄河和太行是两类不同的事物,代表着不同的困难。如果同写河或同写山,就代表是同一种困难。

师:有道理。我们联系他的行路之难来说,"欲渡黄河"指的是什么路?

生:(齐答)水路。

师:"将登太行"是什么路?

生:(齐答)陆路。

生:哦,水路也不通,陆路也不通,条条大路都不通。如果只写一种,就会显得很单薄,不够典型,不够全面。

师:好,我们再来看,为什么一定要在这里写"黄河"和"太行"呢?我们同学最熟悉的河是秦淮河,山是紫金山,我们能不能把原句改成"欲渡秦淮冰塞川,将登紫金雪满山"?

生:我觉得不能。因为黄河是我们的母亲河,太行山也是重要的山脉之一。如果我们换成了秦淮和紫金,就显得小气了。原句体现了李白当时对自己前景的一种憧憬,还体现了他胸怀天下的一种抱负。

师:也就是说,"黄河""太行"照应了他的——

生:大唐梦。

师:很好。改成"秦淮""紫金"那就是"小唐梦"了。还有没有别的理由?

生:渡黄河要比渡秦淮河更加艰难,登太行也要比登紫金山更加凶险。如果改成"秦淮""紫金"的话,就体现不出他的"行路之难"了。

师:我要赞扬这两位同学。也就是说"欲渡黄河""将登太行"既照应了前面所说的"大唐梦",又点出了"行路难"。世间之路恰如人生之路,李白为了实现他的"大唐梦",确实经历了难以言说的"行路难"。

师:李白少有大志,24岁仗剑去国,这个"国"在这里指的是故乡。他为了实现自己的人生梦想,24岁离开故乡,去寻找实现梦想的途径。李白不屑于参加科举考试,他渴望的是一飞冲天,直接登上长安的宰相之位。他等了整整17年。41岁,他终于得到了唐玄宗的一纸诏书,宣他进京。李白特别地得意,写下:"仰天大笑出门去,我辈岂是蓬蒿人。"(屏显)这里面有一个字要注意,"我辈岂是蓬蒿人"中的"蒿(hāo)"。这个"蒿",其实同学们很熟悉,就是"芦蒿"的"蒿"。

生:(齐读)"仰天大笑出门去,我辈岂是蓬蒿人。"

师:这两句诗什么意思?

生:我抬头看天大笑着从家里出去,像我这样的人岂是野生杂草。(众笑)

师:唐玄宗任命李白为"翰林待诏"(屏显);"待诏"再往前,就是"翰林学士"(屏显);而翰林学士有一个别称,叫"内相"(屏显)——皇宫内的宰相。当唐玄宗设宴的时候,坐在主位的当然是天子,在下首坐第一位的是宰相,宰相下面便是翰林学士。由此可知,翰林学士的地位非常高。李白已经是翰林待诏了,宰相还会远吗?

生:(齐答)不远了。

师:对李白来说,这却是世间最遥远的距离。唐玄宗经常召见李白,却不是向他咨询国家大事,而是让他写诗,给自己和嫔妃们助兴。唐玄宗给了李白一支笔,但不是让他起草诏书,而是让他写诗赞扬杨贵妃的美丽。李白心中非常郁闷,这跟他想象的宰相之位相去甚远。再加上小人的排挤,744年,43岁的李白被"赐金放还"(屏显)。正是在这样一种情形之下,李白写下了《行路难》。所以,当我们再来看"欲渡黄河冰塞川"这两句诗的时候,想想这两句写出了李白一种怎样的心情?

生:写出了李白心中的苦闷。他想得到皇帝重用,实际上却被皇帝用来给嫔妃们舞文弄墨,这与他的"大唐梦"完全不符合,而最后又被小人排挤得扫地出门。(板书:苦闷)

师:"抑郁不平"。那我们应该怎样朗读这两句诗呢? 有请这位李白的"知音"。

(生朗读得很有感情)

师:我们请旁边的同学点评一下。

生:我觉得他把李白心中的那种愤懑和抑郁读出来了。而且"冰塞川"的"塞",他用的重音,也表现出了李白心中难以抑制的情感。

师:谢谢你给予的肯定。我们请朗读者自己来说说。

生:我觉得还是有一点欠缺。诗人先写"欲渡黄河",这是他内心的一种渴望,但是后来"冰塞川",这就是残酷的现实给予他的打击。前后的朗读应该有变化,我没有表现好。

师:我要为你的自省点赞! 我们联系课题来看,前面四个字是他的"大唐梦",后面三个字是他的"行路难",所以我们在朗读的时候,应该是前面往上走,后面往下走。(师范读)我们大家连在一起朗读一下。

(生齐读)

师:大家读得中规中矩,但是唐诗不是这样读的。书法家启功曾说,唐诗不是写出来的,唐诗是喊出来的。所以我们在读的时候要把它"喊"出来。

(生再读,读得很投入,注意了诗句中的变化,语气语调较贴切)

师:很好! 当我们再回看前四句的时候,我们便不难理解,李白为什么面对盛宴却"停杯投箸"了。

生:他心里非常茫然,觉得自己的梦想很难实现了,觉得心里面有一种愁情,忧愁到已经吃不下饭的那种境地了。

师:我们再看"停杯投箸不能食",一个"投"字用得非常精彩,妙在何处?

生:"投箸"写出了李白被贬官之后的一种愤懑,因为不能完成自己的"大唐梦",他心中憋着一团火想要发泄出来。所以说,这么一摔筷子可能更加有气势,更加能排解他心中的愤恨。

师:对! 如果是"放箸"呢?

生:如果是"放箸"就很平淡,不能体现他内心奔涌的情感。

师:所以我们在朗读这几句诗的时候,就要读出这样一种愤慨不平。

师:李白非常喜欢剑。他写过两句诗:"长剑一杯酒,男儿方寸心。"男儿就应该是一手端酒,一手拿剑。但是当李白拔剑以后,他却是"四顾心茫然"。他为什么会感到"茫然"?

生:李白他自己也不确定这条路应该往哪里走了,因为跟他原来的设想离得太远,生活这么不如意,仕途就更不要说了,什么都没有了。现在再看看他的周围,他似乎是在寻找,在领悟一些东西。他在想,我接下来到底应该怎样去做那个自己? 我还能做自己吗? 还能实现那个"大唐梦"吗?

师:对啊! 你说得真是太好了! "大唐梦"还能实现吗? 所以只能茫然四顾了! 我们读一下这两句。

(生齐读)

师:河山只能在我的梦里。"大道如青天,我独不得出。"不如归去了,我就去隐居吧! "闲来垂钓碧溪上,忽复乘舟梦日边。"在这里,李白写了两个隐士,一个是姜太公,另一个是伊尹。我们先请同学来读一读姜太公和伊尹的注释。

生：相传吕尚 80 岁时在渭水的磻溪垂钓遇周文王,后辅佐周武王灭商。

生：相传商朝的伊尹在被商汤委以国政时,曾梦见自己乘船在日月旁边经过。

师：谢谢这两位同学。当我们提到隐士的时候,我们就会想起八年级教材中的那个他——陶渊明。李白为什么不写陶渊明呢? 比如说,我们改一下:"闲来采菊东篱下,忽复悠然见南山。"多美啊,为什么他要写姜太公和伊尹?

生：因为这时候李白还是心怀大志的,他不想像陶渊明那样完全地归隐深山,他还想实现他的"大唐梦",还想报效朝廷,为国效力。

师：还有吗? 我们要特别关注一下,注释中姜尚和伊尹的年龄。我们以姜尚为例,姜尚是多少岁被发现的?

生：80 岁。

师：李白现在才多少岁?

生：43 岁。

师：李白的言下之意是什么?

生：他的意思是,现在我不是无法做官,只是时候还没有到。如果时候到了,我一定是可以做宰相的,一定可以实现"大唐梦"的。

师：对,姜尚 80 岁才被发现,"我"现在才 43 岁,"我"还很年轻,"我"还有的是时间。宋代王安石曾有一首《浪淘沙令》,"汤武偶相逢,风虎云龙,兴王只在笑谈中。"(屏显)

(生齐读)

师：这首词写的就是伊尹和姜尚两个隐士。这是李白的梦想,他期待的就是"兴王只在笑谈中"。而现在,当他想起这两位隐士,内心便有了一种希望,他坚信自己的"汤武"一定会到来。那么我们又该怎样朗读诗中的这两句呢?

生：我觉得他这里应该读出一种安慰,一种期待。

师：期待。(板书:期待)用得很好! 我们一起来朗读一下这两句。

(生齐读,前后语调有变化)

师：理想值得人去期待,然而现实却无比残酷。"行路难,行路难,多歧路,今安在?"这四句和前面的诗句在形式上有着明显的不同,有什么不一样?

生：这里是三字一句,它的前两句还是重复的。

师：你说李白为什么要突然变一个形式?

生：加强他自己的感情。

师：什么情?

生：比如对世事艰难的感慨。

师：(点头)我们尝试着把它变成七个字,在两句之间加个"啊"。我们来读一读。

生：(齐读)"行路难啊行路难,多歧路啊今安在?"(一片感叹之声)

师：我们再来看看李白的版本。

生：(齐读)"行路难,行路难,多歧路,今安在?"

师：有什么不同?

生：我觉得他用三个字的短句更有气势,更能抒发出自己不能实现"大唐梦"的忧愤。如果

改成七个字的话,就只有一种哀伤和无奈,没有短句的气势来得强烈。(板书:忧愤)

师:那前面两个"行路难"应该怎么朗读呢? 我们提供两个版本:①"行路难! 行路难!"(停顿一样)②"行路难! 行路——难!"(停顿有明显变化)哪种更好?

生:(齐答)第二种。

师:好,我们来喊一下。

生:(齐读)"行路难! 行路——难!"(声音扬起)

师:如果诗歌就到此结束,我们读到的就是一个愤青,是一个对人生有许多感慨的诗人。然而李白之所以成为李白,是因为他心中始终有他的梦想。最后两句,大家一起读一读。

生:(齐读)"长风破浪会有时,直挂云帆济沧海。"

师:句中的"会"字,我查了一下《古代汉语词典》,有4种解释:"①会合,聚会;②时机,机会;③正好,恰巧;④必然,一定。"(屏显)大家看哪一种解释最合适?

生:我觉得"会"解释为"必然"最合适,这样更能表现出李白心中的那种自信,不管遇到什么挫折,不气馁,不放弃。

师:对,自信(板书:自信)。南京大学教授莫砺锋老师说,李白这一首诗,即使前面都没写,就这两句,我们也要握着他的手,对他大声地说"谢谢哦"。因为这两句诗,激励了后代无数在困境中迷茫的人们。当我们自己或身边的亲朋好友,遭遇到一些挫折或者不幸的时候,我们要告诉自己或者他(她):"长风破浪会有时,直挂云帆济沧海。"(生情不自禁跟读)我们再读一下这两句。

(生齐读,声音扬起;有些同学颇动情)

师:再回看这一首诗,我们读出了李白的情感起伏,读出了李白最后又焕发了自信,坚信梦想一定会实现。很多人都说,李白是用生命在进行创作。那么,在这首诗中,我们读出了一个怎样的生命呢?

生:一个奋发向上的生命。因为他不断地为自己的"大唐梦"努力。

生:一个敢于拼搏的生命。他花了17年的时间,唐玄宗才把他召进宫。在诗的最后提到,不管多长时间,他一定要实现自己的"大唐梦",可以看出他敢于拼搏。

生:一个想要怒放的生命。(生鼓掌)因为虽然他现在处于低谷,但始终坚信自己总会怒放,总会实现自己生命的价值,就像他自己写的那样:"长风破浪会有时,直挂云帆济沧海。"

师:我们就用这位同学说的这个词作为板书。李白是一个怒放的生命!(板书:怒放的生命)正像汪峰在歌中所唱,这是一个"怒放的生命,就像矗立在彩虹之巅,就像穿行在璀璨的星河,拥有着超越平凡的力量"。我们一起来朗读全诗!

(生齐读)

师:我们打开一些关于唐诗的书,经常能读到一句话:"李白的魅力就是盛唐的魅力"。因为两者都有着博大的胸怀、自信的精神、飞扬的个性。我想也正是有着一个又一个"怒放的生命",才有了让人无比神往的"盛唐气象"(板书:盛唐气象)。

师:李白离开长安以后,很快就遇见了另外一个"怒放的生命",这就是和他并称大唐"双子星座"的杜甫。闻一多曾在一篇文章里讲述李白与杜甫的相遇,"就好像青天里太阳和月亮走碰了头"(屏显)。李、杜二人会发生怎样让人心驰神往的故事呢? 请看闻一多的《杜甫》。今天这节课就上到这里。

本课板书：

盛唐气象
怒放的生命
大唐梦
自信
忧愤
期待
苦闷
李白
行路难

教学创想

◆ 情境创设

历史背景渲染。通过屏幕展示“开元盛世”“天宝承平”，结合板书“大唐梦”，将李白的个人理想置于盛唐时代背景中，帮助学生理解诗歌的社会根源。引用《代寿山答孟少府移文书》原文，明确李白“愿为辅弼”的抱负，强化其人生追求与时代精神的关联。

地理与意象具象化。分析“欲渡黄河冰塞川，将登太行雪满山”时，结合黄河、太行山的象征意义（水陆双重阻碍），引导学生体会李白“行路难”的多维困境。对比“秦淮河”“紫金山”与“黄河”“太行山”，凸显李白胸怀天下的格局，避免意象的局限性。

情感共鸣与跨时代联结。引入汪峰《怒放的生命》的歌词，将古典诗歌的情感内核与现代生活相连接，增强学生的代入感。通过李白的“翰林待诏”经历与“赐金放还”结局，还原其仕途挫折的真实情境，引发学生对理想与现实矛盾的思考。

◆ 任务创建

课堂任务以“文本分析—情感体验—文化拓展”为逻辑链，逐步推进。

任务一：文本分析与探究

活动1：定位核心诗句。教师提问：“哪两句具体写到了李白的行路之难？”

意图：引导学生快速定位关键诗句（“欲渡黄河冰塞川，将登太行雪满山”），聚焦诗歌核心意象。

活动2：改写对比与意象分析。教师提出改写诗句（如“黄河”改为“秦淮河”，“太行”改为“紫金山”），追问可行性。

意图：通过对比分析地理意象的象征意义（“黄河”代表天下抱负，“秦淮”局限地域格局），理解李白“大唐梦”的宏大视野。

任务二：角色代入与朗读实践

活动1：情感化朗读训练。教师示范朗读：“行路难！行路难！多歧路，今安在？”并尝试不同停顿方式，如“行路难！行路——难！”。

意图：通过朗读技巧（重音、停顿、语调变化），传递李白的愤懑与呐喊。

活动2：动作细节与心理分析。教师提问“停杯投箸不能食”中“投”字的妙处，对比“放箸”的差异。

意图：通过动作描写分析人物心理（“投”体现愤懑，“放”则平淡），理解李白仕途失意的情感张力。

任务三:跨文本比较与拓展

活动 1:典故分析。教师提问:"李白为何引用姜尚、伊尹,而非陶渊明?"

意图:通过典故分析(姜尚 80 岁出仕、伊尹梦日),分析李白不甘归隐、期待机遇的心态。

活动 2:词义探究与主旨升华。教师引导学生解释"长风破浪会有时"中"会"的多种含义(必然、时机),并选择最贴切的解释。

意图:通过词义辨析,强化对李白"自信"精神的理解。

任务四:跨时代联结

活动:现代精神与古典诗歌的共鸣。教师引用汪峰《怒放的生命》歌词,总结李白为"怒放的生命"。

意图:将古典诗歌的励志精神与现代生活联结,赋予学习以情感共鸣与价值引领。

◆ **学法创优**

从学法创优的角度来分析本节课,有以下几个关键点:

一是互动式教学策略。通过互动问答(如"辅弼是什么官?""为何不写陶渊明?"),保持课堂动态,鼓励学生主动思考与表达。设置学生互评环节(如朗读点评),增强课堂参与感,培养创造性思维。

二是多模态教学手段。利用屏显展示原文、注释及学者评价(如莫砺锋观点),提升教学权威性。结合书法家启功"唐诗是喊出来的"理念,倡导激情朗读,突破传统诵读的平淡模式。

三是学术性与趣味性相结合。引入历史人物故事(姜尚 80 岁出山、伊尹梦日),以叙事增强课堂趣味,同时暗含"大器晚成"的励志主题。以"怒放的生命"为总结关键词,串联古典诗歌与现代精神,赋予学习以情感升华与价值引领。

名师点评

赵老师通过"文学阅读"与"创意表达"的双向互动,构建了一堂既有深度又有活力的语文课。赵老师巧妙地将文本分析与情感体验相结合,并融入跨时代、跨文化的拓展,充分体现了任务群"以读促思、以写促创"的核心目标。

1. 文学阅读:从文本解码到文化浸润。赵老师通过"开元盛世""天宝承平"的历史背景导入,将李白的"大唐梦"置于盛唐气象中,赋予诗歌强烈的时代烙印。例如,引用《代寿山答孟少府移文书》的原文,明确李白"愿为辅弼"的抱负,并通过"翰林待诏""赐金放还"的仕途经历,揭示其理想与现实的冲突。这一设计不仅帮助学生理解诗歌的创作动机,更引导他们思考个人命运与时代洪流的关系。

在分析"欲渡黄河冰塞川,将登太行雪满山"时,赵老师以地理意象为切入点,对比"黄河""太行"与"秦淮河""紫金山"的象征意义,凸显李白"天下抱负"的宏大格局。学生通过讨论发现,"黄河"代表水路艰险,"太行"象征陆路困阻,两者共同构建了李白人生道路的全面困境,体现了文学阅读的深度与广度。

赵老师又通过引入姜尚、伊尹的典故,对比陶渊明的归隐文化,引导学生理解李白不甘退隐、期待机遇的心态。例如,学生发现姜尚80岁出仕的经历暗含李白对"长风破浪会有时"的信念,而陶渊明的田园诗则与李白的积极入世形成鲜明反差。这种跨文本比较不仅丰富了学生对隐士文化的认知,也深化了对诗歌主旨的多元解读。此外,通过联系王安石《浪淘沙令》中的"风虎云龙"意象,课堂进一步强化了李白诗歌中"谈笑兴王"的理想主义色彩,体现了文学阅读的文化浸润功能。

2. 创意表达:从情感共鸣到个性输出。课堂以书法家启功"唐诗是喊出来的"为理念,打破传统诵读的平淡模式。例如,赵老师示范朗读"行路难! 行路——难!"时,通过重音、拖长音与语调变化,将李白的愤懑与呐喊具象化。学生互评环节(如"冰塞川的'塞'用重音表现情感")进一步强化了朗读的感染力。同时,通过分析"投箸"与"放箸"的动作差异,学生以表演性朗读体验人物心理,将静态文字转化为动态情感,实现了文学阅读与创意表达的有机融合。

赵老师设计"改写黄河为秦淮河"的假设性问题,激发学生批判性思维。例如,学生指出"秦淮河"的局促无法承载李白的天下抱负,从而理解意象选择对主题表达的决定性作用。此外,赵老师引入汪峰《怒放的生命》歌词,将李白的"自信"精神与现代励志主题联结,赋予古典诗歌以当代生命力。学生通过讨论"怒放的生命"这一关键词,不仅深化了对李白精神内核的理解,更尝试用现代视角重构经典,体现了创意表达的开放性与创新性。

本节课以"文学阅读与创意表达学习任务群"为框架,成功实现了文本解读、情感体验与文化拓展的有机统一。赵老师通过历史还原、意象分析、跨文本比较等策略,引导学生深入挖掘诗歌内涵;借助情感朗读、改写实践与现代联结,激发学生的创造性思维。

(周正梅　江苏省特级教师、正高级教师)

言语·小·创

扫描下方二维码,获取李白诗歌联读视频。

(南京市秦淮区教师发展中心　赵富良)

第五单元

起始课

教学实录

前置作业：

1. 摘录本单元中你认为重要的、需要积累的词语，并从中选几个词造句。

2. 熟读本单元四篇课文，根据预习提示，梳理文章的论证思路。

3. 阅读补充资料，分别用一句话概括补充材料的观点。

师：预习时，大家摘录了本单元的重要词语并选词造句。我们要注意根据意义来确定字形："前仆后继"的"仆"是单人旁，表示倒下；"墨守"源于墨翟善于守城；"不言而喻"的"喻"是明白。请大家朗读重点词，读两遍。

（屏显）

| 怀 | 古 | 伤 | 今 | | 埋 | 头 | 苦 | 干 | | 舍 | 身 | 求 | 法 | | | |
| 前 | 仆 | 后 | 继 | | 自 | 欺 | 欺 | 人 | | 不 | 足 | 为 | 据 | | | |

| 流 | 俗 | | 墨 | 守 | | 停 | 滞 | | 不 | 攻 | 自 | 破 | | | | |

| 不 | 言 | 而 | 喻 | | 轻 | 而 | 易 | 举 | | | | | | | | |

| 走 | 投 | 无 | 路 | | | | | | | | | | | | |

（生朗读）

师：同学们选词造句做得不错，词语用得正确。卢同学，你把造句读一下。

（屏显：学生预习作业）

生：因为他的阻止，导致我们在工作上停滞不前。即使大家都埋头苦干，最终，我们还是走投无路。

师：好的。结合你的预习，从屏幕上的观点句中，选出课文的主要观点，阐述理由。

（屏显）

《中国人失掉自信力了吗》《怀疑与学问》《谈创造性思维》《创造宣言》的中心论点和分论点。

生:(上台,拖动屏幕上的观点句)《谈创造性思维》的主要观点是"寻求第二种答案,或是解决问题的其他路径和新的方法,有赖于创造性的思路"。

师:其他的为什么不是?

生:因为文章的标题就包含"创造性思维",所以中心论点里肯定得有"创造性思维"这个关键词。(板书:论点)几个观点里只有这个提到"创造性的思维",另两个观点则是进一步证明如何发挥创造。

师:所以这提示我们,主要观点句应该有什么特征?

生:包含论题。

师:对,紧扣住我们的论题。(板书:论题)创造性思维必备的条件被包含在上面的主要观点之内。

生:我选择的是《中国人失掉自信力了吗》。我认为它的中心观点是"我们有并不失掉自信力的中国人在"。另一个观点"中国人失掉自信力了",出现在原文的第2段。这是"有人在慨叹",是别人的观点。作者对他人观点进行反驳,表示中国人失掉的只是他信力和自欺力。接着,作者在第6段明确提出"我们有并不失掉自信力的中国人在"这一个观点。

师:这一句话"中国人失掉自信力了"是作者要反驳的观点。这篇文章跟我们之前学的议论性文章结构不一样,是先驳后立。可见,了解行文结构,有助于我们确定观点。(板书:结构)

生:我想选的是《创造宣言》。"处处是创造之地,天天是创造之时,人人是创造之人"是中心论点。另外两句也都是《创造宣言》里面的,写教育者要怎么样。但是《创造宣言》里主要表达的是每个人都要有创造的能力,要创造。所以,我觉得这一个才是中心论点。

师:内容梳理得很好。这两句谈教育者要怎样做,是文中的次要观点。

生:《怀疑与学问》的主要观点应该是"学则须疑"。这里还有两个观点句,一是"怀疑是建设新学说、启迪新发明的基本条件",另一个是"怀疑是辨伪去妄的必须步骤"。这两句从不同角度解释怀疑是什么,围绕"学则须疑"这一观点讲。

师:作者为了更好地阐明中心观点,用两个分论点加以阐述。可见,理清论证思路,有助于确定文章的主要观点。通过以上的交流,让我们对如何确定文章的主要观点有了进一步了解。同学们,你们发现这四课启示我们在社会生活及学习中要具备什么样的思维方法?

生:怀疑的精神。《怀疑与学问》肯定是的,《中国人失掉自信力了吗》反驳对方观点,也是具有怀疑精神的。

生:应该要有创造性思维。第一篇课文和第二篇课文,都写到对别人的说法进行怀疑,有自己的看法就属于创造了。另外两篇直接谈论的就是创造力。

(板书:怀疑精神 创造性思维)

师:你们有理有据地发表了自己的看法,启动了自己的创造性思维。怀疑是做学问的开端,要合理表达自己的想法还需要我们有理有据地分析论述,得出合理的结论,这个过程其实就是创造的过程。我们一起齐读《中国失掉自信力了吗》的前两段,然后说说论述是否合理。

(生朗读)

师:第一段材料的观点是什么? 只有观点,说服力不够,还需要一些材料来证明自己的观点。文中这些材料能不能证明观点?

生：运用事实论据，文中提到"公开文字"，三次提到"是事实"，这些内容应该是当时真实事件的报道陈述，是事实论据。

（板书：材料　真实可靠）

生：首先，确认所选材料确为事实；然后，提炼材料观点指向"他信力"和"自欺力"，失去了这些不是失去了"自信力"，那么对方的论证就是不合理的。

师：可见，合理的论证不仅要材料是真实的，还要具备什么特质？

生：材料指向要与观点一致。

（板书：紧扣观点）

师：对，材料紧扣观点，才能合理地证明观点。这个单元的课文中有很多段落是合理证明观点的，请你从中选一部分内容来朗读，分析它是如何进行合理论证的。

生：《怀疑与学问》的第 6 段，作者想证明的观点是"在不断地发问和求解中，一切学问才会发展起来"。然后，他在这个观点下，列举了戴震不断提问求解，最后成为大学问家的事例；又用法国大哲学家笛卡尔建立哲学的例子，进一步证明自己的观点。

师：思路清晰。作者列举两个事例来证明观点，是否累赘，能不能去掉一个呢？

生：不多余。这两个事例，一个是中国的，另一个是外国的，国别不一样。一个是研究学问的，一个是研究哲学的，领域也不一样。笛卡尔那里还有一句他的名言，也算有道理论据吧。所以两个论据更全面地证明了观点。

师：戴震不仅研究哲学，在天文、数学、音韵、地理等方面也有所成就，是真正的大学问家。正如同学所说，论证观点选取材料时还要注意丰富性。（板书：丰富多样）

请大家拿出资料卡，说说这两个材料如何体现或印证本单元中的思维方式或观点？

（屏显）

材料一：十年春，齐师伐我。公将战，曹刿请见。其乡人曰："肉食者谋之，又何间焉？"刿曰："肉食者鄙，未能远谋。"乃入见。问："何以战？"公曰："衣食所安，弗敢专也，必以分人。"对曰："小惠未遍，民弗从也。"公曰："牺牲玉帛，弗敢加也，必以信。"对曰："小信未孚，神弗福也。"公曰："小大之狱，虽不能察，必以情。"对曰："忠之属也。可以一战。战则请从。"

——《曹刿论战》

材料二：2023 年底，困扰业界 60 年的新抗生素发现难题被 AI 破题。《自然》杂志刊文讲述了科学家运用 AI 技术首次发现抗耐甲氧西林金黄色葡萄球菌（MRSA）的新抗生素的历程。以 3.9 万种化合物对 MRSA 的抗菌活性数据作为训练"脚本"，麻省理工学院研究团队获得了抗菌能力的评估预测模型。随后以 3 个深度学习模型为基础，团队又"塑造"出化合物人类细胞毒性的"鉴定师"，对 1 200 万种化合物进行"筛选"，最终获得能对抗 MRSA 又对人体安全的化合物。这样的实验，仅靠人力几乎难以完成。然而，AI 凭借"硬核"实力，大大缩短了对每一个分子进行评价和验证的时间。……国外研究数据显示，人工智能技术应用可以使药物设计时间缩短 70%、药物设计成功率提升 10 倍。……AI 在从文献知识中发现新靶点方面也颇有优势。……人工智能具有强大、高效的学习分析能力，能够将散布在大量文献中的关联关系挖掘出来，推动新机制、新靶点的识别。

——《AI 为药物研发按下"快进键"》

生：材料一，前两次曹刿反驳鲁庄公的观点，指出衣食不能惠及百姓，献上祭品也只是小信用；第三次曹刿认可鲁庄公的观点，表明可以一战，体现了"怀疑精神"。

师：预习充分，分析得很精准。

生：材料二体现了创造性思维。文中科学家用 AI 技术发现了新的抗生素，这属于"首次发现"，是创造性成果。

师：这则材料还能证明《谈创造性思维》一课中的什么观点？

生：材料提到"AI"的数据处理的优势以及训练 AI 的过程，表明创造要以丰厚知识为积淀。与"富有创造力的人总是孜孜不倦地汲取知识，使自己学识渊博"观点一致。

师：正如文中所说，"发挥创造力的真正关键，在于如何运用知识"。《雄狮少年2》上映时，引发了网友热议。请大家结合这节课所学，从"观点和材料"的角度，谈谈你对网友评论的看法。

（屏显）

从"观点和材料的关系"的角度，评价网友的留言。

网友 A：非常讨厌的宽眼距，眯眯眼，画风看着就觉得恶心，好看在哪里啊？

网友 B：外行练几个月就能打赢职业选手？这根本就是胡编乱造，有嘴就能吹啊！

网友 C：国漫啊，是中国人就要燃一下，怎么了？

网友 D：国漫崛起，无脑黑闭嘴吧！有本事你拍一部啊。没本事就不要做键盘侠。

师：小组内交流，交流的时候，注意围绕话题进行，不要旁逸斜枝。

（生小组交流）

师：同学们来分享一下想法吧。

生：网友 A 觉得画风恶心，非常讨厌，这不是观点，只是个人喜好的宣泄，还用反问的语气，就很不理性，属于抬杠。他仅凭个人审美否定画风，未结合作品整体艺术价值。

师：判断很准确，直接指出网友 A 表达的不合理之处。

生：我也不认同网友 A 的留言。课前阅读了资料，我发现宽眼距、眯眯眼这种绘画风格在中国传统美术中早就存在。我觉得雄狮少年的人物设计在传统美术的基础上进行了创新，是具有创新精神的。

师：我们汲取了更多的知识后才能更理性地提出自己的看法，不能只凭个人喜好。

生：从"观点和材料的关系"来看，网友的评论多为情绪化表达，缺乏客观依据。网友 B 质疑剧情合理性，却未考虑创作的艺术夸张性。网友 C 和 D 的留言虽体现了爱国热情和对国漫的支持，但缺乏理性分析，且存在人身攻击倾向。理性评价应基于作品本身的艺术性、创新性等多方面考量，而非主观臆断或情绪宣泄。

师：观点明确，能结合具体网友言论分析，逻辑清晰。

师：你能否再运用生活中的事例来证明理性地表达更有说服力，更有力量？（板书：理性地表达更有力量）

生：在新冠疫情防控期间，钟南山院士以科学数据和专业分析回应公众关切，平息恐慌。理性表达不仅能避免情绪化冲突，还能以清晰的逻辑和客观的依据说服他人，从而发挥更大的影响力。

师：很高兴我们同学都能有自己独立的思考与判断。《创造宣言》中提到教育者"要创造的是真善美的活人"。希望同学们学会怀疑，敢于批驳，做一个清醒的有创造力的发言者。

本课板书：

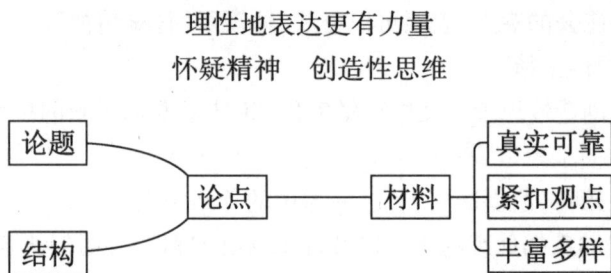

理性地表达更有力量

怀疑精神　创造性思维

教学创想

◆ 情境创设

融合经典与科技拓宽思维视野:引入《曹刿论战》和 AI 破解新抗生素发现难题的事例,让学生分析其中体现的思维方式。在分析《曹刿论战》时,引导学生关注曹刿对鲁庄公观点的质疑与回应,体会怀疑精神和创造性思维;从 AI 技术发现新抗生素的过程,联系《谈创造性思维》中的观点。这种跨学科、跨领域的情境设置,拓宽了学生的视野,让学生明白理性思维在不同领域的重要性。

借助热点培养理性批判思维:借助《雄狮少年 2》上映引发网友热议这一文化现象,创设讨论情境。让学生从"观点和材料的关系"角度,对网友评论进行分析,评判观点的合理性,思考如何理性表达。热门电影贴近学生生活,容易引起学生兴趣,促使学生主动运用所学知识,在真实的舆论情境中培养理性思维和批判性思维。

◆ 任务创建

任务一:妙语寻理,解锁理性表达的密码

活动 1:借助预习作业单,积累词语并尝试运用。

意图:了解学生自学课文后对重要词语的积累与运用情况,帮助学生夯实语言基础。

活动 2:从众多观点中,选出每篇课文的主要观点,结合课文解说理由。

意图:培养学生筛选关键信息的能力,训练学生的逻辑思维和文本分析能力。

任务二:趣探理性,从"言"之有理到"辩"出真知

活动 1:朗读课文语段,分析论证是否合理。

意图:在朗读中培养语感,帮助学生理解议论文合理论证的结构与方法,提升逻辑分析能力。

活动 2:阅读古文和新闻材料,理解其中的批判精神和创造性思维。

意图:多角度评价阅读材料,培养其批判性思维和论证分析能力。

任务三:智趣辩理,练就理性表达神功

活动:阅读影评,从"观点和材料的关系"角度进行评价。

意图:引导学生关注生活和热点,训练其分析论证能力和批判性思维。

◆ **学法创优**

借助预习作业,引导自主学习:积累本单元中重要的词并选词造句,一方面培养学生自主学习能力,提升学习积极性;另一方面将语文学习与实际语言运用结合,巩固词语记忆,增强学生对语境的理解和运用,使学习更具实效性和趣味性。预习梳理课文观点、论证思路和材料运用,在回顾旧知的同时,锻炼自主学习能力和信息提取能力。

结合生活实际,拓展思维空间:将电影影评、古文和科技新闻等融入议论文教学,丰富了学习素材。多领域内容的结合让学生关注社会现象和热点话题,运用怀疑精神和创造性思维进行理性地思考和表达,从而成长为具有独立思考能力和创新精神的新时代学生。

名师点评

这节议论文单元起始课以"理性表达"为核心线索,将文本细读、思维训练与生活情境有机融合。教师以"怀疑精神"与"创造性思维"为抓手,展现了议论文教学的深度价值追求。

一、文本细读

课堂以词语辨析切入,通过"前仆后继""墨守成规"等成语溯源,引导学生关注语言背后的文化密码。这种解字析词的方式,既夯实了语言基础,又渗透了传统文化认知。在中心论点提炼环节,教师巧妙设计"观点句拖拽"活动,让学生在对比思辨中发现"紧扣论题""结构特征"等规律性知识。这种可视化的思维训练,将抽象的逻辑概念转化为可操作的学习策略,有效提升了学生的文本解读能力。

《中国人失掉自信力了吗》的论证结构分析堪称经典案例。教师通过"先驳后立"的结构拆解,引导学生理解议论文的写作艺术。当学生指出"他信力"与"自欺力"的概念转换时,课堂自然生成"材料与观点的对应关系"这一核心议题。这种从文本到思维的递进式教学,使议论文的论证逻辑具象化。

二、跨界融合

在"智趣辩理"环节,教师引入《曹刿论战》与 AI 药物研发案例,展现了跨学科整合的教学智慧。前者通过对话体文本的批判性解读,让学生直观感受"质疑—追问—建构"的思维过程;后者以科技前沿案例印证"知识运用与创新"的关系,将抽象的创造性思维具象化为可触摸的科学实践。这种古今对话、文理交融的教学设计,打破了学科壁垒,培养了学生的辩证思维与跨界视野。

对《雄狮少年2》影评的分析,则将课堂延伸至现实生活。当学生指出网友评论中的情绪化表达时,教师适时引导学生关注"艺术夸张与现实逻辑"的辩证关系。这种将文艺评论纳入议论文教学的设计,深化了学生对文本的理解。学生列举钟南山抗疫言论的案例,更是将课堂所学转化为社会观察的实践智慧。

三、任务驱动

"妙语寻理""趣探理性""智趣辩理"三大任务环环相扣,形成"积累—探究—应用"的完整学习链。预习作业中的词语造句,将语言积累与情境运用相结合;论证合理性分析,则将文本解读升华为思维训练;影评评价任务,更将知识迁移至现实生活。这种阶梯式任务设计,既符合认知规律,又满足了不同层次学生的学习需求。

小组讨论环节的"旁逸斜枝"提醒,体现了教师对思维严谨性的重视。当学生用"艺术夸张"解释剧情合理性时,课堂生成了"创作自由与逻辑边界"的深度讨论。这种动态生成的教学过程,使课堂超越了预设框架,促成了学生的思维碰撞。

当学生用"创造性思维"解读 AI 科技,用"怀疑精神"审视网络舆情时,语文教学就实现了从知识到智慧的转化。

(张　莉　江苏省教学名师、南京市学科带头人)

言语·小·创

我们学校引入了作文智能批阅系统,同学利用"KIMI"进行了古文资料的整理,当然也有同学利用 AI 搜索作业答案。请你再读《谈创造性思维》,从"寻求第二种答案"的角度,思考 AI 工具对我们学习生活的影响,写一段 150 字左右的议论文段,表达自己的看法。

AI 工具为"寻求第二种答案"提供了强大的支持,成为创造性思维的重要助力。AI 能快速整合多领域的海量知识,为创新提供丰富的素材。另外,AI 的模拟和预测功能还能让我们高效尝试多种可能性。如,《自然》杂志刊文证实,科学家运用 AI 技术首次发现抗耐甲氧西林金黄色葡萄球菌(MRSA)的新抗生素,这是医学的新突破。然而,AI 真正的价值在于辅助人类思维,而非替代。只有将 AI 工具与人类的批判性思维和创造力相结合,才能实现真正的突破。因此,AI 是推动创造性思维的重要工具,但其核心仍在于人类如何灵活运用知识,探索未知。

(南京市扬子第一中学　陈彦艳)

21　创造宣言

教学实录

前置作业：

1. 题目为《创造宣言》，根据这个题目，推测这篇文章的文体、写作对象，并说说理由。查阅相关资料，并说说这篇文章的写作背景。

2. 如果要为演讲制作一张海报，你觉得需要考虑哪些方面。

师：今天我们学习《创造宣言》，作者是陶行知。（板书：创造宣言）请大家翻开前置作业，推测这篇文章的文体、写作对象和写作背景。谁来说一说？

生：文体是议论文。

师：为什么是议论文？

生：根据题目中的"宣言"得知。

师：你知道"宣言"是什么意思吗？

（生摇头）

师："宣言"第一个意思是对重大的问题公开表示意见并进行宣传，第二个意思是宣告和声明。你觉得这篇文章题目中的"宣言"指的是哪一个？

生：应该是宣告和声明，就是陶行知围绕创造所发表的自己的观点。

师：很好，比较著名的宣言还有法国的《人权宣言》和美国的《独立宣言》。

师：接着，我们来说说这篇文章的写作对象。

生：我认为是为广大的教育者写的。

师：你怎么知道是教育者？

生：因为文章里面提到"教育者不是造神，不是造石像，不是造爱人""教师的成功是创造出值得自己崇拜的人"。此外，文中还多次出现了"先生""做教育的人"等这样的字眼，第14~16段也提到了很多"教育"之类的词。所以，这篇文章的写作对象应该是教育者。

师：是的，你能从反复出现的词语中推测出文章写作的大概方向，这点很厉害。20世纪40年代的中国，正处于社会主义建设初期，急需培养大量创新型人才以支撑国家的发展。然而，传统教育模式的僵化和西方文化冲击下的教育改革需求，使得教育领域面临着前所未有的挑战。陶行知敏锐地捕捉到了这一时代脉搏，通过《创造宣言》一文，呼吁人们打破常规、勇于创造，为国家的繁荣富强贡献自己的力量。

师：陶行知在当时到处演讲，鼓励大家多去创造。如果要为演讲制作一张海报，你觉得需要做哪些准备工作。

生：我们要了解演讲的内容，以此确定海报的色彩、款式和背景。

生：我们要从演讲中提炼出主题词，并用显眼的文字凸显出来。

生:我们也可以将演讲者的照片放在海报上。

师:大家说得很好。做个笔记,等会我有个任务要大家去完成,和这个有关系哦!预习的时候,让大家找一找有关陶行知的资料,谁能说说?

生:陶行知(1891—1946),安徽省歙县人,中国人民教育家、思想家,伟大的民主主义战士,爱国者,中国人民救国会和中国民主同盟的主要领导人之一。他的主要教育思想是"生活教育"。1927年,陶行知投身乡村教育运动,创办了我国第一所乡村师范学校,取名晓庄试验乡村师范,简称"晓庄师范"(今南京晓庄学院),这里是陶行知生活教育理论的发源地和实践地。

(屏显:陶行知的资料)

师:非常详备。陶行知所创立的晓庄试验乡村师范就在我们南京。近期,行知园打算举办"陶行知创造教育思想"展览,工作人员认为《创造宣言》这篇文章很适合,想展出当时演讲的海报,但是他们始终没有找到。于是,工作人员推出了历史和现代"牵手"的创意展览。今天,我们就请大家根据文章的内容创作一张海报。

师:要想完成这个任务,第一个步骤就是要认真读文章。这就需要我们先理解不熟悉的字词。

(生反馈字词作业)

师:还有一些字词大家要注意。例如,灌溉的"溉",跟水有关,所以偏旁是三点水。走投无路的"投"容易写成人头的"头",这是不对的,这里的"投"应该是投奔的意思。

师:下面我们继续来完成任务二——梳理作者的写作思路。

生:我觉得这篇文章的思路应该是提出自己的观点,反驳别人的观点,用例子证明自己的观点,最后发出宣言。

师:作者一开始就提出观点了吗?

生:不是的。作者在文章开头就说:"创造主未完成之工作,我们接过来,继续创造。美术家如罗丹,是一面造石像,一面崇拜自己的创造。"这就直接提出了要讨论的论题——"创造"。

师:是的,作者先提出自己要演讲的论题——"创造",而且还强调是对教育者提出的。(板书:提出论题)

生:我觉得这个顺序不对。应该是先提出论题,然后反驳别人的观点,再亮出自己的观点,用例子证明自己的观点,最后是发出宣言。

师:大家同意他的思路吗?你能具体说说你是如何梳理出来的吗?

生:我先找的是第5~10段。这部分我抓住了每段的开头部分,这是作者要反驳的其他人的观点。在第11段,我找到了"所以"这个词,它表示概括和总结。我还发现开头部分,出现了好多"创造"这样的字眼。基于此,我梳理出了文章的基本内容。

师:这位同学给了我很大的启发。我们在梳理文章的时候,要抓住关键句和关键词语。大家做一下笔记。

师:那么,我们这一项任务就圆满完成了。我们的海报上必须出现"创造"这样的字眼,以突出演讲的中心。下面,我们来完成第三个任务。俗话说"知己知彼,百战不殆",我们刚才了解了陶行知的这篇文章主要在讲创造,那么是不是每个人都认同他的观点呢?

生:不是的,有很多人不认同他的观点。

师:那在陶行知看来,这些人的观点是什么?

生:他们认为,"环境太平凡了,不能创造。""生活太单调了,不能创造。""年纪太小,不能创造。""我是太无能了,不能创造。""山穷水尽,走投无路,陷入绝境,等死而已,不能创造。"

师:作者主要用什么办法反驳他们?

生:他举了很多例子,全都是古今中外非常有成就的名人。他主要用举例论证的方法来反驳他人的观点。(板书:反驳五种观点,提出自己的观点　举例论证)

师:全都是非常有成就的名人吗?

生:不是的,有个平老静的例子。这个是普通人的例子。

师:为什么在这些具有大成就的人里加入了一个普通人的例子呢?

生:我觉得是因为前面都是一些伟人,而普通人的例子更贴合平常的生活,可以让人们感受到平常生活中也可以有创造。

师:很好,我们在举例子的时候要注意例子的多样性。这些例子中还有一个特殊之处,是什么?

生:莫扎特的例子出现了两次。

师:有什么区别?

生:一次是为了证明年纪太小也可以有创造,一次是为了证明人在山穷水尽、走投无路、陷入困境时也可以创造。

师:举例子要关注侧重点。作者反驳了这么多观点,那这些观点能不能调整顺序呢?

生:不能,我觉得这些例子是层层递进的。

师:说说你的理由。

生:我觉得是从大环境再到小环境,从大到小的一个逻辑顺序。

师:你能具体说说吗?

生:先说环境太平凡是大环境,再说生活单调是自己的小环境,最后陷入绝境,也是环境不好。

师:有没有不写环境的呢? 我们把这些观点分分类。

生:我认为是第8~9段的例子是在说"我","我"年纪小,"我"太无能。第5~6段的例子可以是一类,这部分是外在的。第10段的例子既涉及环境,因为是陷入绝境;也涉及自己,自己等死而已。

师:首先是外在的环境,然后是自身,最后既有环境也有自身。作者用层层递进的方式推进批驳,从"环境""生活"的客观外在原因,再到"年纪""能力"的主观因素,以及"绝境"这一主客兼有、最为概括的因素,用相应的反例驳斥了这五种观点的错谬之处,最后点出"处处是创造之地,天天是创造之时,人人是创造之人"的观点。

师:你看完陶行知的演讲稿,有没有觉得自己也是一个富有创造力的人了? 这里老师给大家提供了三个素材:孔子、商鞅和詹天佑。

(屏显:孔子、商鞅和詹天佑的相关内容)

师:现在请你选择其中一个人的例子,放入作者的论证中,为作者的论证增加说服力。

生:我想把詹天佑的例子放入"山穷水尽,走投无路,陷入绝境,等死而已,不能创造"这部分。詹天佑主持修建了中国自主设计并建造的第一条铁路——京张铁路。但因为没有外国人帮助,也没有现成的技术和可以仿照的先例,修筑过程陷入绝境。这时,他创造性地设计了"人"字形的铁轨,从零开始到世界先进水平,成为中国铁路发展的里程碑。

生:我想举孔子的例子。孔子在周游列国之后,没有得到一个国君的赏识。于是,他回到自己老家,过着非常平凡的生活。但是他没有懈怠,继续广收徒弟,有教无类,首创私学,兴办教育,打破了古代中国"学在官府"的局面。他所提倡和切身践行的终身教育、因材施教和启发式教学等教育思想,在当时领社会风气之先,其巨大影响一直延续至今。

师:大家的例子非常恰当地增加了陶行知论点的说服力。课前,我和几位同学聊天,有人说文章中东山樵夫的那部分没有看太懂,不明白"茅草"和"树苗"代表什么。现在我们就一起来读一读这部分内容。

(生朗读)

师:现在我们一起来完成第四个任务。在这个部分,樵夫都做了哪些事情?

生:樵夫到泰山去割茅草,发现茅草不如东山多,就认为泰山没有东山好。他还把泰山的树苗和茅草捆在一起用来烧锅。

师:树苗做了什么事情?

生:树苗觉得自己的生长环境太平凡、单调、烦闷了,想换个环境,希望樵夫带他们到东山去。

师:文章是一个整体,你看到"生长环境""平凡""单调""烦闷",联系文章的前半部分你有何发现。

生:前面也提到了这些词语。树苗想要改变,想要创造。

师:结果如何呢?

生:樵夫并没有发现他们的创造想法,反而扼杀了它们。

师:你结合文章的背景说说陶行知想表达什么?

生:哦,我明白了。作者给教育者演讲,"樵夫"就是教育者,"树苗"就是学生,教师扼杀了学生的创造想法。(板书:呼吁教育者要有创造)

师:那你如何理解"割草的也可以一变而成为种树的老农,如果他肯迎接创造之神住在他的心里"这句话?

生:樵夫变为老农,割草变成种树,都是一种创造。

师:现在明白这个故事的寓意了吗? 他采用什么方法让你明白的。

生:他用了比喻的论证方法。(板书:比喻论证)

师:好,下面我们完成最后一个任务,思考如何做海报。

生:我觉得这张海报上要有陶行知的全身或者半身照片,陶行知是当时的大教育家,出现他的形象更能吸引人来听讲座。

生:我觉得要将文章中的重要部分摘取出来,凝练成几句话写在海报上。

师:具体说说。

生:可以在海报上写上大大的"创造"两个字,再写上一句"让创造之神走进你的心里"。

师:醒目、凝练的文字,让听众更能理解演讲的主题。

生：也可以把陶行知的主要头衔和成就写在海报上，这样第一次接触到他的人看到这些也会来听听。

师：大家说得都很好，我们利用课余时间来做一做这张海报。

本课板书：

创造宣言 ┤
提出论题
反驳五种观点，提出自己的观点——举例论证　比喻论证
呼吁教育者要有创造

教学创想

◆ **情境创设**

语文阅读教学的本质是从知识传递到意义生成。因此，在阅读教学中，需要教师精心创设真实而复杂的情境：一是激发学生的学习兴趣，二是构建复杂情境。旨在推动学生的思维向高阶跃迁，促进知识迁移与应用。

本节课围绕为陶行知演讲制作宣传海报这一核心任务展开教学。南京的学生对陶行知并不陌生，这里是陶行知生活教育理论的发源地和实践地。除此之外，南京还有很多与陶行知有关的学校。熟悉的环境和人物，更能激发学生学习和探究的兴趣。

本节课所构建的具体情境任务具有不断递进的思维难度，从了解海报的制作原则，到梳理文章内容，再到体悟文章写作精妙之处，每一个任务的难度都是拾级而上。学生如果只是简单知道和了解文章的内容并不能完成这一系列任务。他们必须深入理解文本，结合现实生活经验，将文本和现实打通，不断进行知识的迁移和内化，才能更好地呈现海报内容。

◆ **任务创建**

任务一：如果要为这次演讲做一张海报，你觉得需要考虑哪些方面。

意图：为完成下面的任务做铺垫。学生了解了海报画面制作需要的元素，教师利用学生寻找到的这些元素完成下面的教学活动。

任务二：梳理作者的写作思路

意图：了解学生自学课文后对文章思路的把握程度，教会学生梳理文章思路的方法。

任务三：反驳他人观点

意图：教会学生运用举例论证反驳他人观点，并按照合理的逻辑顺序排列对方观点。

任务四：梳理东山樵夫做的事情以及启示

意图：引导学生利用比喻论证增强文章说服力。

◆ **学法创优**

关注情境。本节课所构建的情境既贴合学生的实际生活，又关注到学情和单元教学内容。情境中的陶行知先生为学生所熟知，南京晓庄学院也是他们身边的大学。引导学生为行知园的展览设计演讲海报，能够激发他们的参与热情和兴趣。同时，本单元要求学生注意分析议论文章所用的材料，理解观点和材料之间的联系，掌握论证的方法。因此，在具体的情境任务设计

九年级上册

上,既有梳理文章,也有分析观点和添加论据等,引导学生将在课堂上学到的信息获取、解释推理等知识和技能转化为解决问题的工具,在迁移运用中加深学生对论证方法的理解。

关注问题。这里的"问题",是现实世界中存在的、真实的、需要联结已有学习经验、调动多方面知识才能解决的问题。本节课所涉及的问题并不是孤立的,它们之间有着内在的逻辑性,既需要学生联系已有的生活经验,如说一说海报画面制作的元素;也需要学生能够根据问题的引导,进一步加深对问题的理解和思考,如梳理文章内容的"是什么"、观点顺序排列的"为什么"、海报画面设计的"怎么办"等。

关注背景。知人论世是一种重要的阅读方法。读者了解了文章的写作背景,才能够把握作者的真实动机。阅读任何一篇课文,都需要和真实的背景进行合理的"对话"。要实现这个"对话",需要师生占有大量的资料,然后辨伪去妄,还原真相。

名师点评

《创造宣言》是陶行知先生的经典演讲,其中蕴含的教育思想与开发"小创造力"的教育理念高度契合。本节课以"为陶行知演讲设计海报"为核心任务,通过情境创设、任务驱动与思维进阶的有机融合,实现了语文教学从知识传递到素养生成的跨越。这节课的成功,在于突破了传统议论文教学的困境,让课堂既有现实意义又有思维深度。

情境创设:将教学场景设定在南京晓庄学院行知园,这一选择具有双重意义。从地理空间看,南京晓庄学院是陶行知教育思想的发源地,学生对本土教育家的亲切感自然转化为学习动力;从历史维度看,"历史与现代牵手"的创意展览,将文本置于具体的文化语境中,使学生在时空对话中理解"创造"的永恒价值。这种情境创设超越了简单的生活化包装,通过真实问题的解决(设计历史感与现代性兼具的海报),推动学生在知识迁移中实现深度学习。在"东山樵夫"的寓言解读中,教师引导学生将"树苗"与"学生"、"樵夫"与"教育者"进行隐喻关联。这种情境化解读,既紧扣文本,又呼应了现实教育中的困境。学生在具象化的情境中,不仅理解了比喻论证的妙处,而且在反思中领悟到"创造之神住在心里"的深刻内涵。

任务链设计:本节课以海报设计为主线,串联起四个递进式任务,形成"认知—分析—批判—创造"的思维闭环。这种任务链设计的每一步都指向更高的思维目标。值得称道的是,教师在任务三中引入孔子、商鞅、詹天佑等历史人物,既拓宽了学生的历史视野,又通过"同一素材多角度运用"的训练,培养了学生思维的灵活性。例如,学生将詹天佑的京张铁路设计与"绝境中创造"的论点相结合,这种知识迁移能力正是核心素养的体现。任务四中对"割草老农"的隐喻解读,则将议论文教学从语言层面提升到文化反思层面,实现了工具性与人文性的统一。

学法指导:通过"海报设计师"的角色代入,学生在模拟真实职业情境中运用语文能力,在"做中学",也符合陶行知的教育理念。在分析"反驳观点的逻辑顺序"时,教师引导学生发现"从客观到主观,从单一到复合"的递进结构。这种对论证逻辑的解构,培养了学生的理性思维能力。课前预习中对陶行知生平与时代背景的研究,帮助学生建立"知人论世"的阅读习惯。这种历史意识的培养,为学生深入理解文本奠定了基础。

　　这节课通过情境化任务驱动,让学生在解决真实问题的过程中,实现了从"文本解读"到"文化传承"、从"知识接受"到"思维创造"的跨越。相信学生将"处处为创造之地"的宣言转化为海报上的艺术表达时,陶行知先生的教育思想便已在他们心中生根发芽。

(张　莉　江苏省教学名师、南京市学科带头人)

言语·小·创

扫描下方二维码,获取海报。

(南京市第一中学初中部　董晓强)

总结课

教学实录

前置作业：

1. 复习第五单元的课文，思考如何才能做到论证的合理。

2. 结合生活实践和查阅相关资料，思考规则和创造有怎样的关系。

3. 许多人认为规则会束缚创造力的发展，请结合这个观点写一篇辩词。

师：同学们，今天是九年级上册第五单元的总结课。学完了这个单元，关于规则和创造力，你是怎么理解的？

生：规则是人为制定的行为法则。创造力是创造新事物的能力。

师：人们根据什么来制定规则？除了创造新事物，还创造什么？

生：规则是人们遵循自然、社会的运行规律所制定的法则。对于创造，人们不只创造新事物，还有新思想、新学说等。

师：说得好，概念很清晰。规则和创造，就像天平的两端。规则，意味着秩序和稳定。创造，意味着创新和突破。在我们这个追求创新和效率的时代，人们对规则与创造的关系各执己见、莫衷一是。班级即将开展辩论赛，今天这节课，我们将完成辩论赛的第一个任务，为负责立论的正反方一辩写辩词。

（屏显）

正方：规则会束缚创造力的发展。

反方：规则会促进创造力的发展。

师：小语作为正方一辩，他的文案是——

（屏显：正方辩词原稿）

大家好！我方认为规则往往会束缚创造力的发展。

规则限制了人们的思想空间。明朝改革了科举制度，规定要循程朱理学思想写八股文。在明代李贽看来，八股文与《水浒传》一样，都可以称为"古今至文"，对八股文给予了极高的认可。考生被要求代圣人立言，不可有个人观点，这导致知识分子的思想被严重束缚，无法展现出个人的独立思考和创新能力。

所以，我方认为规则阻碍了创造力，规则需要让步于创造。

师：请同学们结合第五单元所学的议论文相关知识，对他的辩词进行点评。

生：这篇辩词观点鲜明。但论据使用不合理，引用明代李贽的看法是无法证明观点的。李贽是赞美八股文的，但论点是规则限制了人们的思想空间。

师：论据使用有哪些注意点？请同学们结合课文来归纳。

生：比如陶行知的《创造宣言》，作者通过引用八大山人在白纸上挥毫作画以及飞帝亚斯、米开朗琪罗将平凡的石头制成不朽塑像的事例,有力论证了创造力与环境的平凡无关这一论点。由此可见,论据首先要准确证明论点。

师:首先,材料要能支撑论点,观点要一致,概念要统一。你所讲的论据还有哪些特点?

生:这些论据都是人所共知的事实,具有典型性。

生:这里有三个论据。如果只有一个论据,可能只属于特例,而特例不具有普遍性。所以证明某一个观点,不能拘泥于一个论据,论据要丰富。

师:正如同学们所说,论据要能支持论点,要准确、典型、丰富,这样才有说服力。(板书:论据要能支持论点 准确 典型 丰富)

师:同学们能给他修改一下论据吗?

生:要列举规则限制人们创造力的论据。可修改为:吴敬梓的《儒林外史》深刻地谴责八股取士制度对读书人灵魂的扭曲。

师:你的表述有没有体现规则束缚创造力?怎么表述更准确?

生:如马纯上、范进和鲁编修等人,他们只研究八股文,对其他知识知之甚少,并无真才实学,所以八股取士制度限制了读书人的创造力。

师:这样的表述就符合要求了。但是结合上面的分析,只有一个论据未免单薄,要再写一个论据。

生:清代顾炎武曾经认为"八股文之害等于焚书"。八股文的教育方式导致人们只注重死记硬背,忽视对知识的深入理解和创新思考,不利于培养人才。

师:顾炎武作为明末清初的杰出思想家,他的话是有说服力的。

生:如果不谈八股文,我还可以引用明代医学家李时珍的事例。他对当时被奉为标准药典的《证类本草》产生疑问,于是用 27 年时间逐条订正,最终写出了医药巨著《本草纲目》。如果师古不变,怎能有鸿篇巨制问世并造福子孙万代呢?只有打破规则的限制,思想才能发展,科学才能进步。

师:你的论述从反面论证了观点,把同学的论述结合一下,这段的论证就充分了。

师:请大家继续思考正方辩词还有哪些方面需要修改。回顾课文,我们来看这些篇目是从哪些角度来论证中心论点的?

生:《怀疑与学问》这篇文章从怀疑的作用出发,从消极和积极两个角度去阐述论证中心论点"治学必须要有怀疑精神",并形成层层递进的关系。

生:《谈创造性思维》这篇文章以创造性思维需要的三个条件形成分论点,有力地论证了论点"你也能成为有创造性思维的人"。

师:通过分析文章的论证层次,大家来谈谈论证要注意什么?

生:论证要从不同的角度去论述,才能把道理论证得充分。

师:第五单元的课文是如何设置分论点的?

生:《怀疑与学问》从怀疑的作用出发设置了两个分论点,《谈创造性思维》从创造力产生的条件出发设置了三个分论点。

师:这两篇文章的中心论点跟分论点之间是什么关系?

生:分论点从不同的角度,通过具体的阐述,丰富中心论点的内涵。

师：有没有逻辑关系？

生：有因果关系。正因为怀疑无论从消极还是积极方面都具有重要作用，所以治学需要怀疑精神。正因为产生创造力需要三个条件，所以把握了这些条件，人人便具有创造力。（板书：论证要符合逻辑）

师：分论点之间又具有哪些关系？

生：前后有递进关系，也可以是并列关系。

生：分论点之间界限清楚、不交叉。

师：通过以上分析，我们能否总结出写分论点的一些方法？

生：可以从作用、条件、概念等角度对论题进行由表及里的思考，探究前后的因果关系，进而写出分论点。

师：论证过程要有清晰、缜密的逻辑关系。设置分论点不仅让论述具体充分，而且让论述多角度、有条理、有逻辑。（板书：合理安排论证结构　多角度　有条理　有逻辑）

师：现在看看小语的辩词，说说论证方面还存在什么问题？

生：这篇辩词只有一个分论点，论证的角度单一，论证单薄。我认为至少要设置两个，从多角度来论证，才会让论证更充分有力。

师：只设置一个分论点，从论证的角度看，就是道理还没讲透彻，不足以论证并深化中心论点。那么围绕正方观点，大家可不可以再写两个分论点呢？我们可以思考：产生创造力有哪些条件？规则对于这些条件有没有束缚作用？我们可以结合《谈创造性思维》中的论述，拟写两个分论点并进行论证。

（屏显）

保持好奇心，不断积累知识；不满足于一个答案，而去探求新思路，去运用所得的知识；一旦产生小的灵感，相信它的价值，并锲而不舍地把它发展下去。

——《谈创造性思维》

师：从这段文字中，你能否提炼出创造力需要哪些条件？

生：要有好奇心，要不断积累新知识，要探求新思路，要锲而不舍地发展小的灵感。

师：那么我们来思考一下规则束缚住了哪些条件呢？请同学们结合自己积累的知识，写出论点并论证。

生：我写的分论点是规则压抑人们的好奇心和探索欲。中世纪的地心说被教会认定为正统观念，这符合宗教对宇宙秩序的设定。哥白尼提出日心说挑战了教会规则而被视为异端，布鲁诺更是因为支持日心说而被判处火刑。严苛的规则压抑了人们的思想和创造力。这导致长达一千多年间，欧洲鲜少出现新的思想，直到文艺复兴才有所改变。所以规则禁锢了人们对宇宙的探索欲望，阻碍了科学的发展。

师：极端规则阻碍了人类文明的发展。哥白尼和布鲁诺的事例，同学们应该是耳熟能详的。还有没有其他论证？

生：我写的分论点是规则阻碍人们探索新思路的步伐。墨守规则会让大家不能创造性地解决问题。大家都知道曹冲称象的故事。用常规的方法来称象，在当时的技术条件下是不可能实现的。而曹冲打破常规思维，巧妙地将船和石头作为同等衡量物，最终成功称量了大象的重量。

师：曹冲如果不能打破常规，便没有了流传史册的佳话。所以不符合实际情况的规则必须被打破。还有其他论据能证明这个观点吗？

生：楚汉之争时，管理粮仓的韩信提出"推陈出新"的运粮方法，有效防止了粮食变质的情况。新中国成立以来，宪法已经历了五次修订，每一次都使新法更加符合当下的时代特征和人民需求。所以，只有根据实际情况进行变通，才能促进创造力的充分释放。

师：如果小语把同学们的论述补充进来，那么正方一辩的辩词便可以初步定稿了。大家课后继续写分论点，完成正方辩词的写作。

师：接下来，我们来对论题进行思辨，完成反方辩词的写作。规则是否能够促进创造力发展？通过思辨，你会对论题理解得更透彻。我们首先思考如何去驳论。请同学们结合第五单元的文章，归纳驳论的一些方法。

生：可以驳论点，使用正确的道理和确凿的事实直接反驳对方的论点。如《创造宣言》中，作者通过充分的论证直接反驳有人认为环境的平凡、生活的单调等因素会影响创造力等错误观点。

生：还可以驳论证，指出对方逻辑的错误，如前提与结论矛盾、论点与论据不统一等。鲁迅先生指出敌方论据不能证明中国人失掉自信力这一论点，就是明显的驳论证。

师：驳论证就是通过揭示对方论证中的漏洞，证明其逻辑推理上的"强词夺理"、无因果关联。

生：还可以综合运用举例论证、道理论证、正反对比论证、比喻论证等论证方法进行驳论。

师：这些方法在运用的时候都需要理清对方观点的内部逻辑，找出漏洞来推翻其议论逻辑。（板书：合理选择论证方法）

师：请你尝试对正方观点进行反驳，并说说自己运用了哪些方法。同学们可以打开自己的阅读积累，也可以放眼我们的生活，从实际出发进行思考。

生：正方辩友根据部分文人对八股文的批判便论断规则限制了人们的创造力，我方认为是站不住脚的。明万历年间的状元沈秉忠，他的试卷被万历皇帝御批为"第一甲第一名"，他的八股文写得文辞优美、引人入胜。明代散文家归有光，其八股文风格清新自然。这都说明八股文也是一种有特色的文体。清代文学家刘大櫆、姚鼐、方苞，并称为"桐城三祖"。尽管他们都是八股取士出身，但也都开创了独特的散文风格。从这个意义上来说，八股文的规则并没有束缚真正的文学创造力。我方主要运用了驳论点的方法，并通过多次举例论证进行驳论。

师：摆事实、讲道理，反驳有力。那么我们来思考，规则对创造力有什么积极作用呢？大家可以继续从规则与产生创造力的条件这两者之间的关系来思考。

生：我方认为规则是创造力发展的基础。素描的规则之一是练习排线，要求将线条硬生生压平，这样的规则无疑是一种束缚。有人说，"如果河对岸是学会画画，素描就是一座过河的桥。"世界美术大师米开朗琪罗、达·芬奇无不具有深厚的素描功底，在此基础上才有了著名的《创世纪》《蒙娜丽莎》等。所以说，规则有助于减少无用的尝试。我方主要通过引用论证、举例论证以及比喻论证的方法驳论点。

师：知识领域的规则是人们积累的固有经验，规则有助于基础能力的形成。同学们继续结合生活实践思考。

生：我认为规则不仅是创造力发展的基础，而且能促进创造力的发展。如在蛙泳和蝶泳比赛中,为了确保比赛的公平,要求运动员转身时必须"双手同时触壁"。在此基础上,运动员才能不断探索,创造出"平式转身""前滚翻转身"等更高效和流畅的转身技巧。这正是规则驱动下创造力迸发的结果。

师:走进生活,才发现处处有道理,"万物有成理而不说"。

生:我的观点也是这样的,但是我想换一个说法。在规则的限制下,还能激发高水平的创造。我爸开了一家化工厂,国家出台的监管条例要求环保,所以我爸的公司在生产方式上进行了一系列的改革和创新。在设计院和员工们的共同努力下,不仅改良了生产线,升级了排放设备,还对循环水池、尾气回收等设备上进行了一系列创新性改造。最终,公司不仅排放指数达到了国家标准,产品的年产量也有了明显提升。

(生鼓掌)

师:没有堤岸,哪有江河。环保的规则不只在于保护环境。在规则的束缚下,人们还能另辟蹊径,产生新的智慧,创造出提升企业效益的新举措。大家还能再从社会层面的规则来谈谈吗?

生:人类社会诞生过多少有创造力的人,就诞生过多少他们必须遵守的规则。就像马斯克,他毕业于宾夕法尼亚大学经济学和物理学双专业,创办电子支付,成立太空探索技术公司,投资特斯拉做新能源汽车,做星舰飞船……各种法律、社会通行的规则、学校的规范等,都没有束缚他的创造力。相反,正是在这个充满规则和秩序的时代,走出了有创造力的马斯克,以及无数让我们佩服的"有创造力"的人。

师:说得好。规则保障了社会秩序的稳健运行。在社会层面,法律和道德准则保障了社会秩序,让人们能够在相对公平公正的环境中生活,从而更好地发挥创造力。同学们有没有发现,在反方辩词中,大家对于"规则"概念的理解有什么特点?

生:反方辩词中的"规则"都是适应规律的正确规则。每一个规则都是为了适应特定情况而精心设计的。

师:这也意味着,不是每条规则都适用于万千个体。事物是变化的,我们也需要与时俱进,适时改变规则。

师:今天,我们对规则和创造的问题进行了思辨。罗曼·罗兰说:"生活不是静止,而是同静止作斗争,是创作,是创造,是对'永旧事物'的吸引力的永恒反抗。"坚守规则并不意味着冥顽不化,规则亦应有,创新不可无。《礼记》中说:"博学之,审问之,慎思之,明辨之,笃行之。"让我们用理性思辨的眼光透过现象看本质,获得对生活更清晰、客观的认识。课后请大家完成正方或反方辩词的写作。

本课板书:

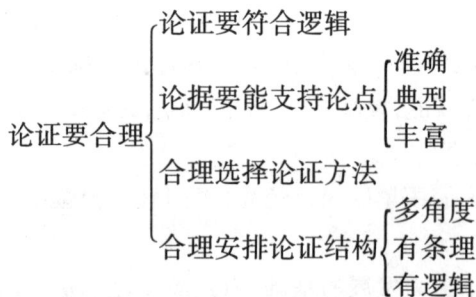

🔖 教学创想

◆ 情境创设

九年级上册第五单元是议论文单元,人文主题是求知明智、善读辨思,单元的写作要求是"论证要合理"。《中国人失掉自信力了吗》是典型的驳论文,论证有力;《怀疑与学问》结构完整、论证严密;《谈创造性思维》论述层层深入;《创造宣言》把立论和驳论相结合,并呈现古今中外丰富的论据。四篇议论文均是论证合理的典范之作。单元教学的要求是综合学习目标和学习资源,构建一个完整、有效的教学体系。

作为单元总结课,本节课创设的主要情境任务是:为辩论赛撰写正反方立论辩词。这个任务旨在真实的学习情境中,通过专题读写实践活动,发展学生的认知能力,培养其论证能力。规则与创造是学生成长过程中不可回避的话题。规则是自由的保障,创新是个人成长和民族进步的灵魂,二者相悖又相成。从学生的思想成长出发,引导学生对论题进行思辨和讨论,灵活运用第五单元的议论文知识,提升学生的思辨能力和议论文写作能力,完成单元教学的整体目标。

◆ 任务创建

任务一:结合第五单元的议论文知识,讨论并修改正方一辩小语的辩词。

意图:明确论据的作用,能在论证过程中准确运用论据。学会写分论点,能从不同角度分析论题,展开论证。

任务二:模拟辩论赛攻辩阶段的驳论,对正方观点进行反驳,写反方辩词。

意图:对问题进行思辨,能全面理性地看待问题,能运用驳论的知识展开论证。

任务三:完成正方或反方辩词的写作。

意图:在课堂讨论的基础上,通过写作实践,进一步理清思路,论述成文。

◆ 学法创优

教材中提供的论证要合理的知识主要是:首先,论证要符合逻辑,观点要一致,概念要统一。其次,使用的材料要能支持论点,避免出现论据不相干或论据不足的情况。再次,要选择恰当的论证方法,根据内容的需要,选择合理的论证方法,增强说服力和表达的丰富性。最后,论证结构要合理,思路要清晰,要从多方面、多角度展开论证。

除此之外,根据对学生写作现状的分析,学生在议论文写作上还有看问题单一片面、缺乏一定的思想深度、难以挖掘论述角度、论述空泛等现实问题。这些实际问题如果得不到解决,教材中的方法指导便难以落实。那么,通过专题探究的形式积累相关知识,就很有必要,也大有裨益了。例如,积累与论题相关的论据,能够让学生在阅读中深化对论题的看法,获得深刻而理性的认知;通过课堂讨论,对论题进行集中思辨,能够让学生相互启发,在讨论中获得思想的启迪和表达能力的锻炼;通过对教材论述角度的分析和归纳,指导学生拟写分论点,能够启发学生不只是读懂文章的内容,而且能把握作者思考问题的方法;通过修改作文,边写边学、边学边用,能及时学以致用;通过模拟攻辩活动,能激发学生的思维,在活动中激发"小创造力"。

名师点评

这节课有以下几个特点:

一是教学目标的精准定位与有效达成。这节课是九年级上册第五单元的总结课,通过"规则与创造"的辩论赛情境,将单元知识体系进行了系统化整合,从而让学生明白议论文的论证必须合理。教师精准把握了议论文教学的三个维度:知识建构(论据选择、分论点设置),能力培养(思辨能力、逻辑表达),价值引领(辩证看待规则与创新)。从前置作业到课堂生成,始终围绕"论证合理"的核心要素展开,既巩固了《怀疑与学问》《谈创造性思维》等课文的论证方法,又通过真实的辩论任务实现了知识迁移。学生在修改辩词、模拟攻辩的过程中,不仅掌握了论据的准确性、典型性、丰富性要求,还逐渐学会了从因果关系、递进关系等多角度构建论证体系,体现了"以学生为中心"的教学设计理念。

二是教学方法的创新融合与深度实践。教师将辩论赛作为贯穿课堂的核心情境,通过"正方辩词修改—反方攻辩设计—全员写作实践"的任务链,将议论文知识转化为可操作的实践技能。特别是在反方论证环节,学生结合生活案例进行思辨,实现了"从课文到生活"的认知跨越。这种情境创设既符合九年级学生的认知特点,又为批判性思维发展提供了平台。通过板书"准确""典型""丰富""多角度""有条理""有逻辑"等关键词,将抽象的论证要求转化为直观的思维支架,让学生们在实操中有法可依。课堂中多次出现的"师生共评—生生互评—自主修改—再评"环节,构建了多维互动的学习共同体。这种基于问题解决的深度学习,比单纯讲授更具教育价值。

三是学科素养培养的深度与广度。整个课堂的思维训练是层层递进的。从"规则是行为法则"的概念界定,到"规则如堤岸"的比喻论证,学生在语言实践中实现了概念的精准化与表达的多样化。特别是反方学生提出"规则是创造力的过河桥"这一隐喻,既体现了语言创新,又深化了对规则价值的辩证理解。课堂教学中融入了八股文、《本草纲目》、桐城派等传统文化元素,同时结合马斯克的创新案例、环保法规等现代素材,构建了贯通古今中外的论证语境。这种文化视野的拓展,使议论文教学超越了单纯的写作训练,成为文化理解与创新意识培养的载体,也展现了学生丰富的知识面。

这节单元总结课,精准定位教学目标,创新融合辩论情境等教学方法,深度培养学科素养,借助系统整合单元知识,开展实践任务,融入多元文化,达成了议论文论证教学的知识建构、能力提升与价值引领目标,有效增强了学生的逻辑思维与创新能力。

(张　莉　江苏省教学名师、南京市学科带头人)

言语·小创

正方一辩的辩词:

大家好!我方认为规则会束缚创造力的发展。

规则限制了人们的思想空间。明朝的科举制度,规定考生只能写八股文。考生被要求代圣人立言,不可有个人观点,这导致知识分子的思想被严重束缚,无法展现出个人的独立思考和创新能力。吴敬梓的《儒林外史》深刻地谴责八股取士制度的弊端,读书人只研究八股文,对其他知识知之甚少,并无真才实学。清代顾炎武曾认为"八股文之害等于焚书"。八股文的教育方式导致人们只遵循程朱理学思想,只注重死记硬背。所以八股取士制度限制了读书人的创造力。

规则压抑了人们尝试的好奇心和勇气。中世纪的"地心说"被教会认定为正统观念,这符合宗教对宇宙秩序的设定。哥白尼提出"日心说"挑战了教会规则而被视为异端,布鲁诺更是因为支持"日心说"而被宗教裁判所判处火刑。严苛的规则严重压抑了人们的思想和创造力。这导致中世纪的欧洲鲜少出现新的思想,直到文艺复兴才有所改变。所以规则禁锢了人们对宇宙的探索欲望,阻碍了科学的发展。

事物是变化的,规则也不能一成不变。墨守成规会束缚我们的创造力,我们需要打破常规,与时俱进。楚汉之争时,管理粮仓的韩信提出"推陈出新"的运粮方法,有效防止了粮食变质的情况。新中国成立以来,宪法已经历了五次修订,每一次都使新法更加符合当下的时代特征和人民需求。……只有根据实际情况进行变通,才能促进创造力的充分释放。

所以,我方认为规则阻碍了创造力的发展,规则需要让步于创造。

反方一辩的辩词:

大家好! 我方认为规则会促进创造力的发展。

规则是创造力发展的基础,是产生创造力的前提。素描入门的规则之一是练习排线,要求将线条硬生生压平,这无疑是一种束缚。有人说,"如果河对岸是学会画画,素描就是一座过河的桥。"世界美术大师米开朗琪罗、达·芬奇无不具备深厚的素描功底,在此基础上才有了著名的《大卫》《创世纪》《蒙娜丽莎》等作品的诞生。所以说,创造力就像一匹野马,需要规则这根缰绳来驾驭。规则保证创造力的发展,形成创造力的基础,并有助于减少无用的尝试。

规则可以促进创造灵感的产生。创造不是打破规则,而是在规则中发现新的可能。张芝的草书虽然突破了篆书和隶书那种规整的笔法束缚,但也是基于一定书法规则的。首先是笔法方面,中锋用笔是基础。其次,结构注重平衡与变化的统一。在看似洒脱奔放的字形里,各个部分相互呼应、支撑。正是在书法规则的作用下,才产生了这种基于规则而又超脱规则的草书。所以,创造脱胎于既定规则。

人类社会诞生过多少有创造力的人,就诞生过多少他们必须遵守的规则。就像马斯克,他毕业于宾夕法尼亚大学经济学和物理学双专业,创办电子支付,成立太空探索技术公司,投资特斯拉做新能源汽车,做星舰飞船……而各种法律法规、社会通行的规则、学校制定的规范等,都没有束缚他的创造力。相反,正是这个充满规则和秩序的时代,走出了有创造力的马斯克,以及无数让我们佩服的"有创造力"的人。

所以,我方认为规则促进了创造力的发展。

(南京师范大学附属中学树人学校　谢　晶)

·九年级下册·

第一单元

4 海燕

教学实录

师:4月23日为世界读书日,学校举办了"书香四月天,经典咏流传"的朗诵比赛,现要求各班选派一个节目参加,我班选定的朗诵篇目为高尔基的《海燕》。那怎样才能演绎和传达出海燕那种无畏风雨、勇往直前的精神呢?

师:今天,就跟着老师一起来完成这个任务吧。走进高尔基《海燕》。

师:既然我们要参加这个朗诵比赛,首先我们要把握住海燕的这个形象,请大家读一读关于海燕形象的句子。

生:(朗读第1段)这一段体现出了海燕的矫健、英勇。(板书:矫健、英勇)

师:这是一只矫健的海燕。哪些词能够表现出海燕的矫健呢?

生:"黑色的闪电",高傲地飞翔。

师:这些词重读能够凸显出海燕的矫健。

生:(朗读第9段)动词"叫喊",是海燕在呼喊暴风雨的到来,写出了海燕的英勇。

生:(朗读第13段)这一段写出了海燕的乐观以及自由。

师:那在什么样的情况下表现出来的乐观呢?

生:暴风雨来临了,它仍然表现得非常欢乐、坚定自信。(板书:乐观、坚定)

师:海燕对这场暴风雨充满了期待。

师:在读的过程当中,这个破折号的作用是什么呢? 这两个破折号的作用一样吗?

生:不一样,"像个精灵"后面的破折号是解释说明这是一只"高傲的、黑色的暴风雨的精灵",再后面的这个破折号是语气上的延续。

师:在读到后面的过程中,我们的语调要逐渐地升高,将自己的情绪拉满。因为要等待暴风雨的来临,海燕的内心是非常激动、非常喜悦的,因为欢乐而咆哮! 哪位同学还想分享呢?

生:(朗读第2段)"箭一般""直冲""叫喊着""听出了"等动作描写,写出了勇敢乐观的海燕。

师:通过这些动作表现了海燕的矫健、敏捷、勇猛的特点。

师:这篇课文,除了海燕之外,还有其他的动物吗?

生:有! 海鸥、海鸭和企鹅。

师：我们在朗读时，是不是和海燕一样处理呢？找一找相关的句子来品味朗读发生了怎样的变化。

生：（朗读海鸭）这个时候的海鸭胆怯了，所以我们要读出对海鸭的讽刺。

（生朗读企鹅）

生：他读得太快，情感表现不出来。

师：朗读的技巧中，重音读出来，就有了抑扬顿挫。因为快，所以把重音压下去了。所以在朗读的过程中，一定要把握语速、语调、重音。

师：朗读中哪些词能表现出语气？

生："躲藏""蠢笨"是对企鹅的丑态的一种形容，也要读出一种嘲讽的语气。

（生朗读海鸥）

师：他的语气非常平，也非常低，这个时候刚好能表现出海鸥的恐惧，因为它一直都在飞窜着，掩藏到大海深处。

师：女生的语气把握得非常到位，最后一个"掩藏到大海深处"语气拉长了。那我们可以看出来，海鸥、海鸭、企鹅形象跟我们的海燕形象是完全不一样的。

生：运用了对比的写作手法，能够突出海燕矫健、英勇、乐观和坚定的形象。（板书：对比）

师：同学们在朗诵过程中可以发现，除了有一组形象之外，还有环境描写。那这些环境描写又该怎样去读呢？

生：语气要低沉。这些环境描写是为了写环境的恶劣，突出海燕矫健的身姿、英勇的形象，起到烘托的作用。

师：非常好！说到了一个重点的词——"烘托"。（板书：烘托）那这些环境描写我们还应该怎么读？

生：朗读中重读的词语有"一条条""剑光""抓住""熄灭"等。

师：根据以上朗读技巧，现在请同学进行朗读，其他同学进行评价。

（生朗诵第7~9自然段）

生：他语速控制得可以；在合适的地方，音量做出了强弱变化，符合作品的意境；重音的处理不太到位，有些重音好像没有读出来；情感传达到位，把海燕的形象完美地烘托了出来。

师：高尔基在文中给我们塑造了这么多的形象，又运用对比、烘托等写作手法来丰富这些形象。高尔基的意图是什么？又赋予这些形象怎样的象征意义呢？

（屏显：助读资料）

生：海燕象征着英勇坚强、乐观自信的革命先驱者。1905年，革命前夕的俄国正处于最黑暗的时代，有许多革命先烈受到海燕的号召，与这些黑暗势力做抗争。海燕的形象，正是追求光明的革命形象。

生：环境描写也有一定的象征意义，在这一场斗争中起到了推动的作用。"大海""波浪"象征着一股人民的势力，"闪电"象征着反革命的黑暗势力。

生：海鸥、海鸭和企鹅都是假革命者，它们看到暴风雨来临，就躲藏、畏惧、逃避、贪生怕死、安逸地生活。

师：根据助读资料，大家能够准确找出所有的形象的象征意义。（板书：象征）

（屏显：海燕、海鸥、海鸭、企鹅、乌云、闪电、雷声、狂风、大海和波浪的象征意义）

师：海燕不仅是文学中的形象，更是一种精神的象征，它鼓舞我们在困难中不断奋进。高尔基想要通过这篇作品唤起更多人学习海燕的精神。根据以上文章主题，现在请同学朗读，其他同学评价。

（生朗读第 10~12 自然段）

生：我觉得他有一部分读得太快了，导致情感没有表达出来，没有太大的感染力。

师：语速还是稍微过快，要慢，要读出暴风雨来临时的黑暗，而海燕乘风破浪的感觉还有所欠缺。

师：想要让《海燕》在此次朗诵比赛崭露头角，我们还缺失什么？

生：手势、音乐、配乐。

师：你认为这次参加比赛应该配什么样的背景音乐呢？

生：我选择《加勒比海盗》中的音乐，因为它激昂的旋律可以刻画出海燕在大海中穿梭的形象。

生：我选择《李斯特交响曲》，它可以直接模拟出"乌云""闪电"这些意象在暴风雨来临时的转化。

生：我选择《命运交响曲》，因为在暴风雨来的时候，海燕英勇无畏、矫健乐观坚定的形象让我们可以联想到贝多芬面对个人命运的"黑暗"——双耳失聪，却仍然能够创作出伟大的作品。

生：我推荐《第一钢琴协奏曲》。这首曲子是管弦乐和钢琴的合奏，完美呼应了海燕的形象。场面一下子就宏大了，与主题非常相配。

生：开头的环境描写可以用《暴风雨》，可以更好地烘托出环境的险恶；海燕出场的那一部分可以用《革命练习曲》，因为它是在华沙起义失败之后创作的，充满了激情与激昂，能够很好地呼应海燕的形象，也能够让听众感受到海燕的激情；革命号召那一部分可以选择《命运交响曲》，因为它是在贝多芬失聪后生活陷入困境时所创作的，能够与海燕的革命形象相呼应，更加体现了海燕的勇敢坚强；最后结尾升华的部分可以选择《征服天堂》中的人声合唱，最后激发听众，起到一定的号召作用。

师：这位同学比老师要厉害得多，老师只选择了两首背景音乐，你选择了四首。的确，一首诗歌的朗诵，可以根据内容的变化来确定音乐的选择。我们现在有了音乐，掌握了朗读的技巧，请以小组的形式选派一位朗诵者。

（屏显）

1. 小组准备：每组选出代表进行朗诵。

（1）组内成员共同讨论朗诵内容、语音语调、情感表达等，制定朗诵方案。

（2）小组合作练习，优化朗诵表现。

2. 朗诵比赛：各组代表依次上台朗诵，展示小组合作的成果。

其他组成员认真聆听，每个小组选一名评委根据评价标准（包括语音语调、情感表达等方面）进行打分。

3. 评价量表填写：每组同学根据评价量表，对其他组的朗诵表现进行打分。

（评价量表包含具体的评价指标和评分标准，以便学生进行客观、全面的评估）

4. 反馈与总结。

(教师准备好背景音乐《命运交响曲》和《革命交响曲》等,四个小组依次展示)

生:第一组基本上没有发音错误,很标准;语速控制得当,读到慷慨段会加速,抒情段落会放缓,整体比较流畅;情感表达慷慨激昂,男女生合作朗读有创意;但是他们没有跟台下进行交流,只是看着书读。

生:第二组发音标准,声音洪亮,重音处理很到位,感情传递非常好,停连设计得也比较完美。

生:第三组发音也很准确,语速控制得很合理,在创新上刚好跟音乐适配;但在音乐的衬托下,他们的音量显得有点儿小。

生:第四组语速控制得很好,在激昂段落和抒情段落的表现都很突出;但是停连的设计只有基础断句,并没有运用到一些艺术性的停顿。

师:感谢同学们的助力,那么哪一组能代表咱们班参加这次朗诵比赛呢?

生:第二组。

师:请第二组的同学做好准备,课下进一步和老师沟通。这节课我们感受到了《海燕》的美与力量。这份力量不应该只停留在我们心中,而应该传递给更多的人。现在请为我们参加比赛的同学助力,写一篇朗诵推荐稿,100字左右。

(生思考、写作)

生:我推荐高尔基的《海燕》。这篇作品写于1901年,是俄国最黑暗的时期。高尔基敏锐地预感到了时代风雨的变幻,创造了广为传颂的"海燕"的形象,用它来象征无产阶级革命者。他们在黑暗中奋进,与黑暗势力做斗争,像海燕一样驱走黑暗,迎来光明。这也鼓舞着一代又一代的青少年们,在学习和生活中,在困难中,坚持下去,勇往直前。我想,这种精神应该被广为传颂。

师:暴风雨中的海燕从未远去,它的呐喊已化作我们心中的火种。愿同学们在今后的学习与生活中,如海燕般直面挑战,如浪花般汇聚力量,让经典的精神在新时代的浪潮中永续流传。预祝参赛的同学们取得好成绩!

本课板书:

坚定　乐观　矫健　英勇
对比、烘托、象征

教学创想

◆ 情境创设

在本节课中,以"班级朗诵比赛"为情境,学生通过感知《海燕》中的形象、配乐选择及象征意义分析,代入朗诵者角色,在任务驱动中理解海燕的无畏精神与革命内涵。

内容体验:以"朗诵比赛"为真实任务情境,通过"自由朗读—重点句分析—对比阅读—环境烘托"的递进式活动,逐层剖析海燕形象。借助助读资料(俄国革命背景),学生自主探究"海燕"形象的象征意义,将文本内容与历史语境相结合,深化主题理解。

语言体验:聚焦重音、停连、语速等技巧,通过师生互动、示范朗读、生生互评,引导学生掌握语言表达的细节,强化对语言情感色彩的敏感度。学生自主选择配乐,讨论音乐节奏与文本情感的适配性,实现"声情并茂"的朗诵效果。

写法体验:学生通过形象之间的对比、环境描写与海燕表现的朗读,感受到对比、烘托的作用。通过创意写作撰写朗诵推荐稿,既能锻炼学生的写作能力,也能激发学生对《海燕》精神的共鸣。

情感体验:在现实任务环节,通过朗读和评价,学生获得对海燕精神的崇敬与向往、对革命先驱的敬仰、对困难与挑战的勇敢态度以及对团队合作的珍视等情感体验,不仅有助于提升学生的语文素养和综合能力,也有助于培养他们的健全人格和积极向上的生活态度。

◆ **任务创建**

任务一:朗读《海燕》,点燃激情

活动1:自由朗读并思考。

意图:感知海燕形象。

活动2:朗读展示,学生点评。

意图:通过朗读评价,掌握重音、停连等朗读技巧。

任务二:探秘《海燕》,领悟精神

活动1:再读课文,整体把握诗歌内容,体会不同形象的象征意义。

意图:理解海燕形象所代表的无畏、勇敢和乐观精神,以及课文的象征意义。

活动2:朗读展示,学生点评。

意图:通过朗读评价,掌握作品的情感、主题、意境。

任务三:咏吟《海燕》,燃情岁月

活动1:小组选择音乐,讨论理由。

意图:配乐《海燕》,激发学生的兴趣,营造课堂氛围,为深入解读诗歌奠定基础。

活动2:小组准备,朗诵比赛。

意图:通过合作朗读,明确形象,体会写法。

任务四:声扬《海燕》,心潮澎湃

活动1:撰写朗诵推荐稿。

意图:通过创意写作,激发学生对《海燕》精神的共鸣。

活动2:分享朗诵推荐稿。

意图:增强学生语言表达和概括能力,培养学生的爱国热情和面对困难时的勇敢态度。

◆ **学法创优**

为培养学生的朗读、知识迁移和写作的综合素养能力,本节课采用下列学法创优策略:

任务驱动学习策略:以"朗诵比赛"串联"学—练—用"闭环,从技巧到精神逐层突破。

合作学习策略:小组配乐设计、分工朗读,培养学生的协作能力与批判思维。

朗读指导策略:教师对学生的朗读进行具体指导,如语速、感情等,并通过师生共评的方式,提升学生的朗读能力和对文本情感的理解。

　　实践应用策略:通过撰写朗诵推荐稿、准备朗诵比赛等活动,将所学知识应用于实践中,提高学生的语言表达能力和创作能力。

名师点评

　　《海燕》这节课的亮点在于将红色文化类文本的解读转化为可操作、可体验、可迁移的学习活动,让红色精神在朗读、思辨与创作中焕发时代生命力。具体表现在以下几个方面:

　　一是紧扣核心素养,融合工具性与人文性。本节课巧妙整合语言、思维、审美与文化四维目标。在语言层面,教师通过重音、停连、语速等朗读技巧的精细化指导,帮助学生将文本情感转化为语音表达;在思维层面,通过对比海燕与海鸥、企鹅等形象的差异,引导学生分析象征手法,培养逻辑推理与批判性思维;在审美层面,配乐设计与朗诵实践让学生感知文本的意境美与音乐美,推荐稿写作则激发学生个性化审美创造;在文化层面,结合俄国革命背景的助读资料,学生挖掘"海燕"的革命象征意义,感悟革命先驱的无畏精神。教学目标既注重语言能力的训练,又渗透精神品格的塑造,实现了工具性与人文性的深度融合。

　　二是真实情境驱动,任务链环环相扣。教师以"班级朗诵比赛"为真实情境,设计"朗读—探究—配乐—创作"的递进式任务链,形成完整的学习闭环。任务一"朗读《海燕》,点燃激情",通过自由朗读与互评,初步感知形象;任务二"探秘《海燕》,领悟精神",借助背景资料,引导学生自主探究象征意义;任务三"咏吟《海燕》,燃情岁月",以小组配乐设计深化情感共鸣;任务四"声扬《海燕》,心潮澎湃",通过推荐稿写作实现精神内化。这一设计以任务驱动学习,将文本解读、历史关联、艺术表达与写作实践有机结合,既激发学生参与热情,又促进深度学习。例如,学生提出《命运交响曲》配乐方案时,不仅关注音乐节奏,更联系贝多芬的创作背景阐释其与海燕精神的契合,体现了跨学科思维的活跃性。

　　三是学生主体突出,互动评价多元。课堂以学生为中心,通过师生共评、生生互评、小组合作等形式,构建多元互动场域。在朗读环节,学生通过对比海燕与其他动物的语气差异(如海鸥的"恐惧"需用低沉语调,海鸭的"胆怯"需读出讽刺感),自主提炼朗读技巧;在配乐讨论中,学生结合音乐史与文本意象,提出四首曲目组合方案,教师包容多元答案,鼓励学生创新表达;评价环节则采用量表打分与口头点评相结合的方式,聚焦"语音语调""情感传递""音乐适配性"等维度,评价具体且具有针对性。这一过程不仅提升了学生的语言表现力,而且培养了其批判思维与协作能力。

　　本节课还突破学科界限,将音乐、历史与文学深度融合,赋予经典文本新的生命力。这种创新实践不仅深化了学生对文本的理解,还让学生在艺术与历史的交织中,感受到文学的力量与信仰的温度。总之,《海燕》一课的出色,在于教师以真实任务激活学生的主体性,以跨学科融合拓展思维的广度,以革命精神涵养健全人格。

　　　　　　　　　　　　　　　　　　(赵富良　江苏省特级教师、正高级教师)

言语·小·创

扫描下方二维码,获取《海燕》朗诵视频。

（新疆伊犁哈萨克自治州特克斯县第一中学　梁　珊）

第二单元

6　变色龙

教学实录

前置作业:

1. 自读课文,概括小说内容。

2. 找出并圈画小说中不同人物的描写语段,从语言、动作、神态等方面进行赏析,归纳人物形象的特点。

师:同学们,班级文艺汇演中需要我们准备一个节目,所以这堂课,让我们根据课文《变色龙》,编演一个小品参加。编演小品,大家想想最重要的是什么?

生:演员。

生:剧情。

生:导演。

师:谁来选演员? 谁来敲定剧本? 最重要的是有一个好导演,负责艺术创作、整体指导、建构剧情、设定角色。好导演很重要的一条标准是得给演员们讲戏。因为演员会问:我为什么要这么演啊? 这次编演任务,我是总导演,但角色太多、任务太重,所以要聘请同学们担任助理导演。助理导演们得先自己深刻理解每一个细节,进入每一个角色,体验他们的情感,才能给演员讲好戏。

(屏显)

工作人员	任务明细
总导演　金老师 助理导演　全班同学	专业指导,负责小品的艺术创作、整体指导、建构剧情、设定角色

师:这篇小说中出现了哪些角色?

生:警官奥楚蔑洛夫,赫留金,叶尔德林,以独眼鬼、普洛诃尔为代表的群众。

师:同学们课前经过了预习,分别对不同角色进行了自主解读。今天这节课,我们就一起来给演员们好好说说戏。先请同学给我们介绍一下作者及小说创作背景。

(屏显)

师:通过课前预习,请同学用精练的语言概括,小说讲的是一桩什么案件? 警官奥楚蔑洛夫是怎么判案的?

生:这是一桩狗咬人的案件。

生:当狗主人是将军或将军哥哥时,警官夸狗,责骂赫留金;当狗主人身份不明时,警官骂狗,安抚赫留金。

师:所以这是一桩实在称不上案件的小事件,但却产生了两种截然相反的判案结果,判案的依据是什么?

生:狗的主人是不是将军或将军的哥哥。

师:所以,狗主人的身份成了判案的唯一依据,真相并不重要,于是形成了一个闻名世界的荒诞而真实的故事,很适合搬上舞台来进行小品表演。

师:接下来,结合小说中人物描写的语段,请各位导演从语言、动作、神态等方面深入分析人物形象,指导演员怎么进行演绎。

(屏显)

我从文中____(人物)的____(语言/动作/神态描写)中,读出____的形象特点,因为____。

师:这是我从 AI 上请来的几位演员,说实在的,面部表情比较僵硬,形象特点不够鲜明,急需我们指导。下面,根据预习情况,请各导演组就以上两个问题,分别展开讨论。

(屏显)

(生分小组讨论)

师:我们来探讨一下奥楚蔑洛夫这个角色。

生:文章通过描写奥楚蔑洛夫穿大衣和脱大衣的动作,表现出了当他判断错误时,担心把将军给得罪了,非常害怕的心情。

生:我从奥楚蔑洛夫的语言描写里可以看出,刚开始他对群众的态度是趾高气扬、耀武扬威的。

师:你能不能选择一句读一读?

生:"这儿到底出了什么事?""你在这儿干什么?你究竟为什么举着那个手指头?……谁在嚷?"

师:耀武扬威的形象显现出来了。后面对他的语言描写也很精彩,你还能再找一些来分析他其他的形象特点吗?

生:后来听说狗是将军家的,他就开始变得畏畏缩缩,骑虎难下。文章中写,"哦!……叶尔德林,帮我把大衣脱下来……真要命,天这么热,看样子多半要下雨了……只是有一件事我还不懂:它怎么会咬着你的?"

师:读得真好。

生:紧接着那位同学的语言描写,奥楚蔑洛夫立刻开始指责赫留金,这塑造了他见风使舵的形象。

师：没错，他没有任何迟疑，立刻开始变色。

师：通过语言、动作、外貌等各种人物描写，我们看到了奥楚蔑洛夫的两副面孔。对上阿谀逢迎、媚态百出，对下装腔作势、作威作福，是会因为狗主人的改变而改变判案的"变色龙"，是见风使舵、媚上欺下的反动统治的鹰犬、走狗。

（黑板上粘贴奥楚蔑洛夫新的形象，并板书其整体评价）

师：再来看看被狗咬的赫留金呢？

生："敞开了坎肩的"赫留金，其实是属于社会底层、比较边缘的人物，被咬了手指后，举起手指"像是一面胜利的旗帜"。他也比较老实。

师：他呈现出来的是一个受害者的形象。他手指被咬了，还是做工的人，所以他伸出受伤的手指求同情，目的是什么？

生：让狗主人赔他一笔钱。

生：我觉得他索赔的思路很清晰。文章中说，"就连法律上也没有那么一条，说是人受了畜生的害就该忍着。要是人人都这么让畜生乱咬一阵，那在这世界上也没个活头了。"这时他也希望能有一个公平公正的索赔结果。

师：他请求长官判决的时候有理有据。"法律上也是这么说的"，但很可惜，可惜什么？

生：很可惜这个长官是一个只看狗主人的"变色龙"。

生：很可惜当时的法律也不是为底层百姓服务的，更不能维护他心中的那份公平和正义。

生：我觉得赫留金还有耀武扬威、虚张声势的特点。他被小狗咬了手指后，就用很夸张的语言博取同情，吸引大家的眼球。

师：通过浮夸的表演让自己成为一个可怜的受害者。他的目的是不是纯粹的？

师：请大家再注意一个问题，赫留金的出现主要集中在哪几段？小说的后半部分赫留金去哪了？

生：赫留金的出现主要集中在小说前半部分。他后来可能是趁乱走了，也可能是留在现场不作声。因为他本来是想要借机敲诈一笔，但发现自己惹到了一位有权有势的人。

师：这个想象很合理。我们来看赫留金。不管怎么样，首先我们承认他确实是一个受害者，他的手指确实被咬了，他有着底层人渴望公平正义的一面，对警官曲意奉承，还打出兄弟当宪兵这张牌博同情、求帮助，但毫无疑义地被牺牲了。

同时，他又是粗鄙庸俗、愚昧麻木、迎合强者的小市民。借狗咬手指头捞一把是他的根本目的，但理直气壮不过三秒，当发现力量不在他一边时，他便缩了回去。我们来看后面，奥楚蔑洛夫当着他的面骂他是什么？

生：是混蛋！

师：这个时候他怎么表现的？

生：他毫无反应。

师：我们在他身上还看到一种非常明显的奴性。

（黑板上粘贴赫留金新的形象，并板书其整体评价）

师：再来分析一下叶尔德林。

生：第18段，在奥楚蔑洛夫想要好好教训一顿狗主人时，巡警提醒奥楚蔑洛夫这可能是将军家的狗,所以能看出他是一个圆滑世故的人。

生:聚焦叶尔德林的动作和语言,端着醋栗又帮长官脱穿大衣,讲话吞吞吐吐,我们可以看出他是一个怯懦卑微的人。

师:细微的动作描写刻画了一个唯唯诺诺的形象。吞吞吐吐的语言之下,这些省略号表示什么意思呢?

生:他极力想维护长官,所以他处处帮他考虑,但是他又拿不出主意。

师:所以我们可以想象,平常的时候,奥楚蔑洛夫对叶尔德林是什么样的态度?

生:也是趾高气扬、目中无人的态度。

生:第 1 段里就写,"他身后跟着一个火红色头发的巡警,端着一个筛子,盛满了没收来的醋栗",可以看出巡警是知道自己的领导每天都在百姓中作威作福,但是他也没有想到去阻止。

师:并且还跟着一起行使各种各样的权力来压迫百姓。这样麻木愚钝、怯懦卑微的形象更好地衬托了奥楚蔑洛夫式的官僚警察。

(黑板上粘贴叶尔德林新的形象,并板书其整体评价)

师:最后我们来看看这群围观百姓。

生:文中第 3 段,当他们刚开始围观时,是很麻木的,"仿佛一下子从地底下钻出来的",但是随着狗主人的一变再变,他们对这场闹剧的态度也发生了变化。

师:从哪里可以看到他们的"变"?

生:第 11 段,"独眼鬼"直接拆穿赫留金,是他自己先把烟卷戳到狗的脸上去的。

师:"独眼鬼"这一段其实很有意思,他明明知道真相,为什么不在一开始就给奥楚蔑洛夫提供线索,而是确定了狗主人很可能是将军时才把这个真相公之于众。

生:"独眼鬼"也是审时度势的"变色龙"。

师:他们是一群庸俗的小市民,唯恐天下不乱,他们麻木过活,迎合强者,随风倒。我们看到,在沙皇专制的年代,整个社会处在一种虚伪、冷漠、腐朽的状态,这些底层百姓人性中的原则、正义也自然而然地丢在了一边。这有没有让大家联想到《皇帝的新装》中皇帝举行游行大典时,跟着官员一起赞美"皇帝的新装是多么好看"的那些成年百姓呢?

(黑板上粘贴着百姓们的形象,并板书其整体评价)

师:一场完整的小品除了有恰如其分的演员表演外,还需要一些贴合时代背景的布景和道具。请各位导演结合小说内容,说说下面这张图是否可以作为我们小品表演的背景。

(屏显)

生：环境描写集中在小说的第 1 段，"四下里一片沉静。广场上一个人也没有。商店和饭馆的门无精打采地敞着，面对着这个世界，就跟许多饥饿的嘴巴一样；门口连一个乞丐也没有。"

生：因为有奥楚蔑洛夫和叶尔德林这样欺下媚上的统治阶级，所以整个社会陷于黑暗之中。

师：你抓到了一个关键词——"黑暗"，小说的环境描写里有指向"黑暗"的更具体的内容吗？

生："面对着这个世界，就跟许多饥饿的嘴巴一样"，用了夸张、比喻、拟人的手法，表现经济萧条，民生潦倒。

师：是什么导致了这样的社会环境？

生：是当时沙皇的专制和暴政。

生：这张图整体呈现冷色调，街上没有一个人，门面零落，符合案件发生时萧条冷寂的氛围。

师：小说里还设计了很多道具，我给各位导演罗列了下面五种——筛子、醋栗、小包、军大衣、小狗、红色涂料。请大家结合小说内容，看看这些道具有什么作用？你是不是可以发挥创意，添置一些其他的道具来增强表演效果？

（屏显）

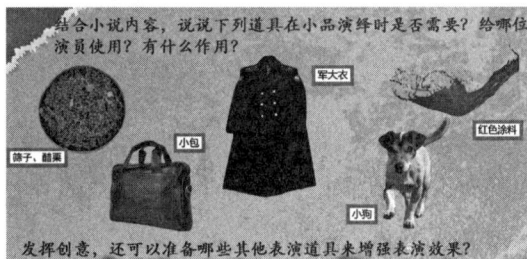

生：我认为筛子、醋栗很重要，因为醋栗不值钱，他们还能从百姓中搜出一筐子来，说明他们每天都在鱼肉百姓。

生：我认为红色涂料很必要，表演过程中在赫留金手上涂抹上红色颜料充当血迹，可以让表演更逼真。

生：我觉得小狗是最重要的，因为它是贯穿全文的线索。

生：我认为军大衣也是塑造人物形象的重要的道具之一。在小说中，它在奥楚蔑洛夫的身上又脱又穿，表现出他内心的慌乱，很好地充当了"变色龙"变色的见证者。

师：所以这件大衣有什么象征意义呢？

生：展示出了奥楚蔑洛夫对上和对下两种不同的面孔。

师：当时社会民生凋敝，百姓疾苦，但是长官却能穿着新大衣耀武扬威地出场。

生：也讽刺了那些不顾民生的统治阶级。

生：象征着权力。

师：有没有导演觉得还需要准备一些其他的道具来增强表演效果？

生：可以准备一个绶带，长官出现的时候戴在身上，但他又做出不公正的判案，形成对比，彰显握有权力的长官尸位素餐的形象。

生：可以给赫留金准备一件破烂的衣服，表现出那个时代生活的艰苦。

师:也让他想要敲诈一笔的行为更具备动机。

师:感谢同学们的群策群力,理解已经到位了。但好的导演难免遇到一些表演能力不足的演员,这个时候我们需要亲自上阵,表演给演员看。请各个导演组选择其中一小段场景,进一步吃透细节、走进角色内心,进行排练,并做 1 分钟的展示。

(生以小组为单位准备表演,进行表演)

师:演得精彩到让人不忍喊停。请一位同学从语言、动作、神态等方面评价人物形象的塑造,看看哪里需要再改进。

生:把各个人物形象特点都表现得非常到位,他们的审判语气非常契合小说内容。

师:感谢各位优秀导演的支持配合,编演小品、给演员说戏确实不容易,我们已经做得很好了。还有最重要的一点,作为导演,要想清楚我们做这个小品的主题是什么,并始终坚持。比如,我们小品的名字,到底是用《长官现形记》,还是保留原来的《变色龙》呢? 请各位导演决定并说明理由。

生:《变色龙》更贴合原著,反讽的力度体现得更强些。

生:《变色龙》更好,更能凸显主角奥楚蔑洛夫的变化过程,隐喻性更强。

师:同学们总结得都很到位。自然界中的变色龙通过改变皮肤颜色来适应环境,求得生存。文中比喻在处理狗咬人事件过程中不断出尔反尔、自食其言的奥楚蔑洛夫,因此也成为见风使舵、虚伪做作、奴性十足的奴才、走狗的代名词。

契诃夫呈现给我们沙皇统治时代人性和社会的讽刺画卷,通过今天的编演,我们也要思考:在现实生活中,有没有这样善变、虚伪的,或因诱惑而丧失原则的"变色龙"? 给了我们怎样的思考和启发?

生:现实生活中,也有很多人在面对金钱或者权力的诱惑时,会主动卑躬屈膝,暴露自己贪婪丑恶的一面。

师:这样虚伪善变的行为,可能暂时会获得一些好处。但从长远来看,真诚友善才是我们待人处事应持有的正确态度。因为:一方一寸一世界,一撇一捺真品性!

(板书:人)

本课板书:

男一号:警官奥楚蔑洛夫 对上阿谀逢迎、媚态百出 对下装腔作势、作威作福 反动统治的鹰犬、走狗

男二号:赫留金 愚昧、麻木、软弱 迎合强者、随风倒 庸俗的小市民

男三号:叶尔德林 麻木愚钝、怯懦卑微 反衬奥楚蔑洛夫式的 官僚警察形象

群演:独眼鬼、普洛诃尔 为代表的群众 唯恐天下不乱的"看客" 迎合强者、随风倒的"两面派"

教学创想

◆ **情境创设**

生活化情境:通过"班级文艺汇演需要准备节目"的情境导入,贴近学生生活,将教学任务与学生的实际生活紧密结合,使学生感受到学习与生活的紧密联系,激发了学生的学习兴趣和参与热情。生活化的情境导入不仅明确了课堂任务,还让学生清楚地知道自己的角色和责任,增强了他们的责任感和使命感。

任务驱动情境:通过明确的任务分工和目标,教师引导学生自主学习和合作探究,每个学生都有明确的职责。这不仅提升了学生学习的效率,还培养了学生的团队合作精神。任务驱动情境设计让学生在完成任务的过程中,主动学习和探究,提升了自主学习的能力。通过小组讨论和合作,学生能够更深入地理解文本内容,提升学习效果。

多媒体辅助情境呈现:通过PPT展示作者介绍、小说背景、角色形象等内容,教师利用多媒体技术增强了情境的视觉效果,使学生能够更直观地理解文本内容。多媒体辅助情境呈现不仅丰富了学习资源,还提供了多样化的学习方式。学生可以通过图片、视频等多种形式,更全面地了解文本背景和人物形象,提升了学习的趣味性和效果。

◆ **任务创建**

任务一:梳理小说情节

活动1:阅读课文,梳理小说《变色龙》的主要情节。

活动2:用精练的语言概括小说内容,包括一桩案件(狗咬人事件)和两种判案。

意图:帮助学生理解小说的基本情节,为后续的人物形象分析和主题探讨打下基础。

任务二:分析人物形象

活动1:学生需要结合小说中人物描写的语段,从语言、动作、神态等方面深入分析人物形象。

意图:培养学生对人物形象的深入理解和分析能力。

活动2:指导演员如何通过表演技巧和情感表达,将角色的内心世界展现出来。

意图:提升学生的表演技巧和情感表达能力。

活动3:编演小品。

意图:培养学生的团队合作能力和创新思维,让学生在实践中深入理解小说内容和人物形象。

任务三:策划小品背景和道具

活动1:选择一张图作为小品的背景,并结合小说内容说明其可行性。

意图:增强学生对小说背景作用的理解。

活动2:策划小品所需的道具,并讨论每一种道具的作用。

意图:增强学生对小说道具作用的理解。

活动3:发挥创意,适当增添一些新的表演道具并说明理由。

意图:培养学生的策划能力和创新思维。

任务四:确定小品主题

活动 1:讨论并确定小品的主题,选择《长官现形记》或《变色龙》作为小品的名字。

意图:培养学生的主题意识和思辨能力。

活动 2:说明选择该主题的理由,结合小说内容和表演目标进行阐述。

意图:确保小品表演能够准确传达小说的主题和讽刺意义。

◆ **学法创优**

多媒体辅助与视觉化呈现,增强视觉效果,丰富学习资源。通过 PPT 展示作者介绍、小说背景,教师利用 AI 技术呈现角色形象、演出背景图等内容,增强了情境的视觉效果,使学生能够更直观地理解文本内容,并且提升了学习的趣味性和效果。

创新表演与细节设计。教学中鼓励学生在小说内容之外创新表演细节,如语言、动作、神态等,以更好地凸显主题和扩大讽刺效果,激发学生的创造力和想象力,使学习过程更加生动有趣。通过分析小说中人物的细节描写,学生能够更深入地理解人物形象和文本内涵,从而提升学生的文学鉴赏能力,培养学生的批判性思维。

名师点评

金老师的这一创新教学实践,通过情境化、任务化、跨媒介的方法,不仅重新定义了文学课堂,还成功构建了一条从"阅读"到"鉴赏"再到"表达"与"创造"的一体化学习路径。这一路径的开辟,使得学习过程变得更加生动、深入且富有成效。

教师以班级文艺汇演的真实情境作为教学的切入点,巧妙地将契诃夫的短篇小说《变色龙》的文本解读转化为小品创编的实践项目。这一转化不仅拉近了文学阅读与学生生活经验之间的距离,还激发了学生的学习热情和参与度。学生在角色代入的过程中,通过梳理情节、分析人物,逐步深入理解了奥楚蔑洛夫"变色"的本质。这种具身认知的方式,让学生在亲身参与中完成了对文本的深度解读,远胜于传统的静态阅读分析。

任务设计的层次性与综合性,是金老师这一教学实践的另一大亮点。任务一通过引导学生梳理小说情节,帮助他们从整体上把握小说的基本内容,为后续的人物分析和主题探讨打下了坚实的基础。在任务二中,教师则通过分析人物形象,引导学生从语言、动作、神态等细节入手,深入理解人物的内心世界。这一过程不仅培养了学生的文学鉴赏能力,也锻炼了他们的批判性思维。任务三和任务四的设计,则是将文学阅读与创意表达紧密结合在了一起。学生们在策划小品背景、设计道具和确定主题的过程中,不仅深化了对小说主题和讽刺意义的理解,还培养了策划能力、创新思维和主题意识。这种综合性的任务设计,使得学生在实践中不断挑战自我,实现了能力的全面提升。

在创意表达层面,每一个任务都承载着特定的教学目标,同时也为学生提供了一个完整的创造周期。尤其是在创新表演细节的环节,教师既要求学生忠于文本的人物刻画,又鼓励他们通过夸张的神态、象征性道具等二度创作来强化讽刺效果。这种"守正出新"的设计,不仅精准把握了文学再创造的尺度,还让学生在实践中体验到了创造的乐趣和成就感。

多媒体与 AI 技术的介入,为这一教学实践增添了科技的魅力。通过可视化的小说背景、立体化的人物形象设计,经典文本被赋予了新的生命和活力。学生在 AI 技术的辅助下,更加直观地感受到了文本中的情感和氛围,从而更加深入地理解了作品的主题和意义。这种跨媒介的教学方式,不仅拓展了创意表达的维度,还体现了数字时代语文学科的工具性价值。

值得一提的是,这一教学实践还隐含着社会文化视角的育人功能。在模拟剧组分工合作的过程中,学生自然而然地触及了权力运作的社会隐喻。正如奥楚蔑洛夫的"判案"取决于权势一样,剧组中导演、演员、美工等角色的互动也暗含着人际关系的微妙张力。这种"文本情境—任务情境—现实情境"的三重映射,不仅使讽刺小说的学习超越了文学层面,还成了一扇观察社会机制的窗口。

在此基础上,金老师还引导学生进行了主题思辨。通过讨论和反思,学生开始审视某些文化痼疾,思考如何在现实生活中避免成为"变色龙"式的人物。这一过程不仅培养了学生的批判性思维和独立思考能力,还在价值澄清中完成了立德树人的目标。可以说,这一教学实践不仅是一次文学之旅,更是一次深刻的社会文化教育和人格塑造之旅。

(赵富良　江苏省特级教师、正高级教师)

言语·小·创

创新表演道具的微创作:

1. 奥楚蔑洛夫

道具:一副可快速更换镜片的眼镜。

创意说明:这副眼镜的镜片可以根据奥楚蔑洛夫的心情和态度瞬间切换颜色。当他谄媚上级时,镜片变为谄媚的黄色;当他呵斥百姓时,镜片变为凶狠的红色;当他犹豫不决时,镜片则闪烁着混乱的蓝色。这副眼镜不仅象征着他善变的性格,也暗示了他内心的虚伪与不安。

2. 赫留金

道具:一条破旧的、带有血迹的手帕。

创意说明:赫留金的手帕是他被狗咬伤后用来包扎伤口的。手帕上斑驳的血迹是他受害的证据,也是他向奥楚蔑洛夫求助的"武器"。然而,随着奥楚蔑洛夫的态度变化,这条手帕从"可怜的受害者"的象征,变成了被嘲笑的"滑稽道具"。

3. 围观群众

道具:一顶破旧的帽子和一张写满"看客"的面具。

创意说明:帽子象征着他们平凡的身份,面具则代表着他们在事件中的冷漠与旁观。他们戴着面具,看着奥楚蔑洛夫和赫留金的闹剧,偶尔窃窃私语,却从不真正介入,反映了社会底层人民的无奈与麻木。

(常州外国语学校　金　菊)

第四单元

14　山水画的意境

教学实录

前置作业:

1. 读课文一遍,了解文章所写内容,梳理文章思路。
2. 找一些中国山水画的名作,选择你最喜欢的一幅,写一段欣赏性的文字。

师:听说下周学校将安排我们去市美术馆参加中国山水画展学生体验日活动。在参加活动之前,我们布置了自行选择并赏析一幅中国山水画的任务。我们来看看大家的预习作业。

(屏显:学生预习作业)

A同学:我喜欢北宋郭熙的《早春图》。图画整体颜色偏深偏暗,画了山、云、树、石,还有溪水,春天即将到来。这幅画很朦胧,跟我们看到的真正的山水不太一样,也许这就是中国画的独特之处吧。

B同学:我喜欢南宋马远的《踏歌图》。根据画上方的题诗可知,雨后天晴,一群农民在田埂上走着唱着,内心很喜悦。

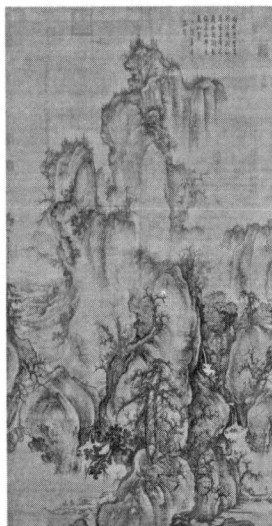

早春图

踏歌图

扫描上方二维码,获取彩图

师:两位同学所选都是中国山水画中的名作,你们能分别评价一下他们对两幅山水画的赏析吗?

生:A同学从整体上描述了《早春图》的色彩,罗列了画面内容,表明这些画面预示了春天的到来。

生:B同学通过画上方的题诗,猜测右下角人物的活动和心理。

生:A同学没关注画面上的人物,B同学没关注画面上的景物,应该是被题目吸引住了,只关注"踏歌"二字了。

师:刚刚同学们几句简单的评价,就说出了欣赏中国山水画的很多方法。这些方法是否正确? 是否专业? 李可染先生在《山水画的意境》一文中给出了他的见解,让我们一起来学习。(板书:山水画的意境 李可染)

师:李可染先生认为画山水,最重要的是什么?

生:画山水,最重要的是意境,因为意境是山水画的灵魂。

师:意境是山水画的灵魂。(板书:意境→山水画的灵魂)那我可不可以说,我们学习欣赏山水画,最重要的是感受到并能欣赏山水画的意境,这样就抓住了山水画的灵魂?(生点头)

师:可是"意境"是个好抽象的词啊,什么是意境呢?

生:"意境就是景与情的结合;写景就是写情"。

师:意境就是景与情的结合。(板书:意境→景与情的结合)那刚刚两位同学感受到两幅画的意境了吗?

生:没有,A同学关注的主要是景,B同学表达的主要是情,景与情没有很好地结合。

师:那老师来修改一下两位同学的赏析文字。

(屏显)

A:我喜欢北宋郭熙的《早春图》。其中画了山、云、树、石、溪水等景物,冰雪融化,山中人家,对春天即将到来充满喜悦。

B:我喜欢南宋马远的《踏歌图》。画的上方是高山、白云;中间是树林,树林深处有房屋;下方是杨柳、溪石,一场雨后,几个农民在田埂上欢快地跳舞,表达对丰收的喜悦之情。

生:跟修改前的文字相比,景物都罗列出来了,最后都有了情感的表达,所以感受到画的意境了。

生:《踏歌图》按照方位顺序来介绍,有了层次感,品析出画的意境了。

生:第二幅图里的几个农民有了表情,人物感情的抒发就更真实了。

生:我感觉您修改后的文字,景物和情感之间没有什么必然的联系。冰雪融化,春天到来,就一定是喜悦之情啊。还有这些画面中心的高山、白云、树木、岩石……和最后的喜悦之情有什么关系?

师:两幅画都画了山、云、树、石、水、人,感受到的都是喜悦之情。那么,我们以后鉴赏山水画的时候,是不是看到这些景物,都可确定为表达了人物或画家的喜悦之情呢?

生:山水画不是对地理、自然环境的说明和图解,而是通过景物表现人对自然的思想感情,实现景与情的交融。

生:您的修改是有了景物、有了感情,但我感觉您的文字,还是没有达到情与景的结合。我

九年级下册

理解的情与景的结合,指的是两者的交融、和谐统一。

师:情景的交融、统一,怎么才能表达出来呢?

生:就是要感受到画的意境。

师:哦,我们好像又回到了讨论的起点——意境。怎样才能感受到画的意境呢? 我们换个角度,了解一下意境是如何产生的。

生:李可染说,营造意境,需"深刻认识对象,要有强烈、真挚的思想情感"。

师:好,我们来看获得意境的第一个条件——深刻认识对象。要怎么做才能对所描画的对象有深刻的认识呢?

生:身临其境,长期观察。

师:能举个例子吗?

生:齐白石通过长期观察虾的形态与动态,将其神韵融入画作,使笔下的虾栩栩如生。

生:苏轼画竹,先成竹在胸。

生:还有荆浩画松树,他在太行山上朝朝暮暮长期观察。

师:长期观察,深刻认识,下笔如神,形神兼备,意境全出。(板书:长期观察,深刻认识)

师:我们再来看获得意境的第二个条件——强烈、真挚的思想感情。怎样才能对所描画的对象有强烈、真挚的思想感情呢?

生:一个山水画家,要对所描绘的景物,有深刻的感受,有表现自己亲身感受的强烈欲望,不是重复别人,而是有意境的独创性。

师:深刻感受,想要表达,不做重复,意境独创。(板书:深刻感受,不做重复)

师:画家达到这两个条件,笔下的作品就能获得自己独特的意境。现在我们了解了意境的产生条件,我们可以尝试感受并欣赏作品的意境了。李可染先生有赏析山水画意境的示范或例子吗?

生:很奇怪的是李可染先生在文中举了很多诗词的例子。

师:对! 课文后的"思考探究二"中说:"本文探讨山水画的意境,却多以诗词为例。"这是为什么? 不应该多列举些山水画作,增强读者对山水画意境的理解和感悟吗?

生:这些诗词耳熟能详,很容易理解啊。拿画作举例,不是专业人士很难知晓,不能使人很好地理解作者的观点。

师:你们知道吗? 这篇文章是根据李可染 20 世纪 50 年代在中央美术学院中国画系的讲课笔记整理而成的,当时是讲给中央美术学院的学生听的,其实完全可以拿画作举例。他为何不这么做呢?

生:因为画作不好展示,当时还没有电脑,做不成 PPT。(生笑)

生:"思考探究三"好像给出了答案:"各种艺术门类之间总有一些共通之处,彼此往往能互相借鉴。"

师:比如呢? 绘画可以跟哪些艺术门类相通?

生:文学。

生:雕塑。

生:音乐。

师:意境是中国古代重要的美学范畴之一。古人进行绘画、音乐的创作时,很讲究意境的营造;进行诗文的创作时,亦是如此。我们看三、四两段的两个诗文例子,有什么共同点吗?

生:两首诗都在写景,都通过写景表现了人的思想感情。

生:两首诗都有很深的意境。

师:诗画有了意境,就有了灵魂。如果我们也来选择一首古诗,作为本文的论据,加深对意境的理解和感受,你会选哪首诗?你能模仿课文的写法,也写一段赏析文字吗?

(生思考、交流、当堂写作)

(屏显)

我选王维的《竹里馆》。人物的活动——独坐、弹琴、长啸,没有写弹琴之人的感情,却把人物安放在空明澄净的月夜幽林之中,弹琴之人显得那么淡定、安闲、自得。

我选刘长卿的《送灵澈上人》。苍苍山林中,远远传来寺院的钟响。友人头戴斗笠,在夕阳的余晖中独自向青山走去。诗人目送友人离去,依依不舍。

师:大家来点评一下两位同学的赏析文字。

生:两首诗看似都是写景,感情却隐藏在字里行间,能让人感受到景物里融入的情感。

生:我选择王维的这首诗是因为我们小学、初中学过很多王维的诗,老师也给我们介绍过王维,他被称作"诗佛",他的诗的意境应该是深远的,所以我结合诗歌中他做的事——独坐、弹琴、长啸,感受到他此时应该是淡定的、自得的。

师:这位同学之所以能根据诗里的景和事感受到他的情,是基于他对诗人的认识和了解。了解诗人,对情感的定位自然就准确了,诗的意境就不难把握了。请第二位同学也来说说看。

生:我其实不太了解诗人刘长卿,我是根据诗歌描写的景物进行联想和想象的。以前读到这首诗,我感觉诗人看到友人在寺院的钟声中踏着夕阳远去时,一定很舍不得吧。

师:"上人"是对僧人的敬称,灵澈上人是刘长卿的朋友;刘长卿当时被贬官到此,灵澈上人也云游到此。傍晚时分,诗人目送朋友远去,依依不舍,甚至因不得志而产生一种想要归隐的情怀。

师:所以说,对诗人、诗歌的背景了解得比较深入,再运用合理的联想和想象,结合诗歌的画面,诗歌意境的品析就能比较准确、深刻了。品诗如此,品画亦如此。

师:最后,我们再回到开头两位同学对《早春图》和《踏歌图》的赏析。如何能品出这两幅画的意境呢?

生:要多了解两位画家、了解两幅画作的背景。

生:要能感受到画家对这两幅画深切、真挚的思想感情。

生:要根据画上的内容进行合理的联想和想象,将景物与情感相结合。

师:老师这里给大家补充一些《踏歌图》的相关资料,大家根据资料的内容,结合今天所学的意境理论,修改老师的赏析文字或重新写一段。

(屏显)

马远,南宋宫廷画师。"南宋四家"之一,善画花鸟、人物,尤长于山水。构图多取自然山水的一角,突出山水的特点,人称"马一角"。

《踏歌图》的两部分采用蒙太奇式的组合,营造出一种天上人间的区分感。画的上端有题诗:"宿雨清畿甸,朝阳丽帝城。丰年人乐业,陇上踏歌行。"

"踏歌"是风靡于唐代的一种舞蹈形式,脚踏地,有节拍。这是一种宫廷及民间都非常喜闻乐见的娱乐形式。

(生思考、交流、当堂写作)

(屏显)

远景中,奇峰对峙,山峰笔直如剑;中景部分,树林中,云雾缭绕处隐隐有耸立的宫廷建筑;近景中,翠竹垂柳、溪水石桥间,几个农民正结伴踏歌而行,他们丰收了!画面既展现了自然山川的壮丽和农民丰收后的喜悦,又通过宫廷建筑与农民踏歌场面的对比,寄托了画家对太平盛世的向往和对皇权的赞美。

师:请你分析一下,你是如何把握这幅画作的意境的?

生:资料里说《踏歌图》有种天上人间的区分感,结合题诗和画师的身份,应该是宫廷和民间的对比;根据踏歌的形式特征和丰年的渲染,农民的欢快和喜悦很容易感受到。画师是宫廷画师,所以画上隐约可见的宫廷建筑,就是对王权的赞美。因为统治者政治清明,所以老百姓安居乐业。

师:你的分析很透彻。我们发现,对画家、画作的背景了解得越深刻,就越能通过画面感受到画家对作品的思想感情,也就越接近画作的意境。

好!请结合今天所学的"意境=景与情的结合""深刻认识对象""真挚情感表达"等理论,从画家背景、画面细节、情感传递三个方面修改鉴赏文字,突出对意境的分析。希望在下周的体验日活动中,我们能通过山水画的意境,真正感受到中国山水画的魅力。

本课板书:

山水画的意境

李可染

意境→山水画的灵魂

意境→景与情的结合 { 长期观察,深刻认识

{ 深刻感受,不做重复

教学创想

◆ **情境创设**

这节课创设的情境是学校组织学生参加中国山水画画展体验日活动,对于学生遇到的中国山水画的鉴赏问题,从山水画意境的角度去建构文艺论文的阅读策略,学会文艺欣赏的方法,迁移运用到自己的欣赏实践中去。

本单元导读里提出:谈文论艺,是人们精神生活的重要内容。探讨欣赏艺术作品的方法,或阐释美学观念,可以培养学生的审美情趣,提高学生的艺术修养。设置体验中国山水画活动,可以将目标设定为让学生近距离感受中国传统文化的魅力,提升艺术鉴赏能力,这样的情境是真实的、可行的。

先让学生在没有任何经验的帮助下自行赏析自己喜欢的画作,引导学生从不同的角度进行赏析,从学生不理解的"意境"二字入手,引领学生进入文艺论文的学习。学生在学习中一步步感受到情与景的结合,情与景的和谐统一,对景的深刻认识,对情的真挚表达,各种艺术门类之间相通……这些都是欣赏中国山水画的重要方法。最后运用今天所学的文艺论文的知识重新修改鉴赏的文字,以期在体验日的活动中,能通过山水画的意境,真正感受到中国山水画的魅力。

◆ **任务创建**

任务一:初步赏析山水画,感受意境

活动1:选择一幅自己喜欢的山水画进行赏析。

意图:了解学生欣赏山水画的原有水平。

活动2:选择两段代表性赏析文字,让学生做出评价。

意图:引导学生了解赏析山水画需要有方法,引出"意境"的概念。

任务二:深入赏析山水画,品味意境

活动1:老师修改学生的赏析文字,学生比较。

意图:让学生在比较中进一步感受意境。

活动2:结合实例讨论意境产生的条件。

意图:引导学生跟着李可染深入感受意境。

活动3:模仿课文的写法,写赏析文字。

意图:补足条件,加深学生对意境的理解和把握。

任务三:运用所学,欣赏文艺作品

活动1:你能帮助前面两位同学准确感受两幅画的意境吗?

意图:使学生真正理解今日所学理论,用于实际鉴赏。

活动2:能结合今日所学之理论,鉴赏这幅作品的意境之美吗?

意图:理论用于实践,做到学以致用。

◆ **学法创优**

从学法创优的角度来分析这节课,我们可以探讨如何通过优化学习方法和策略,提升学生阅读文艺论文、学习文艺理论并运用于鉴赏文艺作品的能力。以下是几个关键点:

情境化学习:文艺理论是抽象的概念,通过体验画展的情境化设置,可把抽象的理论融入形象的画面,使学生在深入理解理论后更好地回到情境,解决情境中遇到的问题。

跨学科学习:依据语文学习经验,通过一定的绘画知识解决语文学习中遇到的问题,通过跨学科阅读,培养跨学科思维,最终指向文学阅读和学习的问题。

多重理解学习:通过提取信息、归纳、质疑、推论、运用、反思等多重理解,提升思维含量,对文本进行多重理解、深入阅读、思辨拓展。

知识迁移学习:用画作赏评的方式,引导学生进行知识迁移,使学生在实践中对意境有更深入的理解,从而更好地借鉴文中所学的理论方法,运用于鉴赏文学作品和山水画作。

名师点评

孟老师的《山水画的意境》教学设计展现出了令人耳目一新的创新思维。本节课通过真实情境的嵌入、阶梯式任务活动开展以及跨学科思维工具的引入，构建了一个兼具文化厚度与实践活力的课堂生态，有效破解了传统文艺评论教学中"概念空转"与"审美隔膜"的难题，展现了扎实的教学智慧。

孟老师的课堂以"美术馆体验日"的真实活动情境为引子，让理论学习和实践应用无缝对接。学生不是被动接受"意境是情景交融"的定义，而是带着"下周我要看懂山水画"的任务主动学习。预习环节让学生自选名画写赏析，既调动了学生的兴趣，又暴露出真实问题：有的学生只会罗列景物，有的被题诗带偏方向。孟老师抓住这些鲜活案例，把 A 同学对《早春图》的"颜色偏暗""画了山和树"的简单描述，与 B 同学对《踏歌图》"看到题诗就猜农民开心"的片面理解作为讨论素材，让学生自己发现问题——原来赏析山水画不能只看表面。这种从学生作业中找问题、在真实困惑中讲理论的方式，比直接灌输概念更易引发共鸣。

孟老师以阶梯式任务活动引导学生从"看画"走向"读画"。课堂上，先让学生对比自己写的初稿和修改稿，修改版虽然补上了"冰雪融化""山中人家"的细节和"喜悦"的情感，但学生立刻发现新问题——"春天来了就一定要开心吗""高山白云和喜悦有什么关系"。这种设计巧妙揭示了艺术鉴赏的误区：不能硬给景物贴上情感标签。接着，孟老师抛出关键问题："李可染讲山水画为何总举诗歌例子？"引导学生发现诗画的共同规律。当学生用学过的王维诗句"独坐幽篁里，弹琴复长啸"来类比山水画的留白意境时，他们真正理解了"情景交融"不是生搬硬套，而是自然流露。

孟老师的课堂特别注重培养学生的独立思考能力和批判精神。当孟老师修改学生作业被质疑"景物和情感没必然联系"时，没有用权威压制，而是顺势引导学生深入讨论。学生争论"高山能不能表达喜悦""踏歌动作和丰收有何关联"，实际上是在探究艺术符号的多义性。这种鼓励质疑的设计，让学生明白：意境解读没有标准答案，但必须有合理依据。在《踏歌图》的再鉴赏环节，孟老师先让学生基于画面直观生成解读，再逐步揭示马远的宫廷画师身份、题诗的政治隐喻、"踏歌"的仪式渊源。这种教学设计使学生亲历"片面感知—信息冲击—意义重构"的完整思辨过程。学生最初将农民踏歌简单理解为丰收喜悦时，尚未触及画面中宫廷建筑与田园场景的空间共存；等补充历史语境后，重新审视蒙太奇构图，才能领悟其中"君民同乐"的政治意义。这种将艺术作品放回文化背景的解读方法，打破了形式主义的框架，促使学生意识到：意境不仅是视觉元素的组合，更是历史符号的意义建构。

孟老师没有停留在讲解李可染的理论上，而是带学生走完了完整的艺术鉴赏过程：从直观感受到背景研究，从形式分析到文化解读。当学生学会结合画家生平、历史背景、画面构图来理解意境时，他们获得的不是零散的知识点，而是一套可迁移的审美工具。这种教学方式，既让传统文化焕发现代活力，又为语文课如何培养核心素养提供了优秀范例——用真实任务驱动学习，用跨学科思维深化理解，用批判性讨论提升品质，这才是真正"以学生为中心"的课堂。

（王 芳 南京市学科带头人、南京市教学名师）

言语·小·创

请同学们运用今日所学,进一步查找所选画家的经历、画作的背景,重新结合画作,修改你的鉴赏文字。

扫描上方二维码,获取彩图

《柴门送客图》,明代画家周臣的画作。远处的月光在云层的遮挡下变得朦胧,松柏因下降的气温而沾上了露珠。在山林中,隐约有琴声传来,新鲜的泥土气息和芬芳的花草树木,构成一幅月光下的山水画。近处渔夫闲卧在船上,呼呼地睡着懒觉。船随着水波起伏,岸上的人在依依送别,主人家在拱手行礼,童子在一旁举着木琴,主人似乎还想要挽留友人……有人一步三回头,依依不舍地向渔船走去,似有随时折返的冲动。窗前目睹一切的妻子,整理着酒后杂乱的桌子。这种悠闲自在、无拘无束、安宁和谐的山村生活,令人向往。画家希望通过这幅画,表达自己向往苏轼诗句中的"相送柴门月色新"的境界吧!画家追求高洁淡泊的隐逸情怀已溢出画面。

扫描上方二维码,获取彩图

隋唐展子虔的《游春图》。远景,高耸入云的山峦屹立在河的一边,泛着淡青绿色,展现出勃勃生机;中景部分,一排排茂盛挺拔的树木分布在各处,更添几分春色。近景,游人在波光粼粼的湖面上游行泛舟。正值初春之际,风和日丽,文人雅士们悠闲散步于绿意盎然的树林间,偶尔闲谈几句。一旁的仕女们,梳着素雅的发型,衣裙飘飘,手持精致的团扇,三两结伴赏着春日美景。时而低笑出声,展现出愉悦的心情。湖上乘舟之人也悠然自得,盘腿而坐静静等待着鱼儿上钩。四周十分和谐美好,安闲自得。鸟儿的鸣叫声伴随着人们的交谈声,奏响一曲春的乐章。这幅画通过描写春日之景、春日之人,展现出春日之活力,是人们对春天的喜爱与美好期待。

(南京市金陵中学仙林分校中学部　孟振群)

第五单元

18 天下第一楼(节选)

教学实录

师:一部优秀的剧作,离不开经典的形象。主角是怎样炼成的? 其中蕴藏着作者多少心血和巧思? 今天我们学习《天下第一楼》,探究作者何冀平如何塑造出经典角色——卢孟实。(板书:天下第一楼 何冀平)

(屏显)

英国文艺理论家威廉·阿契尔认为:"戏剧建筑最大的秘密在于一个词——紧张。"

师:塑造一个经典形象,离不开紧张的戏剧冲突。作者给主人公设置了哪些矛盾冲突?

生:唐茂昌来福聚德要钱,王子西依卢孟实"东六西四"的指示不给钱。

生:卢孟实和罗大头起冲突,罗大头甩手不干。

生:小伙计和卢孟实的冲突。小伙计去看戏,卢孟实按照店规不许他去,最后辞退了小伙计。

生:唐茂盛和卢孟实的冲突。唐茂盛来福聚德要钱,还要带走堂头常贵。

生:卢孟实和侦缉队之间的冲突。卢孟实打点侦缉队,侦缉队不买账。

(屏显)

第一,侦缉队和卢孟实(福聚德)之间的冲突。第二,卢孟实和小伙计之间的冲突。第三,罗大头和卢孟实之间的冲突。第四,唐家兄弟和卢孟实之间的冲突。

师:四个矛盾冲突,就如同四把大锁,将这天下第一楼牢牢锁住,令卢孟实登楼不得。这四把锁,内外都有,锁锁相连,都需要卢孟实去解开。请你帮卢掌柜出出主意:这四把锁的钥匙在哪?

生:侦缉队的事情可以用钱解决,因为侦缉队"想敲咱们一笔"。辞退了小伙计重新雇人。罗大头不干,就再换一个厨师。

师:我们能用钱和人解决前三个问题,请问第四组冲突我们怎么解决? 给唐家兄弟多塞点钱行不行?

生:都不行,因为唐家兄弟一个爱戏一个爱武,这两个爱好塞一点钱肯定不行,给一次钱肯定也不够。用人解决也不行,今天他要一个常贵,明天要一个王贵,福聚德又不是人才市场,专门往外送人。

师:第四个问题好像没有解法。现在你想想,对于卢孟实来说最棘手的问题,也是最主要的问题是什么?

生:就是和唐家兄弟的矛盾,是主要的矛盾冲突。

师:我们来看看这几个矛盾之间的关系。唐家兄弟是要钱要人,而前三个矛盾靠人和靠钱解决。那唐家兄弟把钱也要走了,把人也要走了,等于说绑住了卢孟实的两只手。饭店内部经营要人员调度,对外打点要钱,是不是? 所以说,如果我们主要的矛盾不解决,次要矛盾就——

生:永远没办法解决!

师:而主要矛盾能解决吗?

生:不能啊。

师:作者精心给主角设置了一个无解的困境,在这些冲突加剧、交织中,我们看到一个在理想与现实里挣扎前行的悲剧角色。同学们,我们回到本节课的主问题:主角是怎样炼成的? 创作一部戏剧,需要给主角增加点什么?

生:戏剧冲突。

师:而且我们不是要一般的冲突,是非常激烈的冲突。(板书:激烈的戏剧冲突)

(屏显)

经典角色需要在激烈的戏剧冲突中炼成。

师:探讨"主角如何炼成",还需要搞清楚这个主角有什么样的特征。我们下面来进行三个小活动。首先,读一读。

(屏显)

常　贵　今天大开张,怎没见他?

王子西　唉,头年一忙,我忘了给侦缉队送礼了。

常　贵　那可是些惹不起的祖宗。(教材 105 页)

唐茂昌　卢掌柜呢?

王子西　外出了。

唐茂昌　昨天我让福子拿五百块钱,他为什么不给?

王子西　他说"东六西四"分账是合同上写的,每月初一准把月钱送到府上去,额外的嘛……(教材 105 页)

王子西　侦缉队打点好了?

卢孟实　不买账,看来想敲咱们一笔。(教材 109 页)

师:请四位同学演读。请注意这是三段不连续的文本,其余同学根据上下文来品味人物的形象。

(生演读)

师:主角有什么样的个性?

生:"大开张,怎没见他?"说明卢孟实比较忙,因为店里运营都靠他;还说明他在店里面是很勤劳肯干的。

师:我们是从常贵的语言侧面看出来的。我这里还有个提示,请看——唐茂昌说:"昨天我让福子拿五百块钱,他为什么不给?""昨天",卢孟实昨天为什么不给福子五百块钱?

生:昨天还没到送钱的时间,所以他没给。他按规矩办事,规矩也是他定的。他是饭店经营者,在这方面很是精明能干,有管理的才能。

师:好,请坐。刚才我重读了好几次"昨天",同学们知不知道昨天发生了什么事? 关注上下文。

生:卢孟实昨天准备着要去打点侦缉队。卢孟实在出门之前就料到唐家少爷要来要钱,并且已经安排好了,可以看出他条理清晰,思虑周详。

师:这都是我们根据上下文读出来的。

师:第一个活动结束了,下面我们来真实地演一演这个剧本的片段。请你关注同学的表演以及剧本当中的舞台说明,还是思考这个问题:人物的个性形象。

(屏显)

罗大头　(憋了一肚子火)等等,成顺动我的烤杆。

卢孟实　(不动声色)怎么啦?

罗大头　这是坏柜上的规矩! 烤炉的不到七十不传徒弟,皇上都认可过。

卢孟实　(笑起来)皇上都在日本租界当了寓公了,这规矩早该改改了。

罗大头　别忘了你们当初是怎么把我请回来的,我一撂杆不干,福聚德就得关门。

王子西　(调解地)这是干吗? 谁不知道,福聚德指着大罗一根杆撑着哪,啊?!

罗大头　(故意拿糖)今天我不烤了,你们另请高明吧! (甩手就走)

王子西　哎,楼上还有座儿呢。

卢孟实　走了,就再别回来。

罗大头　(爆发地)卢孟实! 别跟我这儿摆掌柜的,你那点儿底别以为我不知道!

常　贵　(急拦)大罗!

王子西　这是干什么,散了!

罗大头　(甩开常贵)你爸爸怎么死的? 攀着秤钩儿,蜷着腿,让人家拿大杆秤当牲口秤,憋闷死的,别以为我不知道……

卢孟实　(脸色由青变得煞白,突然高声笑了起来,那笑声凄惨中带着一股昂扬,听着使人发抖)你——给我出去!

罗大头　别人五人六的,美得你几辈子没当过掌柜的,上这儿耍威风。

卢孟实　(大吼)走!

(生表演)

师:谢谢四位同学精彩的表演。下面的观众有什么想法? 轮到你们了。

生:卢孟实说"规矩早该改改",看出他灵活变通。

生:舞台说明里有神态描写:"脸色由青变得煞白,突然高声笑了起来,那笑声凄惨中带着一股昂扬,听着使人发抖",看得出来卢孟实他对于父亲的死非常在意。

师:好,我们来齐读一下这一段。(生读)

师:卢孟实的情绪在这里爆发了,为什么会爆发?

生:因为他父亲当时被店家要求进去出来再称一下重量,憋闷死的。这个事情他听起来不是很光彩。罗大头专门挑了别人这个事情。看来他这个人很尖酸刻薄。

师:他父亲怎么会有这样不光彩的下场呢? 这个掌柜怎么敢呢?

生:他父亲跟他一样属于"五子行"子弟,这些人在社会上是不被重视、不受尊重的,所以玉升楼掌柜才会做这样的不好的事情。

师:这件事对卢孟实有什么影响?

生:能看出卢孟实他非常在意,从这句话"你——给我出去"和他的神态看出罗大头的羞辱让他无法忍耐。正常人都是非常爱自己父亲的,加上这又是父亲不光彩的事。

生:他对于"五子行"子弟的身份有一种自卑,因为自卑就极度自尊,所以他超级要强。

师:同学们刚才说了几点,下面老师想请大家关注选段第一个舞台说明"不动声色"。不动声色的意思是什么?

生:没说太多,也没什么表情。

师:面对大罗的指责,卢孟实表面上很平静。请问卢孟实知不知道成顺动了罗大头的烤杆?(生齐答:知道)为什么大家这么肯定地说知道?

生:因为前文成顺自己说:"是掌柜的让我……"

师:"烤炉的不到七十不传徒弟",同学们觉得卢孟实为什么要破坏这样一个规矩呢?

生:罗大头他会撂挑子不干,卢孟实不能忍受这样一个隐患将来妨碍福聚德的生意,他宁愿坏规矩也不愿意去受制于人,所以他提前做了如此安排。

生:老师,我补充一点,其实卢孟实让成顺偷学手艺还有一个原因,就是罗大头他爱抽大烟,作为一个饭店的大厨抽大烟,我觉得会影响饭店声誉,这也是一种考虑。

师:有道理! 同学们,我们看到作为经营者的卢孟实精明能干,不愿意受制于人。同时在用人方面,他非常懂得灵活变通,未雨绸缪。我们在这个舞台说明"脸色由青变煞白"中,又看出这个人的心底里其实是自尊自强的。

我们已经知道舞台说明可以塑造人物的形象。那么下面我们就来尝试着第三个活动:自己写一写。

(屏显)

写一写

1. 结合你对卢孟实形象的理解,为卢孟实的台词增添舞台说明。

2. 剧作中部分句子藏有潜台词(台词背后隐藏着的说话者的真实意图和情感),请为划线语句补全潜台词。

唐茂盛　我今天来,是想跟你借点儿东西。

卢孟实　(热情地)瞧您说的,这楼上楼下不都是您老唐家的。

唐茂盛　分号要修门脸儿,用点钱。

卢孟实　(　　　)用多少?

唐茂盛　我大哥在法家花园起的那间馆子支了多少,我就用多少。

卢孟实　(知来者不善)行,过了五月节,我给您送天津去。

唐茂盛　哟,你跟我这儿打镲呀!

卢孟实　您看,这影壁得描金了,后院堆房要挑顶子……

唐茂盛　福聚德日进百金,还跟我来这套?

卢孟实　(　　　)有进还有出哪。修先生,拿账来。

师:课前我们已经布置了作业,下面请同学们来分享自己写的潜台词。

九年级下册

生:"行,过了五月节,我给您送天津去。"他的潜台词是"这么多钱可没法给,我要想个办法把它赖掉。"

生:"这些钱他是不会还的,我一定要往后拖一拖。"

生:"这影壁得描金了,后院堆房要挑顶子",他的意思是"你看我这儿到处都要用钱,没有闲钱给你"。

师:修先生账本里具体有什么,有同学能写出来吗?

生:账本里有收入,更多的是支出,我写的这句潜台词是"我不是不想借钱给你,但你看我这账目,也是有很多支出的。"

师:很好。卢孟实应该怎么样地去应对唐茂盛?"用多少",舞台说明怎么说?

生:我写的是"脸色一僵"。

师:大家同意吗?(脸色一僵)"用多少?"你演演。

生:不太合适,卢孟实是不会对东家挂脸的,因为东家等于是他生意上的伙伴,他对东家肯定要非常地小心在意。

师:是的,他心里不快,但不会表现在脸上。下一则怎么写?

生:我写的是他挤出笑容,动作是伸手招呼修先生拿账本,因为他急于证明,所以要加上动作。

师:不错,这位同学已经把握住卢孟实的形象了。你能概括清楚吗?

生:圆滑世故,精于人情世故,但是不得不屈从于现实。

(屏显)

卢孟实是一个务实勤劳、精明能干、自尊自强、灵活变通、刚直却又不得不屈服于现实的人。

师:好,那么主角是怎么样炼成的呢?请同学们进行填空,我们需要有丰富的——

生:个性的特征。(板书:丰富的个性特征)

师:而这样丰富的个性特征,我们可以通过哪些内容来塑造?

生:上下文、舞台说明、潜台词。

师:卢孟实并不是福聚德的真实所有者,他为什么苦苦地经营这个产业?

生:因为在上文我们可以看到,他父亲是在玉升楼当小职工,但是很不受人尊重。经历了这种事以后,他觉得他们"五子行"子弟应该有所作为,干一番事业。所以他把福聚德当作他的舞台,施展他的才干。

师:他的终极目标是?注意卢孟实很有自尊心。

生:社会对"五子行"子弟有偏见,他要赢得的是社会的尊重以及相应的地位。

师:名字,其实预示着他的命运。现在我们再看看卢孟实这个名字,你会联想到什么?

生:孟,梦想;实,实现。

生:现实。

师:卢孟实的一生就是在不断地追求梦想,但是因为种种的现实原因,他无法实现他的梦想,这是他的命运。偏见最后消除了吗?

生:没有。卢孟实干事业,"一个人干,八个人拆"。大家不买账,不尊重他,他做得很艰难。罗大头侮辱他父亲。唐茂盛对他很蛮横,想要钱就要钱,想干嘛就干嘛。克五也威胁卢孟实。

这里面最可气的是罗大头,他也是"五子行"的子弟,同为"五子行",互相不尊重。

师:自己人都不尊重自己,还有哪里能看出来?

生:小伙计。

师:卢孟实他尊重"五子行"子弟吗?

生:唱莲花落的曲艺人也是"五子行"的子弟吧? 他不尊重。

师:卢孟实他痛恨社会偏见,但他仍然把这样的偏见投射到了唱莲花落的曲艺人员身上。这节课最开始的时候,我们说到有四把大锁牢牢锁住了这天下第一楼。其实,第五把锁在卢孟实自己身上,那是人们对"五子行"的偏见,以及卢孟实竭尽全力去消除偏见的冲突。这把锁是卢孟实追梦的动力,也是他一生的桎梏。所以我们说这个名字里面有他的命运。

我们来做个总结,主角怎样炼成? 剧作者要创造角色,要给这个人物想一个什么?

生:比较能符合人物命运的名字。(板书:符合人物命运的名字)

师:作者何冀平在《〈天下第一楼〉写作札记》当中直言,本剧蕴含着"人生的苍凉"以及"命运的拨弄"。《天下第一楼》当中不只有卢孟实一个角色,还有相当多的配角,他们又经历了怎样的梦想和现实呢? 如果同学们感兴趣的话,课后读一读《天下第一楼》,你会更有收获。我们学了这么多炼成主角的方法,下面自己写一写。

(屏显)

任务三:《天下第一楼》人物众多,个性各异,除了主角卢孟实之外,罗大头也是一个精彩角色,请你丰富罗大头的故事,你可以选择从以下几个角度之一入手:

- 为课文选段中罗大头出场的台词增加舞台说明,说明理由。
- 续写一句罗大头的台词并说明理由。
- 为罗大头设计一个离职后的戏剧冲突,最好能体现罗大头的性格特征,说明理由。
- 为罗大头想一个符合角色命运的名字。

师:请同学们动笔,五分钟后分享。

生:我设计了一个冲突:罗大头离职后遇到了克五,克五再次挑衅他,被罗大头骂得狗血喷头。首先罗大头自己是有才能的,他看不起这些无所事事的小人,再加上他性格比较冲动,所以即使克五威胁他,他还是会和克五冲突起来。

师:考虑到罗大头的性格而设计,这个冲突有意义。还有同学要分享吗?

生:我设计了一则台词:"我走了,你那点进账能少一半! 没有我,你啥也做不成,你等着瞧吧!"一开始卢孟实和罗大头的冲突有一部分其实是因为克五和成顺,在罗大头侮辱卢孟实父亲前跟卢孟实本人没有直接冲突,而罗大头在福聚德的地位是很高的,所以他可能只是在气头上,实际不是非常想走。所以我设计这句台词,表示罗大头想提起自己的功劳,让卢孟实把他留下,但是他性格暴躁,说出来便不好听。

生:我给罗大头起了一个名字"罗存真"。因为我感觉他是一个有着独立价值观和精神、坚持自我的人。他不信任侦缉队,但他向克五承认自己有烟泡。他看不起混吃混喝的克五,不愿意给他鸭子。他在很多事情上都坚持自我,但是在那个混乱的社会里要活得好,不能太自我,所以注定他也是一个悲剧人物。

师:是的,复杂的现实碰上本真的人性后,人物的光彩就展现出来了,你起了个好名字! 请同学们结合以上提示,课后完成剧本《罗大头离职后》。希望大家能够在以后的语文学习当中,也运用今天所学的知识,创作出属于自己的代表作。

本课板书:

天下第一楼

何冀平

激烈的戏剧冲突

丰富的个性特征

符合人物命运的名字

教学创想

◆ **情境创设**

这节课构建了沉浸式学习情境,既贴合戏剧教学特点,又有效提升学生的文本分析与创作能力。

内容层面:围绕"主角怎样炼成",通过分析《天下第一楼》的戏剧冲突与人物塑造,引导学生置身于福聚德的经营困境中,理解角色在动荡社会下的挣扎。剧本台词和舞台说明的引用(如罗大头与卢孟实的对峙片段)旨在为学生提供真实的文本情境,使分析更具代入感。

写法层面:递进式任务。从冲突分析到人物解读,再到创意写作,任务设计环环相扣。任务二通过"读、演、写"三步,从文本细读到舞台实践,最后落笔创作,形成从输入到输出的完整学习闭环。模拟了戏剧创作过程,使学生在解构与重构中深化对角色塑造的理解。

情感层面:注重引发共情与反思。通过分析卢孟实"梦与现实"的姓名意蕴,引导学生体悟角色在偏见与尊严之间的挣扎;而续写罗大头离职后的冲突等创意任务,则让学生站在角色立场思考命运抉择。

◆ **任务创建**

任务一:冲突中显性格

活动:梳理卢孟实与侦缉队、小伙计、罗大头及唐家兄弟的四重矛盾,归纳冲突类型及原因。

意图:理解冲突类型及其对角色塑造的推动作用。

任务二:细节中有血肉

活动1:读一读,勾连上下文,品味卢孟实形象。

意图:揭示人物性格的多层次性。

活动2:演一演,关注舞台说明,解码卢孟实与罗大头对话,分析其精明强干和内心的挣扎。

意图:提升细节塑造角色的敏感度。

活动3:写一写,为卢孟实关键台词添加舞台说明、潜台词,通过动作、神态等强化情感张力。

意图:体会角色性格与情节发展的关联。

活动 4：解析"孟实"隐喻，联结其梦想与现实。

意图：理解角色在偏见中挣扎的悲剧命运。

任务三：创作中塑主角

活动：依据本课学习内容，丰富罗大头故事，侧面衬托卢孟实。

意图：强化对戏剧写人方法的实践运用。

◆ **学法创优**

本节课旨在通过情境化、实践化、个性化的学法创新，使学生在深度参与中掌握戏剧写人的核心方法，实现从知识学习到能力提升的跨越。

情境化学习：通过"四重锁"的比喻，将抽象的戏剧冲突转化为具体的情境问题，引导学生置身于福聚德的经营困境中，理解卢孟实在社会动荡、内部松散、传统偏见等多重压力下的挣扎。这种情境化设计不仅增强了学习的代入感，还帮助学生更直观地理解角色塑造的复杂性。

演读结合：让学生在表演中体验角色情感。例如，通过模拟卢孟实与唐家兄弟的对峙，学生不仅能品味台词背后的潜台词，还能通过动作、神态等舞台说明深入体会角色的内心世界。这种"演读结合"的方式，使学生在实践中深化对戏剧语言和人物性格的理解。

任务驱动：设计层层递进的任务链，如"梳理冲突—分析性格—创作剧本"，将学习过程转化为解决问题的实践。学生在完成任务的过程中，不仅掌握了戏剧写人的方法，还通过续写台词、设计舞台说明等创意活动，培养了语言表达和创作能力。

个性化创作：通过"创意写作"任务，鼓励学生为罗大头设计台词、冲突或名字，激发学生的个性化表达。这种创作实践不仅强化了学生对角色性格的理解，还培养了学生的戏剧创作思维，使学习从被动接受转向主动建构。

名师点评

王老师的《天下第一楼（节选）》剧本教学，以"主角是怎样炼成的"为核心问题，通过"问题链设计"与"多元活动"引导学生深入剧本，体现了"文学阅读与创意表达"任务群教学的内在逻辑和创新亮点。

从冲突切入，理解塑造主角的关键。教师引用威廉·阿契尔的"戏剧建筑秘密在于紧张"理论，启发学生梳理文本中的四组冲突，并将其比喻为"四把大锁"（后面的教学中，教师将人们对"五子行"的偏见以及卢孟实消除偏见的冲突比喻为第五把锁），通过追问"钥匙在哪"，引导学生发现主要矛盾及其不可调和，揭示卢孟实悲剧命运的必然性。这一环节将抽象的理论具象化，帮助学生更好地理解戏剧冲突对主角塑造的关键作用。

文本细读与角色体验。教师通过演读文本片段和舞台表演活动，让学生沉浸式体验角色。例如，在分析卢孟实与罗大头的冲突时，学生通过"不动声色"的舞台说明和"笑声凄惨中带着昂扬"的神态描摹，捕捉到卢孟实隐忍与自尊的双重性格。教师再适时补充"五子行"的社会背景，引导学生将人物行为与时代偏见相关联，深化对主角心理的理解。

命名与命运的深度关联。教师引导学生从"卢孟实"的姓名拆解（"孟"的谐音"梦"，"实"的组词

"现实")探讨其命运本质,并联系剧中"一个人干,八个人拆"的困境,揭示其追求梦想却屈服于现实的悲剧。这一环节将文学符号融入教学情境中,培养学生从文本细节中挖掘主题意义的能力。

此外,学生通过表演卢孟实与罗大头的冲突场景,直观呈现了人物的性格对立。例如,罗大头的暴烈傲慢与卢孟实的隐忍克制。角色扮演活动不仅活跃了课堂氛围,更通过具身化体验帮助学生理解戏剧冲突的动态张力。教师引导学生为卢孟实的台词补充潜台词,设计舞台说明,尝试通过动作和神态刻画其"灵活变通"与"内心挣扎"。这个活动有效训练了学生的想象力与创意表达能力。最后布置的"续写罗大头故事"任务,鼓励学生结合角色性格进行创造性写作,既巩固课堂所学,又激励学生个性化表达。

学生在课堂上表现出紧扣文本的推理能力。例如,从"大开张,怎没见他?"推断卢孟实的勤勉,从"头年一忙,我忘了给侦缉队送礼"分析卢孟实的管理、社交能力,体现出对文本细节的敏感度。学生还显露出批判性思维的萌芽。有学生指出"卢孟实痛恨社会偏见,却将偏见投射到唱莲花落的艺人身上",揭示角色自身的矛盾性,展现了对人物性格复杂性的初步认知。潜台词创作有些直白化。部分学生将"行,过了五月节,我给您送天津去"的潜台词解读为"赖账",反映出对卢孟实复杂的内心世界的理解尚不充分。教师可多补充一些民国时期"五子行"的社会地位资料,帮助学生理解卢孟实"渴望尊严"的深层动机,避免人物分析流于表象。

本节课以"主角炼成"为核心,通过冲突分析、文本细读、表演实践和创作拓展,构建了"理论指引—深入文本—创意实践"的"文学阅读与创意表达"任务群教学架构。王老师注重学生的主体性,引导其从语言、动作、社会背景等多维度解构角色,既培养了文学鉴赏能力,又启发了学生创想。

(滕之先　全国优秀教师、正高级教师)

言语·小·创

罗大头离职后

时间:离职三天后
地点:胡同口

地上是坑洼的石板,后边是青石的垒墙,黛瓦下,每隔三五步有扇半掩的板门,门口挂着红纸包的灯笼,火刚点上,摇着昏暗的光,大风从外面窜进来,撞在墙上,呼呼猎猎地响,灯里的火苗子颤了又颤,仿佛下一刻就会熄灭,傍落的太阳被楼挡住,红霞零零散散地洒下来。罗大头的脸上沾了些灰,靠着巷口儿的拐角抽着大烟,脚板子把地面磕的啪啪响。

王子西,卢孟实上,手里提着装银两的匣子。

王子西　(诧异地)哟,大罗,什么好风儿把你给吹来啦?

罗大头　(嘴里含着烟泡,轻蔑地别过头去)哼!

王子西　你看我和掌柜的正要去打点……

罗大头　(冷笑)福顺给店里添乱了?呵,我看是活该。

王子西　(尴尬地赔笑)不算,也就是下午瑞蚨祥那些吃主儿……

卢孟实　（利落地打断）王子西！（示意王不要说下去）

　　卢孟实蹙眉沉默，背过身去，面容纠结，思虑良久，忽而叹了口气，像是拿定了什么主意一般，招呼王子西假意要走，脚挪得很慢。

卢孟实　（眼睛盯着前面，一眼不看罗大头）这自从洋人打进来，他大清朝算是彻底玩儿了完啦，皇上还在日本租界当了寓公，说好听点儿是皇上，话说死喽，就是奴才！

王子西　（理解了卢的用意）啊！掌柜的说的对。

卢孟实　皇上订的规矩，什么规矩？不到七十不传徒弟？得了吧，保不准哪天还没到七十咱就得嗝儿屁朝凉，就这个理儿，全北京的饭庄子迟早都得关张！

卢孟实　这规矩什么的，也该变变了，它行不通呀！你说是不是？

王子西　（赔笑）是这个理儿！

　　罗大头猛然把手里的烟泡摔在地上，泄愤似的踩了两脚，那目光烦怨中带着狠厉，利箭一般射向卢孟实。

罗大头　（愤怒地）姓卢的！别以为你当了掌柜了就美得人五人六的，感情那坐龙廷的是你一样！我告诉你吧，甭管你怎么打点闻香的，升谁当灶头，福聚德他没我就得关张！到时候你就和对面全赢德的伙计一样，一口饭讨不上才好哩！

　　　　　别以为我看不出来福顺搞的有多砸，我不是那些玩泥巴的生瓜蛋子，瑞蚨祥和警卫队可不是你那福聚德饭庄子惹得起的。

罗大头　（冷笑而戏谑）我是不可能跟你们回去的，今儿我还真就撂挑子，你们敢坏皇上的规矩，我就敢坏你的规矩，这边有什么人我可都摸清楚了，在这个地界儿我照样能混得好！你们自己看着办吧！（又从口袋里掏出一个烟泡，背过身去不再看卢）

卢孟实　（被气得说不出话）你！

卢孟实　走！

　　卢孟实，王子西下。

　　天色完全黯淡下去，风还在刮，变得生冷，吹着使人发抖，从胡同口里出来两个人，一位身形威猛，一位瘦弱。李债主，小朱儿上。小朱儿穿粗布短衣，面上粘泥，眼眶上两只眼睛凹下去，像个大洞，身后一条粗辫刚被剪过，碎发毛毛糙糙的披在肩上。李债主穿长衫，套的是绸布马褂，耳大颊肥。

李债主　罗大头，前几天你帮人还的债没还清啊！还差十块银圆呐！

罗大头　怎么回事，不是两块吗？

小朱儿　大罗，真对不住，没对你说真话！我真是太穷了！我借的是"驴打滚"，那十块是滚出来的利钱……你既然答应了帮我……

罗大头　狗东西！我当时看你可怜才帮你，真当是瞎了眼！瞧瞧你什么德行！

李债主　吵什么！有什么隐情进了胡同再说！

李债主，罗大头下。

小朱儿　（摇头）今儿个月亮真亮堂堂真晃眼，应当来片乌云把它遮住！

（南京市钟英中学　王玉露）

第六单元

群文阅读:20~22　曹刿论战、邹忌讽齐王纳谏、出师表

教学实录

师:同学们,今天我们进一步学习劝谏类文言文。请判断,这些篇目哪些属于劝谏类文言文?

(屏显:篇目)

生:《孙权劝学》《诫子书》《出师表》《曹刿论战》《邹忌讽齐王纳谏》《谏太宗十思疏》。

师:都认同吗?

生:《孙权劝学》和《诫子书》不是。前者是孙权劝吕蒙读书,后者是诸葛亮劝他儿子学习。

师:请你归纳"谏"的含义。

生:臣子给君主提建议。

师:虽然《谏太宗十思疏》我们尚未学习,但同学们能否通过题目和常识判断它是否属于劝谏类文言文?

生:有个"谏"字,而且谏的对象是"太宗",也属于臣子对君主提建议。

师:好。我们来看"谏"的金文字形。(板书:𣤶)

师:它的左边是"言",右边是"柬",从言柬声。"言"是什么意思?

生:说。

师:继续拆分"柬",从束从八。"束"是一捆木棍,"八"是分开。把一束木棍分开,分出好坏,"柬"就有了选择的意思。"言""柬"组合,就是臣子用言语规劝,使上级改正错误,做出正确的选择。

(屏显)

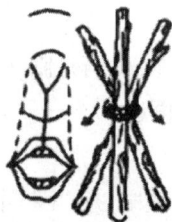

师:梳理《曹刿论战》《邹忌讽齐王纳谏》《出师表》三篇课文后,每位同学提了一到两个问

题,有针对单篇的,有联系三篇比较思考的。请先看这个问题。

(屏显:学生问题)

为什么邹忌用讽谏,而曹刿和诸葛亮用直谏?

生:邹忌与曹刿、诸葛亮的性格不同。

师:有文本依据支持你的观点吗?

生:邹忌用三个类比让齐威王明白"王之蔽甚矣"。

师:这是讽谏的具体方式和结果,并不是原因。

生:劝谏的背景不同。《曹刿论战》是要应战,这时不能跟君主绕弯子,要直接指出他的错误,从而把握时机、快速应对。《邹忌讽齐王纳谏》中,邹忌是为了劝君主广开言路,不像打仗那么紧急。从齐威王接受劝谏的表现看,他比较威严开明,所以邹忌采用讽谏方式,使君主更容易接受。《出师表》开篇就说"此诚危急存亡之秋也",可见形势十分危急。而刘禅性格比较软弱,直谏能直接指出他的错误,让他改正。

师:你从时局是动荡还是稳定出发,兼顾到劝谏目的和对象,很不错。只是,这个问题又该如何解释呢?

(屏显:学生问题)

既然齐威王很能听得进建议,为什么邹忌不像曹刿那样用直谏?

(生沉默不语)

师:我们来看一则补充材料。请齐声朗读一遍。

(屏显补充材料)

淳于髡者,齐之赘婿也。……威行三十八年。 ——《史记·滑稽列传》

(生齐读)

师:在"诸侯并侵,国且危亡"之时,淳于髡还是讽谏。邹忌和淳于髡为什么都拐着弯向齐威王进谏?

生:从"左右莫敢谏"可以推测齐威王听不进直谏。

师:他喜欢臣子怎么谏?

生:他喜欢委婉地讽谏。"齐威王之时喜隐","隐"就是隐语、谜语。

生:齐威王还用隐语"不鸣则已,一鸣惊人"回应淳于髡,表明自己一旦展示实力,会震惊天下。

师:看来,成功的劝谏不仅要急人所需、解人所难,还要尽可能地投其所好。

师:请大家继续帮忙解惑,注意从课文中找依据支持你的观点。

(屏显:学生问题)

同样是直谏,为什么曹刿直接问"何以战",而诸葛亮却从形势、条件和利弊谈起? 为什么曹刿言辞干脆利落,而诸葛亮行文则夹叙夹议、寓情于理? 为什么平民曹刿能说"肉食者鄙",而丞相诸葛亮却用"布衣""卑鄙"等自贬、自谦的词语?

生:我来分析诸葛亮。课文里有"先帝知臣谨慎,故临崩寄臣以大事"。结合背景,刘备在临崩前跟刘禅说"汝与丞相从事,事之如父",又跟诸葛亮说如果刘禅治理不到位,你可以"取而代之"。那刘禅肯定比较畏惧诸葛亮,甚至觉得他可能谋权篡位。所以诸葛亮在北伐前需要表明忠心,在情感上打动刘禅,让他相信自己,听进自己的话。

师:你关注到《出师表》的历史背景,分析了劝谏双方的心理活动。

生：我要补充分析一下诸葛亮。诸葛亮性格小心谨慎，他"受命以来，夙夜忧叹，恐托付不效"。为了让刘禅能听得进他的意见，必须先条分缕析地把背景、条件说清楚了，再提出意见，交代怎么用人，这样刘禅才能好好执行。

师：让刘禅不仅知其然，还知其所以然。有对比分析曹刿的吗？

生：《曹刿论战》的背景是"十年春，齐师伐我"，齐国军队都要打到家门口了，所以曹刿开门见山地问"何以战"，让鲁庄公快速明白打仗的凭借。

师：鲁国面临的情况更紧迫。那为什么平民曹刿能说"肉食者鄙"呢？这需要联系历史文化背景来理解。好，你来介绍。

生：春秋战国时期，百家争鸣，士阶层活跃，社会风气相对开放。例如，孟子见梁惠王时，敢于直接表达不同政见，这体现了当时思想言论的自由度。曹刿正处于这一时期，鲁庄公也能听得进他的建议。而到了蜀汉的时候，臣子要维护皇帝的颜面。诸葛亮必须保护君主刘禅的威严。所以诸葛亮用自谦、自贬的话来形容自己。

师："鄙"的意思是目光短浅，而曹刿最大的特点便是"远谋"。按照传统礼制，君主敬鬼神；但曹刿信民心。按照传统战争礼节，击鼓为进；但曹刿偏偏不按套路出兵，所以能在"彼竭我盈"之时攻克敌军。曹刿确实站在了时代的前端，是春秋战国战争发展趋势的远谋者。

师：还有同学探究劝谏成功的共同因素。

（屏显：学生问题）

最后君主都接受了谏言，他们劝谏成功的共同因素是什么？

师：请尝试用一个词语或一句话来归纳概括。

生：全面考虑劝谏的背景、目的、对象，还有自己的身份，从而采取合适的劝谏方式和语言。

师：很好，劝谏不能生搬硬套，用一个词语归纳它的艺术就是"设身处地"。（板书：劝谏的艺术 设身处地）其实，古代典籍中还有不少善谏之人。假设你化身为古文情境中的臣子，你将如何智慧地劝谏君主？请写下你的谏言，可用现代文。

（屏显：古文情境）

威王八年，楚大发兵加齐。齐王使淳于髡之赵请救兵，赍金百斤，车马十驷。淳于髡仰天大笑，冠缨索绝。王曰："先生少之乎？"髡曰："何敢！"王曰："笑岂有说乎？"髡曰："＿＿＿＿＿＿。"于是齐威王乃益赍黄金千镒，白璧十双，车马百驷。髡辞而行，至赵。赵王与之精兵十万，革车千乘。楚闻之，夜引兵而去。

——《史记·滑稽列传》

（学生现场写作，屏显学生作品）

例1：大王，我笑这金银未必太少。您送赵国多少钱，赵国就会回馈您多少兵力。如今楚国大举进攻，如洪水决堤，这点钱物换来的不过是将堤坝加固几尺几寸，非但无用，还将钱财白白丢弃。依臣之见，只有花大价钱将堤坝筑高几十余丈，方能见效。

例2：我今天早上路过一个稻田，看到一个农夫。他农活干得很慢，但口中却不停念叨："上苍保佑，看在我这么努力的份上，今年有个好收成吧。"他几乎不付出劳动，却想收获很多粮食，这是绝对不可能的。我方才想到这件事没控制住就笑了出来。

例3：且听臣叙一故事。若置一屠户与一虎于笼中。屠户惧之，乃投半两肉于虎。虎怒吼，欲食屠户，伤其胸腹，屠乃投肉百二十两于虎前。虎止而食肉，并不再伤屠。既投肉，何不初满之？

师:这三则谏言的共同优点是什么?

生:都揭示了一个道理——付出少,却想回报多,这不合理。

师:你们怎么看出原文是要揭示这个道理的?

生:换救兵的财物,开始给得少,后来给得多。

师:不错。例2、例3都是讲故事,哪个讲得好?

生:例2好一些,例3把求助对象赵国比作吃屠户的老虎不合适。

师:故事、比喻要贴切。例1、例2,哪个更好一些?

生:例1更好。例1点明道理,解释"笑"的原因。还用加固堤坝来比喻援兵帮助,很贴切。

生:例2更好。《邹忌讽齐王纳谏》就是用故事委婉地劝谏齐威王的,而不是直接告诉他怎么做。例2跟课文很像。

生:把例1的前两句话删掉就好了。齐威王喜欢听故事,就把道理藏在故事里,不直接揭示出来。

师:删除例1的前两句话后,道理就藏在故事里了吗?

生:也不是,比喻里有"楚国大举进攻""这点钱物",还是直白的。

(生笑)

师:同学们知道齐威王喜欢隐语,而邹忌、淳于髡也擅长隐语。删掉例1里直白的道理,再把明喻改为暗喻就好了。例2农民祈福的故事讲得很不错,但"农活干得慢"与"几乎不付出劳动"之间的关联不够紧密,细节上还需调整。"课后请大家查查淳于髡说了什么。

师:回到当下,有个难题需要我们解决。

(屏显:现实任务)

九年级师生往往面临巨大的中考升学压力。学校为提高学生的考试成绩,常常会减少非考试学科的课时。现在,有一所学校取消了九年级每周一节的心理健康课。假设你是这所学校的学生,请你给校长写一封信,向他提出恢复九年级心理健康课的建议。

师:任务虽有"假设"两字,但源自真实。任务背景和目的都有了,写信前大家还要问问自己——我是谁? 这位校长是一个怎样的人?

生:我是喜欢上心理课的学生。

生:我是心育委员,认为心理课有帮助。

生:校长是数学老师,应该比较理性。

生:校长跟我们比较亲近。

师:从这位校长的角度思考,你认为这两封信哪一封较有说服力?

(屏显:兄弟班级的学生作品)

生:第一封主要举了一个运动员顶住压力获得奥运会冠军的例子,跟我们学生的心理课没关系。第二封讲了一个心理课如何缓解自己考后紧张心情的故事,跟主题有关,比较好。

师:选择围绕主题的典型事例。那第二封信是不是写得很好了?

生:也不是。作为校长,第二封信的人称让我感到不太舒服。他就直接称呼我为"校长",很生硬。如果加上我的姓氏,再加上"敬爱的"或"亲爱的",会拉近我们的距离。

生:除了讲个人的真实故事,最好还能用数据说话,表明这不是个例。

师:我们做个现场调查,希望九年级重开心理课的同学请举手。

（绝大多数学生举手）

师：初步的班级统计数据出来了，还可以进一步深入调查、访问。

生：我觉得详略做得不太好。应该减少铺垫，增加凸显心理课作用的内容。

师：这部分内容适合用什么表达方式呢？

生：先记叙，用故事把心理课的作用写出来；然后抒情；最后议论，对心理课的作用进行分析，得出结论。

师：请大家把第二封信议论的语句画出来（主要在首尾部分）。请给他的议论说理提点修改建议。

生：现在说理干巴巴的，加点比喻比较好。

师：这两个同学写的比喻，哪个比较合适？一是把没有心理课上的学生比作封在冰层下的鱼儿，心理课如阳光能融化冰层。二是把心理课比作电路里通过分压和限流的方式来保护灯泡的电阻。

生：我觉得第二个比喻既形象又科学。校长学数学的，物理不会差，他肯定能读懂：学生就是电路里的灯泡，在电阻——心理健康课的保护下，以最佳状态学习。第一个比喻很美但不科学，因为只要不冻穿河底，鱼是不会被冻死的。

（生笑）

师：大家评议得很不错。这节课的作业就是请大家完成这封建议信。

本课板书：

谏　劝谏的艺术

　　设身处地

教学创想

◆ **情境创设**

本节课的情境创设旨在通过多种体验方式，引导学生深入理解劝谏的艺术，提升其对文本的感知和应用能力。具体情境创设如下：

内容体验：围绕古人为何有多种多样劝谏方式的主题，相机呈现学生的真实问题，驱动学生再读文本，答疑解惑。在求同比异中理解劝谏方式的选择与具体情境紧密关联，深化对劝谏内容的理解。

语言体验：通过分析不同文本的语言风格，如邹忌的委婉讽谏、曹刿的直截了当以及诸葛亮的诚挚恳切，引导学生体会语言表达在劝谏中的重要作用。

写法体验：通过创设古文情境，让学生模拟劝谏场景，撰写谏言。补全淳于髡的谏言，让学生在实践中运用所学的劝谏技巧；通过评议和修改同伴作品，进一步提升其写作能力。学生在这一过程中能够深刻体会到劝谏的策略性和技巧性，学会根据对象和情境选择合适的写法。

情感体验：在现实任务环节，学生通过讨论和写作，表达对心理健康课的重视和期待。这一情境设置让学生从古代劝谏转向现实问题，从文本走向生活，在情感上产生共鸣，体会到劝谏不仅是古代臣子的智慧,也是现代人沟通和解决问题的重要方式。

◆ **任务创建**

任务一:辨析劝谏

活动1:辨析劝谏类文言文,归纳"谏"的含义。

意图:归类找同。理解"谏"义,区别于"劝""诫"。

活动2:探究同伴质疑,获得劝谏启示。

意图:同中比异。还原文本现场,感受劝谏的艺术。

任务二:故事新编

活动1:根据古文情境,创写谏言。

意图:拓展课外阅读,迁移运用劝谏。

活动2:展示创意谏言,评析修改。

意图:捕捉文本细节,提升劝谏水平。

任务三:古为今用

活动1:填补任务空白。

意图:明确劝谏双方的身份、特点。

活动2:评析信件说服力。

意图:强化劝谏的对象意识、读者立场。

活动3:完成给这位校长的建议信。

意图:在迁移运用中深刻领会劝谏的艺术。

◆ **学法创优**

为培养学生的理性思维与创造能力,本节课采用下列学法创优策略:

情境模拟与创意表达:"故事新编"要求学生在古文情境中运用所学的劝谏技巧,结合齐威王的性格特点,创写淳于髡谏言。学生通过讲述故事、运用比喻等方式,巧妙地表达劝谏意图,在语言实践中提升创意写作能力。

合作评议与深度反思:通过展示学生作品并组织评议,引导学生从内容、语言、写法等多个角度进行分析和讨论。例如,在评析谏言和建议信时,学生能够指出作品的优点和不足,并提出修改建议。这种合作评议和深度反思的过程,不仅帮助学生提升对文本的理解和应用能力,还培养了他们的批判性思维和团队协作能力。

迁移应用与现实思考:"古为今用"通过设计给校长写信建议恢复心理健康课的现实任务,引导学生将所学的劝谏技巧应用于现实问题。学生在写作过程中,需要考虑校长的性格特点、学校实际情况以及心理健康课的重要性,从而在实践中深化对劝谏艺术的理解和应用。这种迁移应用和现实思考不仅提升了学生的写作能力,还培养了他们关注社会、解决问题的能力。

名师点评

文言文教学长期面临"高耗低效"的困境,而潘老师的《劝谏的艺术》课例,打破传统文言文课堂"字句翻译+文本赏析"的教学定式,以写作任务倒逼学生对文本的深度理解,使文本分析服务于表达能力培养。整节课以《曹刿论战》《邹忌讽齐王纳谏》《出师表》为核心文本,通过精准把握课程核心素养,以"劝谏艺术"为支点,成功构建了"古今贯通、学用共生"的深度学习场域。这节课将文言文学习与现实生活紧密结合,既提升了学生的文言文阅读能力,又培养了其思辨能力、表达能力和解决问题的能力。师生在课堂中的创造力让人眼前一亮。

潘老师的教学设计呈现出鲜明的双维架构:在纵向维度上,通过金文拆解"谏"字、补充《史记》选段、复原春秋战国至三国时期的政治文化,在课堂上还原了学习的文化语境;在横向维度,以"恢复心理课"的现实议题搭建古今对话桥梁。这种设计使学生既能在历史场域中理解"直谏与讽谏"的生成逻辑,又能以当代视角体悟劝谏智慧的现实价值。尤为可贵的是,在解析《出师表》分析诸葛亮自谦原因时,补充"白帝城托孤"的史实背景,引导学生透视文本背后的权力关系,彰显历史语境还原的教学价值。在这样的文化语境中,学生经历了从历史解读者、古代谏臣到现实建议者三次角色转换,从而形成认知进阶链条。

微写作任务的梯度设计,也使得"仿写—创写—应用"的写作训练呈现出进阶路径。这节课,潘老师先让学生补写淳于髡谏言,这是在历史语境下的仿写;接着评议修改建议信,这是劝谏策略的迁移创写;最后完成劝谏信写作,这是解决真实的问题。尤其是"恢复心理课建议信"的任务设计,成功实现了从"学古文"到"用古智"的跨越。在这样的写作训练中,学生不仅需要运用已学习的劝谏策略,还需考虑校长作为数学教师的思维特点。这种在真实情境中解决复杂问题,正是深度学习倡导的典型样式,也是学习的终极意义。

难能可贵的是,潘老师始终贯彻"用证据说话"的思维训练。如当学生提出"邹忌喜欢用委婉的方式"的假设时,要求学生找到文本依据支持自己的观点;在引入《史记·滑稽列传》中淳于髡的材料时,让学生从新的文本中寻找证据。学生从"左右莫敢谏""齐威王之时喜隐"等语句中找到线索,推断出齐威王听不进直谏,喜欢委婉讽谏。这一过程中,学生在证据的支撑下,对之前的认知进行反思和修正,学会从不同角度看待问题,分析问题背后的复杂因素。在评议建议信环节,引导学生通过现场举手统计获取初步数据,再提出扩大样本量的改进建议,这种"大胆假设,小心求证"的思维训练,为深度学习提供了方法论支撑。

潘老师的这节课证明,文言文教学完全可以突破语言工具论的局限,通过还原历史文化语境、挖掘思想智慧价值,成为培养文化自信的优质载体。

（王 芳 南京市学科带头人、南京市教学名师）

言语·小·创

致校长的一封信

敬爱的邢校长:

您好!上九年级以后,我们的课表上少了两周一节的心理健康课。我明白,为了抢时间提成绩,学校只能压缩非考试学科的课时。但是,心理健康课对我们真的很重要。我由衷希望您考虑在九年级重开心理健康课。

作为九年级学生,我们负担着沉重的中考压力,休息时间大大缩短,滞留在书桌前的时间越来越长。我们就像迈入了一张错综复杂的大网,在无尽的学习中晕头转向。

您知道,学好理科尤其需要有清醒的头脑。心理健康课正是一盏在黑暗迷宫中照亮前路的明灯,让我们得以放下惶恐、理清方向。记得八年级时,我始终安排不好每门学科所需的作业时间,理科放在最后写,而那时我已头昏脑涨,没什么思路了,成绩也随之一落千丈。后来,在心理健康课上陈老师分享了时间管理小妙招,我科学调整了作业时间管理,写理科作业时头脑很清爽,进步极大。正是这节心理健康课把我从盲目学习的死胡同里拯救出来,教会我如何管理、分配时间,对我的成长有莫大帮助。

您瞧!取消心理健康课的本意是为了提升成绩,可一旦我们陷入心理上的误区,其他学科往往爱莫能助,而心理健康课恰能在关键时刻点醒我们。

我们班做过一个小调查。37 位同学中有 35 位都希望恢复心理健康课,另外 2 位同学持中立态度;有一半以上的同学认同:相较于一味增加考试科目的学习时长,合适的心理辅导更有助于自己在考场上发挥出良好水平。跟班级同学交流后了解到,他们大多在心理健康课上受益匪浅。在一场场形式多样、内容丰富、氛围轻松的心理辅导活动中,言辞犀利者学会了以和为贵,缓和了紧张氛围;渺小自卑者发现了自身的独特价值,逐渐自信自强;前途迷茫者坚定了未来目标,激发了生活的热情……绝大多数同学都很期盼心理健康课重开。

您看到了,两周一节的心理健康课不会占据我们多少课时,但对我们缓解压力、提升成绩与综合素养影响深远。最后,我想用数学语言说明心理健康对九年级学生的重要性。如图,在一次函数 $y=kx$ 中,如果努力是 x,收获是 y,那心理健康就是决定方向的 k。k 越大,同一个 x 的 y 就越大。心理越健康,相同努力下的收获就越大。

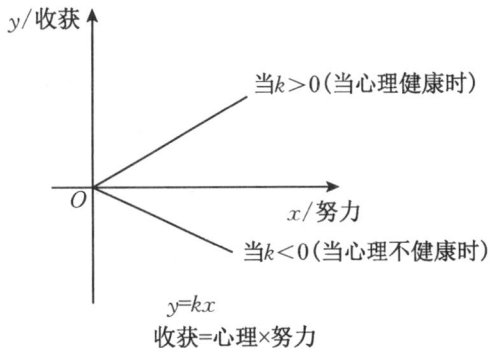

您也曾作为一名学生在教室里苦读,相信您一定能对我们的想法感同身受。请郑重考虑我们的请求。谢谢您!

此致
敬礼!

一名九年级学生
2024 年 12 月 30 日

(南京市栖霞区教师发展中心 潘丹婧)